L'ATTENTION VISUELLE

PSYCHOLOGIE ET SCIENCES HUMAINES

Jean-Claude Lecas

l'attention visuelle
De la conscience aux neurosciences

MARDAGA

© 1992, Pierre Mardaga, éditeur
Rue Saint-Vincent 12 - 4020 Liège
D. 1992-0024-31

PREMIÈRE PARTIE

DOMAINE PSYCHOLOGIQUE DE L'ATTENTION

Chapitre 1
Perspectives et enjeux historiques de l'attention

L'attention est une notion du langage courant que tout le monde utilise et comprend. Elle est d'abord, pour chacun d'entre nous, un rétrécissement, une canalisation, ou une focalisation de notre vie mentale. A chaque instant précis en effet, il est impossible d'éprouver *simultanément* plusieurs perceptions, de développer plusieurs raisonnements, de penser et de prononcer deux phrases différentes ou de conduire plusieurs actions. Ce principe de sélectivité est une dimension incontournable de l'analyse psychologique. A la fin du siècle dernier, William James écrivait (1890) : «*Des millions d'éléments du monde extérieur se présentent à mes sens, sans jamais entrer à proprement parler dans mon expérience consciente. Pourquoi ? Parce qu'ils ne présentent aucun intérêt pour moi. Mon expérience consciente est faite de ce que j'accepte comme objet de mon attention*».

Avec cette idée centrale de sélectivité, James annonçait la plupart des théories modernes. Mais il ne résolvait pas pour autant le problème de l'attention. Ce problème concerne principalement les relations privilégiées qui existent entre les phénomènes d'exclusivité et les activités cognitives, ou activités intellectuelles de la connaissance. *Monoidéisme intellectuel* pour Théodule Ribot (1896), l'attention était pour Herbart (1825) la faculté de produire une «amélioration de la représentation consciente». et Lalande (1903) en faisait un «*accroissement de l'activité intellectuelle, soit spontanée, soit volontaire, et direction de celle-ci sur un objet.., qui en l'absence de ce phénomène serait absent du champ de conscience ou n'en occuperait qu'une partie minime».* Plus ou moins d'attention détermine évidemment l'efficience de l'esprit.

Si les activités les plus complexes dépendent ainsi de l'attention, comment la réduire à un phénomène élémentaire ? Les difficultés commencent d'ailleurs avec la définition du dictionnaire qui la résume comme une *«concentration volontaire de l'esprit»*, ou une *«concentration de l'activité mentale sur un objet déterminé»*... Ces expressions sont incontournables et elles nous obligent à nous interroger sur la nature des phénomènes mentaux. Or l'adjectif «mental» signale, au premier sens, un processus interne, sans expression écrite, verbale, ou corporelle. L'activité mentale est typiquement une activité cachée, comme il apparaît dans les expressions *«restriction mentale»*, ou *«calcul mental»*. Que signifie donc cette concentration d'un phénomène caché ? Si notre «vie intérieure» — perception du monde, pensée, conscience, mobile de nos actes — est une réalité phénoménologique évidente (vécue), la première question, pour le scientifique, est évidemment de trouver une *base objective* sur laquelle on puisse fonder une étude rigoureuse. Cette difficulté originelle de la Psychologie a autrefois suscité de grandes controverses et elle semble n'avoir qu'une seule solution. Il faut admettre — avec un principe de causalité — que les opérations de l'esprit s'extériorisent, directement ou indirectement, par des réponses, ou des manifestations comportementales significatives. Celles-ci seront enregistrées et analysées[1] pour obtenir des données reproductibles qui permettront des inférences sur leurs origines.

Faudra-t-il attendre d'avoir acquis par ce moyen une connaissance minimum des phénomènes mentaux pour comprendre leur intensification par l'attention ? L'attention est-elle le dernier problème que la Psychologie puisse aborder après avoir résolu tous les autres ? Or au contraire, l'attention est immédiatement visible. Un interlocuteur, un enfant qui regarde la télévision, un groupe d'élèves plus ou moins réceptifs, manifestent sans ambiguïté leur degré d'attention sans que l'on puisse nécessairement deviner le cours de leur pensée. L'animal même, nous montre, par ses postures et ses attitudes, d'évidentes capacités d'orientation, d'observation et de focalisation alors que nous n'avons guère d'intuition de ses processus internes. L'attention est donc facilement identifiable par un certain nombre de signes externes qui nous sont extrêmement familiers. Elle est un phénomène d'une grande généralité, associé d'un côté aux opérations mentales les plus élaborées tout en étant d'un autre, parfaitement reconnaissable chez les autres espèces.

Ce paradoxe rend toute définition scientifique incertaine. On notera d'abord que le concept de sélectivité reste obscur. L'attention a-t-elle pour effet de *privilégier des signaux* (sélection sensorielle), ou des réponses (sélection motrice)? Les modèles de la Psychologie expérimentale contemporaine n'éliminent pas cette alternative dans le cadre de laquelle il est facile de placer la quasi totalité des opérations de l'esprit. L'ambiguité existe d'ailleurs dans le langage[2] qui, s'il distingue l'effet de l'attention sur les modalités sensorielles, ne contient pas de terme spécifique pour décrire la finalité d'un processus orienté vers l'observation ou vers l'action. Remarquons également que la situation n'est guère clarifiée par les tentatives des anciens auteurs pour définir l'attention par rapport aux autres dimensions psychologiques.

1. *LA VOLONTE.* — Tous les auteurs classiques s'accordent pour opposer *l'attention volontaire et l'attention involontaire,* ou «réflexe». La première, selon James (1890/ 1929), Ribot (1896, qui l'appelle «artificielle»), ou Pierre Janet (1923), demande un effort et dépend d'un certain degré de motivation si l'objet est peu attractif (l'écolier s'applique à un travail utile, mais ennuyeux). Elle diffère de l'attention involontaire, spontanée, ou automatique, provoquée par l'urgence ou l'intérêt d'un événement. Mais l'attention volontaire représente toujours l'activité la plus élaborée, au point que C. Bastian (1892) la considère non comme un effet de la volonté, mais comme le phénomène volontaire primordial dont «*la volition est partiellement un développement ultérieur, dans lequel toutefois le processus primitif se laisse clairement découvrir*». Pour William James également (1890), «*l'effort d'attention est l'acte essentiel de la volonté*».

2. *PERCEPTION ET MEMOIRE. W. JAMES* a élaboré une conception complexe en distinguant d'abord les causes externes ou internes d'une attention dirigée soit vers (a) «*l'objet d'une sensation* («attention sensorielle»), ou vers (b) *des objets idéaux ou des représentations* («attention intellectuelle»). Il montre ensuite que chacune de ces deux catégories peut être *immédiate* (objet intrinsèquement intéressant) ou dérivée (l'attention se portant, par association sur un second objet). En combinant finalement ces conditions avec l'opposition traditionnelle entre attention passive (réflexe) et attention volontaire (ou active), James obtient un grand nombre de «*variétés d'attention*» (c'est le titre de son Chapitre). Mais le plus remarquable est sans doute qu'il associe étroitement l'attention volontaire à la mémoire en l'estimant toujours dérivée d'un fait évocateur qui déclenche le mouvement «spontané» de l'esprit. Selon lui, l'attention implique toujours en proportion variable les opérations mentales suivantes : *(a) percevoir, (b) concevoir, (c) distinguer, (d) reconnaître ou se souvenir*.

3. *MOTRICITE.* — A l'opposé, Théodule Ribot (1896) refuse de considérer l'attention volontaire comme un modèle parce qu'il y voit une faculté d'effort acquise par l'éducation. En postulant un mécanisme primitif, de nature physiologique, inconsciente ou automatique, il cherche à réduire le phénomène psychique à ses manifestations externes, c'est-à-dire motrices. Il remarque que certains mouvements (ou arrêts de mouvements) et certaines manifestations vasomotrices ou respiratoires accompagnent systématiquement l'attention. *L'orientation* de l'activité sensorielle devient alors la conséquence d'une «*adaptation*» des récepteurs (mouvements oculaires, accommodation, contraction des muscles de l'oreille moyenne, etc.) et d'une inhibition des gestes inadéquats. Les changements circulatoires susceptibles de fournir une plus grande quantité de sang au cerveau sont privilégiés par Ribot, pour qui le sentiment subjectif

d'intensité et d'effort s'accompagne d'une décharge nerveuse proportionnelle et, par conséquent, d'un apport trophique approprié. Cet aspect énergétique d'une «attention motrice» fait de Ribot un précurseur des théoriciens behavioristes américains de l'«activation» (Freeman, 1939, 1940, 1948), chez qui l'on trouve des expressions similaires. En son temps, Ribot a pourtant fait l'unanimité contre lui. Pillsbury (1906, p.194) remarque en particulier que l'assimilation d'une capacité mentale à la commande musculaire ne nous apprend rien sur ses causes. «*Cette théorie*, écrit-il, *semble avoir été motivée par la tendance populaire à regarder l'activité accompagnant le processus de l'attention comme sa cause*..» Dans son opinion, expliquer l'attention c'est au contraire expliquer *le choix qu'elle opère* parmi les stimulus ou les idées.

4. *MOTIVATION*. — C'est pourquoi d'autres auteurs, parmi lesquels Bain (1818-1903) et Stumpf (1848-1936), ont soutenu que la condition de l'attention est d'ordre affectif (liée au «sentiment»). Bain admet, comme Ribot, la présence d'une tension motrice dans la pensée la plus abstraite, mais il en attribue l'origine à ce besoin biologique fondamental qui conduit à rechercher l'agréable et à éviter le désagréable. Peut-on dire pour autant que les stimulus plaisants sont les seuls à attirer l'attention ? Bien qu'un effort volontaire puisse maintenir l'attention sur un travail fastidieux, Stumpf l'estime «si peu naturel» (si complexe) qu'il privilégie l'influence des aspects motivants de la situation. On notera cependant que si l'intérêt d'un objet ou d'une idée est une condition favorable de l'attention, le raisonnement devient rapidement circulaire puisque l'«intérêt» ne se définit guère autrement que par l'éveil ultérieur de celle-ci.

Ainsi, les efforts déployés par les auteurs classiques ne débouchent sur aucune définition claire. Cognition, sensorialité, volition, motricité, affects et mémoire sont successivement invoqués comme si l'attention — pourtant si intuitivement évidente — n'avait pas de réalité propre.

UBIQUITE DE L'ATTENTION. — La conception moderne, essentiellement *comportementale et opérationnelle*, conduit à mesurer les effets de l'attention dans des tests conçus pour révéler des opérations hypothétiquement définies dans un modèle. Pourtant, comme chez les auteurs classiques, on se heurte toujours à cette même difficulté *d'isoler l'attention*. Puisque celle-ci est mise en jeu dans l'exécution de n'importe quelle tâche, son étude se caractérise nécessairement par une grande diversité d'illustration. En fait, toutes les situations imaginées par les expérimentalistes peuvent fournir des données pertinentes, qu'il s'agisse d'un test de mémoire, d'un seuil psychophysique, ou d'un Temps de réaction. Mais si l'on peut légitimement quantifier la qualité d'une perception, la capacité mnésique, ou la rapidité d'organisation d'une réponse, aucune performance ne peut être considérée comme une mesure directe de l'attention. Dans aucune situation en effet, le sujet n'est attentif dans le seul but de l'être. Il l'est *à quelque chose* et (le plus souvent) *pour faire* quelque chose, ce qui implique simultanément de nombreuses facultés sensorielles et motrices. L'attention n'est donc jamais seule en cause et n'a probablement guère de sens en dehors de *la modulation qu'elle exerce sur d'autres activités*.

La multiplicité des effets de l'attention est donc la première caractéristique des travaux contemporains. Ainsi par exemple, l'ouvrage collectif, édité par R. Parasuraman et D.R. Davies (1984), et intitulé *Varieties of Attention* (une paraphrase de William James). comporte treize chapitres où sont évoqués les principaux champs de recherche et leurs théories spécifiques. «*Processus automatiques ou volontaires*», «*filtrage précoce*» ou «*décision motrice*», «*partage de l'attention*», «*capacités de traitement*», «*théorie des Ressources*», de «*l'optimisation*» et de la «*Détection du Signal (SDT)*», «*capacité de soutenir l'attention*», «*exploration visuelle*», «*variations des potentiels évoqués avec l'orientation spatiale de l'attention*», «*effets des lésions cérébrales*», «*ergonomie des interactions homme-machine*» appliquée aux «*menus*» *informatiques*, etc.

Par son titre, son plan et son contenu, cet ouvrage est très représentatif des recherches modernes. Malgré l'objectif général de décrire les opérations psychologiques comme des *traitements d'information*, la convergence et la complémentarité des hypothèses explicatives ne va pas de soi. D. Kahneman et A. Treisman (1984, *op. cit.*) remarquent par exemple que les tenants d'une théorie peuvent rarement faire mieux qu'embarrasser leurs collègues, partisans d'un autre modèle, sans jamais réussir à réfuter réellement leurs arguments. Enfermé dans sa logique propre, chaque courant illustre un aspect différent d'une fonction qui échappe encore à toute synthèse. Formulée un siècle auparavant, cette opinion d'Oswald Külpe (1893) semble donc toujours justifiée :...«*La description et l'explication des faits impliqués par le terme courant d'"attention" constituent l'une des plus formidables difficultés que le Psychologue rencontre au cours de son enquête*».

Ainsi, toute conceptualisation de l'attention présente un caractère fondamental car elle implique plus ou moins directement d'importants soubassements théoriques de la Psychologie. Mais cette dernière ne saurait être indépendante de l'état des connaissances sur le fonctionnement cérébral. D'un point de vue historique par exemple, l'évolution des idées cliniques et l'apparition d'une Physiologie des organes des sens au XIXe siècle ont été de puissant catalyseurs de sa constitution en discipline expérimentale autonome. On ne peut donc éviter de remarquer que le développement rapide des Neurosciences est une caractéristique essentielle de l'époque actuelle, et qu'il suscite l'ambition de comprendre la pensée à partir de l'organisation nerveuse. Est-ce un défi à la Psychologie ? C'est un fait, en tous cas, qu'en réduisant les frontières entre sous-disciplines, en échangeant techniques et concepts, les sciences du cerveau ont accumulé en une vingtaine d'années une énorme quantité de données sur l'organe-support du psychisme.

Toutes ne nous concernent pas directement. Mais puisque l'attention est identifiable chez l'animal, c'est bien qu'il existe une continuité phylogénétique justifiant l'utilisation de ce dernier pour analyser les mécanismes de l'activité supérieure. Or la méthode physiologique traditionnelle de la *préparation anesthésiée* exclut par principe toute étude des ces opérations. C'est pourquoi l'apparition, en même temps que le phénomène des Neurosciences, des techniques d'enregistrement direct de l'activité unitaire (d'un neurone) chez un *animal vigile*, dressé pour exécuter une tâche, est un fait nouveau. Lorsque ce fait concerne un Primate — dont les capacités manuelles et sensorielles visuelles sont proches des nôtres — il est impossible qu'il reste indéfiniment sans conséquences sur la manière d'envisager les phénomènes mentaux. Dans cette enquête, consacrée à parts égales à la Neurophysiologie et à la Psychologie de l'attention, on cherchera donc des exemples significatifs de phénomènes cérébraux qui interrogent directement les modèles psychologiques. Mais comme ceux-ci ont une histoire, et que cette histoire est nécessaire à leur compréhension, il faut d'abord préciser la généalogie de quelques concepts fondamentaux.

LES ORIGINES DE LA PSYCHOLOGIE EXPÉRIMENTALE

L'ASSOCIATIONNISME, PARADIGME FONDAMENTAL. — Le concept d'association est certainement le plus ancien concept psychologique, puisqu'on trouve déjà, chez Aristote (*de Anima*), trois lois d'association des idées par contiguïté, ressemblance et contraste. Mais il revient à l'école Empirique et Associationniste anglaise, avec Hobbes et Locke au XVIIe siècle, Berkeley, Hume et Hartley au XVIIIe, puis avec James Mill, John Stuart Mill et Bain au siècle dernier, d'en avoir fait le principe du psychisme à l'époque moderne. Locke opposait particulièrement aux « idées innées » de Descartes la notion d'une connaissance acquise par l'expérience. Pour lui, les *« idées »* provenaient directement de notre perception du monde, sous le contrôle de la *« réflexion »*, ce « sens interne » par lequel l'esprit reste conscient de ses propres opérations. L'« *idea* » s'opposait à l'action et Locke englobait sous ce terme un continuum de faits mentaux allant de la sensation directe (« *éléphant* ») au concept abstrait ou général (« *gouvernement* »). Il distinguait cependant les *idées simples*, directement liées à l'expérience sensorielle, des *idées composées*. Le passage des premières aux secondes par des phénomènes d'élaboration mentale fut d'abord exploré dans la philosophie idéaliste de Berkeley («*New theory of vision*», 1709), qui voyait, dans l'appréhension de l'espace une pure construction de l'esprit. David Hume expliqua ensuite la formation des «idées» à partir des sensations — ou «*impressions*» — puis l'émergence d'entités complexes à partir des «idées simples» par la «force délicate» des associations. Dans son analyse du *principe de causalité*, celles-ci étaient attribuées à *la répétition des successions* (lorsqu'un second terme peut être systématiquement attendu après le premier). Ainsi, l'expérience sensorielle et intellectuelle était-elle la conséquence d'«habitudes» empiriques dues à *l'apprentissage des contiguïtés* spatiales et temporelles.

Dans cette lente maturation des concepts, l'unité psychique de base, l'«idée», s'était progressivement différenciée. L'école écossaise des «facultés psychologiques» de Thomas Reid (1764) établit alors une distinction fondamentale entre la *sensation* (le phénomène brut) et la *perception* qui implique un pas d'abstraction supplémentaire et la notion d'objet. Attesté simultanément par la vue, l'ouïe, ou le toucher, celui-ci implique un processus de construction symbolique qui en fait un *élément de connaissance* du monde extérieur. Cette hiérarchie de complexité entre l'impression sensorielle au niveau de l'organe récepteur et le fait cognitif qui en dérive devait être déterminante pour les théories psychologiques ultérieures. Au début du XIXe siècle, Thomas Brown, puis surtout James Mill (1773-1836), avec son «*Analysis of the phenomena of the human mind*» (1829), l'intégrèrent à l'Associationnisme. Reprenant sensiblement la position de Hume, Mill fit de l'*idée simple* une copie, ou un écho mental durable de la sensation. Puis il postula la combinaison de ces traces dans un «percept», ou une «idée», en supposant que les coïncidences spatiales et temporelles conduisaient à la mémorisation des relations de contiguïté, en proportion de leur «permanence» (fréquence), de leur «facilité» (spontanéité) ou de leur «vivacité» émotionnelle. En résumé, les impressions engendraient les idées simples, elles-mêmes combinées en idées plus complexes, qui devenaient à leur tour les éléments d'une abstraction supplémentaire. L'«idée de poids», en apparence simple et immédiate, se voyait décomposée en un mélange de sensations de résistance musculaire, de direction verticale et d'espace. L'idée plus complexe de maison était supposée contenir les idées de mur, puis de briques et de mortier. James Mill avait ainsi défini une théorie de la fusion associative par emboîtement des faits mentaux. Mais pour expliquer que l'esprit ne conserve pas toujours le souvenir de l'assemblage, il était obligé de faire l'hypothèse compliquée que les éléments constitutifs étaient rendus implicites à chaque étape, par la focalisation automatique de l'attention sur l'idée résultante.

Son fils, John Stuart Mill (1806-1873), entrepris de systématiser, clarifier et corriger son œuvre et il reste un auteur important aujourd'hui, par sa réflexion fondamentale sur la démarche scientifique («*A system of logic*», 1843). La révolution intellectuelle introduite par Lavoisier avec le principe de combinaison chimique des corps simples en corps composés (voir Kuhn, 1962) lui servit de modèle. L'idée essentielle est que *le produit résultant possède des propriétés spécifiques*, irréductibles à celles de ses composants. Les sensations élémentaires pouvaient donc s'attacher entre elles pour produire un contenu *différent* dans la conscience, un «objet perceptif» intégré et mentalement autonome. James Mill avait laissé un système de complexification des représentations par inclusion qu'il était facile de pousser à l'absurde. L'idée de ville comprenant celle de maison, puis celles de mur, brique, mortier, sable, argile, plancher, planche clous, etc., tous ces éléments devaient-ils rester effectivement présents dans le produit composé? John Stuart Mill montra que la représentation perceptive n'était pas nécessairement une inclusion. Lorsque «les sept couleurs prismatiques» sont présentées sur un disque tournant, l'observateur éprouve une sensation de blanc «qu'il est correct d'interpréter *comme générée* par les couleurs d'origine et non comme *contenant celles-ci*». Mais comme l'association était avant tout un mécanisme de mémoire, elle pouvait connecter indifféremment des événements actuels et passés. Le complexe mental résultant, perception ou idée, devenait *indépendant* de la présence physique des éléments sensoriels d'origine. La «permanence mentale» des objets de la vie quotidienne signifiait par conséquent que l'esprit réévoque toutes les associations virtuelles formées par l'expérience passée et ne se contente pas des relations immédiatement perçues. Alexander Bain (1855, 1859), systématisa et popularisa ensuite ces notions avec ses «associations constructives», destinées à rendre compte des facultés d'imagination et d'initiative de l'individu.

L'Associationnisme visait donc une *explication mnésique de la connaissance*, où les entités mentales, regroupées sous le terme général d'«idées», s'étaient précisées par l'introduction de la sensation dans un système conceptuel faisant de la perception l'axe d'interprétation privilégié des mécanismes psychiques (voir Chapitre 4). Mais James Stuart Mill montrait également que la métaphore de la combinaison chimique possède une portée beaucoup plus grande que celle d'un simple modèle de processus. Puisque l'eau possède des propriétés *qui ne sont pas déductibles* à partir de celles de l'oxygène et de l'hydrogène, le tout n'est pas la simple addition de ses parties[3]. Si la Science doit d'abord isoler *les éléments* pertinents de sa démarche, le phénomène complexe qui résulte de leur organisation doit toujours *être étudié pour lui-même et in-*

dépendamment. Seule une expérimentation spécifique permet donc de décrire et de mesurer ses propriétés, comme elle permet d'en analyser le processus générateur. Ainsi, John Stuart Mill sauvait l'Associationnisme de la globalisation philosophique et débouchait logiquement *sur la nécessité d'une Psychologie expérimentale*.

LES THEORIES DE L'«APERCEPTION». — Le mouvement lancé par les philosophes anglais fut repris et amplifié en Allemagne avec le développement des théories de la conscience. Si le paradigme associationniste avait intégré les principes de la combinaison chimique dans l'élaboration des idées, la nouvelle étape fut caractérisée par une sorte de transposition de la mécanique newtonienne au fonctionnement de l'esprit. L'épanouissement de la pensée mécaniciste du XIXe siècle se traduisit alors par de constantes références à des «forces» ou «énergies» mentales dont on chercha bientôt à observer, puis à mesurer, les interactions. C'est dans ce cadre que se réalisa l'exigence épistémologique de la mesure et de l'expérimentation qui devait marquer l'autonomie conceptuelle (puis institutionnelle) de la Psychologie scientifique.

Le concept d'«*APERCEPTION*» — traditionnellement considéré comme le point de départ des théories de l'attention — est inséparable de l'introduction de la notion de conscience en Philosophie. Cette innovation est due à Leibnitz (1703, 1714) et repose sur la distinction entre les «idées nettes» et les «idées vagues», ou «indistinctes». Ici encore le terme «idée» renvoie à toute entité mentale identifiable, mais la distinction conduit surtout à une *théorie de la cohérence*. Ce qui est net et clair est organisé, structuré, cohérent. L'explication impose cependant une brève référence à la cosmogonie métaphysique de son auteur. Le système leibnitzien était essentiellement un *idéalisme moniste* (à un seul principe), niant le dualisme cartésien de l'esprit et de la matière. L'Univers était une «harmonie préétablie» (une structure immanente et descriptible comme un ensemble de lois déductibles) dont l'élément dernier était une substance simple, inétendue, indivisible *et pensante : la «monade»*. Cette sorte d'atome spirituel, doué d'une autonomie et d'une dynamique propre, possédait cependant des propriétés de reflet, ou de représentation, susceptibles de se reproduire à plus grande échelle en vertu d'un principe de continuité et d'emboîtement. De même que la vague inclut des milliards de gouttes d'eau *animées simultanément d'un même mouvement*, notre perception d'êtres conscients résultait de l'organisation d'innombrables «petites perceptions» (sic) monadiques, équivalentes à des idées embryonnaires. Le terme d'«*Aperception*» était alors réservé aux périodes les plus actives de la vie mentale, où cette convergence des phénomènes élémentaires transformait les «idées informes» en «idées claires». Aux yeux de Wundt (1880/ 1886), ce mécanisme faisait de la conscience le principe *unificateur* d'un ensemble de faits psychiques à la fois primitifs et différenciés, tout comme la notion d'organisme suppose la coopération d'un certain nombre de fonctions physiologiques.

L'«*Aperception*» apparaît également chez Kant pour désigner les formes supérieures de la vie mentale, mais c'est avec Johann Friedrich Herbart (1776-1841) qu'elle devient effectivement un modèle d'interaction des unités psychiques. Celles-ci — toujours les idées — sont des entités dynamiques et persévératives, variables en force («*Kraft*»), mais non en qualité (chaque idée conservant son identité). Lorsqu'elles sont similaires, les idées s'associent par «fusion» ou par «complication» dans un même acte mental. Lorsqu'elles sont contraires, elles s'inhibent (ou s'«arrêtent») réciproquement. La plus forte coalition s'empare alors de la conscience et définit son contenu momentané : la «*représentation*», ou «*masse aperceptive*». L'«*Aperception*», c'est-à-dire l'acte attentif d'appréhension ou d'assimilation d'une notion nouvelle est donc une algèbre, ou un rapport des forces, entre les idées actuelles et nouvelles. La dynamique mentale est essentiellement inhibitrice puisque la masse aperceptive s'enrichit en sélectionnant de nouveaux constituants et en arrêtant les autres. Mais si une nouvelle entité, plus forte, parvient à franchir ce seuil de la conscience, elle s'empare intégralement de l'esprit et son ancien contenu devient latent, ou ralenti. (Par de nombreuses analyses algébriques des forces d'attraction et de répulsion, Herbart prétendait en effet qu'aucune idée ne peut être totalement inhibée). Ce système, à la fois rationaliste et métaphysique (l'esprit humain étant envisagé comme un aspect particulier d'une mécanique universelle), était une explication mécanique de la sélectivité de la conscience, des mouvements de la pensée et des associations. Niant l'utilité de l'expérimentation psychologique, il s'est prolongé par une théorie éducative restée connue. L'apprentissage d'une nouvelle idée se heurtant à la résistance de la représentation du moment, le pédagogue devait aplanir leur opposition et éveiller l'intérêt de ses élèves par une histoire servant d'introduction et de contexte. Ceci permettait à l'attention, «*Aperception*», ou «accroissement de la représentation consciente» («*Zuwachs des Vorstellens*»), d'absorber la nouvelle notion. («*La Psychologie comme Science fondée sur l'expérience, la métaphysique et les mathématiques*» II, 1825).

LA PSYCHOPHYSIQUE. — Cette relation étroite entre l'attention et l'exclusivité de la conscience est une donnée constante après Herbart. Par ailleurs, les concepts de «seuil mental» et de force dynamique des «impressions» et des idées devait ensuite exercer une influence importante sur Helmholtz, Fechner et jusqu'à Freud. (Les «idées ralenties» d'Herbart préfigurent en effet la plupart des doctrines de l'inconscient). Ainsi pour Fechner, une sensation, pour être perçue, devait s'imposer à l'esprit en forçant une certaine résistance, en atteignant une certaine intensité. Cette résistance était évidemment minimale si l'attention du sujet était concentrée sur la sensation étudiée. Mais les «*Elemente der Psychophysik*» (1860) contiennent une innovation essentielle : ils marquent formellement l'introduction de la mesure en Psychologie. Le principe en est simple : si la sensation ne peut être mesurée directement (on peut seulement dire qu'elle est présente ou absente, plus grande ou plus petite), elle peut l'être indirectement à travers le stimulus. La Psychophysique est alors le développement d'un unique concept : celui *de seuil*. Weber avait déjà défini la «plus petite différence perceptible» entre deux stimulations tactiles et montré que ce «seuil différentiel» (s.d.) était proportionnel à l'intensité d'excitation. Autrement dit, le rapport de cette différence à l'intensité globale (s.d./I) reste constant. En prenant le s.d. comme un échelon de mesure, Fechner fit l'intégration mathématique de cette relation pour obtenir la célèbre fonction continue où la sensation (S) croît comme le logarithme de l'excitation. D'abord formulée comme $S = c \cdot \log_{10} I + K$, celle-ci posait un problème de constantes inconnues (c et K) que Fechner résolut élégamment en «recalant» sa courbe sur la seule grandeur absolue mesurable : l'intensité du stimulus au «*seuil absolu*». En utilisant ensuite celle-ci comme unité générale et par un changement approprié de constante, il aboutit à la formule classique : $S = a \cdot \log_n I$.

Une implication importante était de faire de cette valeur le point d'émergence à la conscience *mais non l'origine du processus* : le caractère inconscient de celui-ci aux valeurs infraliminaires le rangeait dans le domaine de la Physiologie sensorielle. Mais tous les développements ultérieurs, et en particulier ceux qui concernent l'évaluation *statistique* des mesures (fondant les premières méthodes rigoureuses de la Psychologie expérimentale) répondaient à la nécessité de prendre en compte *la variabilité* du seuil absolu. Or le premier facteur de celle-ci est l'attention, car cette mesure exige la coopération active du sujet qui s'engage dans un effort de concentration mentale important (voire pénible) sur la sensation étudiée. Dès l'origine, l'attention était à la fois une condition méthodologique implicite de *l'opérationnalisation* des premiers concepts de la Psychologie scientifique, tout en restant — sous le terme d'«*Aperception*» — une dénomination savante de la conscience.

L'ATTENTION ET LA CONSCIENCE, PROGRAMME OFFICIEL DE LA PSYCHOLOGIE CLASSIQUE

Si les travaux d'Herbart (1825), Helmholtz (1856) et Fechner (1860) sont d'indiscutables bases de la Psychologie scientifique, il est pourtant traditionnel de dater le bulletin de naissance de celle-ci de l'année 1879, lorsque Wilhelm Wundt (1832-1920) créa, à l'Université de Leipzig, le premier laboratoire de Psychologie expérimentale. Cette date — choisie par Wundt lui-même — est arbitraire. Mais l'événement d'importance est la constitution d'un noyau de chercheurs qui forma presque toute la première génération d'expérimentalistes.

Wundt était un esprit encyclopédique et systématique, un auteur prolifique (on a recensé 53 735 pages et 491 titres) et un polémiste redoutable. C'était donc une personnalité très forte qui façonna l'identité initiale de la Psychologie scientifique. L'aspect le plus remarquable de son œuvre est peut-être que les grandes lignes en sont annoncées très tôt («*Beiträge zur Theorie des Sinneswahrnemung*», 1862), sous forme d'un programme définissant les buts et les méthodes générales de la Psychologie. Il y a donc un système wundtien, constamment développé et parfois révisé, mais toujours parfaitement cohérent. Cette pensée nourrie de réflexion philosophique assigne à la nouvelle science trois objectifs principaux : (1) l'analyse et la décomposition du processus conscient *en éléments* ou qualités simples [4], (2) la détermination des relations, ou interconnexions, entre ces éléments, et (3) l'établissement de leurs lois d'organisation.

Situées au point de convergence de l'Associationnisme, des théories de la conscience et de la Physiologie sensorielle, *perception et sensations* furent les thèmes privilégiés du laboratoire de Leipzig. Modèle général des fonctions psychiques, synthèse de la «chimie perceptive» de John Stuart Mill et des théories de Herbart, c'était le cadre idéal d'une stratégie expérimentale basée sur la Psychophysique. Sur une trentaine d'années, le tiers des travaux réalisés peut être défini comme un inventaire minutieux des sensations et des capacités de détection visuelle, auditive et tactile. Mais d'autres d'études furent consacrées au Temps de réaction dans le but de décomposer et de mesurer les étapes d'incorporation d'un événement sensoriel à la conscience (voir Chapitre 6). Dans ces deux domaines, furent introduites de nombreuses techniques expérimentales encore utilisées aujourd'hui. Enfin, diverses recherches analysèrent les associations, la mémoire et l'apprentissage tonal et verbal, bien que leur retentissement fût moins grand que celui des travaux d'Ebbinghaus, ou de G.E. Müller, réalisés à la même époque.

L'essentiel de la théorie classique peut être résumé ainsi : l'entité élémentaire et l'unité d'analyse du champ de conscience était la sensation («*Empfindung*»), cet atome mental déterminé par le stimulus. Son intégration par les mécanismes d'association définissait la perception («*Wahrnemung*») comme un mécanisme construisant des *systèmes de représentation* («*Vorstellungen*») du monde extérieur (Figure 1). De même que deux corps simples, en se combinant, produisent un corps plus complexe qui possède des propriétés différentes, les sensations élémentaires s'attachaient entre elles pour déterminer un contenu différent dans la conscience. Le résultat prenait la forme d'une nouvelle sensation (une couleur chaude), ou d'un objet défini comme un ensemble de relations entre ses constituants sensoriels (couleurs, bords angles, poids, etc..) assemblés par le «ciment» des associations. Parmi celles-ci, Wundt distinguait différentes catégories (*la fusion, l'assimilation, la complexification,* etc), mais toutes avaient en commun d'être spontanées, immédiates et pour ainsi dire «naturelles» ou automatiques. L'association, principe général du psychisme, semblait posséder la capacité d'extraire une signification nouvelle des relations existantes entre d'autres contenus plus simples. Cette loi s'appliquait à tous les niveaux de complexité, au niveau perceptif comme dans le domaine des symboles abstraits et des concepts. La pensée était considérée comme un enchaînement, ou une suite d'associations d'idées.

Dans ce système, l'«*Aperception*», à laquelle Wundt accordera une importance croissante dans les éditions successives de ses *Grundzüge der physiologischen Psychologie* (1873, 1880, 1887, 1893, 1903, 1911), était une *association active*, liée à la volonté du sujet. C'était le mécanisme fondamental de l'attention, c'est-à-dire l'agent du contenu focal de la conscience. La manière dont une idée, ou une perception, s'empare de l'esprit était envisagée comme l'entrée dans une «zone de clarté», définie par analogie avec la vision lorsqu'un objet apparaît dans la région fovéale. Wundt distinguait deux niveaux de la conscience. Le premier était le *Blickfeld* (littéralement champ visuel), ou champ de conscience global qui contenait tous les éléments sensoriels ou psychiques, même marginaux ou confus. A partir de ceux-ci, l'«*Aperception*» constituait un *Blickpunkt* (littéralement point focal ou point de mire) plus étroit et caractérisant la zone de conscience nette et sélective (la perception «claire», au sens des idées claires de Leibnitz). Ainsi, le processus d'association active construisait un objet au centre du champ à partir des éléments du *Blickfeld*, susceptibles de lui donner une signification (le contexte). En d'autres termes l'attention était le mécanisme intégrateur de la perception complète. Ces notions permettent de comprendre

TABLE DES MATIÈRES
DU SECOND VOLUME

TROISIÈME SECTION
DE LA FORMATION DES REPRÉSENTATIONS SENSORIELLES.

                                                                  Pages

CHAPITRE XI. — Revue générale des représentations sensorielles. Représentations tactiles et de mouvement.................. 1
  1. *Concept et formes principales de représentations*................... 1
      Rapport de la représentation avec la sensation. Division des représentations. Sentiments esthétiques élémentaires.
  2. *Localisation des sensations tactiles*............................... 5
      Méthodes pour déterminer le seuil d'espace du sens tactile. Cercles de sensation de Weber. Influence du mouvement et de l'exercice sur ces cercles. Modification de la sensibilité cutanée.
  3. *Perceptions tactiles dans l'espace*........................... 16
  4. *La représentation de notre propre mouvement*................... 18
      Mouvements des diverses parties du corps; du corps tout entier. Rôle du cervelet et des canaux semi-circulaires du labyrinthe auditif dans les mouvements corporels.
  5. *Théorie de la localisation et des représentations tactiles dans l'espace.* 25
      Conditions physiologiques de la localisation. Signes locaux et sensations de mouvement. Synthèse psychique. Critique des hypothèses.

CHAPITRE XII. — Représentations auditives........................ 39
  1. *Formes générales des représentations de son*..................... 39
  2. *Parenté directe des sons*....................................... 44
      Intervalles harmoniques des sons. Transformation des intervalles harmoniques en octave.
  3. *Parenté indirecte des sons*.................................... 49
      Triples sons harmoniques. Accords majeurs et mineurs.
  4. *Liaison des représentations de sons dans le temps*................ 56
      Lois fondamentales du rythme. Mesure, série et période. Succession qualitative des sons. Mélodie. Opinion sur les causes de l'harmonie.
  5. *Localisation des représentations auditives*..................... 67

CHAPITRE XIII. — Représentations visuelles........................ 69
  1. *Image rétinienne de l'œil au repos*............................. 70
      Justesse de la vision directe et indirecte. La tache aveugle; sa répétition. Transfert des images rétiniennes selon les lignes de visée. Estimation des distances par l'accommodation. Champ visuel de l'œil au repos.

	Pages
2. *Mouvements de l'œil*..	80

Disposition des muscles oculaires. Principe de l'innervation la plus simple. Loi des rotations de Listing. Loi de l'orientation constante.

3. *Influence des mouvements oculaires sur la mensuration du champ visuel.* ... 95

Champ de regard et champ visuel. Modification des représentations visuelles, lors des paralysies des muscles oculaires. Illusions sensorielles normales. Mensuration oculaire dans les diverses directions du champ visuel. Influence de la réplétion du champ visuel sur la mensuration oculaire. Critique des théories relatives aux illusions optico-géométriques.

4. *Perception des objets en mouvement*................................. 122
5. *Mouvements binoculaires*... 127

Mouvements parallèles, et de convergence. Influence des impressions lumineuses sur l'innervation des deux yeux fonctionnant ensemble.

6. *Perceptions visuelles binoculaires*..................................... 136

Points identiques, correspondants et de recouvrement. Conditions de la vision simple et de la vision double. Vision simple, lors du strabisme musculaire. Position des points correspondants. Rôle physiologique de l'horoptère. Réunion binoculaire des images hétérogènes.

7. *Le stéréoscope et les auxiliaires secondaires de la représentation de profondeur*... 162

Angle visuel. Perspective. Transparence et lustre. Expériences stéréoscopiques. Formes de stéréoscope. Projection des images consécutives binoculaires. Contraste binoculaire. Lutte des champs visuels et mélange coloré binoculaire.

8. *Développement psychologique des représentations visuelles*......... 181

Critique des théories. Expériences provenant d'aveugles-nés opérés.

CHAPITRE XIV. — SENTIMENTS ESTHÉTIQUES ÉLÉMENTAIRES............... 202

1. *Harmonie et rythme*.. 203
2. *Effet esthétique des formes*... 205

Symétrie et proportionnalité des formes. Cours des lignes de contour. Perspective. Symétrie supérieure des formes organiques.

3. *Relation des sentiments esthétiques élémentaires avec les effets esthétiques supérieurs*.. 212

Dépendance du contenu des représentations. Relation avec d'autres formes de sentiments. Le sublime et le comique. Théories psychologiques.

QUATRIÈME SECTION

DE LA CONSCIENCE ET DU COURS DES REPRÉSENTATIONS.

CHAPITRE XV. — LA CONSCIENCE.. 219

1. *Conditions et limites de la conscience*................................. 219

Condition physiques et psychiques. La question des idées innées.

l'affirmation de Titchener (1908), selon laquelle «*l'ensemble du système de Wundt peut être considéré comme une théorie de l'attention*».

INTROSPECTION ET FAIT DE CONSCIENCE. — L'utilisation systématique de l'introspection par les auteurs classiques fut la cible privilégiée des Behavioristes et des Gestaltistes qui y voyaient le signe d'une «Psychologie subjective» incapable d'assumer les contraintes de la démarche scientifique. A l'issue de ce procès — au moins autant celui des bases conceptuelles de la discipline que celui de ses abus — l'introspection fut déconsidérée et rangée au musée de la préhistoire psychologique.

Posner s'est pourtant lancé (1978/1986) dans une défense de l'introspection qui rejoint les arguments de Titchener (1908). L'étude de la détection explique-t-il, implique nécessairement l'utilisation des données de *l'expérience sensorielle consciente* dont aucune étude des phénomènes perceptifs ne peut faire l'économie. Or l'événement subjectif, s'il sert de base *à la notion de seuil psychophysique* (la sensation est consciente au-dessus, mais non en dessous), ne se réduit pas au classement des effets d'un stimulus en échelons d'intensité. L'introspection complète donc la Psychophysique pour les dimensions qualitatives. En principe elle n'est qu'une méthode auxiliaire, visant à obtenir des informations exploratoires qui devront être confirmées ensuite par l'expérimentation. Quelle que soit la nature du «contenu mental» examiné, il existe d'ailleurs une continuité entre ces données préliminaires et celles d'une opérationnalisation plus rigoureuse. Une fois définies les observations cruciales, les impressions du sujet peuvent être considérées comme des jugements, regroupées *a posteriori* en catégories, et traitées statistiquement. Les commentaires des observateurs deviennent une variable expérimentale ordinaire et il faut beaucoup de sujets. Mais si l'on questionne chacun sur le pourquoi des choses, si l'on fait appel à ses impressions connexes, à la description de son état de réceptivité, etc.. on se contente au contraire de quelques *témoignages* qui impliquent une confiance beaucoup plus discutable envers le sujet pour *qu'il interprète lui-même* le processus de son expérience sensorielle. Or à l'époque, c'était là une procédure prestigieuse, basée sur un entraînement spécial et sur la discipline contraignante d'un protocole d'«auto-attention», auquel les personnalités les plus éminentes se prêtaient volontiers. Comment faire entrer ensuite les introspections d'un Wundt ou d'un Külpe dans la grille anonyme de l'évaluation statistique?

L'introspection aurait dû normalement rester l'auxiliaire des démonstrations expérimentales comme elle le fut effectivement au début. Mais l'illusion d'un accès direct aux phénomènes mentaux et le dogme de la «sensation élémentaire consciente» se conjuguèrent pour qu'on lui demande ensuite abusivement de véritables illustrations des principes fondamentaux. Le domaine psychologique étant celui de l'«expérience immédiate» (états perceptifs conscients sans manifestation externe), par nature verbalisable, il était toujours possible de demander à l'«observateur» de mémoriser les éléments vécus pour les décrire ensuite. Comme l'exprimait brutalement Krause (voir Boring, 1929, p. 390) : «*Problème : mener à bien l'inspection de l'Ego par lui-même. Solution : elle est réalisée directement*».

Ainsi Woodworth (*Psychologie expérimentale*, Ed. 1945/ 1949, Chapitre 19, «*La sensibilité tactile*») explique-t-il la distinction entre perception et sensation, lorsqu'un sujet soupèse de la main une boîte d'un certain poids. Dans une expérience sur la perception, la boîte constitue le stimulus et l'expérimentateur s'intéresse à la manière dont ses caractéristiques particulières sont ressenties. Dans une expérience sur *la sensation*, le stimulus n'est pas la boîte, mais l'effet qu'elle produit sur la peau, sur la flexion des articulations, etc. Dans les deux cas, le sujet est très attentif, mais comme son intérêt se porte naturellement vers la boîte (dont il évalue spontanément le poids : c'est l'«erreur-objet», voir Titchener, 1909, p.267), un effort *d'attention spécial* lui est nécessaire pour se concentrer sur la sensation tactile. Le caractère artificiel de cette situation montre bien le peu de fiabilité de l'analyse introspective de la sensation isolée. Celle-ci prend même un aspect tout à fait paradoxal, puisque c'est le phénomène le plus complexe (l'attention) qui détermine ici le phénomène le plus simple (la sensation), pourtant censé être la clé de l'intégration mentale. Cette démarche circulaire tenait au statut ambigü de l'attention qui était d'un côté, avec l'«*Aperception*», un modèle philosophique de la conscience impossible à soumettre à l'expérimentation, et d'un autre, l'agent *ad hoc* d'une «démonstration» des sensations élémentaires. Cette incohérence justifiait alors la critique de Kant (*Metaphysische Anfangsgrunde der Naturwissenschaft, 1786*), qui estimait que la Psychologie ne pourrait jamais devenir une science expérimentale car ses observations interfèrent avec son objet propre.

L'ENLISEMENT DE LA PSYCHOLOGIE CLASSIQUE

Le tournant des années 1890 fut la «*théorie tridimensionnelle des affects et du sentiment*» qui se voulait la grande entreprise couronnant l'œuvre de Wundt. Certes, aucun système psychologique ne peut ignorer complètement le problème de la vie affective, bien que ce domaine soit l'un des plus décevants, et celui où les connaissances expérimentales font le plus nettement défaut. Hier comme aujourd'hui, la situation est un peu celle que décrivait Titchener en estimant qu'ici, le scientifique ne peut guère se prévaloir d'observations plus pertinentes que celles de l'homme de la rue. En élémentariste et en systématicien convaincu, Wundt chercha donc à généraliser les sensations, jusque là définies par *deux attributs* fondamentaux seulement : *la qualité* (ou type de stimulus) et *l'intensité*, pour en faire les unités d'une nouvelle analyse des affects. Il leur attribua une «coloration affective» résultant de trois facteurs, ou dimensions : (1), plaisir - déplaisir, (2) tension - relaxation, (3) excitation - dépression. Puisque ces trois caractéristiques étaient supposées combinées dans le même effet d'un stimulus, l'approche expérimentale imposait de définir, sur le modèle de la Psychophysique, des échelles de mesure pour chacune d'entre elles. Mais comme la Psychophysique ne traitait que l'intensité, ou l'énergie physique du stimulus, la constitution d'une «psychophysique des affects» reposait nécessairement *sur le recours systématique à l'introspection*. Bien qu'explicitement exploratoire (définir quels changements, ou dimensions, du stimulus provoquaient les effets subjectifs), cette analyse était liée à des buts de recherche visant à élargir le concept de sensation à des domaines *où il n'existait plus aucune mesure objective de la stimulation*[5] et où l'estimation qualitative du sujet était par conséquent *le seul support de toutes les données*.

Titchener, élève orthodoxe de Wundt, amplifia encore cette erreur qui provoqua l'enlisement de la Psychologie classique. en faisant de l'attention une sorte d'étendard du mentalisme. Dans ce domaine crucial, il multiplia toutes les incohérences du concept de sensation élémentaire, en gardant la démarche qui s'était montrée si défectueuse dans le domaine des affects. Au départ l'ambition semblait pourtant louable : la notion d'«*Aperception*» était un concept philosophique invérifiable qu'il était souhaitable de faire évoluer dans un sens plus expérimental. L'idée centrale de cette tentative d'opérationnaliser le «*Blickpunkt*» était celle de «clarté». «*Il semble hors de doute*, écrivait Titchener, *que le cœur du problème de l'attention soit constitué par le fait de la clarté du monde sensible*».. («*sensible clearness*», ibid, 1908). Il essayait ensuite de dégager les conditions de cette «netteté subjective» en faisant appel aux *propriétés du stimulus*. (1) l'intensité, (2) la durée, (3) l'extension, (4) la répétition ou la soudaineté, (5) la rareté, étrangeté ou nouveauté, (6) la similarité, (7) l'adaptation de l'organe sensoriel, et enfin (8) l'omission d'un événement familier étaient des «déterminants de l'attention» qui recoupaient les «attributs» de la sensation élémentaire. Notons en passant la bizarrerie par laquelle ce catalogue a survécu chez les auteurs behavioristes (on le trouve chez Berlyne, 1960). Mais soulignons surtout qu'il confondait allègrement les *caractéristiques physiques* de la stimulation avec les conditions internes du sujet dans un même concept d'*«attensité»*. Or ce pouvoir d'attraction de l'attention par le stimulus ne dépend d'aucune dimension physique mesurable. L'étude de la distraction a bien montré, par exemple, que les événements *signifiants* sont infiniment plus perturbateurs que des bruits intenses. La «significativité», comme la «nouveauté», ne sont pas des propriétés du stimulus (des attributs). A l'évidence, le *même événement* peut être nouveau pour un individu et familier pour un autre. En faisant de ces facteurs liés à l'expérience passée de l'observateur une caractéristique physique externe, la position de Titchener reposait sur une grave faute de logique et escamotait le problème *du traitement* du stimulus (la transformation d'une variation d'énergie extérieure en fait mental; voir Chapitre 4).

Pourtant, les élèves de Titchener, à l'Université Cornell, essayèrent de définir les facteurs de la «clarté», ou de l'évidence perceptive, par des expériences d'«introspection expérimentale». Les observateurs trouvaient, par exemple, qu'une croix distincte et bien dessinée, capturait et retenait l'attention beaucoup mieux qu'une tache lumineuse informe, à intensité égale. En ajustant ce dernier paramètre pour égaliser leur impression subjective des deux stimulus, ils étalonnaient l'attractivité de la croix (forme) pour comparer ensuite d'autres «dimensions» des signaux lumineux : taille (Bowman, 1920), couleur, position dans le champ visuel (Dallenbach, 1923), ou position relative par rapport au point de fixation (Friedline et Dallenbach, 1929). Ces études «quantitatives» de l'impression de netteté, qui confondaient perception instantanée et attention, dérivèrent ensuite vers le problème de l'«*empan d'appréhension*» (Glanville et Dallenbach, 1929), ou si l'on préfère, de l'étendue de la focalisation spontanée. A la question classique d'Aristote («combien l'esprit peut-il saisir d'éléments *distincts* à la fois?»), on répondait alors généralement comme Hamilton («cinq ou six»), sur la foi d'expériences où les «éléments» étaient des haricots noirs jetés sur une surface blanche. Mais des équivalents tachystoscopiques plus complexes (lettres, dessins d'objets), montrèrent bientôt toute l'importance des significations. Dans l'ensemble, cette recherche des déterminants de l'«appréhension» au niveau des caractéristiques du stimulus resta stérile. Au moment où Gestaltistes et Behavioristes concentraient leurs critiques sur l'introspection, le fiasco général de cette traduction expérimentale du «*Blickpunkt*» pesa fortement sur l'évolution des idées.

TENTATIVES D'OPERATIONNALISATION DE L'ATTENTION. — La Psychologie classique a pourtant laissé d'authentiques descriptions expérimentales de phénomènes attentionnels qui concernent principalement le problème crucial de la variabilité de la détection sensorielle. L'otologiste Urbantschitsch (1875), qui testait l'audition de ses patients avec une montre tenue à distance, avait remarqué que l'audibilité de celle-ci était cyclique et qu'elle disparaissait et revenait périodiquement. On s'aperçut alors que ce phénomène, appelé «onde d'attention» affectait généralement tout sujet surveillant en permanence un stimulus juxtaliminaire. Son aspect cyclique devait faire l'objet d'un certain nombre d'études. Breitwieser (1911) a cherché dans les fluctuations du Temps de réaction simple une mesure objective de ces oscillations susceptible d'être reliée aux données introspectives. Dans cet esprit, Woodrow (1914) a proposé d'utiliser le TR à période préparatoire variable comme mesure d'attention (voir Chapitre 6). Ces travaux ont bien mis en évidence le caractère éminemment *labile et transitoire* d'un effort d'attention.

La détection d'un stimulus voisin du seuil est très sensible à ce facteur et Newhall (1921, 1923) a montré sur ce point toute l'importance d'un signal préparatoire. Les sujets devaient, par exemple, signaler une faible pression tactile (donnée aléatoirement dans la moitié des essais) dans trois conditions (1) sans préparation (2) avec un signal «prêt» et (3) avec la visualisation du temps par une aiguille de chronomètre qui atteignait une position prédéterminée au moment du test. Les taux de détection variaient massivement (44 %, 69 % et 80 %) avec le degré de préparation déterminé par ces trois conditions. On retrouve ici la variabilité d'un seuil absolu qui dépend des efforts d'anticipation attentive et qui oblige à le mesurer statistiquement. Mais les processus perceptifs du «seuil différentiel» peuvent révéler des effets similaires. Mager (1920), et Pauli (1924), ont montré que des jugements psychophysiques d'égalité sont presqu'impossibles à faire en concurrence. Leurs sujets devaient évaluer deux stimulus tactiles et deux stimulus lumineux. Chaque épreuve était séparément très facile (100 % de bonnes réponses), mais effectués simultanément, les deux jugements n'étaient plus corrects que dans 12 % des cas.

L'ÉVOLUTION VERS UN PRINCIPE D'ACTION ET LE DÉCLIN DE L'ATTENTION

En 1938, le Manuel de Psychologie Expérimentale de Woodworth indique, par les différents sous-titres de son chapitre sur l'attention, la gamme des investigations récentes : «l'empan d'appréhension», «les déplacements (*shifts*) de l'attention», «la distraction», «faire deux choses à la fois»... A cette liste auraient pu être ajoutée l'analyse du «blocage» par Bills (ces pauses irrépressibles dans l'exécution d'un travail monotone) et celle de l'interférence par Stroop. Les proportions modestes de ce Chapitre sur l'attention (un quinzième du Manuel) montrent cependant l'aspect mineur de ces travaux. En fait, l'intérêt pour l'étude de l'attention s'était maintenu quelques temps, au cours des années 20, comme l'attestent les revues de la littérature parues régulièrement dans le Psychological Bulletin sous la signature de Pillsbury et plus tard de Dallenbach. Ce dernier auteur remarque, en 1928, que «*davantage d'études et de recherches ont été publiées au cours des trois dernières années sous la rubrique générale de l'attention, qu'au cours de n'importe quelle période similaire de l'histoire du sujet*» (p. 493). Mais la période des années 20 et 30 fut une période de transition, marquée par de violents conflits doctrinaires. Pour des raisons notablement différentes, deux nouveaux mouvements, l'école Gestaltiste et l'école Behavioriste s'en prirent d'abord à l'introspection et au concept de conscience. Après avoir conjugué leurs efforts pour déconsidérer une Psychologie classique en difficulté, ils entamèrent ensuite entre eux une polémique virulente qui tourna finalement à l'avantage des Behavioristes. Les conséquences directes de ce mouvement des idées furent désastreuses pour les problématiques de l'attention. A partir de 1930, la revue de question qui lui était régulièrement consacrée dans le *Psychological Bulletin* disparut.

LA PSYCHOLOGIE DE LA FORME (GESTALT), traduction du mouvement phénoménologique en Psychologie et adversaire résolu des thèses classiques, s'était donné pour premier objectif la réfutation de leurs concepts élémentaristes. Les Gestaltistes n'admettaient que l'analyse de la perception intégrée qu'ils concevaient comme une structure (la Gestalt est un structuralisme) et rejetaient globalement l'atomisme mental de Wundt faisant de la perception une «combinaison chimique» de sensations élémentaires. L'expérience de Wertheimer (1912) qui marque la naissance de la Gestalt était précisément conçue pour démontrer l'inexistence de celles-ci. De même qu'une mélodie est irréductible aux notes qui la composent, ces théoriciens considéraient la forme établie d'emblée par un processus récepteur (on n'ose pas dire sensoriel) constituant une configuration, ou un champ dynamique, dans lequel toutes les parties sont en interaction depuis la stimulation périphérique. On verra plus en détail, au Chapitre 4, comment l'analyse descriptive du champ a permis de dégager des lois perceptives, telles que le caractère immédiat et prégnant de la discrimination figure-fond, les critères de contiguïté ou de groupement spatial, de fermeture du contour, de contraste relatif, qui définissent les propriétés figurales. W. Köhler (1947) cite l'exemple d'un verre d'eau savonneuse, contenant un liquide *trouble*. Or s'il regarde la partie remplie du verre par le trou d'une feuille de papier, l'observateur ne verra qu'une tache d'une certaine nuance de *gris*. La différence entre les caractères «gris» et «trouble» provient donc de l'intégration de tous les éléments perceptifs et cognitifs du champ visuel (le verre, que *l'on sait* contenir normalement un liquide limpide) et non de la seule perception d'une tache colorée. Or toutes ces propriétés perceptives étudiées par les Gestaltistes étaient attribuées à un principe d'organisation fondamental du système nerveux et jugées *insensibles aux facteurs d'association, d'apprentissage et d'attention*. Sans récuser l'existence de cette dernière, les Gestaltistes lui déniaient tout rôle dans l'intégration perceptive.

LA LOGIQUE BEHAVIORISTE

La Psychologie classique fut qualifiée plus tard de «Psychologie des contenus», ce qui suggère faussement que les théories wundtiennes reposaient sur une vision statique de l'esprit et pour l'essentiel sur l'introspection (voir, par exemple Massaro, 1975, p. 25-28). Wundt, bien au contraire a maintes fois insisté sur le caractère dynamique des représentations (sur leur constant renouvellement par le *processus d'«Aperception»*), et sur l'importance de l'expérimentation objective. La vraie spécificité de ce système psychologique tenait à son parti-pris mentaliste qui le vouait à l'analyse de la conscience et faisait de la perception le modèle fondamental de l'esprit. L'action était le produit des automatismes moteurs (par définition inconscients) et tombait dans le domaine de la Physiologie nerveuse. Dans le Temps de réaction, par exemple, la réponse du sujet n'était qu'un moyen de manifester l'achèvement de sa perception du stimulus. A cet égard, on mesure l'évolution ultérieure des idées dominantes par cette phrase attribuée à Sperry : «*le système nerveux a pour unique fonction de commander des muscles*».

Enlisée dans les exagérations de l'introspection, la Psychologie classique était devenue avec Titchener une véritable théologie de la sensation face à laquelle le Behaviorisme naissant apparut comme un souffle d'air frais. Une nouvelle cohérence se dessina car ce mouvement était l'émanation d'une école authentique : la Psychologie animale américaine, d'une grande vitalité à la fin du XIXe siècle. Ses deux problèmes centraux étaient alors la continuité des capacités d'intelligence et d'adaptation dans l'Evolution et une dialectique de l'Inné et de l'Acquis dont les termes anglais exacts sont «*Instincts*» (instincts) et «*Habits*» (les acquis). Ces thématiques découlaient directement des préoccupations de Darwin faisant des fonctions du système nerveux un élément de définition des espèces dans la mesure où elles réalisent l'adaptation au milieu. L'accent était donc placé sur l'utilité et l'efficacité de l'action et sur la parenté phylogénétique entre l'animal et l'Homme. C'est sur la contribution fondamentale apportée à ces domaines par Thorndike et Morgan, puis par Yerkes, Watson et plus tard Lashley que le Behaviorisme s'épanouit, ce qui explique que la littérature du *comportement animal et de l'apprentissage* ait été, pour l'essentiel, sa création et son domaine réservé. Les concepts qui y sont encore utilisés aujourd'hui restent marqués par leurs origines. Faire du Behaviorisme, comme Boring (1942), une phase de définition des principes de l'expérimentation moderne — en fait posés au début de la Psychologie classique — qui dégageait la philosophie universelle d'un «opérationnalisme positif», nécessairement «comportemental», est largement injustifié.

Le Behaviorisme est né dans une atmosphère de polémique qui éclaire sa nature et ses prétentions. La première phase fut celle d'une lutte contre les exagérations mentalistes auxquelles beaucoup d'articles consacrés à la cognition animale («*animal mind*») payaient encore le tribut d'un commentaire rituel terminé par..«*si toutefois l'animal possède une conscience*». Watson proposa d'abord raisonnablement de s'en tenir à l'évaluation des faits. Mais les controverses qui se développèrent dans les années 20 radicalisèrent cette position. Puisque l'animal ne peut parler, son étude repose nécessairement sur des *mesures objectives*, collectées au cours de tests conçus pour circonscrire une faculté particulière. Cette nécessité des observations factuelles — qui n'était pas niée par les auteurs classiques — fut alors présentée comme le remède aux errements des introspectionnistes. Proclamant l'impossibilité d'étudier une activité mentale *indépendante* des réactions enregistrables, les Behavioristes opposèrent leur «modèle» de la Psychologie animale au contenu théorique de la Psychologie allemande (l'esprit, ou la conscience, comme *système de représentations*) dans une critique aux intentions clairement hégémoniques. Dans la Préface de sa *Psychology* de 1919, Watson présentait son mouvement à la fois comme la «vraie science» («*la clé qui ouvre la porte de la Psychologie*») et comme une authentique création américaine qu'il opposait à ces doctrines «importées» par des étrangers (Titchener, nommément désigné était d'origine anglaise et avait été formé à Leipzig).

Pour justifier en théorie leur position anti-mentaliste, les auteurs behavioristes postulèrent que tout phénomène psychologique possède un corrélat ou une expression visible (motrice). Ils établirent ainsi un principe de *correspondance directe* entre les processus centraux et les réponses lourd de conséquences. Les premiers étant manipulables par des situations et des stimulus, cette relation devint, par extension, une relation stimulus-réponse (S.R.) prenant le *réflexe* comme modèle analogique des processus psychiques. Il était donc inévitable que le *conditionnement pavlovien* (une substitution de réflexes) fût assimilé comme modèle réducteur général des adaptations comportementales. Il permettait en effet de récupérer le concept classique d'association (la mémoire) dans l'acception restreinte d'une liaison sensorimotrice. Avec ce schéma, le Behaviorisme quittait le terrain des principes méthodologiques au profit d'une véritable idéologie S.R. Si le stimulus ne provoque pas de réponse, c'est qu'il n'est pas perçu. La logique finale fut synthétisée par Skinner (1950) pour qui le Psychologue devait seulement définir les relations formelles entre le stimulus et la réponse, sans plus se préoccuper de soi-disant «fonctions mentales» nécessairement spéculatives[6].

La dimension idéologique du Behaviorisme apparaît bien dans sa façon de présenter comme universels (et d'appliquer par conséquent à l'Homme), les principes et les conclusions des études animales. A l'origine pourtant, les études classiques de Thorndike (1898, 1911) et de Morgan (1900), n'avaient pas trouvé de traces de raisonnement inférentiel ni d'imitation chez l'animal et avaient conclu à la formation des acquis («*habits*») par la sélection aléatoire d'associations automatiques. La formulation plus tardive de ce processus comme «loi de l'effet», ou «apprentissage par essais et erreurs», installait progressivement l'idée d'une coupure phylogénétique des aptitudes mentales[7]. Logiquement celle-ci aurait dû stimuler l'étude des éthogrammes (répertoires comportementaux propres à l'espèce). Mais bien au contraire, la «loi de l'effet» devint une règle d'apprentissage et le Rat blanc (utilisé le jour bien qu'il soit notoirement nocturne et choisi comme matériel standard de laboratoire pour des raisons exclusivement pratiques de coût et d'hébergement), un modèle de l'«organisme» en général.

Dans ce contexte, il n'est pas étonnant que l'attention, encore fraîchement considérée comme l'étendard du mentalisme, ait été maltraitée par les théoriciens[8]. Pour Dashiell (1928), c'était une forme de posture, ou si l'on préfère, de préparation posturale : «*quand une personne adopte une attitude qui va faciliter sa réponse à un ou plusieurs stimulus particuliers, cette attitude prend le nom d'anticipation ("attending") ou d'attention*». Avec des formulations semblables, de nombreux auteurs insistaient sur les aspects visibles des « postures » ou « attitudes » attentives : l'immobilité, l'orientation des récepteurs, etc. Pourtant, un aspect nouveau apparaît dans la citation de Dashiell, car l'accent y est placé sur les conséquences d'un processus que l'auteur se refuse soigneusement à qualifier de « mental ». On peut donc y déceler l'amorce d'une conception de l'attention en rapport avec l'action et sa finalité : la réponse ultérieure est plus ou moins efficiente, plus ou moins appropriée. Cette conception, qui rejoint l'utilisation la plus courante du mot « attention » dans la langue peut être en effet reliée aux développements plus récents des théories de la préparation sensorimotrice. Mais les auteurs de l'époque n'avaient pas les moyens d'exploiter un tel changement de point de vue.

Beaucoup plus tardivement, mais dans la logique des interprétations basées sur le conditionnement pavlovien, nombre d'auteurs ont cherché dans le « *réflexe d'orientation* » décrit par Pavlov (1927) un modèle de l'attention animale. Ces *réactions à la nouveauté*, réminiscentes de « l'attention automatique » de William James se caractérisent par des postures et des mouvements directs de la tête et des yeux vers la source de stimulation. Ces réponses s'habituent rapidement avec la répétition pour resurgir lorsque le stimulus acquiert une signification. C'est pourquoi de nombreux travaux ont cherché une liaison étroite entre l'attention, la « déshabituation » et les réflexes conditionnés pavloviens (pour une revue, voir Weinberger, 1971). Plus près de nous, Mackintosh (1975) a proposé que le premier effet de l'appariement du stimulus conditionnel avec le stimulus inconditionnel soit une facilitation sensorielle spécifique du premier, susceptible d'amorcer l'enregistrement de la nouvelle liaison. Mais la discussion de ces théories exigerait un autre ouvrage.

Comme tous les mouvements d'importance historique, le Behaviorisme possède des traits contradictoires. S'il rejette par principe l'étude, puis l'existence même, d'une activité mentale *indépendante* d'un comportement mesurable (sans contrepartie motrice objective), cette règle souffre des exceptions. Watson admettait déjà (1919) deux niveaux du langage humain : (a) le niveau « *explicite* » des réponses phonatoires (*voci-motor*), et (b) celui de la pensée qui, par son évidente autonomie (l'expression verbale peut être retenue), était un comportement « *implicite* ». Mais après lui, cette idée d'intériorisation gagna du terrain et l'on introduisit un terme bizarre : l'adjectif « *covert* », toujours couramment employé. « *Covert* » veut dire caché, masqué, indirect, couvert, secret. Une réponse cachée, couverte, secrète est une réponse non-existante : c'est un non-sens pour l'orthodoxie behavioriste. Cette expression implique donc la reconnaissance de processus « centraux », invisibles sur le moment, mais qui restent capables d'influencer le comportement ultérieur. La recherche moderne fait largement appel à ce schéma. Dans la définition ci-dessus de Dashiell, il suffirait de compléter le mot «attitude» pour obtenir une proposition tout à fait acceptable : «*quand une personne adopte une attitude mentale qui va faciliter sa réponse à un ou plusieurs stimulus particuliers, cette attitude prend le nom d'anticipation ou d'attention*».

LE CONCEPT DE «SET»

La facilité avec laquelle un mot bien placé a permis plus haut de donner au texte de J.F. Dashiell un ton mentaliste n'est pas tout à fait fortuite. L'ouvrage dont on a extrait cette citation consacre plusieurs pages à la discussion du concept de «set»[9], dont le caractère fondamental et la récurrence périodique font une sorte de serpent de mer de la Psychologie. Entre les deux guerres mondiales, beaucoup d'auteurs, parmi lesquels Bentley (1925), Woodworth (1938a) Freeman (1939) et Dashiell (1940), puis plus tard Gibson (1941) et Paschal (1941), ont cherché à cerner, ou à redéfinir cette notion, dont l'ampleur et la difficulté semblent directement proportionnelles au nombre de termes utilisés pour la cerner.

«Set», attitudes, préparation temporaire, degré de préparation, («*readiness to respond*» pour Thorndike), ajustement préparatoire, actes préparés (Woodworth), disposition, états, conditions ou processus organiques, orientation, tendances déterminantes, prédisposition, «*Einstellung*», excitation de fond, réactions anticipatrices (Dodge), réponse posturale, ou simplement attente («expectancy»), jalonnent les textes théoriques. Mais les hypothèses explicatives sont loin d'être en rapport avec la longueur de cette liste. Malgré la confusion cependant, le concept de «set» implique clairement un raisonnement différent du principe S.R. et la reconnaissance d'un phénomène central — état ou processus — *préalable* et sans doute nécessaire à la réponse. Cette notion possédait en fait, à l'origine, une terminologie précise. Le mot «set» est la traduction littérale du terme «*Einstellung*» (verbe einstellen : mettre en place, mettre au point, ajuster, régler), qui apparaît avec Müller et Schumann (1889) pour décrire un phénomène d'erreur «mnésique» mis en évidence dans une expérience d'évaluation de poids. Après une série d'objets lourds, un stimulus léger est estimé *plus léger* qu'il n'est en réalité. Le sujet a donc appris un «réglage moteur», une norme, qu'il utilise de façon proactive (anticipatrice). La terminologie s'est ensuite précisée dans la dernière période de la Psychologie mentaliste allemande, avec les travaux de l'école de Külpe, à Würzburg, travaux consacrés, entre 1901 et 1910, à la pensée et à l'acte volontaire. Le sujet confronté à une tâche ou consigne (*Aufgabe*), s'adapte à celle-ci, avec une «attitude de conscience» particulière (*Bewusstseinslage*), c'est-à-dire avec une *stratégie*, ou *règle* d'action qui entraîne un «ajustement» spécifique (*Einstellung*). Les effets du «set» furent analysés par Külpe (1904) sur la perception visuelle, puis par Watt et Narziss Ach dans le domaine des associations verbales, où ils furent attribués aux «tendances déterminantes» (*determindierenden Tendenz*, Ach, 1910).

L'EXPERIENCE DE KÜLPE «SUR L'ABSTRACTION». — Külpe exposa lui-même cette étude au Congrès international de Psychologie de Berlin, en 1904, afin de prouver un effet majeur de la détermination sur la perception.

Le sujet était installé devant un tachystoscope qui lui présentait rapidement plusieurs syllabes non-sens (consonne-voyelle-consonne), au graphisme varié, et colorées en Rouge, Vert, Violet, Noir ou Blanc. Au début de chaque essai, le sujet recevait *l'une* des cinq consignes suivantes : noter (a) *le nombre* de lettres aperçues, ou (b) *les couleurs* et leur localisation, ou (c) *la forme* dessinée par le contour des syllabes, ou (d) *autant d'éléments* que possible, ou encore (e) *simplement observer*. Après chaque exposition, le sujet était questionné séquentiellement sur toutes les dimensions : nombre, couleur, forme et éléments. Dans un cas typique, après une consigne «forme», il était incapable de dire quoi que ce soit sur les couleurs, au point même d'estimer «qu'il n'avait rien vu de coloré» (il y avait suppression perceptive, ou «abstraction» de cette dimension). En outre, l'absence de consigne précise (condition e) était globalement désavantageuse pour la restitution. Dans le contexte de l'époque, ces arguments en faveur d'un impact perceptif de l'attention dirigée étaient potentiellement dévastateurs pour la théorie des sensations élémentaires. Celles-ci étaient en effet «démontrées» par introspection et cet effort d'auto-attention du sujet pouvait donc être pris comme un «set» capable de créer, ou de modifier, son objet.

Or malgré leur importance, les résultats étaient entachés d'une sérieuse erreur méthodologique, dénoncée en 1913 par E. Rubin. Comme chaque sujet était interrogé successivement sur les dimensions perçues après l'exposition, ses souvenirs pouvaient être affectés aussi bien par le processus questions-réponses que par l'*Aufgabe* initiale. Même en admettant l'enregistrement intégral du matériel visuel par l'observateur, la performance pouvait être expliquée par les conditions de réévocation, c'est-à-dire (1) par l'écoulement du temps entre la première et la dernière question et surtout (2) par *les interférences successives* dues aux efforts mnésiques associés aux réponses. En toute rigueur, l'ordre des questions aurait dû être équilibré aléatoirement d'essai en essai et la première pouvait seule fournir des données valides. Certains sujets estimaient d'ailleurs qu'ils avaient perçu «*sur le moment plus d'éléments qu'ils n'étaient ensuite capables de rapporter*». On pouvait donc douter des résultats de Külpe jusqu'à ce que Wilcocks (1925) et Chapman (1932) ne les reproduisent partiellement dans des conditions méthodologiquement plus correctes. L'expérience de Yokoyama (Boring, 1924) les confirmait également avec un matériel visuel plus simple. Deux rectangles, présentés au tachystoscope, variaient aléatoirement d'essai en essai en longueur et en intensité. Au cours d'une longue série où les sujets devaient effectuer un jugement psychophysique d'égalité sur l'une de ces deux dimensions, la question portait inopinément (2% des cas) sur l'autre. Les observateurs ne pouvaient généralement pas fournir de réponse satisfaisante. Habitués par exemple à concentrer leur attention sur l'intensité, avaient-ils réellement «vu» la différence des longueurs? L'expérience de Newhall (1923, voir

p. 26), montrant la susceptibilité de la sensation tactile à la préparation attentive incite à admettre ces données. Ces expériences posent en tous cas le problème des conséquences perceptives de l'attention comme un enjeu fondamental de la Psychologie scientifique.

L'«ALGEBRE PREPARATOIRE» DE NARZISS ACH. — La deuxième grande illustration du «set» à mettre au crédit l'école de Würzburg visait l'explication des phénomènes volontaires par les «tendances déterminantes». Celles-ci se rapprochaient de l'idée moderne de préparation, mais elles s'en distinguaient par une référence explicite au concept d'associations (certainement l'un des plus anciens concepts de la Psychologie), dans son double sens de «lien» et de «force». Ces expériences reposaient sur des protocoles de Temps de réaction (TR) d'«associations partiellement contraintes», mis au point par Henry J. Watt (1905).

On présentait au sujet un chiffre, ou un mot, auquel il devait répondre oralement le plus vite possible (TR vocal) en fonction d'une consigne. Une règle «diviser par deux», «tout-partie», ou «genre-espèce», prédéterminait donc un certain type de relations entre stimulus et réponse, et la rapidité d'évocation de celle-ci révélait les associations privilégiées par la pratique antérieure ou le langage. Mais par la suite, on utilisa des associations *créées* par l'apprentissage préalable de couples de syllabes non-sens. Lors du test, le premier élément de la paire était donné comme stimulus, le sujet répondait en énonçant le second, et sa latence (le TR) mesurait la force de leur liaison dans les conditions définies par la tâche. L'«algèbre associative» de Narziss Ach (1905, 1910) était ainsi basée sur un principe de compétition, ou d'interférence entre l'instruction initiale et le processus d'évocation. La première induisait une prédisposition («set») du sujet, ou «tendance déterminante» (TD), explicitement conçue comme une force mentale volontaire, capable de moduler l'énergie des associations. Lors de sa présentation comme stimulus, une syllabe (a), préalablement associée à une autre syllabe (b) devait réévoquer celle-ci spontanément. Si la règle superposait à ce mécanisme une TD évoquant également (b), leur addition devait produire une amélioration de performance. Par contre, si la TD activait une troisième syllabe (c), la compétition (b)-(c) devait entraîner une perturbation du TR. Ach fit donc apprendre à ses sujets des listes composées de paires de syllabes non-sens; syllabes indépendantes (par exemple : «*MIP-LAR*»), syllabes inversées par échange des consonnes («*LOR-ROL*»), ou syllabes rimées («*BUP-TUP*»). Une fois fixées ces trois types d'associations, les tests de TR étaient effectués chaque jour avec une consigne différente : reproduction simple, rime, puis inversion. Ach constatait effectivement des variations de la rapidité d'évocation. Le TR vocal était plus court si l'instruction était congruente avec l'association enregistrée (inversion d'une paire inverse, rime d'une paire rimée) que dans les cas d'opposition, où le sujet devait respecter la règle et non le couple mémorisé. Ach essayait ainsi de mesurer la «tendance volontaire» en trouvant l'association préétablie juste capable de la contrebalancer. Pour Koffka (1935) et Gibson (1941), il opposait donc la volonté et l'acquis («*Will and habit*»).

LA CRITIQUE DE K. LEWIN. — Kurt Lewin (1922 a,b) n'était pourtant pas convaincu par ces résultats, car seuls les TRs moyens semblaient grossièrement vérifier les prédicats d'additivité de la «tendance déterminante» avec les éléments appris. En fait, Lewin déniait aux associations stockées en mémoire le pouvoir d'induire directement la réponse. Il reprit donc les expériences de Ach en prenant la précaution de tester d'abord ses sujets en condition neutre.

Dans cette situation de base, le sujet opérait avec des syllabes entièrement nouvelles dont il devait changer la voyelle centrale (à la présentation de «*LAK*», il devait répondre..«*LIK*», «*LUK*», ou «*LOK*»). Au cours d'une longue série de ce type, Lewin intercala cependant quelques items tirés de séries «rimées» (ou «inversées»), massivement surapprises auparavant, *sans que cette intrusion provoquât la moindre perturbation de TR*. D'après la théorie de Ach, elle aurait pourtant dû créer un conflit. Puis, dans un deuxième test, avec une règle de rime cette fois, la liste de base (congruente) était composée d'un jeu de paires rimées apprises au début de l'expérience. Mais dans cette série, on introduisit quelques syllabes inversées :..rime, rime, rime, rime, *inversion*, rime, etc.. L'expérience se terminait finalement par le test symétrique (inversion, inversion, inversion, *rime*, inversion, etc..). Dans ces conditions, les intrusions provoquaient d'importantes perturbations du TR et même quelques erreurs. Pourtant, chacun des items sensibles *était passé inaperçu* au cours du premier test, où il était noyé dans une série de syllabes nouvelles avec une règle nouvelle. Ce n'étaient donc pas les syllabes en elles-mêmes - et les associations qu'elles portaient - qui pouvaient expliquer les interférences observées par le TR.

La théorie élaborée ensuite par Lewin remettait en cause la perspective associationniste traditionnelle. Dans celle-ci, la présentation d'un élément réactive directement l'élément qui lui a été associé par contiguïté et répétition. Lewin estimait au contraire que dans les conditions ordinaires, cette réactivation n'a pas lieu car les éléments ne sont pas mis en présence l'un de l'autre (connectés). Pour qu'ils le soient, la prédisposition d'une activité mentale intentionnelle, ou dirigée («set»), était nécessaire. Celle-ci *utiliserait donc des associations précédemment enregistrées, mais latentes* et incapables de s'exprimer directement. Pour Lewin, aucune interférence n'était possible en dehors du «set».

«SET» ET PREPARATION POSTURALE. — Si les auteurs behavioristes admettaient l'origine centrale du «set», ils prétendaient l'associer à leur principe général *de correspondance avec les manifestations motrices*. Puisque seule la pensée humaine basée sur le langage était jugée «implicite» ou *covert*, et que l'aspect volontaire du «set» n'était pas spécialement attaché à la parole, on devait donc lui trouver une expression «comportementale», ou sensori-motrice, directement observable. C'est pourquoi, en reliant l'attention et le «set», Dashiell accordait tant d'importance aux postures. Il établissait d'abord une distinction entre les réactions «phasiques» (réactions) et «statiques» (attitudes), supposées «canaliser» l'effection vers des réponses particulières. La spécification du système d'action (phasique) était alors indifférenciée sur les plans sensoriel et moteur. Freeman (1939) reprit et développa cette distinction entre deux catégories de processus, qu'il nomma cette fois «toniques» et «phasiques» pour les identifier en termes musculaires, sous forme de postures et de réponses spécifiques. Après l'inventaire de leurs relations il inféra l'existence d'activités centrales («neural») du même type, et supposa explicitement l'organisation des seconds par les premiers. «Le "set" est essentiellement, écrivait-il, *l'expression centrale de l'effet limitant et directeur des composantes toniques du système de réaction sur ses composantes phasiques*» (1939, p. 24). Ici encore, par «système de réaction» («*total reaction-pattern*»), Freeman entendait aussi bien les mécanismes de discrimination du signal que ceux de l'effection motrice. D'une façon peu convaincante cependant, il concluait son analyse en

assimilant le « set » aux conséquences d'un stimulus conditionnel, préparant l'organisme à l'arrivée du stimulus inconditionnel dans le modèle pavlovien. Il faut en retenir que l'attention, considérée comme un élément préalable de l'action volontaire, devenait un mécanisme tonique de sélection du système de réponse. On verra plus loin dans cet ouvrage des illustrations plus récentes de cette idée d'un déterminisme attentionnel de l'action par la mémoire ou la préparation. Elles ne sont cependant possibles — et cette notion est importante — que si l'on admet d'abord *l'intériorisation des processus* sous une forme « covert », que récusait précisément Freeman (1940).

> Or à la même date, Mowrer, Rayman et Bliss (1940) apportaient pourtant la démonstration originale d'un phénomène d'attention « interne », ou « implicite », qu'ils appelaient « ajustement d'attente » (« *set-expectancy* »). Leurs sujets devaient répondre en Temps de réaction simple à des stimulus lumineux ou auditifs. Lorsque ceux-ci étaient mélangés dans la même série, la performance moyenne était sensiblement moins bonne que dans la condition contrôle, organisée en blocs d'essais homogènes avec un signal identique. Cette différence suggérait l'effet perturbateur d'un partage de l'attention entre les deux modalités sensorielles, et par conséquent l'existence d'un « set » spécifique à chacune d'entre elles. Ce dernier phénomène était démontré par l'allongement du TR *au premier stimulus* d'une nouvelle série (sonore par exemple), survenant d'une manière imprévisible après la répétition prolongée d'essais avec l'autre signal. Avec une réponse motrice identique dans tous les cas, il était peu probable que ces effets attentionnels fussent médiatisés par des adaptations posturales anticipées et les auteurs concluaient à la nature purement interne, ou centrale, de leur mécanisme. Avec de flagrants présupposés idéologiques, Freeman (1940) attaquait violemment cette conclusion. Il affirmait que si les ajustements posturaux spécifiques de la tâche n'étaient pas liés à l'effecteur, *on devait nécessairement* les trouver dans l'accommodation et l'orientation oculaire, l'ajustement des muscles de l'oreille moyenne, etc., c'est-à-dire dans un contrôle moteur des capteurs sensoriels. Doué du pire sectarisme, il reprochait même à Mowrer, Rayman et Bliss d'avoir réalisé cette expérience, coupable d'alimenter l'illégitime croyance des gestaltistes en une activité centrale autonome et auto-entretenue ! Mowrer (1941) répliqua en retrouvant des effets de « set » préparatoire lorsque l'anticipation des sujets concernait deux signaux visuels ne différant que par la forme. Dans ce cas, même les ajustements moteurs oculaires pouvaient difficilement être invoqués.

IMPORTANCE DE L'HYPOTHESE DU « SET »

L'expérience de Mowrer, Rayman et Bliss (1940) est l'ébauche d'une ligne de travaux récents basés sur le TR simple et la manipulation de l'attention par des effets de rareté — ou de fréquence — des stimulus attendus par le sujet (Chapitre 3). Sa résonnance modern13te est liée à la mise en évidence d'un processus d'anticipation purement « implicite » ou « *covert* », attaché au traitement sensoriel. Mais avec cette même idée, Woodworth (1938a) donnait à la même époque une interprétation différente du «set», qu'on peut considérer comme annonçant les conceptions actuelles de *la préparation motrice*. Woodworth mettait au premier plan l'objectif de l'action («*situation and goal set*») et insistait sur les aspects latents de l'organisation du mouvement. Celle-ci était envisagée comme l'activation subliminaire d'un «pattern» de réponse jusqu'à sa limite de déclenchement, mais sans dépassement du seuil critique avant le signal impératif. A l'apparition de celui-ci, ce phénomène «*covert*» s'exprimait ouvertement. Mais les idées de Woodworth, comme celles de Mowrer, étaient alors nettement marginales par rapport au courant behavioriste, exclusivement préoccupé par les déterminants d'une réponse observable. Au cours de cette période, les termes d'«attitudes» et de «set» témoignaient seulement de la persistance souterraine d'un concept d'attention opposé au schéma S.R. Souvent mentionnés comme un simple facteur de biais expérimental (l'«attitude» du sujet), les aspects anticipateurs du «set» étaient aussi occasionnellement affirmés comme une caractéristique indiscutable du comportement attentif. Hebb (1949, p.102) identifiait ainsi l'attention à une préparation perceptive («*perceptual-set*», «*expectancy*»), à laquelle il ne se souciait pas d'apporter pourtant la moindre démonstration. Pillsbury avant lui (1906, p.196), en citant une opinion de Horwicz sur l'attention que ..«*nous regardons comme essentielle à la perception*».., affirmait incidemment et comme une apparente banalité un effet fondamental cependant bien peu étudié. Cet impact attentionnel du «set», dont il ne faut pas oublier qu'il était vigoureusement nié par les gestaltistes, reposait donc essentiellement sur les *données expérimentales* de la Psychologie classique qui sont aujourd'hui totalement et injustement oubliées. Après Müller et Schumann (1899), l'expérience de Külpe «sur l'Abstraction» avait, malgré ses défauts, posé clairement et directement le problème en faisant des capacités projectives de l'organisme le cadre naturel d'explication de la dimension sélective de l'attention dont parlait William James. Les développements apportés ensuite par Ach et par Kurt Lewin, suggèrent que cette activité intentionnelle spécifique s'inscrit dans un processus associatif de réévocation mnésique. Ces études ont donc fourni les éléments méthodologiques et conceptuels d'une perspective unificatrice pour les multiples descriptions expérimentales de l'attention volontaire.

NOTES

[1] Si l'on a d'un côté une activité mentale (inobservable) et de l'autre des gestes (ou des paroles) organisés en comportements (observables), il est clair que la démarche psychologique est nécessairement indirecte et qu'elle exige un *modèle* pour inférer la première à partir des seconds. Toutes les sciences procèdent ainsi et les atomes, les quarks, ou les gênes ne se «voient» pas davantage que les opérations mentales. Parmi les modèles de celles-ci, le plus simple est certainement le *réflexe*, correspondance directe et mécanique entre sensation et mouvement, et souvent considéré comme un *schéma réducteur* permettant d'expliquer la plupart des comportements (réflexe conditionné pavlovien, comportements fondamentaux, alimentaires, défensifs, etc.). A l'opposé, les *mentalistes* ont toujours nié vigoureusement sa portée générale en soutenant au contraire *l'autonomie, voire l'indépendance* des phénomènes psychiques. Le débat entre mentalistes et comportementalistes caractérise l'histoire de la Psychologie.

[2] *L'attention du langage.* L'attention (*attentio*, du verbe latin *attendere*) est une tension (*tendere*, tendre une corde, tendre vers un but) de l'esprit vers un objet bien souvent explicitement sensoriel, visuel ou auditif. L'attention est «*l'attitude de celui qui écoute, regarde avec soin, sans penser à autre chose*» (Petit Bordas). L'usage de la langue a établi un concept d'attention visuelle (*regarder, observer, scruter* qui se distinguent de *voir*), ou auditive (*écouter, prêter l'oreille* qui s'opposent à *entendre*) qui rejoint l'opinion scientifique courante; l'attention privilégie un type de sensation au détriment des autres. Mais les expressions courantes évoquent aussi *la finalité* d'un processus qui se distingue de la seule perception par ses dimensions *d'intentionnalité et d'effort*. Il ne s'agit pas d'une activité gratuite et le terme «attention» est fréquemment complété d'une proposition qui évoque l'action («*attention aux voitures en traversant*»). On se demande donc si la sélection d'une catégorie particulière de signaux est réllement indépendante de l'intervention motrice qu'elle sert à guider. Notons cependant que le processus n'est pas toujours intentionnel et qu'il peut être aussi *réflexe* ou *réactif*. Avec les interjections de mise en garde («*Attention!*»), la personne concernée est appelée vigoureusement à cesser son activité courante. Sa «*réaction d'orientation*» traduit brutalement l'impossibilité fondamentale de focaliser simultanément l'attention sur deux choses différentes en situation d'urgence. Ainsi le langage illustre-t-il une division volontaire/ réactive des phénomènes de l'attention qui présentent pourtant toujours les mêmes aspects fondamentaux d'exclusivité et de directionalité sensorielle.

[3] L'attitude *réductionniste* (attitude non scientifique à distinguer soigneusement de la démarche réductive) fait cette erreur en supposant que la connaissance totale d'un processus simple permet des inférences sur la nature du processus complexe dérivé.

[4] «*L'un des buts de la Psychologie cognitive*, écrivent Posner et Cohen en 1984, *est de rendre compte des phénomènes cognitifs complexes en termes d'opérations mentales élémentaires qui peuvent, à leur tour, être reliés à des systèmes neuronaux.*» (voir Chapitre 3).

[5] C'est seulement avec la théorie de l'information que certains changements «qualitatifs» du stimulus peuvent être réellement mesurés (voir Chapitre 4).

[6] L'enracinement du Behaviorisme dans la Psychologie animale explique aussi un autre changement de point de vue. L'avantage de l'animal est de permettre toutes les formes d'intervention sur le système nerveux. Dans son étude classique du comportement du Rat blanc dans le labyrinthe, Watson (1907) éliminant l'un après l'autre les organes sensoriels, constatait que la «mémoire kinesthésique» (liée au «sens du mouvement») suffisait à l'animal pour restituer une performance correcte. L'adaptation de l'organisme à une situation complexe lui semblait donc moins dépendre d'une sensorialité spécifique que d'un système d'action. Cette rupture avec la Psychologie classique, orientée vers l'explication des contenus mentaux par la perception, faisait du Behaviorisme, comme on l'a dit mé-

chamment, une «Psychologie des contractions musculaires». Mais l'utilisation des techniques d'exclusion fonctionnelle amorçait une tradition psycho-physiologique excessivement productive.

[7] Cette position théorique, nécessairement dépendante des techniques d'observation, ne fut d'ailleurs jamais totalement acceptée. D'importantes controverses y restent attachées, vis-à-vis de l'imitation en particulier, mais aussi de l'«*insight*» — apprentissage par intuition immédiate — montré chez le Singe par W. Köhler (1917-1925). Ces problèmes se cristallisèrent, dans les années 30, par la célèbre discussion entre Spence et Lashley, sur *l'apprentissage «continu»* (enregistrement incrémental et «passif» d'associations aléatoirement établies) ou *«discontinu»* (qui témoignerait des capacités de réorganisation déductive propres à l'«*insight*»). L'apprentissage par imitation a été démontré ensuite chez l'animal. Sur ces questions, voir l'excellent Boakes et Halliday, «*From Darwin to Behaviorism*», 1985.

[8] Le point de vue mentaliste s'est pourtant maintenu en Psychiatrie et en Neurophysiologie, Hernandez-Peon n'écrivait-il pas en 1966 que l'attention... «*implique le passage sélectif de l'information sensorielle pertinente à la conscience...*» Autre exemple : en 1985, J. Moran et R. Desimone introduisaient ainsi une importante analyse de l'activité discriminative des neurones inférotemporaux (voir Chapitre 4) : ...«*Puisque nous ne sommes conscients que d'une faible partie de cette information (visuelle) à chaque instant, la majeure partie doit être filtrée («filtered out») au niveau central*»... Ces deux propositions rejoignent William James (voir début de ce Chapitre) qui basait le concept de sélectivité sur l'expérience perceptive vécue.

[9] J'ai préféré utiliser directement le terme anglais, qui fait maintenant partie du vocabulaire de la Psychologie, plutôt qu'une traduction française imparfaite telle qu'«ajustement». Le véritable sens est finalement celui de préparation générale à une tâche, mais il semble préférable de conserver à ce dernier mot son acception restreinte, consacrée par la «préparation motrice» (voir Chapitre 6).

Chapitre 2
Le statut central de l'attention dans la recherche moderne

A partir de la fin des années 40 un regain d'intérêt considérable s'est manifesté pour l'étude de l'attention sous l'impulsion des problèmes créés par la généralisation des techniques de communication moderne. Aux difficultés pratiques, éprouvées par les radaristes pendant et après la guerre, pour conserver une vigilance optimale dans leur tâche de surveillance, s'ajoutaient en effet toutes celles rencontrées par l'opérateur humain pour s'adapter aux situations de surcharge. Parmi celles-ci, les conditions de travail des contrôleurs de trafic aérien présentaient d'ailleurs parfois un aspect critique. Or à la fin des années 40, ces questions de Psychologie appliquée et d'ergonomie semblaient sans réponse puisque le savoir de l'époque ne contenait ni théorie ni protocole permettant leur analyse. Le développement des études consacrées au maintien d'un niveau optimal d'efficience dans un environnement monotone («*Sustained attention*», voir Parasuraman, 1984) signala donc la réintroduction des problématiques de l'attention dans le champ de la Psychologie respectable. Mais parallèlement, l'émergence des théories de l'information et l'importance croissante des interactions Homme-machine introduisaient de nouvelles questions et suggéraient de nouvelles situations-types, qui provoquèrent finalement un bouleversement radical des idées sur la nature même des opérations mentales.

Ce renouvellement complet de la Psychologie expérimentale humaine est lié à une démarche qui repose avant tout sur des *modèles* de fonctionnement empruntés à l'évolution technologique. Ces schémas sont justifiés par le postulat fondamental que le cerveau est un système très élaboré de traitement de l'information et qu'il présente, par conséquent, certaines similitudes avec le travail des ordinateurs. L'objectif des chercheurs n'est pas de réduire l'esprit humain aux opérations réalisées par les machines conçues par les ingénieurs. Mais les problèmes que ceux-ci rencontrent servent *de métaphores* pour préciser aussi complètement que possible des hypothèses de processus qu'on soumet ensuite à l'examen expérimental. Dans cette perspective, où la notion centrale est celle - *d'algorithme*, la logique informatique sert d'exemple, ou de référence stimulante, pour déterminer *quelle information* utilise notre esprit et *comment* il la transforme. Mais l'idée d'information possède aussi des implications très importantes. Puisqu'une circulation fermée n'a guère de sens, le processus psychologique possède nécessairement une «entrée» (sensorielle) et une «sortie» (motrice), entre lesquelles on cherche à identifier des opérations distinctes. Ces fonctions deviennent des étapes, ou «stades de traitement», organisés de façon séquentielle ou hiérarchique, et qu'on distinguera par niveaux. D'autre part, l'information initiale peut être plus ou moins utile à l'organisme et celui-ci a forcément besoin d'un système de contrôle qui n'en retienne que les aspects pertinents. En conséquence, la Psychologie contemporaine apparaît au premier abord comme une science de l'information sensorimotrice stimulus-réponse (S.R.), pour laquelle la dimension sélective de l'attention est, par principe, un sujet d'importance stratégique. Pour les américains Keele et Neil (1978), l'attention est maintenant «*le cœur même de la Psychologie expérimentale*».

LES THÉORIES DU «FILTRAGE»

Le risque de surcharge, imposé à l'opérateur humain par un flot continu d'informations, suggérait assez directement l'idée d'un dispositif protecteur, capable d'effectuer dès l'étage d'entrée du «canal» sensoriel, un premier tri des messages transmis au système de traitement central. Les propriétés de ce filtre, supposé débordé dans des conditions de stimulation intense, constituaient l'axe principal de ce courant de recherches, typiquement illustré par l'analogie de la «*réunion-cocktail*» (Cherry, 1953). Dans une telle situation, l'observateur, qui essaie de comprendre le discours d'un interlocuteur dans le brouhaha général, doit rejeter le bruit de fond des autres conversations, pour éviter de transmettre à ses centres cognitifs un message saturé d'éléments non pertinents. Le protocole d'«*écoute dichotique*» avait pour but d'opérationnaliser et de tester cette idée. Dans la version la plus courante de cette procédure, le sujet reçoit par des écouteurs, un message (un texte, ou une liste de mots) différent dans chaque oreille (assimilée à un «*canal d'information*»). Il doit focaliser son attention sur un seul, pour en répéter les items à haute voix («*shadowing*»). Une variante de cette technique consiste à demander au sujet de mémoriser la liste-cible pour la répéter ensuite.

L'expérience originale de Cherry (1953), passée inaperçue sur le moment, devait pourtant exercer une influence profonde sur la Psychologie expérimentale. Pendant quinze ans, les principales théories de l'attention furent basées sur des données obtenues avec l'écoute dichotique, promue au rang de paradigme. Pour le sujet, il s'agit d'une épreuve difficile qui exige une forte concentration. Mais elle autorise de très nombreuses variations, permettant de tester les aspects critiques du message ignoré qui facilitent ou qui empêchent la focalisation de l'attention sur le texte écouté. On peut, par exemple, manipuler les aspects acoustiques de la parole par une diction masculine ou féminine, par des différences de timbre, de débit ou d'accentuation. De la même façon, l'incidence de la langue (anglais, français, allemand, tchèque) peut être évaluée, tout comme le rôle de la familiarité et des significations. Est-il aussi difficile (ou facile) de séparer une prose romanesque, des listes de mots rares (vocabulaire professionnel), ou des syllabes non-sens ? Les performances sont évidemment très différentes selon le matériel utilisé : s'il est très facile de suivre un récit parvenant à une oreille tandis qu'un son monotone est donné dans l'autre écouteur, la tâche est nettement plus difficile lorsque le message à ignorer est un texte semblable à celui qu'on s'applique à répéter mot à mot. On y parvient cependant s'ils ont été tous deux enregistrés par des voix de timbre très différent (masculine et féminine), mais beaucoup moins bien lorsqu'ils sont prononcés par la même personne. Enfin, il est pratiquement impossible de séparer deux messages lus par la même voix et composés de phrases stéréotypées (*des «clichés»*), qui sont, par définition, des enchaînements de mots très familiers et très probables, car ceux-ci s'imposent spontanément.

Les caractéristiques des messages qu'il est facile ou possible d'ignorer permettent donc quelques inférences vis-à-vis des critères de la sélection. Lorsque celle-ci est effective, les sujets sont incapables de restituer un seul item de la liste non-pertinente, voire d'en préciser la langue d'origine. Ils ne perçoivent du message rejeté que des traits *non-sémantiques*, c'est-à-dire *sensoriels ou acoustiques* (voix masculine ou féminine, débit continu ou saccadé, etc). Ce constat a donc suggéré l'idée d'un filtrage «précoce», basé sur les caractères physiques généraux du signal. L'origine spatiale, le débit, le timbre ou l'intensité de la voix sont en effet des caractéristiques supposées traitées précocément par le système auditif. Dans la chaîne des processus hypothétiques, ces mécanismes sensoriels sont situés en amont des opérations cognitives portant sur les significations symboliques et ils sont donc logiquement considérés comme plus «périphériques» que l'analyse sémantique.

La théorie de Broadbent (1958) avait pour but d'établir un modèle général capable de rendre compte de toutes ces données. Un résultat, jugé par lui crucial, décrivait le traitement de trois paires de chiffres, présentées successivement et d'une façon dichotique aux sujets. Ceux-ci restituaient l'ordre d'arrivée propre à chaque oreille (*a-c-e* à gauche, *b-d-f* à droite) et non pas l'ordre chronologique (*a-b, c-d, e-f*), ce qui prouvait qu'ils avaient «sérialisé» l'information par «canal». Le schéma représenté sur la Figure 2, repose sur ce principe essentiel : «*Un système nerveux agit, d'une certaine manière, comme un canal de communication unique, qu'il est heuristique de considérer comme ayant une capacité limitée*», écrit Broadbent. Puisqu'à l'entrée du système, la multiplicité de nos organes sensoriels est organisée en parallèle et qu'à la sortie n'est produit qu'un acte à la fois, le postulat de sérialité est, pour la modélisation, un principe logique et raisonnable, auquel la notion de surcharge ajoute une sorte de confirmation empirique. Le deuxième principe est celui d'un filtre périphérique de type passif, éliminant les messages d'après leurs caractéristiques physiques les plus simples.

Cette théorie eut un retentissement immédiat car elle formulait d'une façon simple et heuristique un certain nombre d'opérations mentales en termes de traitement d'informations. Très tôt malgré tout, le modèle de Broadbent fut réfuté. Deux étudiants d'Oxford, Gray et Wederburn

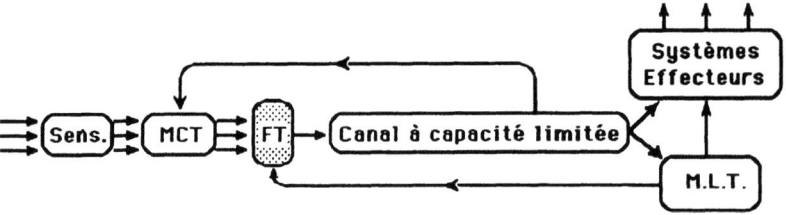

Figure 2. — Le «diagramme du courant d'informations» d'après Broadbent (1958). L'attention sélectionne l'information admise dans le «canal à capacité limitée». L'élément actif est le filtre (FT), réglé par les «probabilités conditionnelles stockées en mémoire à long terme» (MLT). Une boucle de «répétition mentale («rehearsal»)» permet à l'information afférente de rester plus longtemps en mémoire à court-terme (MCT), aux dépens de la capacité de transmission du canal sériel.

(1960) découpèrent certains mots du message pertinent en syllabes, qui furent présentées *alternativement et en rapide succession* à chaque oreille. Ces mots furent reconnus sans difficulté. Si l'attention des sujets était capable de commuter ainsi le canal écouté pour recréer un mot décomposé, au lieu de rester bloquée du côté indiqué par la consigne, c'est que le système analysait tout le contenu de l'information en provenance des deux oreilles pour choisir le bon message. Aucun filtre « acoustique » ne pouvait rendre compte de ces résultats. En outre, on observa d'autres erreurs qui, bien que rares (de l'ordre de 6% des cas), concernaient typiquement les significations. Ainsi étaient reconnus le nom du sujet, placé dans la liste rejetée (Moray, 1969), ou un mot très probable dans le contexte de la liste écoutée, mais présenté à l'autre oreille (Treisman, 1960). Ces erreurs portaient donc la signature d'un traitement cognitif des items rejetés, totalement incompatible avec la théorie de la sélection périphérique.

Les études d'Anne Treisman (1969) avaient initialement pour but de vérifier et de développer systématiquement les premiers travaux de Cherry (1953) et de Cherry et Taylor (1954). Elle distingua différents types de sélection des messages, selon qu'ils étaient basés sur des critères physiques (voix masculine ou féminine), sur l'organisation phonétique (ce fut elle qui compara systématiquement des messages lus dans des langues proches ou différentes de l'anglais), ou finalement sur les « probabilités de transitions », c'est-à-dire sur les possibilités de prédiction du mot suivant, d'après le contexte sémantique du message écouté. Dans un certain nombre de cas, Treisman doutait que le message ignoré eût été complètement analysé. Mais puisqu'il pouvait l'être occasionnellement, elle proposa plusieurs modifications du modèle de Boadbent (Treisman, 1960, 1964 a,b), dans lesquelles les éléments du filtre se voyaient distribués de façon hiérarchique, à différents niveaux du traitement de l'information (Figure 3). Les signaux sensoriels étaient supposés analysés tout d'abord suivant leurs différentes dimensions physiques (intensité, tonalité, couleur, position, etc), par un mécanisme capable d'atténuer sélectivement (grâce à une présensibilisation) leur transmission vers les centres supérieurs. Ce filtre nouvelle manière effectuait donc, d'après leurs attributs élémentaires, un premier tri des messages (une hiérarchisation de priorité ou d'intensité) avant qu'ils n'atteignent le processus de reconnaissance cognitive, dans la mémoire à long terme. Cette dernière était essentiellement conçue comme un dictionnaire, dont les unités avaient des seuils réglables, permettant leur activation sélective par les messages possédant les caractéristiques désirées. Il s'agissait donc *d'un modèle à deux étages*, basé sur un premier filtrage par les traits élémentaires du signal, suivi

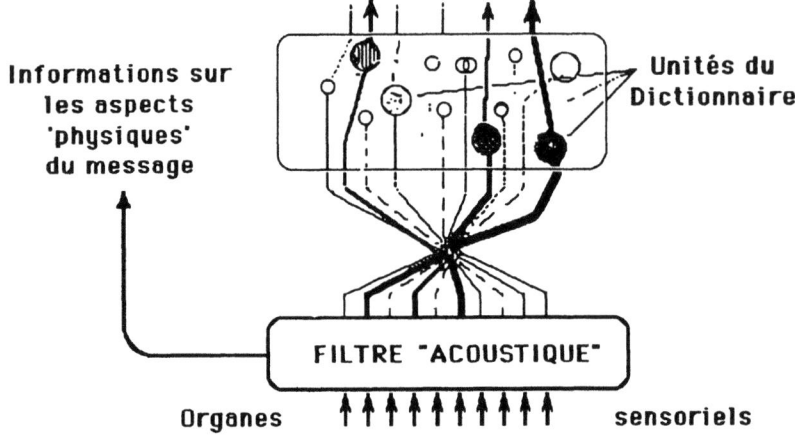

Figure 3. — Double sélection, d'après les modèles d'A.Treisman. Après filtrage-atténuation des caractéristiques «physiques» du signal, celui-ci est dirigé vers les «unités du dictionnaire», dont l'élément actif est le réglage de seuil.

d'une discrimination par le seuil des unités mnésiques chargées de la reconnaissance.

Mais sitôt admise la nécessité d'utiliser le contenu sémantique pour sélectionner un signal, le problème est devenu très complexe, car ce type d'information exige de toute évidence une analyse complète. Dans ce cas, quelle est l'utilité de maintenir l'idée d'un filtrage périphérique de type «acoustique», dont la fonction principale est de protéger le système sériel de la surcharge ? En constatant la redondance des deux étapes imaginées par Treisman, Deutsch et Deutsch (1963) ont proposé un modèle centré sur les opérations de reconnaissance en mémoire. Ils supposaient que l'activation des unités du dictionnaire pût dépendre non seulement des caractéristiques perceptives des signaux, mais aussi de leur importance pour l'organisme. L'appariement de l'information afférente avec sa représentation mnésique déclenchait une activité dont l'ampleur dépendait d'un cœfficient résultant de l'expérience passée. Par ce mécanisme, les stimulus les plus significatifs capturaient l'attention et actionnaient le système moteur. En retour, le seuil des unités de reconnaissance était actualisé par un système de feedback, afin d'assurer la continuité future du processus. Bien que Deutsch se soit défendu d'avoir proposé un modèle de *sélection par la réponse*, l'évolution par laquelle le système de filtrage, conçu initialement comme un dispositif protecteur périphérique, opérait maintenant au niveau de la signification ou de la pertinence du message, en faisait un élément déterminant de la relation stimulus-réponse. «Pertinence» et «signification» renvoient en effet *aux critères de la réaction de l'organisme*. On en venait ainsi à placer le choix sélectif au niveau des contraintes du processus efférent, ou du système d'action, que celui-ci fût musculaire, verbal, ou même purement idéique ou mental. C'est pourquoi à partir du modèle de Norman (1968, 1969), tirant explicitement cette conséquence sous la forme d'une «boîte noire» de décision par la pertinence, les théories de l'attention sélective sont devenues des théories du «filtrage tardif» (Keele, 1973), qui ne concernaient plus les opérations de traitement du message sensoriel.

Neisser, dans sa revue exhaustive de la littérature (1967), envisageait le fonctionnement perceptif et attentionnel en deux grands stades de traitement. Le premier, parallèle et sensoriel, avait pour but une mise en forme des signaux et était basé, pour l'audition de la parole, sur un principe de codage hiérarchique son- phonème- mots- groupes de mots. Le second consistait dans un appariement décrit comme une «analyse par synthèse», d'après la théorie de reconnaissance informatique de Halle et Stevens (1959, 1964). En effet, l'extrême complexité de la représentation temporelle des fréquences dans le langage parlé rend très improbable une analyse et une sélection basée sur des traits élémentaires instantanés (modulations de la fréquence). De tous les systèmes sensoriels, l'audition semble celui qui exige les mémoires-tampons les plus importantes. L'existence de l'appareil vocal suggère alors que ses mécanismes de programmation pourraient «souffler» au système de reconnaissance un jeu de vocables inférés des mots précédents. Chacun de ces termes aurait le statut d'une hypothèse à laquelle les codages établis au premier stade seraient comparés. Ce type de mécanisme a servi de base aux travaux sur les «clés vocales» en reconnaissance automatique de la parole. Mais la mise en avant de processus d'anticipation fondés sur le contexte soulève de nouveaux problèmes, puisqu'il faut gérer un ensemble de paris dont le nombre ne doit pas être trop grand. Le problème se trouve donc renvoyé au niveau de l'analyse préliminaire du signal, effectuée au stade «préattentif», analyse qui doit être suffisamment précise pour permettre l'aiguillage vers un contexte limité (Stevens, 1960). Peut-être la coloration affective de certains mots stratégiques est-elle l'élément responsable de cette présélection contextuelle (le répertoire des paris) précisant le traitement particulier réservé aux mots suivants (Broadbent, 1975).

LES AMBIGUITES DU TERME «CANAL». — La définition de ce terme n'est finalement pas très évidente. Dans son livre, Broadbent

(1958) écrivait qu'il était souhaitable...«*d'envisager les stimulus utilisés dans n'importe quelle expérience comme caractérisés par leur position dans un «espace d'information» composé de toutes les dimensions discriminables par les organes sensoriels*» (p. 78). A cette formulation empruntée aux espaces vectoriels mathématiques (systèmes de tableaux), on a fait correspondre un «espace de réponses motrices», dans lequel certains mouvements sont plus fréquemment employés que d'autres. Entre ces deux ensembles — l'entrée et la sortie du système — on a cherché à réaliser une carte («*mapping*») des associations S.R. préférentielles. L'étude de la «*compatibilité S.R.*» par le Temps de réaction (Fitts et Deininger, 1954) repose sur cette idée que les stimulus se différencient par leur facilité d'accès à des réactions motrices bien précises (voir Chapitre 6).

Mais cet usage n'était pas celui des théoriciens du filtrage qui décrivaient l'attention comme la sélection privilégiée d'un «canal d'entrée», ou comme l'atténuation ou le rejet de ses concurrents. Dans les protocoles d'écoute dichotique, le canal était matérialisé par l'arrivée du message dans une oreille particulière [1], mais la multiplication des expériences introduisait rapidement la confusion. Lorsque plusieurs positions spatiales étaient utilisées comme sources (Treisman, 1964a), chacune d'entre elles était-elle un «canal» spécifique? Ou bien la langue, anglaise ou française? Ou bien la qualité de la voix? Ce qui était en cause était donc plutôt une catégorie spéciale de stimulus impliquant la mise en jeu d'une opération spécifique de traitement. Lorsqu'un sujet reçoit deux messages différents dans ses écouteurs, le terme «canal» renvoie à une entité abstraite qui ne concerne pas la distinction physique entre les deux oreilles réceptrices, mais un *contenu signifiant*. Il est pourtant curieux que cette notion de canal, à laquelle était attachée au départ un sens général (l'entrée du système, ou le matériel initialement soumis à l'attention, sinon des structures anatomiques de transit), ait finalement été précisée uniquement par *l'effet opératoire* de l'attention qui conditionne la séparation des énoncés en termes de compréhension. Une telle utilisation du mot «canal» contient des éléments de circularité évidents.

Le problème vient de ce qu'un «canal d'information» est défini arbitrairement puisque le mot information ne possède aucun sens précis (tout événement est une information), tout en impliquant *nécessairement* un processus de traitement. En fait, ces deux notions se définissent réciproquement. Si l'on suppose l'existence d'un certain type de processus, celui-ci a évidemment pour fonction la transformation d'une information spécifique. Inversement, tout changement physique susceptible de modifier l'état d'un capteur sensoriel alimente sûrement un mécanisme identifiable. En fin de compte, la distinction la plus fondamentale est celle qu'il faut faire entre information et signification. En supposant les différents traitements organisés *par niveaux hiérarchiques*, la signification apparaît en fin de chaîne comme une dimension liée à l'expérience du sujet. Elle exige un processus d'interprétation basé sur les données stockées en mémoire et renvoie aux règles qui président à l'émission des réponses. La confusion information/ signification est donc une erreur logique sérieuse qui interdit toute démarche analytique en assimilant le matériel initial et l'issue d'un processus.

DÉVELOPPEMENTS DU PRINCIPE DE «SELECTION TARDIVE»

Les années 70 virent le déclin progressif de l'écoute dichotique. Celle-ci avait été préférentiellement utilisée jusqu'à la mise en évidence de traitements sémantiques involontaires, qui suggéraient assez nettement que les opérations de reconnaissance du langage parlé (opérations très complexes) sont normalement assistées par une variété de processus automatiques (voir plus loin). Ce protocole, basé sur des fonctions hétérogènes et complexes, n'apparaissait plus comme le meilleur support de l'étude de l'attention. Les chercheurs accordèrent donc un intérêt croissant à des méthodologies simplifiées, faisant surtout appel à la détection ou à la recherche visuelle de lettres et de chiffres. De nombreuses expériences mirent alors en évidence les phénomènes connus sous le nom *d'effets de catégorie* (Egeth, Jonides et Wall, 1972; Gleitman et Jonides, 1976, 1978; Francolini et Egeth, 1979), qui correspondent au fait qu'il est beaucoup plus facile et rapide de repérer une lettre dans un tableau de chiffres (ou un chiffre dans un tableau de lettres) que d'isoler une lettre particulière parmi des distracteurs de même type (isoler par exemple «A» parmi d'autres lettres disposées au hasard). Une explication proposée par Deutsch (1977) insiste sur l'existence de deux ensembles limités de symboles — les lettres et les chiffres — à l'intérieur desquels, la pratique de la lecture et de l'arithmétique a créé des associations particulièrement fortes. Il est ainsi vraisemblable que la perception de plusieurs lettres, même dans des conditions liminaires (tachystoscopique), provoque un effet d'amorçage («*priming*») vis-à-vis de la catégorie alphabétique, qui se traduit par l'incongruité d'un chiffre isolé. Cette saillance attire et retient l'attention et facilite considérablement la détection. Ainsi, tout un courant de la recherche contemporaine s'est consacré à la mise évidence et à la description d'opération «préattentives», à caractère plus ou moins automatique, portant sur des opérations de codage complexe ou symbolique et impliquant l'anticipation de certaines catégories limitées.

Cet ensemble de travaux a finalement renforcé *la conception mnésique* d'une «sélection tardive» opérée par l'attention en fonction de l'utilité du stimulus pour l'action, et intervenant après des traitements perceptifs à caractère parallèle et automatique. Dans cette perspective théorique (Deutsch et Deutsch, 1963 ; Norman, 1968, 1969 ; Keele, 1973), Laberge (1975) a proposé une hypothèse d'automatisation, où l'attention agirait sur les nœuds mnésiques d'un processus d'encodage hiérarchique de l'information perceptive, conforme aux postulats d'E.J. Gibson (1971), Bower (1972) et Estes (1972). Le raisonnement de l'auteur prend pour exemple l'apprentissage discriminatif d'une lettre telle que «b», composée d'un segment vertical, d'un demi-cercle et d'une information définissant leur positionnement relatif. La combinaison de ces trois informations convergerait vers un nœud mnésique caractérisant l'encodage de la lettre, dans une structure de type Gestalt. En fonction de l'utilisation du stimulus, un «centre d'attention» pourrait ensuite venir activer ce nœud et créer une «trace» (un «*logogen*», selon Keele, 1973) à décroissance lente. Si l'activation est répétée, cette trace s'établira de façon forte et permanente et deviendra même capable de réévoquer l'appel de l'attention. Pour Laberge, l'apprentissage perceptif (discriminatif) repose donc sur un mécanisme attentionnel opérant tardivement dans la succession des traitements sensorimoteurs. Sa mise en jeu n'est pas liée aux mécanismes perceptifs, mais à la décision d'utiliser ou non un codage sensoriel réalisé automatiquement par des mécanismes parallèles. Le surapprentissage dû à une pratique répétée peut continuer d'agir très longtemps après l'atteinte d'un quelconque critère de performance. Il installe un fonctionnement autonome, éventuellement combiné avec un mouvement spécifique et involontaire de l'attention.

Une expérience de Duncan (1980) a montré l'importance de la règle de réponse sur la performance de détection visuelle. Les sujets doivent repérer un chiffre parmi des lettres servant de distracteurs et placés horizontalement (deux symboles), ou en croix (quatre symboles). Dans une première condition, la tâche est un Temps de réaction (TR) simple à l'apparition d'un chiffre en une position quelconque. Dans la deuxième tâche, le sujet doit donner une réponse différente selon la position du chiffre-cible, sur la branche horizontale ou sur la branche verticale. Or avec une seule clé de réponse (TR simple), les performances sont identiques quelle que soit la configuration visuelle des stimulus (simplifiée ou en croix). Par contre, en TR de choix, la configuration simple (horizontale) permet des réponses nettement plus rapides que la disposition en croix. Autrement dit, *l'existence de deux réponses est beaucoup plus coûteuse, en termes de performances, que la complexité du stimulus*. Dans l'opinion de Duncan, ces résultats sont en faveur d'une «sélection tardive». L'identification du stimulus serait réalisée par un premier système de traitement, automatique et sans limitation, après quoi l'intervention de l'attention serait requise pour le choix de la réponse en double tâche. Ces interprétations rejoignent les problèmes discutés dans les études de la «*Période réfractaire psychologique*». Par l'emploi de protocoles basés sur la concurrence de deux réponses de Temps de réaction en relation temporelle plus ou moins étroite, d'autres chercheurs (Bertelson, 1967a; Welford, 1967) avaient également abouti à la conclusion d'une limite située à l'étape d'initiation du processus de réponse.

AUTOMATISME ET PROCESSUS PARALLÈLES

Un courant psychologique ancien (voir par exemple, Ford, 1929) cherche à définir l'attention *a contrario* — par ce qu'elle n'est pas — en l'opposant systématiquement aux *processus automatiques*. A l'évidence, la richesse et la complexité du comportement humain doivent beaucoup à la mise en jeu de nombreuses activités de ce type, dont chacun connaît des exemples variés. Tous les jours, nous réfléchissons, discutons, observons un objet, tout en marchant, en conduisant une automobile, en accomplissant, «sans y penser», les mille et un gestes de la vie quotidienne. Pour l'intuition courante, de telles activités sont remarquablement différentes des comportements attentifs, caractérisés avant tout par un mode de fonctionnement volontaire et conscient de l'esprit.

Au cours des années 70, cette distinction reçut un nouvel éclairage expérimental. On chercha par exemple à préciser le caractère des opérations sémantiques mises en évidence en écoute dichotique. Etaient-elles réellement homogènes, ou contenaient-elles un mélange de différents types de processus? Les erreurs d'intrusion, comme le nom du sujet, facilement reconnu bien qu'il fût présenté dans le «canal non-pertinent», étaient *toujours dues à des items très familiers*, donc massivement surappris et probablement doués de ce fait d'un pouvoir d'attraction considérable. Une série de recherches célèbres démontra l'existence de *traitements sémantiques de type automatique*. Corteen et Wood (1972), puis Corteen et Dunn (1974) (voir aussi Von Wright, Anderson et Stenman, 1975), observèrent l'apparition de réponses végétatives (psychogalvaniques) à la présentation dans le message ignoré d'un mot préalablement associé à un choc électrique, alors même que le sujet, focalisant son attention sur l'autre «canal», se montrait incapable de mentionner son apparition.

Quels sont les critères permettant de distinguer les mécanismes automatiques des processus conscients et volontaires? Puisque ces derniers sont considérés comme dépendants d'une limite de capacité, le phénomène de surcharge peut être opérationnalisé en double tâche. L'idée est ancienne : Jeannette Welch avait suggéré, dès le premier numéro de *l'American Journal of Physiology* en 1898, que l'attention accordée à n'importe quel travail difficile devrait produire une interférence avec une autre performance. Elle proposait un cœfficient d'attention, calculé d'après la perturbation induite par l'épreuve principale dans la réalisation d'une tâche standard. Ce schéma a été systématiquement utilisé dans les recherches modernes, soit par manipulation d'une interférence discrète (la «*Période réfractaire psychologique*», Bertelson, 1967a), soit par des techniques à caractère plus continu, de type pistage ou charge mnésique (Brown, 1962; Johnston, Wagstaff et Griffith, 1972; Posner et Boies, 1971).

Le système des doubles tâches fournit une définition non ambiguë des processus automatiques. Ceux-ci impliquent un traitement d'information de *type parallèle*, puisque le sujet peut effectuer simultanément, efficacement, sans surcharge et sans effort apparent, deux ou plusieurs activités de ce type. Il s'agit d'un mode de fonctionnement inconscient, qui peut même être perturbé par un effort d'attention dirigé sur son déroulement. Nombre d'exemples sont fournis par les habiletés professionnelles. Une dactylo entraînée est généralement capable de soutenir une conversation pendant qu'elle frappe, mais elle voit son débit considérablement ralenti lorsqu'elle s'intéresse au contenu du texte. De plus on constate que les performances peuvent continuer de s'améliorer avec la pratique. Ces caractéristiques contrastent fortement avec l'aspect exclusif du mode conscient-volontaire, qui n'est compatible, sans interférence, qu'avec des actions automatisées. Ce mode opératoire impose un effort mental plus ou moins bien vécu par le sujet et les performances ne dépassent jamais une certaine limite. Il correspond à des processus sériels — dans le sens du «canal unique» — puisqu'un système qui enchaîne des traitements d'information à caractère obligatoire impose logiquement une limitation, ou un «goulot d'étranglement» («*bottleneck*»).

Pour Shiffrin et Schneider (1977) et Schneider et Shiffrin (1977; voir aussi Schneider, Dumais et Shiffrin, 1984), la distinction fondamentale entre ces deux types de processus, repose sur le système de relations arrangées par l'expérimentateur entre les stimulus et les réponses demandées au sujet. Si la relation entre stimulus et réponses est constante, ou stéréotypée («*consistently mapped*», ou CM), un même stimulus étant toujours associé à une même réponse (quel que soit par ailleurs le nombre et la nature des stimulus et des réponses), il y a apprentissage et apparition d'un mode automatique de fonctionnement, caractérisé par sa rapidité et sa résistance à l'interférence d'une tâche concurrente. Par contre, si cette relation est non systématique («*inconsistently*» ou «*variably mapped*» : VM), le même stimulus ne conduisant pas toujours à la même réponse, mais exigeant une intervention cognitive et des critères de décision complexes, le mode de fonctionnement reste sous le contrôle volontaire du sujet («*controled mode*»). En explorant différentes combinaisons de tâches, Shiffrin et Schneider ont établi que l'accès au mode automatique n'était pas lié à la complexité de l'épreuve, mais uniquement à la stéréotypie de la relation entre le ou les signaux et la ou les réponses.

Ces travaux sont basés préférentiellement sur des situations, inaugurées par Neisser (1963), de recherche visuelle de lettres ou de chiffres présentés dans un tableau de symboles distracteurs. Une expérience typique utilise le protocole des «panneaux multiples» (Schneider et Shiffrin, 1977). Avec un tachystoscope, on présente au sujet brièvement et en succession rapide des cartons de caractères. Au début de chaque essai, le sujet mémorise un jeu d'items à reconnaître dans la série. Dans la condition CM, conduisant à une identification automatique, la règle consiste, pour tous les essais, à rechercher des chiffres parmi des lettres. Dans la condition VM, un jeu différent de lettres est à identifier à chaque série. Au bout d'un certain temps d'apprentissage, les performances CM sont systématiquement supérieures aux scores VM, quels que soit la durée d'exposition (40 à 120 msec) et le nombre de caractères contenus dans les panneaux. Une variante de cette expérience n'utilise qu'un panneau par essai, avec un seul caractère à détecter et la mesure du Temps de réaction comme variable dépendante. Les résultats sont essentiellement les mêmes. Une fois acquis le mode automatique (toujours le même type d'item recherché), le chiffre-cible ressort spontanément du tableau de caractères. Le résultat typique est la stabilité du TR, qui ne change pas avec le nombre des distracteurs présentés. Par contre, en mode «VM», la durée d'identification augmente en fonction du nombre de caractères non-pertinents. Cette variation des TRs avec l'encombrement du panneau, montre que dans ce type de fonctionnement, la recherche procède d'une façon sérielle, par comparaisons successives, alors qu'en mode automatique, tous les items sont traités simultanément et en parallèle.

LES OPÉRATIONS CONSCIENTES : UN TRAITEMENT À CAPACITÉ LIMITÉE

Le point commun des différents modèles évoqués jusqu'ici, le «noyau dur» de la Psychologie cognitive, est depuis Broadbent (1958), le principe d'entrée de l'information dans un système de traitement sériel à capacité limitée. L'attention volontaire, et avec elle les activités cognitives à caractère conscient, est donc définie comme l'admission, dans cette ligne d'opérations exclusive, d'informations sensorielles élaborées en parallèle (il y a plusieurs systèmes d'entrée indépendants). Ce processus peut être décrit comme une sélection, une commutation, ou une sérialisation de l'information initiale, sa logique (quelquefois qualifiée de «logique de l'entonnoir») met l'accent sur les conditions d'accès à la réponse. Shallice (1972), s'inspirant de Miller, Gallanter et Pribram (1960), a exposé formellement dans un modèle, cette idée selon laquelle la conscience elle-même - nécessairement unitaire et sélective - est fondamentalement caractérisée par cette dimension sérielle du traitement à laquelle on attache la notion de limite de capacité. Son schéma est celui de la prééminence momentanée d'un «système d'action», au sein d'une batterie d'appareils préexistants (Figure 4). Ce choix serait opéré par l'interprétation des informations afférentes, sous le contrôle de la mémoire et du langage.

La formule de Shallice est provocante car elle réintroduit une position mentaliste dans le cadre de la genèse de l'action. Pour lui, la notion d'opérations conscientes est indispensable à la Psychologie car elle légitime nombre de concepts et de techniques qui semblent à première vue moins problématiques. Ainsi, la Psychophysique féchnerienne, comme

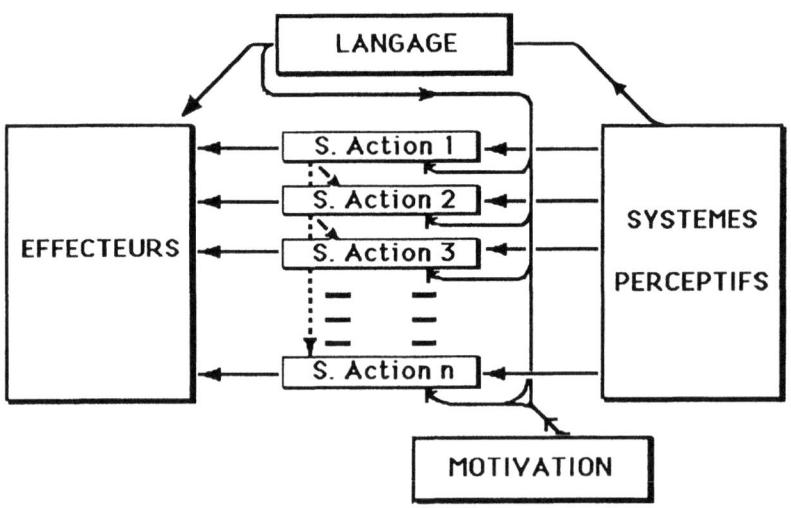

Figure 4. — Représentation simplifiée du modèle de Shallice (1972), faisant de la conscience la commutation d'un système d'action unique, au sein d'une organisation multiple permanente. Les lignes en points sont «inhibitrices», et en traits pleins «activatrices.» L'auteur signale que les «aspects mnésiques du modèle ne sont pas représentés».

aujourd'hui l'interrogation directe des sujets dans l'écoute dichotique, dans l'étude de la perception, de la mémorisation ou du rappel verbal, impliquent cet événement subjectif initial : le fait de conscience. Toutes les recherches centrées sur les processus afférents (qui n'ont pas pour objectif d'expliquer la genèse de l'action) font donc implicitement référence à lui comme préalable et comme support d'une réponse qui reste de pure convention. C'est pourquoi Posner (1978/ 1986, p.151) évoque à leur sujet la métaphore de l'«homonculus», dont le fantôme hanterait la Psychologie depuis Wundt. Il met ainsi en cause une vision contemplative de l'esprit comme un système de représentations dont le «petit bonhomme à l'intérieur» serait évidemment l'observateur.

La position de Shallice s'oppose à cette vision classique en soulignant que l'idée du canal unique à capacité limitée se justifie par la primauté d'un système d'action orienté à chaque instant vers une seule «sortie» (réponse). L'argument est celui d'une analogie entre cette unicité et celle de la focalisation mentale habituellement associée à l'attention. Comme l'action elle-même peut être «*covert*», ou «implicite» (purement symbolique), la «Psychologie cognitive» annoncée dans le livre de Neisser (1967), peut généraliser à beaucoup d'opérations les concessions de Watson (1919) sur l'intériorisation du langage dans la pensée. La conscience devient alors *un corollaire de l'exclusivité* des opérations de traitement d'information. Dans un esprit conciliant, Posner remarque d'ailleurs avec Attneave (1960) que même l'idée de l'«homonculus» n'est pas nécessairement fatale si l'on se donne continuellement pour objectif de réduire son rôle, en dégageant et en étudiant pour elles-mêmes des opérations spécifiques dont il serait soi-disant l'initiateur.

UN ENJEU CENTRAL : L'IMPACT PERCEPTIF DE L'ATTENTION

L'étude des processus automatiques réintroduit le débat sur le niveau où opère l'attention dans la chaîne des traitements entre le stimulus et la réponse. La réalité et l'importance des automatismes dans la perception visuelle et dans la compréhension du langage ne font guère de doute. Mais la position théorique selon laquelle *tous ces mécanismes* sont automatiques, irrépressibles et hors du contrôle attentionnel est un problème d'une toute autre dimension. Implicitement, les tenants de la «*sélection tardive*» admettent comme définitives les conceptions Gestaltistes sur l'invariance des processus perceptifs. Dans le contexte des discussions modernes, on identifie alors l'attention aux traitements décisionnels qui contrôlent l'entrée d'un codage du stimulus dans la ligne d'opérations à capacité limitée (responsable de la réponse). Mais le point de vue d'une organisation intraperceptive plus ou moins étroitement dépendante de l'attention reste partagé par un certain nombre d'auteurs (voir Johnston et Dark, 1982, 1986). Parmi eux, Kahnemam et Treisman (1984) se sont clairement engagés dans une défense de la «*sélection précoce*», en s'opposant, par exemple, à Duncan sur le principe d'une sélection par le stimulus ou par la réponse (Duncan, 1985).

INTEGRATION DES DIMENSIONS. — Anne Treisman envisage clairement le rôle de l'attention à l'étape terminale de la perception. Dans sa théorie de l'intégration attentionnelle des «attributs» («*feature-integration theory of attention*» : Treisman, Sykes et Gelade, 1977 ; Treisman et Gelade, 1980), elle considère l'attention comme le «ciment» qui lie entre eux les codages relatifs aux différentes dimensions d'un objet. A partir du postulat, directement issu des données physiologiques, d'une scène visuelle fragmentée en informations de couleur, d'orientation des lignes, de résolution spatiale, ou de direction des mouvements (voir Chapitre 4), Treisman fait l'hypothèse que la focalisation de l'attention a pour fonction de *construire* une représentation interne des objets en établissant les relations indispensables entre des dimensions codées de façon indépendante. Il s'agit donc d'un mécanisme «descendant» («*top-down*») d'une grande ubiquité. Pour répondre à l'objection selon laquelle nous n'avons pas besoin de faire intervenir l'attention pour nos perceptions de base, l'auteur suppose que le système perceptif a déjà appris certaines conjonctions particulièrement probables ou systématiques et par conséquent capables d'être réactivées de façon automatique. (Nous ne faisons pas des assemblages aléatoires, ou aberrants, de ces «traits», tels que par exemple, «*un soleil bleu dans un ciel jaune*»). Treisman distingue donc au départ la perception spontanée de la perception active. Sa théorie s'applique à la seconde et explique le rôle de l'attention focalisée dans l'appréhension des objets non familiers par la nécessité de ces opérations fondamentales de conjonction. D'après ce principe, est développée une technique générale d'analyse du processus de reconnaissance en fonction des dimensions perceptives.

> Elle utilise le Temps de réaction de détection d'une cible visuelle parmi un ensemble de distracteurs présentés brièvement au tachystoscope. Si le TR d'identification ne change pas avec le nombre d'items non-pertinents, le processus est du type parallèle et automatique. Par contre, un TR qui augmente linéairement avec ce nombre est la signature d'une *recherche sérielle (pas à pas), impossible sans effort attentionnel*. Les expériences de base cherchent donc à établir le type d'effet, ou de traitement, associé à la détection de cibles caractérisées par (a) une dimension élémentaire, qui peut être soit la couleur, soit la forme, ou qui (b) ne sont identifiables que par la *conjonction* des deux éléments. La tâche correspondant à cette dernière opération consiste à trouver un

T Vert, parmi des *X* verts et des *T* marrons). Les deux tâches unidimensionnelles consistent à détecter une lettre bleue, parmi des distracteurs de même forme, mais de couleur différente (*T*, ou *X* bleus parmi *T*, ou *X* verts ou marrons), ou à trouver la lettre *S*, dans un panneau d'autres lettres de même couleur (*S* verts, ou marrons, parmi des *T*, ou *X* verts ou marrons), Les résultats semblent en accord avec les hypothèses de base. L'identification par une seule dimension (forme S, OU couleur *Bleue*) est facile, immédiate et n'est pas affectée par le nombre de distracteurs (1, 5, 10, 15, ou 30 selon les essais). Par contre, le TR de détection d'une conjonction (*T* ET *Vert*) augmente typiquement avec ce nombre, comme tous les processus effectués par comparaisons successives.

Un certain nombre d'expériences complémentaires permettent ensuite d'établir que ces résultats ne dépendent pas de facteurs comme l'apprentissage (on retrouve le processus sériel inchangé après 1664 essais), la similarité ou la familiarité des formes de lettres. Ce dernier facteur est étudié de façon spécialement minutieuse, car l'utilisation de lettres de l'alphabet pose des problèmes particuliers : fréquences différentes dans la langue, et possibilité de développement de détecteurs de configurations globales avec la pratique de la lecture. Les auteurs explorent plus particulièrement l'existence d'«illusions de conjonction», qui proviendraient de la combinaison d'éléments de deux lettres (par exemple : 'P' avec la petite diagonale d'un 'Q'), qui induirait la perception-détection d'un caractère inexistant (en l'occurrence : 'R'). Ce type d'erreur, qu'on peut montrer dans des conditions très particulières, suggère le maintien d'une perception très analytique (basée sur les «traits» les plus élémentaires) des stimulus-lettres.

La théorie de Treisman repose sur des arguments forts et rejoint la conception de la «vision attentive» de Bela Julesz (voir Chapitre 4). Au moment de son apparition, elle semblait à contre-courant de l'opinion majoritaire, associant plus volontiers le mécanisme attentionnel à l'utilisation du stimulus pour l'action (canal unique) qu'à l'élaboration perceptive proprement dite. Le problème de l'attention dans le cadre de celle-ci est difficile et le partage est pour le moment impossible entre les processus actifs et «descendants» et les mécanismes spontanés ou automatiques mis au premier plan par les gestaltistes. Treisman étudie des recombinaisons peu naturelles (bien que les éléments, codages, ou dimensions le soient), par définition difficiles à détecter et dont le degré de généralité n'est pas certain.

DILUTION DE L'EFFET STROOP. — Un autre enjeu du débat concerne l'interprétation de l'effet Stroop (1935; voir aussi Dyer, 1973). Cet effet remarquable est obtenu en présentant par exemple au sujet, le mot 'ROUGE' écrit en vert, dans une tâche qui consiste à nommer le plus rapidement possible *la couleur de l'encre*. La bizarrerie du stimulus provoque alors un retard du TR vocal pouvant atteindre 250 msec par rapport à la performance avec un panneau plus naturel, ou «compatible», le mot 'ROUGE' écrit en rouge. On interprète cet effet par l'activation simultanée des codes sémantiques 'Rouge' et 'Vert' qui entrent en conflit pour le contrôle de la réponse. Puisque la tâche du sujet n'est pas de lire, mais de nommer la couleur, le code 'Rouge' serait évoqué par un processus de lecture automatique et irrépressible (qui n'apparaît pas avec un mot *peu familier d'une langue étrangère*).

Kahneman et ses collaborateurs (Kahneman et Henik, 1977, 1981; Kahneman et Chajczyk, 1983) ont consacré une série d'expériences à la question de savoir si ce processus de lecture et d'encodage automatique était affecté par l'orientation volontaire de l'attention. Ils ont d'abord reproduit l'effet Stroop dans une présentation duplex, avec deux mots différents formant, de part et d'autre du point de fixation visuel, une paire *stimulus-distracteur*. Si la cible contient l'incongruité sémantique/couleur, on a typiquement la situation standard qu'on vient de décrire. Mais on peut également utiliser un mot neutre : par exemple 'TABLE' écrit en rouge. Dans ces conditions, le TR vocal à ce stimulus est cependant affecté par la présence d'un «conflit-Stoop» dans l'autre mot (par exemple : 'JAUNE' écrit en vert) qui, pourtant, devrait rester ignoré du sujet. Dans une variante de cette étude les auteurs ont à nouveau observé l'effet Stroop en demandant d'énoncer la couleur d'une barre lumineuse apparue sur un écran. Au-dessus, ou au-dessous de celle-ci, la présentation d'un mot «neutre», «compatible», ou «conflictuel» interagit avec le TR, de la même manière que dans la situation standard. Mais cette interférence (un allongement de latence avec le mot 'VERT', situé par exemple au-dessus de la barre rouge) peut être atténuée par la présence d'un deuxième mot symétrique et de type neutre : il y a une *dilution de l'effet*. Ici encore, la réponse, qui concerne seulement la barre colorée, devrait rester indépendante du contenu sémantique des items. Puisque ce n'est pas le cas, on a affaire à un automatisme de lecture qui implique l'encodage perceptif du panneau visuel dans son ensemble. Mais la dilution montre que ce mécanisme n'est pas aussi mécaniquement invariable que le supposaient les premières interprétations de l'effet Stroop.

Jusqu'ici les données ne contredisent pas une interprétation «tardive» de la sélection, qui serait précédée d'une analyse automatique (lecture) du message afférent. Mais les auteurs démontrent que toutes ces variantes de l'effet Stoop dépendent *de l'existence d'une incertitude spatiale* dans la disposition des stimulus. Dans une étude ultérieure (Kahneman, Treisman et Burkell, 1983), ils observent que la vitesse de lecture de n'importe quel type de mot est affectée par la présence d'autres objets visuels, mots ou «patterns», colorés ou non. Ces effets sont immédiatement supprimés si l'on donne préalablement au sujet l'information de position du mot à lire («*cueing*»). La focalisation de l'attention permet alors un véritable filtrage visuel, qui élimine les effets de lecture ou de perception spontanée des éléments non-pertinents. Si la lecture repose sur des processus automatiques, ceux-ci n'auraient donc ni l'aspect irrépressible ni la transparence habituelle. Ils semblent au contraire très dépendants de l'organisation du champ visuel et d'une sorte de déclic provoqué par la désignation de l'objet à lire par l'attention. Pour Kahneman et Treisman, l'intervention de celle-ci à une étape précoce de la perception ne fait guère de doute.

AMORÇAGE NEGATIF. — Ces conclusions sont contestées par Allport (1977; Allport, Tipper et Chmiel, 1985), sur la base d'expériences d'«*amorçage latent*». Le sujet, installé devant un tachystoscope, voit apparaître brièvement la superposition d'une lettre rouge et d'une lettre verte. Il doit nommer le plus rapidement possible (TR vocal) la lettre rouge et ignorer l'autre. L'expérience comporte deux conditions principales, représentées par deux séries d'essais avec des relations différentes entre les caractères rouges et verts.

Dans la série-contrôle, les deux sortes de lettres sont choisies au hasard dans un répertoire restreint et il n'y a pas de répétition : la même lettre ne peut donc jamais être représentée dans deux essais consécutifs, ni avec la couleur rouge, ni avec la couleur verte. Dans la série expérimentale par contre, la lettre verte, qui doit être ignorée par le sujet à l'essai n, devient systématiquement la cible rouge de l'essai n+1. Ce caractère rouge, sur lequel le sujet concentre son attention pour pouvoir le nommer, est le seul dont il se souvienne (on le vérifie par des essais-sondes). Or dans cette condition pourtant, le TR vocal est *systématiquement plus lent* que dans la condition contrôle. La présence, à l'essai précédent, de la lettre-cible sous l'habillage distinctif (couleur verte) des distracteurs à rejeter, perturbe de façon proactive sa détection ultérieure en tant que stimulus discriminatif rouge. Il y a «*amorçage négatif*».

Des expériences complémentaires permettent ensuite de confirmer et de préciser ce phénomène. On note, par exemple, qu'il n'apparaît qu'en présence d'une réponse correcte à l'essai précédent. Lorsque le sujet se trompe, ou ne répond pas, l'amorçage négatif n'a pas lieu. Mais surtout, cette influence proactive de la lettre verte est un effet de catégorie *conceptuelle*, non-dépendant de la vision d'une forme spécifique. On peut changer le graphisme (majuscule - minuscule) des caractères rouges et verts sans modifier les résultats. On peut les remplacer par des dessins sémantiquement liés (table/chaise, chien/chat, etc..) que le sujet doit nommer. Les effets ne dépendent pas non plus du positionnement des symboles, en termes relatifs (superposés ou non) ou absolus (fovéal ou parafovéal).

Bien que les sujets s'aperçoivent évidemment de la présence des items verts, la concentration nécessaire pour nommer la lettre rouge dans des conditions de présentation brève, empêche toute reconnaissance verbale et consciente de sa concurrente. Or c'est la combinaison des deux indices discriminatifs forme-couleur qui permet de déterminer la réponse (le nom rouge). Dans une succession d'essais (1) A(r)-B(v) - (2) B(r)-C(v), on ne voit pas comment le retard de TR en (2) pourrait s'interpréter autrement que par la formation d'une combinaison B-vert en (1), à laquelle doit être substituée, immédiatement après, la liaison B-rouge. Les items verts, bien qu'ignorés semblent donc complètement traités, ou encodés, de la même façon que les stimulus importants, par la formation d'un composite forme-couleur. Puisque cette opération perceptive-catégorielle n'est d'aucune utilité pour le sujet, on doit en conclure qu'elle correspond à un traitement automatique, irrépressible et parallèle, réalisé dans un stade préattentif, et antérieur au choix de la réponse.

Ces dernières expériences situent l'impact de l'attention à un niveau de sélection pour l'action, postérieur aux opérations perceptives. Mais il est difficile d'y voir une réfutation des théories «précoces» comme celle de Treisman et Gelade (1980). La gamme des TRs mesurés dans toutes ces études s'échelonne de 500 à 1200 msec. De telles variations montrent l'hétérogénéité des processus mis en jeu. Les opérations de lecture diffèrent en complexité de la détection simple, ce qui empêche pour le moment d'accorder un caractère trop général aux arguments des différents auteurs. En définitive, il faut conclure à l'impossibilité d'assimiler l'attention à un «stade de traitement», bien localisé dans une chaîne S.R. D'expérience ingénieuse en expérience ingénieuse, la discussion de ses impacts perceptifs ou «mnésiques/ décisionnels» semble sans fin.

LA THÉORIE DE LA DÉTECTION DU SIGNAL (SDT)

Les opérations de détection sont le domaine privilégié de la Psychophysique. A son apparition avec Fechner (1860), celle-ci repose sur un double concept : le seuil et la sensation. Lorsque l'intensité du stimulus dépasse la valeur du premier, l'effet conscient apparaît. C'est le fondement de la Psychologie scientifique, car le seuil absolu est l'unité de l'équation logarithmique (voir p. 17) qui définit la sensation, cette notion cardinale de l'époque classique. Or malgré cette importance les mesures expérimentales ont toujours soulevé des problèmes délicats. Le premier constat est en effet celui d'une évidente instabilité. Dans des séries de stimulations croissantes et décroissantes, le point de perception liminale n'est jamais le même. Pour cette raison, Fechner faisait du seuil une grandeur probabiliste (une valeur moyenne) avec l'idée d'une origine aléatoire de ces fluctuations. Mais il avait aussi remarqué l'existence d'«attitudes» systématiques du sujet. S'il demandait à celui-ci de répondre à coup sûr, le seuil était plus haut que lorsque la consigne était de ne manquer aucun stimulus.

L'expérimentateur pointilleux suppose donc que le sujet «triche» inconsciemment et déclare perçus des signaux infraliminaires. Il introduit alors au hasard dans son épreuve des essais-pièges où le stimulus n'est pas donné. Si l'observateur prétend l'avoir détecté, c'est que sa réponse dépend d'autres facteurs que l'expérience sensorielle. La *Théorie de la Détection du Signal* («*Signal Detection Theory*», ou *SDT*, Green et Swets, 1966; voir aussi Swets, Tanner et Birdsall, 1961; Egan, 1975), qui représente la démarche psychophysique moderne, regroupe ces déterminants en deux catégories : l'«extraction du bruit» et la «tendance de réponse». On cherche ainsi à expliquer le comportement du sujet *en faisant totalement abstraction des concepts de seuil et de sensation consciente*.

Le modèle est celui d'un «Observateur Rationnel», c'est-à-dire d'une machine réalisant deux opérations successives : (1) l'encodage d'une «Amplitude sensorielle» *(As)* et (2) une «décision de répondre» d'après un «critère» statistique d'optimisation des succès (Figure 5). La première opération est toujours supposée bruitée par des sources exogènes (dans l'audition par exemple, le niveau sonore ambiant n'est jamais nul), ou endogènes (le capteur et la voie sensorielle sont nécessairement imparfaits et ajoutent une fraction aléatoire à leur sortie). Comme l'expérience-type mélange au hasard 50% d'essais avec stimulus et 50% sans stimulus, la grandeur *As* est, dans le premier cas, l'addition du «signal» (l'effet propre du stimulus) et du «bruit» (essais «*signal + bruit*», ou *SB*), alors qu'en l'absence du stimulus, elle ne contient que le second (essais «*bruit*», ou *B*). On suppose ensuite que l'As_B et l'As_{SB} ont des distributions normales, ou normalisables. L'écart de leurs moyennes, le paramètre d', définit la «sensibilité», ou la «qualité» perceptive, c'est-à-dire le degré de recouvrement des deux gaussiennes. Mais la réponse (perçu/non-perçu) est déterminée par le «critère» β, réglé à un niveau inconnu sur l'axe As. Pour l'«Observateur Rationnel», β serait placé au point milieu des deux moyennes $\frac{(mSB + mB)}{2}$, qui donne la proportion optimale de bonnes réponses. Mais le sujet n'est pas cet observateur idéal et son critère peut être biaisé. La méthode illustrée sur la Figure 5 permet de calculer ce biais, puis d'.

La SDT dissocie complètement les opérations perceptives (le facteur de séparation, d'), des conséquences que le système en tire pour déterminer *l'issue binaire du processus (perçu/non-perçu)*. C'est à ce niveau

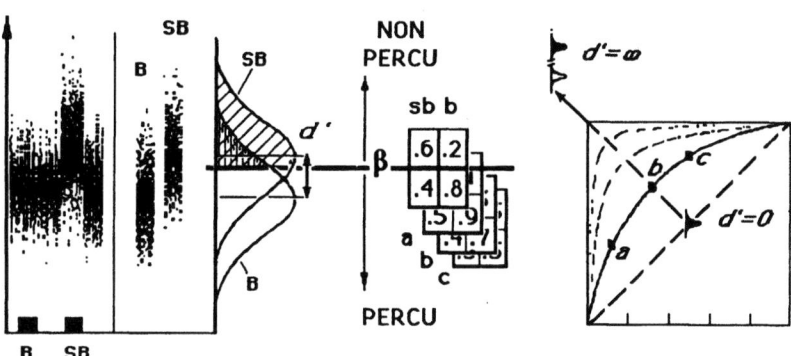

Figure 5. — Principes élémentaires de la SDT. De gauche à droite, illustration fictive de l'entrée dans les conditions d'observation des essais-pièges («bruit», ou B) et des essais «signal + bruit», ou SB). L'échantillonnage réalisé par le système perceptif (1er stade) est figuré ensuite sous forme de deux nuages de points, répartis verticalement sur un axe d'«Amplitude sensorielle» (As). Les deux distributions normalisées, B et SB, qui en résultent se recouvrent partiellement en fonction du paramètre d'. Le «critère» β (2e stade) détermine ensuite les réponses «perçu» (au dessous) et «non-perçu» (au dessus). Puisqu'aucun de ces deux paramètres n'est établi à l'avance et qu'on ne peut connaître l'efficience perceptive du sujet d' qu'à travers ses réponses, il faut d'abord estimer β. Le plan d'expérience standard comporte deux réponses («perçu», «non-perçu») qui, croisées 2x2 avec les deux types d'essais (B, SB), conduisent à un tableau de quatre pourcentages, ou probabilités, complémentaires. Mais comme le sujet estime, à chaque essai, la validité de sa propre réponse en trois quatre, ou cinq «échelons de certitude», ces «degrés de confiance» permettent de trier les données en autant de tableaux (2x2) caractéristiques d'une «attitude» systématique. (On aurait pu faire autant de sessions différentes avec des consignes de sévérité plus ou moins grande). La courbe R.O.C. («Receiver Operating Characteristic») qui en résulte est la régression des deux probabilités «perçu SB» (réussite, ou «hits») et «perçu B» (erreur, ou «false alarms») pour tous les niveaux possibles du «critère β». Chaque point résume un sous-tableau (2x2). Ici par exemple, «sûr»= a, «moyennement sûr» = b, «pas sûr»= c. La famille de ROCs représentées en pointillés traduit les conséquences de différentes valeurs de d' (une courbe par valeur). On peut donc estimer l'attitude globale du sujet sur l'ensemble de l'expérience et son «biais de réponse» en faveur de l'une des deux réponses. Une fois positionné le critère sur l'axe As, les pourcentages du tableau (2x2) général déterminent des régions (hachurées) dans les distributions normales SB et B. La loi normale réduite permet alors de calculer l'écart (d') de leurs moyennes. Remarquons cependant le paradoxe par lequel cette théorie qui nie l'intérêt d'un «seuil de perception conscience» fait appel à l'introspection pour établir les «degrés de confiance». En conséquence, elle n'est pas intégralement applicable à l'animal.

que le «*critère de décision*» (*paramètre* β) peut être influencé par d'autres facteurs, au nombre desquels la fameuse «attitude» du sujet. Le modèle suppose donc implicitement l'insensibilité des phénomènes sensoriels à cette dernière cause, à moins qu'une influence de l'attention à ce niveau ne se traduise sous la forme d'une réduction du «*bruit*» *interne* du système. En fait, et ces questions mises à part, la valeur heuristique de la SDT est liée à sa versatilité. En détection, l'«Amplitude sensorielle» représente les relations entre signal et bruit. Mais comme la logique générale est celle d'une séparation de deux distributions, la SDT convient également aux discriminations qu'elle traduit comme un choix entre deux stimulus représentés sur un même axe de séparabilité perceptive (degré de confusion). Les mêmes principes en font également une théorie de la décision, dans tous les cas où les éléments initiaux de l'alternative binaire sont mesurables sur un axe monoparamétrique équivalent à l'«Amplitude sensorielle». Par ailleurs, les outils statistiques et mathématiques fournis par la théorie des distributions permettent de traiter de nombreux types de données.

LES THÉORIES «NON-SPÉCIFIQUES» DE L'ATTENTION

Dans les années 60, une conception behavioriste tardive, mais répandue, envisageait l'attention comme un état particulier du «continuum d'activation» hypothétique qui reliait le sommeil et la veille. Cette interprétation avait ses origines dans une tradition psychologique ancienne (par exemple : la notion de tension psychique chez Janet, 1923) qui hiérarchisait les conduites d'après leur intensité plutôt qu'en termes d'orientation spécifique ou de finalité. Des idées très voisines avaient été formulées par Hull (1943), dont le «*general drive*» (une énergie interne accumulée) était le principal déterminant du comportement et par Pavlov (1927), soulignant *l'intensité du processus d'excitation*. Dans cette tradition, les études de l'«énergétique du comportement» (Freeman, 1948 ; Duffy, 1951, 1957, 1962) développaient le principe d'une efficience de réponse directement liée à l'état d'excitation général des centres nerveux. Mais cette relation n'était pas linéaire : elle était caractérisée par la «loi de Yerkes-Dodson», ou courbe en «U» inversée (Easterbrook, 1959). Yerkes et Dodson (1908) avaient étudié les relations entre l'intensité des chocs électriques et les erreurs de discrimination faites par des souris. Puisque les performances se dégradaient dans la partie haute du «continuum d'activation», on dégagea la notion d'un «optimum de vigilance» nécessaire aux réponses adaptatives. Les comportements attentifs et l'attention en général en fournissaient l'exemple privilégié. Le succès de ces théories était dû à la convergence des anciennes notions d'«énergie» et de «force» mentale (supposées traduites par l'intensité de l'activité motrice) et des conceptions physiologiques en honneur dans les années 50 sur les structures réticulaires du tronc cérébral. Ces régions, dont on avait démontré l'influence directe sur la motricité tonique et posturale et dont la stimulation provoquait l'«éveil corticographique» (EEG), étaient considérées comme le grand centre de la vigilance, responsable de l'entretien d'un «tonus» cortical et distribuant l'«énergie éveillante» au cerveau.

Ces interprétations étaient basées sur le concept de structures non-spécifiques. L'activité réticulaire, et par conséquent l'état de veille, était supposée entretenue par une dérivation collatérale des influx sensoriels, amplifiés et intégrés d'une façon purement quantitative («dynamogénie sensorielle»). D'après la théorie «des deux facteurs» (Hebb, 1955; Malmo et Bélanger, 1967), les informations parvenant à l'organisme avaient une double fonction. Tout d'abord, leur contenu sensoriel spécifique avait valeur d'indice ou de signal, mais d'autre part, comme leur utilisation par les centres supérieurs (le cortex) exigeait le maintien d'un fond d'activité tonique d'origine réticulaire, ces influx afférents participaient également à son entretien. L'optimum d'activation correspondait donc au dosage idéal de ces facteurs pour une tâche donnée (Bindra, 1959). Dans ce contexte, les aspects intensifs de l'attention étaient traités par Berlyne (1951, 1960, 1970) en relation avec les propriétés éveillantes du stimulus et conduisaient à l'étude des caractéristiques «collatérales» du signal: la nouveauté, l'incongruité et la complexité (voir aussi Piéron, 1934). Dans cette démarche qui réunissait bizarrement les affirmations de Titchener sur les attributs du stimulus (voir p. 24) et quelques principes behavioristes essentiels, le champ d'investigation se réduisait à l'attention involontaire, c'est-à-dire aux différents aspects de la réaction d'orientation et de son habituation. L'attention était donc à la fois considérée comme une réponse stéréotypée et comme *un état particulier* du «continuum». Par leur globalisme, les théories de l'activation manifestaient leur impuissance à rendre compte de l'attention en termes de processus, c'est-à-dire comme déterminant sélectif de la perception ou des réponses motrices. Par la suite, leur support physiologique devait être entamé par le progrès des connaissances relatives aux structures du tronc cérébral. L'unité des formations réticulaires faisait place à une conception plus modulaire, qui soulignait leur implication dans la programmation d'activités motrices spécifiques et dans les orientations posturales (Siegel, 1979; voir aussi, Hobson et Brazier (Eds), *The reticular formation revisited*, 1980). Dans le même temps, l'énorme complexité de la machinerie corticale décourageait l'analyse d'un «éveil EEG» qui avait fait les beaux jours de la physiologie réticulaire des années 50.

C'est pourtant dans ce contexte défavorable des interprétations non-spécifiques qu'apparurent deux notions importantes, celle d'un «*pool de ressources de traitement*» (Knowles, 1963), puis *la théorie de l'«effort»* (Kahneman, 1973). Toutes deux faisaient plus ou moins référence aux aspects vécus de l'attention volontaire. L'exemple, fréquemment cité, de l'étudiant qui se concentre d'autant plus fort que le problème est ardu, illustre bien en effet, une relation entre l'intensité de l'engagement attentionnel et la *difficulté* de la tâche. Or cette dernière notion, bien qu'expérimentalement importante, était assez vaguement définie. Comment la mesurer ? Knowles proposait l'idée d'un opérateur humain possédant une capacité globale et limitée de «ressources de traitement», susceptible d'être allouée d'une façon vicariante aux opérations requises par la situation. Pour Kahneman, l'effort mental traduisait cet engagement d'une «capacité générale» de traitement proportionnelle à la difficulté de l'épreuve. Il s'accompagnait typiquement des manifestations physiologiques de l'«activation centrale». Capacités, ressources, effort et attention devenaient ainsi des synonymes, dont l'expression reposait sur un certain niveau d'activité des centres nerveux. L'analogie clairement non-spécifique, utilisée par Kahneman, (1973, p.14) était celle d'une centrale électrique, répondant à la consommation du réseau jusqu'à l'atteinte de sa limite de puissance. Les expériences réalisées dans cette perspective reposaient essentiellement sur la mesure d'un indice classique d'activation du système sympathique : la dilatation pupillaire (Goldwater, 1972). Dans nombre de situations, le diamètre pupillaire semblait suivre étroitement la charge cognitive imposée au sujet : calcul mental, mémorisation de chiffres, discrimination, ou compréhension de phrases (Kahneman, 1973, p.19).

Une autre façon de mesurer l'effort est de quantifier la difficulté d'une épreuve par les altérations de la performance. Malheureusement, cet indice ne devient réellement révélateur que dans les conditions extrêmes de la surcharge. Or le principe même de la théorie de Kahneman implique que le sujet commence «à peiner» bien avant de voir diminuer son efficience. L'idée est donc de décaler artificiellement l'échelle de celle-ci, en imposant la charge modérée *d'une tâche secondaire.* (L'analyse des traitements sériels/ parallèles en avait déjà montré l'intérêt pour mesurer un degré d'automatisation). Cette logique permet l'évaluation des interférences entre deux épreuves non-automatisées. Lorsque celles-ci, très faciles séparément, sont perturbées du seul fait d'être exécutées ensemble, on suppose que la chute de performance est due à la compétition pour une « ressource » commune, pour un système de traitement nécessaire aux deux processus. Mais l'ampleur et la répartition des déficits entre les tâches A et B dépendent de nombreux facteurs : leur nature, les contraintes perceptives (durée d'exposition ou saillance des stimulus) ou motrices (vitesse d'exécution). On peut par exemple mémoriser et retenir un chiffre ou une lettre tout en répétant un rythme avec le doigt. Mais il est presque impossible de guetter simultanément deux mots présentés en écoute dichotique (ce qui revient à suivre deux conversations en même temps). On peut voir dans cette difficulté de partager le système de compréhension du langage la preuve de son unité fonctionnelle. Par contre, dans le premier cas, les capacités mnésiques et sensorimotrices utilisées ne font sans doute appel à aucun dispositif commun. On peut d'ailleurs le démontrer si l'augmentation des difficultés — avec plusieurs cibles ou un rythme de plus en plus complexe et rapide — ne perturbe pas plus les performances en double tâche qu'isolément. Cette notion de difficulté, synonyme d'engagement progressif des capacités de traitement, est donc devenue un principe essentiel de la méthodologie des doubles tâches, systématiquement développée par les partisans de la théorie des « ressources ».

Deux notions importantes concernent d'une part la conceptualisation d'une fonction « Performance-Ressource », ou PRF (Norman et Bobrow, 1975), et d'autre part la mesure des interférences (chutes de performance) par l'analyse des courbes P.O.C. (« *Performance Operating Characteristic* », Navon et Gopher, 1979; 1980) (Figure 6). La première distingue, au niveau de n'importe quelle tâche unique, un facteur lié aux « données » d'un autre lié aux types de traitements (ressources). Le premier renvoie à des phénomènes « structuraux » et permanents (telle que la difficulté perceptive qui résulte de la qualité du signal externe) qui ne sont guère affectés par l'automatisation, alors que le second s'y montre sensible. La courbe P.O.C., d'autre part, est conçue comme une régression des performances tâche A/ tâche B, sur le modèle de la courbe R.O.C. (Figure 5). L'équivalent des « degrés de confiance » est représenté par des variations de la situation expérimentale (blocs d'essais) où l'on donne pour consigne au sujet d'accorder 30%, 50%, 70%, etc de ses « capacités » (*de son attention*) à l'une des deux épreuves. On réalise ainsi une incitation (éventuellement monétaire), à réussir l'une plutôt que l'autre, plus commode qu'un « dosage » conjoint de la difficulté de chacune. L'intérêt de cette procédure est de mesurer des *échanges* (« *trade-offs* ») de performance : si le gain sur A correspond exactement à la perturbation observée sur B, il est vraisemblable que la même « ressource » a été utilisée différemment. Ainsi, l'expérience de Sperling et

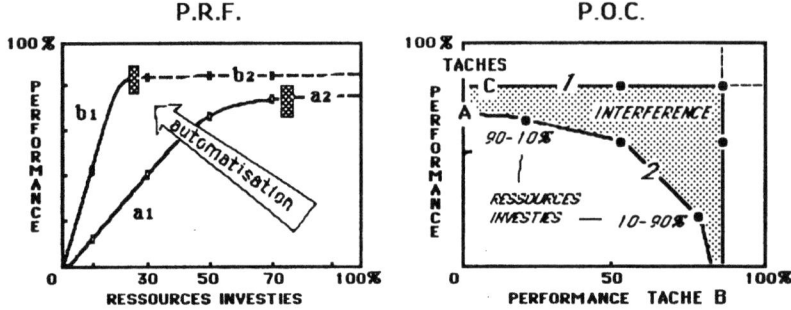

Figure 6. — *A gauche :* Les deux régions de la *Fonction Performance-Ressources,* d'après Norman et Bobrow (1975). Dans la première, l'engagement des ressources par le système de gestion (l'effort), entraîne une augmentation proportionnelle de la performance : c'est la partie «ressource-dépendante» de la courbe (a1). Mais à partir d'un certain degré de difficulté (discrimination liminaire, par ex.), la performance ne dépend plus de l'investissement du sujet : c'est la partie «données-dépendantes» de la courbe (a2). Cette région constitue l'essentiel d'un processus automatisé, pour lequel la performance ne dépend que de la qualité des données (b2). *A droite,* la P.O.C. (1) représente les scores obtenus simultanément dans les tâches concurrentes A et B, exécutées sous plusieurs conditions «incitatives» différentes (sessions ou blocs d'essais séparés), qui consistent à accorder 90 %, 50 % ou 10 % de l'attention à A ou à B. La courbe (2) représente le même type de données pour une combinaison tâche B - tâche C, caractérisée par l'absence d'interaction. A et B sont en compétition pour une même «Ressource», mais non B et C. On remarque que la P.O.C. est construite «en miroir» des courbes R.O.C. qui traduisent une relation succès/ erreurs, et non comme ici, celle de deux taux de succès (performances). La distance à l'origine sur la diagonale mesure l'interférence globale A/ B, lorsque l'investissement du sujet est partagé 50 %-50 %.

Melchner (1978) mettait en concurrence deux discriminations visuelles, dans le but d'isoler les opérations d'encodage qui déterminent la reconnaissance de chiffres parmi des distracteurs-lettres ou de lettres parmi des chiffres.

Mais la parenté entre P.O.C. et R.O.C. n'est pas fortuite. On utilise ici le modèle général de la SDT comme celui d'un processus de décision qui optimise la séparation de deux distributions partiellement confondues (la partie commune est responsable de l'interférence). En détection, on considère le «bruit» et le «signal». Mais ces variables peuvent être étiquetées différemment et le fait de les construire — moyennant quelques hypothèses supplémentaires — à partir du contenu informatif des tâches A et B ne change ni la logique ni l'intérêt heuristique de la théorie. Ces principes ont été exposés en détail par Sperling (1984).

Avec ces méthodes de quantification des interférences intertâches, on peut espérer faire l'inventaire des épreuves qui montrent cette compétition pour un processus commun et tenter des inférences sur la nature de la fonction disputée. En testant deux à deux un grand nombre de tâches, il devrait être possible d'identifier les opérations critiques par les outils statistiques de l'analyse factorielle. L'espoir exprimé par Navon et Gopher (1979) était d'aboutir à long terme à un classement des ressources, considérées comme des «capacités mentales élémentaires», ou une sorte d'«alphabet» des traitements à partir desquels s'organiseraient les opérations plus complexes. Mais cette entreprise ambitieuse n'est peut-être pas réaliste. Elle suppose en effet que les ressources identifiables sont des composantes des tâches et par conséquent moins nombreuses que celles-ci. Ce principe implique également *l'additivité des interférences* : si deux tâches A et B interagissent, et si par ailleurs A entre en concurrence avec une troisième C, alors B et C devraient également interférer. Mais cette hypothèse a rarement été vérifiée. De ce fait, les premières théories ont évolué vers l'idée que *les ressources sont des unités de traitement nombreuses et différenciées*, et qu'il faut d'abord reclasser par familles (Wickens, 1984).

Ici se situe la principale ligne de partage théorique. Lorsqu'on pousse la difficulté d'une double tâche à son maximum, il est rare d'observer un effondrement total des performances. Le système possède *une tolérance à la surcharge*, comme s'il était capable de compenser la saturation d'un traitement par l'engagement de capacités supplémentaires (ou la réorganisation des capacités existantes). Les théories du canal à capacité limitée étaient directement suggérées par la notion de surcharge, cet engorgement d'un unique système de décision et d'action. Il est donc logique (voir Navon et Gopher, 1979, p.233) que le constat de son importance limitée — à partir des mesures précises qu'autorise la méthodologie des doubles tâches — conduise à l'idée opposée d'une structure de traitement en *modules parallèles*. Les ressources deviennent alors des sortes de microprocesseurs assemblés en réseaux. Il est encore difficile d'apprécier la valeur heuristique de cette conceptualisation. Mais on doit souligner qu'elle implique nécessairement *l'existence d'un mécanisme de commande ou de gestion centrale* qu'on identifie alors à l'attention. La technique des incitations («*payoffs*»), où l'on demande au sujet de doser sa réussite relative aux épreuves A et B, correspond d'ailleurs très exactement à cette hypothèse d'un système de contrôle d'ordre supérieur auquel Sperling (1984, p.165) trouve une parenté avec l'ancienne «et honorable» notion du «set» et de *l'«Einstellung»*.

L'ATTENTION AU CENTRE DU SYSTÈME PSYCHOLOGIQUE

Si l'attention est un thème majeur de la Psychologie contemporaine, c'est qu'elle est intimement liée à un petit nombre d'enjeux théoriques particulièrement fondamentaux. Le premier d'entre eux concerne la notion de *traitement à capacité limitée* qui domine la plupart des problèmes abordés dans ce Chapitre. Son principal développement est le modèle du «*canal unique*», qui a formé l'épine dorsale de la Psychologie expérimentale au cours de ces quarante dernières années. Les recherches sur l'attention, montrant l'exclusivité des opérations mentales dans l'écoute dichotique, sont directement à l'origine de cette conceptualisation. L'isomorphie proposée par Shallice (1972), entre les processus conscients et ce type de traitement émane d'une vision stratégique de l'attention qui sanctionne la compétition entre les messages afférents pour le contrôle du système d'action.

Mais l'idée du canal unique implique aussi qu'entre l'arrivée du stimulus et la réponse, les transformations successives de l'information s'effectuent par *étapes, ou niveaux hiérarchiques successifs*. C'est pourquoi, de nombreuses démarches analytiques avaient pour objectif de préciser le lieu d'impact et la nature des mécanismes de l'attention volontaire dans la chaîne des traitements sensorimoteurs. L'historique des théories du filtrage est significatif de cette approche générale. Visant d'abord un processus sélectif périphérique d'élimination du bruit de fond acoustique, ces théories évoluèrent pour prendre en compte l'interprétation sémantique, puis les processus («tardifs») de détermination de la réponse. Doit-on pour autant faire de l'attention un mécanisme *structural de sélection*, qui semble bien difficile à situer dans cette architecture séquentielle? Dans ce cadre, la controverse sur la nature du traitement perceptif est cruciale. Celui-ci implique-t-il préférentiellement la structuration automatique d'une information qu'il faudra ensuite trier? Ou bien ces mécanismes, opérant à partir de constituants plus élémentaires (les attributs, traits, ou codages sensoriels) sont-ils au contraire sous le contrôle de l'attention (c'est-à-dire d'une influence «descendante», ou «*top-down*»)? La première conception a été typiquement illustrée par les théories gestaltistes, la seconde équivaut à faire de l'attention l'étape ultime de la perception. Les partisans de la «sélection tardive», ou du «filtrage précoce» reprennent implicitement à leur compte ces deux hypothèses qui paraissent impossibles à départager expérimentalement.

Le concept de capacité limitée est également à l'arrière-plan de la théorie des «*ressources mentales*». Mais celle-ci s'oppose à l'idée d'un canal unique, justifiée au départ par les situations de surcharge. Les effets perturbateurs, mesurés en double tâche, sont des effets relatifs et non des diminutions massives de la performance. C'est pourquoi les notions d'effort et de capacité ont été ensuite précisées dans des termes qui n'ont plus rien de commun avec des stades de traitement placés linéairement entre le stimulus et la réponse (théories «structurales»). En conséquence, si les ressources sont des unités de traitement parallèles, leur fonctionnement impose un mécanisme central de gestion et d'organisation. Cette hypothèse répond-elle à la difficulté d'identifier les traitements sensibles à l'attention dans la chaîne sensorimotrice? Dans cette perspective, l'attention orchestre la mise en jeu des différentes opérations : c'est une super-fonction, un système qui met en jeu d'autres fonctions.

NOTE

[1] Cette définition du lieu d'impact de l'attention dans les premières théories du filtrage n'avait toutefois aucune connotation fonctionnelle vis-à-vis d'une structure anatomique précise et pouvait donc très bien concerner la voie auditive dans son ensemble. Prudence abandonnée ensuite dans une tentative infructueuse d'investigation physiologique au niveau du noyau cochléaire (Hernandez-Peon, Scherrer et Jouvet, 1956). les potentiels enregistrés dans cette région étaient diminués lorsqu'on détournait l'attention de l'animal vers un objet visuel. Mais on démontra ensuite qu'il s'agissait d'un artefact dû aux fluctuations de l'intensité sonore sur le capteur de l'oreille interne.

Chapitre 3
Orientation et focalisation de l'attention dans la détection visuelle

La notion de concentration ou de focalisation mentale qui s'attache à l'attention ne concerne pas une modalité sensorielle en particulier. On peut sélectionner globalement chacune d'entre elles (en guettant alternativement un bruit ou un signal visuel), tout comme une dimension plus spécifique (l'oreille d'entrée dans l'écoute dichotique, une position du champ visuel, un objet d'une certaine couleur, etc..), ou même des «signaux internes», idéiques ou mnésiques, qui renvoient à des hypothèses de «cartes mentales», ou de systèmes de représentation. Pourtant la vision, avec sa zone fovéale entourée d'une région périphérique de moindre perception, a constamment fourni les principales métaphores. Dans notre expérience quotidienne, nos changements d'intérêt se traduisent, à chaque instant, par l'ajustement du champ perçu autour de l'axe du regard (l'«empan perceptif»). N'importe quel lecteur, notait Wundt dans les premières éditions de la «*Psychologie physiologique*», s'aperçoit de ces modifications lorsqu'il ouvre un livre. La page lui apparaît d'abord globalement comme un ensemble de lignes (éventuellement partagé par des titres ou des notes), puis, parcourant le texte à la recherche d'un mot, il constate que ses voisins semblent disparaître de l'esprit, et enfin lorsqu'il examine le graphisme d'une lettre ou d'une terminaison ce sont les caractères proches qui deviennent indistincts. Il aurait pu ajouter que lorsque nous sommes conquis par le récit et absorbés dans les significations, nous ne sommes même plus conscients d'aucun détail typographique.

Cette interprétation tirée de l'expérience phénoménologique, dont il faut souligner le caractère délibérément introspectif et mentaliste (il est difficile d'y associer la moindre manifestation externe), assimile implicitement l'attention au mécanisme directeur de la perception visuelle. Elle a autrefois servi à justifier le modèle classique du «*Blickpunkt*», ce point central de la conscience, constitué par l'«*Aperception*» (l'attention) à partir d'un champ plus large (le «*Blickfeld*»). Or curieusement, une telle généralisation des données visuelles les plus évidentes à *la sélectivité de la structure mentale* reste caractéristique d'analogies beaucoup plus récentes entre les mouvements du regard et ceux de l'esprit. Ainsi Norman (1968) avance-t-il la métaphore du «regard mental», ou de l'«œil intérieur» («*mind's eye*»), et Posner (1980) parle de l'orientation de l'attention comme d'un «*alignement avec la source du signal, que celle-ci soit un item sensoriel ou une structure sémantique interne, stockée en mémoire*».

Beaucoup d'auteurs ont depuis longtemps souligné combien les mouvements oculaires — mais aussi la convergence et l'accommodation — sont expressifs du processus mental («*les yeux, miroir de l'âme*»). Mais les données examinées dans ce Chapitre obligent à distinguer nettement *deux niveaux* du processus, celui des phénomènes internes et celui de leur expression ouverte par ces manifestations privilégiées. Cette distinction n'est pas gratuite. Hermann von Helmholtz montrait en effet, voici plus d'un siècle, qu'un effort volontaire pouvait parfaitement disjoindre la direction de l'attention de l'axe de visuel (2e éd. de l'«*Optique physiologique*», 1896, p. 890). Pour étudier le rôle des mouvements oculaires dans la perception de la profondeur, il avait construit une sorte de stéréoscope à flash, où les stimulus monoculaires (dessinés sur des cartons) étaient placés au fond d'une double chambre noire, et éclairés brièvement par une étincelle électrique. (Dans l'attente de celle-ci, le regard restait fixé sur la faible lueur d'un trou d'épingle percé au centre de chaque stimulus). Comme l'étincelle durait trop peu pour permettre le moindre mouvement des yeux, ou même pour autoriser une vision d'ensemble, l'auteur constatait qu'il lui fallait se représenter mentalement une région de l'image *avant l'éclair* pour la voir réellement au moment critique. D'étincelle en étincelle et de visée mentale en visée mentale, il parvenait ainsi à reconstituer le dessin et même, prétendait-il, une forme en relief. Dans ces conditions, la perception semblait déterminée par la direction préalable de l'attention volontaire, dans des conditions d'immobilité complète de l'œil.

Le récit d'Helmholtz est cependant trop imprécis pour évaluer les opérations visuelles affectées par cette première dissociation expérimentale de l'axe optique de l'œil et du point visé par l'attention. Mais plus récemment, Engel (1971, 1977) a mesuré systématiquement leurs écarts dans une tâche de discrimination d'un pictogramme simple, noyé dans un bruit visuel. Il donnait à ses sujets un point de fixation oculaire et un «point d'attention», situé à une faible distance. Il trouvait que la *zone de saillance (ou «conspicuity»)*, définie comme la région exclusive d'identification de la cible, incluait bien sûr la fovéa (la zone centrale à haute résolution de notre rétine), mais se trouvait déformée et allongée en direction de la position indiquée comme importante par la consigne. Ainsi, même dans une tâche de discrimination qui repose sur l'acuité visuelle, on peut dissocier dans une certaine mesure le point d'application de l'attention de l'axe fovéal. De telles expériences soulignent la capacité d'un observateur de diriger volontairement son attention vers un objet situé en dehors de l'axe oculaire, capacité déjà reconnue par James (1890), ou Pillsbury (1906), aussi bien que par le langage courant («regarder du coin de l'œil»).

L'UTILISATION DES EPREUVES DE DETECTION. — La complexité de l'attention visuelle est due aux relations étroites qu'elle entretient avec la perception et les mouvements des yeux. Qu'ils soient intentionnels ou réflexes, ces derniers sont une «fovéation» qui amène la zone centrale de la rétine à la position permettant l'analyse du stimulus avec le meilleur pouvoir résolutif de la vision. Le pilotage du regard obéit donc normalement à des critères perceptifs et les interactions entre les processus afférents et les commandes oculaires constituent pour l'expérimentateur, comme pour le théoricien, des difficultés de première grandeur. Mais l'étude de l'attention dépend-elle entièrement de nos connaissances sur les mécanismes perceptifs, ou est-elle réalisable plus directement? La première condition est de simplifier ces relations fonctionnelles en utilisant des opérations sensorielles *élémentaires*, qui consistent à noter un simple changement local de l'énergie lumineuse et n'exigent donc aucune analyse approfondie du stimulus. On peut ainsi s'affranchir d'une fovéation qui n'est réellement nécessaire que si l'observateur doit *identifier* l'objet en étudiant ses détails. Bien que ces contraintes soient la règle dans la vie courante, les épreuves de laboratoire basées sur la détection de simples incréments de luminance n'imposent pas une telle différenciation du champ visuel. Des variations d'intensité lumineuse, ou des mouvements, sont aisément perçus en périphérie. Comme la fovéa ne joue plus de rôle essentiel, on peut s'attendre à une indépendance particulièrement grande de l'attention par rapport à l'axe du regard. Cette faculté permet au sujet d'opérer en fixation centrale, tout en guettant une autre position du champ. En l'absence de mouvements oculaires, les épreuves de détection permettent, en principe, d'étudier des opérations purement centrales (ou «*covert*», au niveau des représentations internes) de focalisation sur une région particulière du champ visuel.

Cet aspect tout à fait essentiel des opérations de détection doit être rapproché de la notion de seuil absolu en Psychophysique. Comme l'exprime Posner (1980), détecter un stimulus c'est..«*être capable de rapporter son existence par une réponse quelconque*», arbitrairement choisie et qui peut être vocale ou manuelle. Cette définition simple implique que, même en l'absence d'analyse fine des particularités du stimulus, on observe *un certain degré d'émergence à la conscience, sans laquelle le sujet serait par définition incapable de manifester sa perception*. Puisque celle-ci dépend — en termes de distraction, par exemple — du degré de focalisation attentionnelle, on est en présence d'une «opération mentale élémentaire» très proche de l'idée d'une «sensation liminaire». Quoi de plus rudimentaire en apparence que de détecter l'apparition d'un point lumineux? Encore y faut-il un minimum de concentration d'esprit. Typiquement, les épreuves de détection visent donc *des opérations mentales conscientes qui court-circuitent les aspects les plus complexes de la perception*. Après le déclin de *l'écoute dichotique* comme modèle expérimental de l'attention, ces épreuves simples ont renouvelé l'intérêt pour l'étude de la focalisation visuo-spatiale (voir Possamaï, 1986, pour les grandes lignes de ce débat).

ENGAGEMENT VOLONTAIRE («SET») OU AUTOMATIQUE (RÉACTION D'ORIENTATION) DE L'ATTENTION VISUELLE?

L'article de Posner, Nissen et Ogden intitulé *«Le rôle du «set» pour la position spatiale»* (1978) a influencé pendant plusieurs années les recherches consacrées à l'attention visuelle. Cet impact était dû à un nouveau protocole, basé sur une utilisation originale des *biais de fréquence, ou de probabilité*, une notion associée aux origines mêmes du concept d'«Einstellung», ou de «set». L'expérience de Müller et Schumann (voir p. 32) avait en effet montré en 1889, qu'un nouveau stimulus entraîne des erreurs de jugement systématiques lorsqu'il suit une longue série de valeurs identiques. Or un tel résultat est typique des séries d'essais *non aléatoires*, où un événement rare intervient sur un fond d'événements fréquents *auxquel le sujet s'est «adapté»*. Cette manipulation courante en Psychologie (voir par exemple, les expériences de Kurt Lewin, 1922, de Yokoyama, 1924, ou de Mowrer, Rayman et Bliss, 1940,

p. 34, 33 et 36), a été appliquée au Temps de réaction (TR) de choix par Hyman (1953), en partageant la session en blocs d'essais définis chacun par une certaine proportion (probabilité) de signaux de réponse. Si l'un d'eux est surreprésenté, le sujet développe à son égard une préparation spécifique qui modifie le TR. Le biais de probabilité est donc une sorte de consigne implicite (non verbale), qui induit une certaine *attitude*, ou *stratégie* et pousse le sujet à anticiper certains stimulus. L'innovation apportée par Posner et ses collègues fut d'annoncer la fréquence de chacun d'entre eux par une « marque » symbolique, intuitivement évidente, qui supprimait la nécessité d'un plan d'expérience par blocs. L'attitude préparatoire normalement associée au groupe d'essais en question était alors déclenchée par l'indicateur initial.

> Dans la PREMIERE EXPERIENCE de Posner, Nissen et Ogden, le signal pouvait apparaître à gauche ou à droite d'un point central, fixé en permanence par le sujet. Dans la condition contrôle, une croix était présentée au centre, en début d'essai, pour indiquer l'équiprobabilité des deux positions. Dans la condition de « set » au contraire, cette information initiale était remplacée par une flèche orientée vers le lieu d'apparition probable du signal de réponse. Il en résultait trois types d'essais ; « neutres » (incertitude), « vrais » (où l'anticipation provoquée par la flèche s'avérait correcte à 80 %) et « faux » (dans 20 % des cas, le sujet était induit en erreur). Dès la première partie de l'étude (Expérience 1, Figure 7), la réponse en *TR de choix* (presser un bouton avec l'index droit pour le signal droit, avec l'index gauche dans l'autre cas) était assez logiquement facilitée par un présignal « vrai » et perturbée par une indication « fausse » en comparaison des essais « neutres ». La méthode induisait donc efficacement une attitude interne spécifique, mesurable par un « *bénéfice* » ou un « *coût* » de performance [1]. En outre, le développement temporel de cette attitude était reconstitué en faisant varier, par blocs d'essais, le délai d'attente du signal impératif. La *cinétique préparatoire*, ou temps d'établissement du « set », était ainsi estimée à environ 200 msec.
>
> Les auteurs vérifiaient ensuite, par oculographie, que les sujets se conformaient à la consigne de garder le regard au centre et de guetter « du coin de l'œil » le signal de réponse. Mais dans un TR de choix à deux réponses, il n'est pas possible de départager une interprétation *attentionnelle-perceptive*, basée sur la focalisation préalable sur la partie critique du champ périphérique, d'une interprétation *prémotrice*, selon laquelle le sujet aurait simplement présélectionné son mouvement à l'avance, C'est pourquoi l'expérience suivante (experience 3) faisait appel à un TR simple, dont l'unique réponse restait pourtant affectée par la présignalisation. Comme précédemment, la flèche initiale entraînait une amélioration du TR lorsqu'elle donnait une information exacte et une perturbation dans l'autre cas. Mais cette fois, l'effet ne pouvait être dû à la détermination précoce d'un mouvement *toujours identique*. Incidemment, le dépouillement séparé des essais rejetés à cause de la présence d'une saccade ne montrait plus les effets de « set ». Ceux-ci dépendaient donc clairement de processus internes (« *covert* »), susceptibles d'être détériorés par un mouvement incontrôlé.

Cette démonstration, par le TR de détection, d'un effet attentionnel en fixation centrale, comportait un aspect sensationnel, immédiatement reconnu par la communauté scientifique. Par comparaison avec de précédentes tentatives infructueuses (Mertens, 1956 ; Grindley et Townsend,

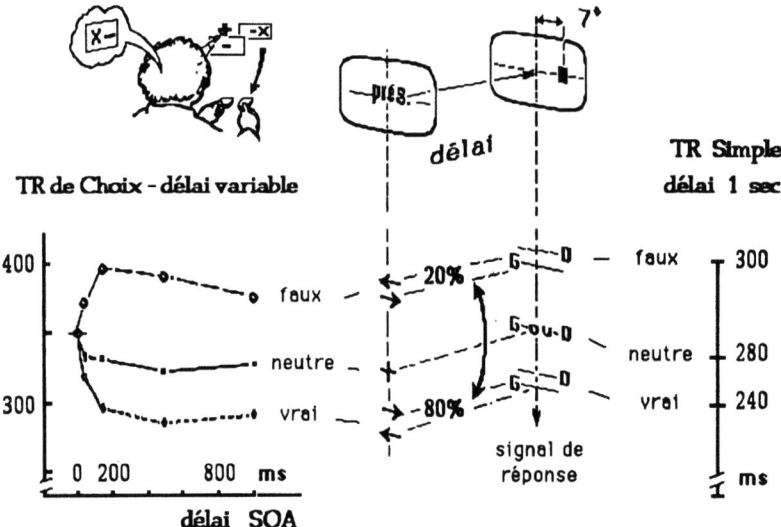

Figure 7. — Démonstration des effets d'anticipation et d'orientation internes par présignalisation (Posner, Nissen et Ogden, 1978). A gauche, EXPERIENCE 1 : tâche de TR de choix. Le sujet fixe le centre de l'écran cathodique et répond manuellement à l'apparition du signal-cible (un «X») du côté gauche ou droit. Un indicateur «neutre» (croix) ou informatif (flèche) amorce l'essai. La flèche indique le côté le plus probable, avec 80 % de chances d'être VRAIE. Les 20 % FAUX induisent une préparation inappropriée (bulle de la figurine) que révèlent les augmentations du TR. En abcisse, les différentes valeurs du délai présignal-cible (SOA), qui changent par blocs d'essais, permettent de reconstituer le décours d'efficacité de l'indication précoce. A droite, EXPERIENCE 3 : la même procédure est appliquée au TR Simple, avec une période préparatoire fixe (1 sec.) et un carré lumineux (à 7° du point de fixation central) comme signal impératif. Les performances (à droite) associées aux différents types d'essais montrent que le TR simple est également sensible à la VALIDITE des indications préalables.

1968), elle ouvrait la perspective d'une analyse des processus internes de focalisation sur une région déterminée du champ visuel. Les résultats ont été plusieurs fois reproduits par Posner et ses associés, en particulier avec des cibles plus ou moins périphériques (8° et 24°, chez Posner, Snyder et Davidson, 1980).

Le «set» s'apparente aux mécanismes volontaires par la mise en jeu d'une stratégie liée au caractère *symbolique et contextuel* de la flèche centrale (le sujet doit l'interpréter, mais il n'y répond pas directement). A ce processus s'oppose la mobilisation automatique (irrépressible) de l'attention, traditionnellement associée à la «réaction d'orientation», et dont l'étude a bénéficié d'un autre protocole à mettre également au crédit du groupe animé par Posner. Ici encore, Posner et Cohen (1984) utilisaient le TR simple, mais ils faisaient précéder à chaque fois le signal impératif d'un bref marqueur lumineux, donné aléatoirement à gauche ou à droite du point central. Ce marqueur, apparu à la position *éventuelle* du signal de réponse, mais sans *relation prédictive* avec lui, aurait dû être négligé intégralement par le sujet. Or, dans les quelques essais où il précédait effectivement le stimulus critique, le TR était «facilité», pour peu que le délai flash-cible fût bref (200 msec). Avec une précession plus longue il était ralenti ou «inhibé». Après avoir vérifié que cette attraction phasique de l'attention était bien due à la soudaineté du marqueur (des *diminutions* de brillance entraînaient les mêmes conséquences que des *augmentations*) et à sa position spécifique (la facilitation disparaissait avec un marquage multiple), les auteurs comparaient ces effets à ceux d'une flèche centrale, inductrice d'un «set». Avec elle, ils retrouvaient, de 450 msec à 1250 msec de délai interstimulus, l'amélioration du TR pour le côté indiqué, mais sans *«inhibition» tardive*.

Les deux types de marqueurs (flèche centrale ou flash) sont donc différenciés par leur dépendance vis-à-vis des biais de probabilité et par la présence ou l'absence de ce «rebond inhibiteur». Cependant, la signification de ce dernier doit être précisée. En l'absence de «condition neutre», Posner et Cohen appréciaient l'inefficacité éventuelle du flash indicateur par l'égalité des TRs à gauche et à droite, son effet «facilitateur» par une amélioration de la performance du même côté et l'«inhibition tardive» par un TR plus lent que les réponses au signal opposé. Pour les auteurs, le flash forçait un bref mouvement de l'attention de son côté, mais en l'absence d'événement consécutif en ce lieu, les signaux plus tardifs subissaient un «coût de traitement», visible sur l'allongement du TR[2]. Cette opinion est également celle de Maylor (Maylor, 1985; Maylor et Hockey, 1985, 1987), qui a poursuivi ces travaux avec différentes séries de flashes non-informatifs, dont elle a étudié l'incidence sur la détection. Pour elle, l'inhibition dépend de la facilitation initiale et elle traduirait, après 300 msec, une sorte de mouvement «élastique» de l'attention qui revient spontanément à sa position fovéale naturelle en l'absence d'événement consécutif important (signal de réponse).

Ces interprétations précisent en tous cas l'intervention *des mécanismes de la réaction d'orientation* dans la détection d'une manière cohérente avec l'idée d'un phénomène phasique et rapide, sensible à la répétition et qu'il n'est pas possible de relancer immédiatement. Par comparaison la dynamique du «set» est très différente. Elle suppose un engagement actif qui se développe en une période de temps minimale (Figure 7) et dont le maintien exige un effort difficile à soutenir longtemps. Posner, Cohen, Choate Hockey et Maylor (1984) ont étudié les effets d'une flèche centrale valide à 80 % et donnée *une seule fois* au début d'une série comportant 10 ou 20 répétitions de la même cible. Dans ces conditions, les «coûts» et «bénéfices» attentionnels ne persistaient pas au-delà du premier essai de chaque bloc.

EFFETS D'AUTOMATISME EN IDENTIFICATION DE LETTRES. — John Jonides, qui avait été l'un des premiers à montrer l'effet d'un signal périphérique sur l'attention spatiale (1976), a cherché à comparer directement la «capture automatique» de l'attention par un stimulus périphérique soudain avec les effets d'une flèche fovéale à caractère symbolique. Dans son expérience (1981), il avait pris pour tâche une *identification de lettres en TR de choix*, impossible sans un premier repérage de la cible.

> Les sujets devaient fixer le centre du dispositif et signaler avec deux clés différentes la présence d'un 'L' («*left*») ou d'un 'R' («*right*») dans un tableau circulaire de huit caractères. La cible était indiquée par une flèche, soit fovéale, soit à proximité immédiate, avec une précession inférieure à 200 msec pour éviter le déclenchement des saccades. Mais la principale originalité de cette expérience (notablement différente des épreuves de détection précédemment évoquées) était de mesurer l'«automaticité» des deux types de processus en les mettant en concurrence avec une tâche secondaire, dite de «charge mnésique». Lorsque les deux types de marqueurs indiquaient la cible avec 70 % de vérité, Jonides obtenait une différence importante du TR (225 à 300 msec) entre les essais «vrais» et les essais «faux». Mais le bénéfice induit par la flèche fovéale ne résistait pas à une charge mnésique de 7 mots, exigeant du sujet un minimum de répétition mentale, tandis que les essais avec le marqueur périphérique demeuraient peu affectés. L'auteur montrait ensuite qu'en réduisant la validité des deux indicateurs à 12.5 %, le sujet finissait par ignorer la flèche centrale, alors que celle donnée en périphérie continuait d'affecter la performance. Le caractère irrépressible de cette incitation et l'insensibilité à l'interférence constituaient donc de bons critères d'automaticité de l'attraction périphérique (Jonides, 1983).

Logiquement, si les processus déclenchés par les flèches périphériques de Jonides (1981) et les flashes de Posner et Cohen (1984) sont similaires, les effets de ces derniers sur le TR devraient être également insensibles à l'interférence. Bien au contraire, Posner, Cohen, Choate, Hockey et Maylor (1984, Expériences 3 et 4), ont constaté une détérioration d'efficacité des flashes périphériques (disparition des facilitations du TR) sous l'influence d'une tâche secondaire comportant un compte à rebours trois par trois. Cette expérience a été rééditée par Posner, Inhoff, Friedrich et Cohen (1987), en variant la tâche annexe par le comptage du phonème «p», dans des listes de mots enregistrés sur une bande magnétique. Le problème du reclassement des effets attentionnels en processus automatiques et non-automatiques n'est donc pas résolu. Les différences de procédure (la difficulté des tâches concurrentes, en particulier) ne permettent guère de conclure. On peut toutefois se demander si les critères habituels d'automatisme sont bien adaptés aux tests d'attention visuelle. Les réactions d'orientation possèdent un pouvoir d'interruption des activités courantes qui les distingue des tâches automatisées habituelles, exécutées sans effort ni conscience et d'une façon « transparente » en présence d'une épreuve simultanée. Mais surtout, l'opposition avec le « set » n'est peut-être qu'un cas limite difficile à isoler. En règle générale, les automatismes s'intègrent à une activité d'ensemble qui reste sous le contrôle volontaire du sujet. Si l'attention est la capacité de choisir des signaux utiles dans l'environnement, et si les automatismes sont par nature irrépressibles, il est essentiel que leurs signaux déclenchants soient « pré-autorisés » par le mécanisme intentionnel. Dans le cas de la réaction d'orientation, si tout événement soudain pouvait capturer impunément l'attention, le comportement perdrait rapidement toute cohérence.

MOUVEMENTS ET FOCALISATION SPATIALE DE L'ATTENTION DANS LE CHAMP VISUEL

Dans l'expérience initiale de Posner, Nissen et Ogden (1978), l'information donnée par la flèche peut être, selon les essais, vraie (80 %) des cas), ou fausse (20 %). L'important est qu'elle reste suffisamment véridique pour que le sujet l'utilise et que la présignalisation conserve son pouvoir inducteur. Mais rien ne s'oppose à ce que la catégorie fausse devienne *plus ou moins fausse*, puisque la cible effective peut s'écarter plus ou moins de la position annoncée. En modulant ainsi la cohérence positionnelle entre l'indice initial et la cible on peut sonder la répartition de l'attention dans le champ visuel (focalisation) et mesurer l'empan spatial de ses effets. Avec cette méthode, on peut aussi étudier la cinétique du déplacement interne de l'attention vers la cible périphérique la plus probable. S'agit-il d'un saut brutal ou d'un mouvement mesurable ? Avec le dispositif à quatre cibles montré sur la Figure 8, et en variant l'intervalle préparatoire, Shulman, Remington et McLean (1979) ont reconstitué l'évolution de la répartition spatiale de l'attention sur cet horizon du champ. Chose surprenante, lorsque le sujet guettait l'une des deux cibles périphériques, la plus grande facilitation n'était pas obtenue pour celle-ci, *mais pour la cible-sonde intermédiaire du même côté*. Dans l'ordre, venaient ensuite la cible effectivement indiquée, l'autre cible intermédiaire et la cible diamétralement opposée. De plus, non seulement la cible-sonde intermédiaire était plus efficace à 350 msec que celle (latérale) visée par le sujet, mais elle le devenait nettement plus vite. (La soustraction de ces deux courbes de TR donnait une différence maximale à 150 msec). Cette observation suggérait aux auteurs l'idée d'un mouve-

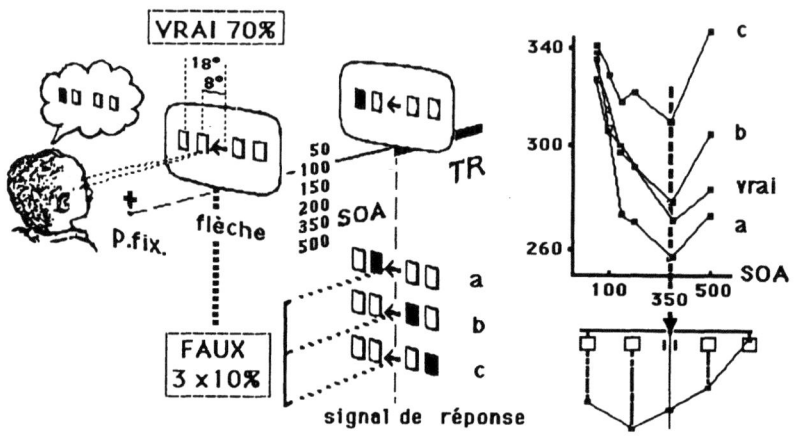

Figure 8. — Expérience de Shulman, Remington et McLean (1979). Dans le type d'essai le plus fréquent (70 %) une flèche centrale vraie incite les sujets (bulle) à surveiller l'apparition du SR à l'une des deux positions périphériques. Les 30 % d'essais restant (FAUX) servent de sondage, le SR pouvant apparaître à l'une quelconque des trois autres positions (10 % des essais chacune). En faisant varier systématiquement le délai préparatoire (flèche - SR (SOA), entre 50 et 500 msec (1e expérience, représentée ici), ou entre 75 et 800 msec (2e expérience), les auteurs obtiennent quatre courbes de TR (à droite) montrant le décours temporel d'efficacité des quatre cibles. L'une de ces courbes correspond à la position effectivement attendue par les sujets (flèche « vraie » à 70 %). Les trois autres (10 % des essais chacune) traduisent la performance aux cibles-sondes situées à la position diamétralement opposée ou aux positions intermédiaires. En bas à droite la configuration des TRs à 350 msec montre la prévalence de la cible intermédiaire du côté indiqué.

ment du «regard mental» atteignant rapidement la zone intermédiaire encore proche de la fovéa avant d'affecter la zone plus périphérique de la cible principale. Ce fut l'origine d'une nouvelle métaphore à succès, celle d'un «projecteur attentionnel» («*attentional spotlight*») qui se déplacerait en éclairant (facilitant) successivement les différentes zones du champ visuel[3]. Tsal (1983) a cherché à en mesurer la rapidité, avec un protocole comportant trois niveaux d'excentricité périphérique et cinq délais d'attente. Il a estimé que le déplacement s'effectuait à la vitesse constante de 120° par seconde, mais ses données ont été critiquées par Remington et Pierce (1984) qui penchent en faveur d'une vélocité plus ou moins proportionnelle à la distance de la cible.

CARTOGRAPHIE DU CHAMP VISUEL DE L'ATTENTION. — Ces résultats renouvellent l'ancien problème de l'«*empan d'appréhension*» (voir p. 25) et suggèrent l'existence d'une sorte de «fovea mentale».

Mais celle-ci possède-t-elle des caractéristiques proprement visuelles (rétiniennes), ou fait-elle partie d'une reconstruction interne plus ou moins véridique du monde environnant? En d'autres termes, la méthode de sondage évoquée plus haut permet peut-être des inférences sur le niveau d'intégration visuelle où agirait l'attention. Downing et Pinker (1985) ont formulé le problème par trois questions. (1) Les structures internes de l'attention opèrent-elles dans un espace à trois dimensions, c'est-à-dire conforme à celui que nous percevons, ou dans un espace plan de type rétinien? (2) Quel est le système de coordonnées spatiales utilisé par l'attention? la position des stimulus est-elle représentée en coordonnées vraies (cartésiennes), ou en termes d'angles visuels? (3) Lorsque le sujet anticipe l'apparition du stimulus en un lieu précis, quel est l'impact de ce mouvement de l'attention sur les positions adjacentes? La décroissance des effets de la présignalisation est-elle fonction de la distance de la cible avec la région focale, change-t-elle avec l'acuité (qui diminue régulièrement du centre vers la périphérie) ou bien certaines zones (en particulier parafovéales) reçoivent-elles un traitement particulier? En bref, quelle est l'homogénéité du champ visuel de l'attention?

Dans leur PREMIERE EXPERIENCE (Figure 9), Downing et Pinker examinent d'abord les «coûts» de performance dus à une «fausse» information précoce (21% des essais) pour des séparations angulaires de 1°, 5°, 10,5° et 15,5° entre la position anticipée et la cible réelle. Ils observent que le «coût» est une fonction négativement accélérée de l'écart angulaire présignal-cible. (La perturbation du TR à 5° avoisine la moitié de celle relevée à 15°). Puis, comme les cibles sont disposées sur deux rangs de profondeur différente, ils montrent que les effets attentionnels s'appliquent à *une représentation tridimensionnelle de l'espace visuel*. (Le coût est en effet plus grand pour des paires de cibles — anticipée/ effective — situées à des profondeurs différentes). Cependant, puisque la répartition des perturbations du TR en fonction de l'angle présignal-cible est essentiellement la même pour les deux distances, les auteurs supposent que le système de coordonnées spatiales de l'attention est de type *polaire (angles visuels) et non de type cartésien*. Cette description des capacités de focalisation a suscité beaucoup d'intérêt et son premier résultat, l'anticipation d'une position située dans la profondeur du champ visuel, a été vérifié par De Gonzaga Gawryszewsky, Rizzolatti et Umiltà (1987) qui ont également montré une polarisation de ce phénomène. Le coût était en effet *plus grand lorsque l'attention était attirée sur le rang proche* et que la cible s'illuminait plus loin, que dans la relation inverse. Autrement dit, les événements qui surviennent dans l'environnement immédiat ont un pouvoir d'attraction particulier.

Mais les données précédentes étaient obtenues (avec l'hypothèse simplificatrice d'un champ visuel parfaitement homogène) pour des angles visuels sans correspondance avec des excentricités précises Il fallait donc déterminer les gradients réels, de la zone centrale à la périphérie. Or ceux-ci, mesurés sur l'horizon du champ dans la DEUXIEME EXPERIENCE de Downing et Pinker (Figure 10), s'avéraient *de forme différente*, selon que l'appel de l'attention était effectué plus ou moins près de la fovéa. Les trois zones, parafovéale, intermédiaire et périphérique se distinguaient par leurs gradients. Aigüe et sélective au centre (G5), la focalisation se relâchait plus latéralement (G2, G3, G4), avant de retrouver une forme une peu plus ponctuelle aux extrémités. (G1). Cette double polarisation pour les régions proches, ou au contraire très éloignées

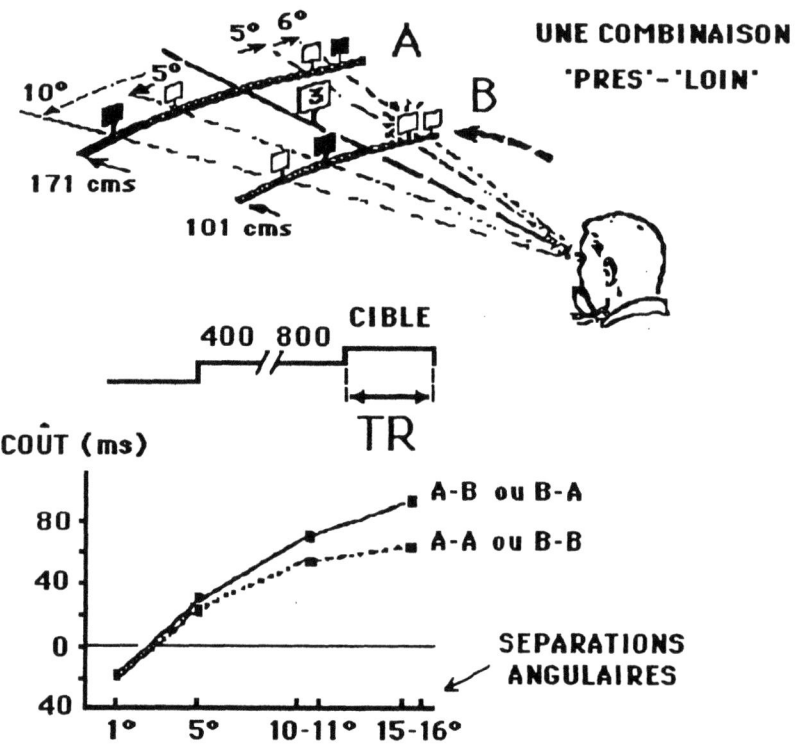

Figure 9. — Expérience 1 de Downing et Pinker (1985). Les sujets sont installés la tête en contention légère, à 1 m d'une table, où quatre cibles sont disposées sur deux rangs parallèles (A et B), incurvés et séparés par une profondeur de 70 cms. De gauche à droite les positions des cibles correspondent à 10° et 5°, puis 5° et 6° d'angle visuel par rapport à l'axe (monoculaire) de fixation. Après 1 sec d'attente (décours temporel au centre), un chiffre lumineux central indique au sujet la position (flèche) à surveiller, suivi après un délai de 400 à 800 msec de l'illumination d'une cible, le plus souvent (79 %) celle indiquée mais éventuellement (21 %) l'une des trois autres. De session en session, les cibles sont changées de place afin d'obtenir un nombre équivalent de mesures à chacune des *quatre positions* possibles de *chaque rangée*. (La figure représente une configuration particulière dans laquelle les positions non utilisées sont dessinées en pointillés). La répartition 'PRES-LOIN' des signaux dépend d'une combinatoire destinée à équilibrer la fréquence des différentes positions, séparations angulaires et proximités. Les données (2 courbes du bas) sont exprimées en grandeurs relatives (les «coûts et bénéfices» attentionnels), en soustrayant le TR moyen associé à chaque combinaison présignal-cible d'un TR-contrôle pour la même cible où le chiffre «0», donné comme présignal, laissait le sujet dans l'incertitude. (On supprime ainsi la composante du TR qui dépend des propriétés visuelles du stimulus, telles que la perte de contraste en périphérie). Les 2 courbes caractérisent les successions présignal-cible de profondeur identique (AA ou BB) ou différente (AB ou BA).

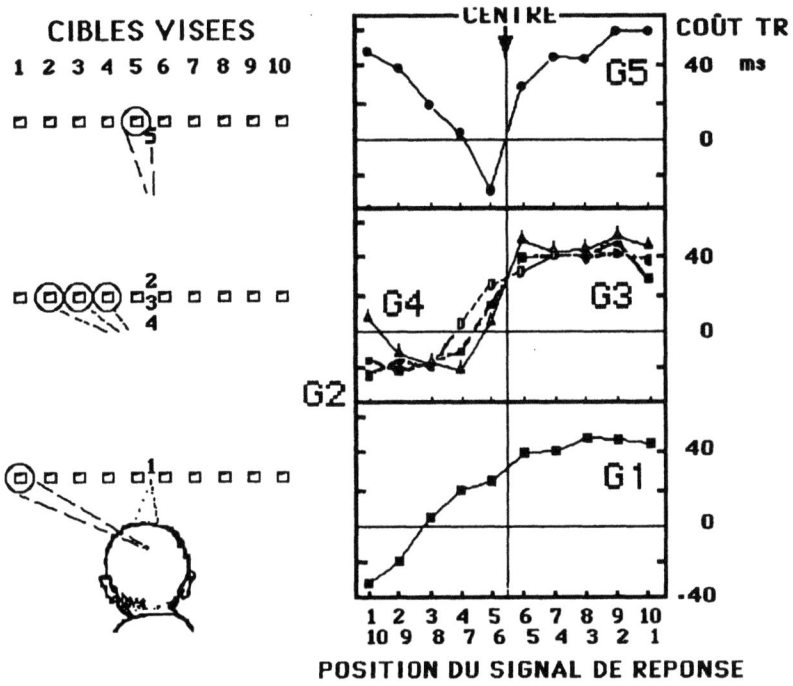

Figure 10. — Expérience 2 de Downing et Pinker. Un écran cathodique présente 10 petites «boîtes» (1° de côté), rangées horizontalement, séparées par 2,5° et qui s'étendent de 1.25° à 11.25° des deux côtés du point de fixation central (partie gauche de la figure). Le présignal est un chiffre de 1 à 10, désignant une boîte, ou codant «0» la situation d'incertitude. Hormis celle-ci, le chiffre est suivi dans 71 % des cas par la cible indiquée et dans 29 % par l'une des neuf autres. Chacune de ces 90 configurations de non-cohérence chiffre-cible, présentée une fois par session (il y a plusieurs sessions), permet de construire des «gradients attentionnels» de détection, décrivant les conséquences sur l'ensemble du champ de la présélection spécifique d'une cible. Par commodité, les auteurs calculent seulement cinq gradients (regroupés en 3 panneaux sur la partie droite de la figure), en moyennant les TRs des positions symétriques. Par exemple : 'G5' : présignal pour les positions les plus centrales : '5' (montrée à gauche) ou '6' et 'G1' : présignal des positions '1' ou '10'. Comme dans l'Expérience 1, les TRs sont convertis en «coûts attentionnels» par soustraction avec la performance obtenue pour la même cible en situation d'incertitude (chiffre '0'). Noter la sélectivité du gradient central (G5), la forme adoucie des gradients (G2, G3, G4) vers le milieu de l'hémichamp et l'aspect du gradient (G1), plus sélectif que ne l'autoriserait une focalisation diminuant régulièrement avec l'excentricité.

de la fovéa, s'interprète finalement en admettant (a) que l'attention opère une sélection d'autant plus fine dans le champ visuel que la résolution rétinienne est meilleure, et que (b) l'extrême périphérie semble posséder un pouvoir d'attraction spécial.

FOCALISATION ET EFFETS D'HEMICHAMP. — Tous ces résultats confortent l'analogie du «regard mental», ce «spot attentionnel», qui se déplacerait librement dans un espace visuel à trois dimensions. Mais cette image repose sur des données partielles, toujours obtenues sur un horizon fictif croisant l'axe visuel et qu'il n'est peut-être pas légitime d'extrapoler à l'ensemble du champ. C'est pourquoi Hughes et Zimba (1985, voir 1987 pour une vue d'ensemble) ont cherché à reconstituer cette carte complète de la focalisation en manipulant le degré d'incohérence entre l'indicateur initial et la cible de TR sur différents axes (le méridien vertical, l'horizon, deux de leurs parallèles ou les diagonales). Pour ces auteurs, l'appel de l'attention par le présignal affecte une large zone, qui recouvre grossièrement un quadrant visuel ou même un hémichamp, et où les TRs fluctuent dans le tiers le plus rapide de l'échelle des performances. En d'autres termes, les méridiens verticaux et horizontaux semblent contraindre la forme de la région focale. Avec une autre méthode, Rizzolatti, Riggio, Dascola et Umiltà (1987), ont retrouvé cet effet-frontière des deux axes principaux du champ lorsque la position du signal de TR ne correspond pas à l'indication précoce. Ces auteurs invoquent l'isomorphie des mécanismes qui règlent l'orientation de l'attention vers un hémichamp et la programmation des mouvements oculaires. Qu'il s'agisse d'un mouvement interne ou d'une saccade, on peut concevoir qu'en cas d'incohérence positionnelle entre l'indicateur et la cible, il soit plus facile de rediriger le déplacement dans la direction prévue que d'inverser complètement celle-ci. Cette idée est-elle plus qu'une analogie?

ATTENTION ET EFFICIENCE. — Des résultats originaux de Posner, Nissen et Ogden (1978), montrant la dualité et la symétrie des effets d'amélioration et de perturbation du TR par le «set» attentionnel, on a surtout retenu l'existence d'une *facilitation* du TR (bénéfice) pour la position de la cible anticipée par le sujet. Manifestement, il existait un présupposé général en faveur d'une relation étroite attention-efficience, car cet effet d'amplitude réduite (10 à 30 msec) et rarement prouvé statistiquement a très vite été cité comme une évidence. Hughes et Zimba (1985) ont été les premiers à jeter une note discordante *en soulignant la difficulté d'obtenir systématiquement ces bénéfices attentionnels*, c'est-à-dire des améliorations du TR robustes et statistiquement significatives dans la condition «présignal vrai» par rapport à la condition (neutre) d'incertitude spatiale. En revanche, les «coûts attentionnels»

(TR plus lent en cas d'incohérence spatiale présignal-cible, que dans cette même condition neutre) sont généralement plus importants et plus faciles à reproduire. Toutefois, parler de «facilitation» ou d'«inhibition» n'a de sens, dans l'absolu, que par rapport à cette condition «neutre» dont Jonides et Mack (1984) contestent justement la validité. Pour ces auteurs, cette situation relèverait d'autres mécanismes (répartition diffuse de l'attention) qu'il serait artificiel d'utiliser pour étalonner la performance influencée par les indicateurs précoces. On voit resurgir ici le très ancien problème de l'attention comme mécanisme *facilitant* les éléments du point focal (l'opinion de Pillsbury), ou *inhibant* les contenus externes (celle de Wundt). Mais la question ne peut être tranchée.

Cependant, les expériences qui ont été décrites illustrent et exploitent systématiquement les *coûts plus bénéfices*, c'est-à-dire la différence de performance observée entre la condition où le signal survient à la position attendue et celle où il est présenté plus ou moins loin de celle-ci. C'est donc la réalité d'une zone de focalisation dans la détection qui apparaît comme le fait robuste et majeur à mettre au crédit de la méthode des indicateurs précoces. D'une certaine manière, elle réactualise l'idée du «*Blickpunkt*» dans le contexte théorique très différent d'une région du champ où *les conditions perceptives de l'efficience motrice* sont réunies. Mais cette définition opérationnelle introduit de nouveaux problèmes fondamentaux.

EFFET ATTENTIONNEL OU «BIAIS DE REPONSE»?
LES EFFETS PERCEPTIFS DU «SET»

VOIR VITE? — L'utilisation par Posner du concept de détection dans le cadre opérationnel du Temps de réaction simple est une stratégie basée sur la théorie des «stades de traitement successifs» qu'on verra plus en détail au Chapitre 6. Pour l'essentiel, elle repose sur l'idée d'un processus d'organisation interne de la réponse qui succéderait *sans recouvrement temporel* aux traitements perceptifs. Le TR devient donc la simple addition des durées nécessaires à ces opérations partielles. En TR de détection, ou TR simple, la réponse motrice étant toujours identique, l'élaboration de son «programme» n'est pas susceptible des variations systématiques qui sont la règle dans les situations de choix (où le geste dépend du signal impératif). Ainsi, les variations du TR simple, observées dans des conditions de focalisation variées, sont interprétées comme une accélération des processus afférents. Ce raisonnement indirect (puisque la réponse n'est pas en cause, on incrimine le traitement du stimulus) implique toutefois une idée *d'efficience perceptive* qui n'est pourtant pas évidente.

OU VOIR TROP VITE? — Ces présupposés ont été contestés à partir de la notion d'un «seuil» de déclenchement de la réponse qui caractériserait *un stade intermédiaire de décision*. Un certain nombre d'observations, concernant les erreurs de type fausse alerte, suggère intuitivement l'existence d'un tel mécanisme. Les conditions typiques sont celles du TR simple à période préparatoire fixe, dans lequel on est obligé d'inclure des essais-pièges (sans signal) pour empêcher le sujet d'effectuer une simple synchronisation temporelle de sa réponse. Lorsqu'un signal différent matérialise cette condition, on aboutit à la tâche dite de «*Go/ No-go*», qui peut être extrêmement difficile à exécuter sans erreurs. Posner, Snyder et Davidson (1980, p.167) ont ainsi décrit une de leurs expériences-pilotes, dans laquelle les sujets devaient répondre à la présentation d'un chiffre et *ne pas répondre* à celle d'une lettre. Lorsque la présignalisation de la position probable du signal indiquait vraiment son lieu d'apparition, le taux de fausses alertes aux essais «no-go» (lettre) était très élevé. Tout se passait donc comme si le fait de guetter l'apparition du signal en un lieu précis entraînait un «court-circuit» des processus de discrimination de la forme et comme si n'importe quel changement, ou transition lumineuse à la position attendue devenait capable de déclencher la réponse.

LA THEORIE DE MARYLYN SHAW. — Ce «biais» *favorisant la réponse au détriment de l'identification* est en principe directement accessible par les techniques issues de la SDT. Cette dernière a justement pour objectif de séparer un facteur de qualité, ou de sensibilité perceptive (d'), d'un critère de décision de réponse (β), lié à l'optimisation des succès et des erreurs dans un contexte de «signal» et de «bruit». C'est dans ce cadre théorique que Shaw et Shaw (1977), puis Shaw (1982, 1984) ont proposé le schéma suivant. On postule d'abord deux stades de traitement : (a) codage du stimulus et (b) décision. Le premier processus conduit à la distribution d'une variable unidimensionnelle de «force perceptive» qui définit la *qualité* de la représentation interne vis-à-vis des traits distinctifs de l'événement sensoriel. En chaque point du champ, le système visuel établirait une distribution des traits discriminants (caractéristiques du «signal»), qui serait partiellement recouverte par une distribution similaire, constituée par les éléments non-pertinents (le «bruit»). Leur séparation par le processus de décision dépend alors des paramètres définis par la SDT : la sensibilité perceptive (d') et le critère (β), voir p. 60. A partir de ces postulats, le pivot de cette *Théorie de l'Attention* (Shaw, 1984) est un mécanisme d'échantillonnage à cadence fixe, collectant les informations en chaque point du champ visuel et vis-à-vis duquel la focalisation de l'attention jouerait le rôle *d'un système de gestion*. Par rapport à un nombre total d'échantillons qui reste fixe par unité de temps, beaucoup seront pris aux positions que le sujet jugera importantes et peu seront collectés aux localisations non pertinentes. Comme la séparabilité des distributions «signal» et «bruit» dépend de leur degré de recouvrement (l'écart de leur moyenne) mais aussi de leur variance, *liée au nombre de tirages*, l'augmentation des «distracteurs» dégrade l'acuité discriminative en dispersant les échantillons utiles. La proportion de ceux qui restent disponibles aux points de concurrence signal-bruit ne permet plus alors une bonne performance. Si le sujet ne sait pas où va apparaître la cible, il ne peut focaliser sa prise d'informations et le risque d'erreur est augmenté, à moins qu'il *n'attende plus longtemps* pour enregistrer les données d'une identification certaine. Il y a donc normalement une incompatibilité vitesse-exactitude. Mais lorsqu'il connaît le lieu d'apparition du stimulus, l'observateur peut *régler différemment son critère de décision* (seuil de réponse) en le plaçant bas au point de sa focalisation attentionnelle (où les distributions de signal et de bruit sont bonnes) et haut dans le reste du champ (où il n'attend que du bruit).

Comment tester ces deux stratégies fondamentales? La SDT fournit le moyen de prédire quantitativement la dégradation des performances liée à l'accroissement du bruit si le sujet utilise uniquement un réglage différentiel du critère de réponse. Or Marylyn Shaw (1982) a montré, qu'en discrimination de lettres, lorsqu'on augmente le nombre de «distracteurs», les erreurs augmentent plus vite que ne l'estime ce calcul théorique. Elle conclut donc que ce type de tâche repose sur la qualité du codage perceptif et que ce dernier est affecté par la gestion de l'échantillonnage opérée par l'attention. Mais d'après elle, la situation est «radicalement» (sic) différente en détection de luminance simple (toutes les expériences citées plus haut à l'exception de celles de Jonides). Lorsque le sujet sait où va apparaître le signal de réponse, *il se contente d'un réglage différentiel du critère de décision*.

Cette théorie est une pierre dans le jardin de Posner et de ses collègues. Ce dernier a cherché à réfuter l'un de ses postulats fondamentaux, la possibilité que l'attention détermine l'échantillonnage perceptif *simultanément* en différents points du champ. Posner, Snyder et Davidson (1980, Expérience 5) ont ainsi montré avec quatre cibles sur lesquelles le sujet répartissait son attention d'après les probabilités 65%, 25%, 5% et 5%, que la performance à la deuxième cible attendue (25%) ne révélait de «coûts et de bénéfices» que lorsqu'elle était contiguë à la position la plus probable et qu'elle pouvait donc s'inclure dans une même focalisation. D'autre part, Bashinski et Bacharach (1980) ont cherché à reproduire les résultats de Posner, Nissen et Ogden (1978), en calculant cette fois les paramètres de la SDT d' et β qui permettent d'attribuer les performances à la sensibilité perceptive, ou au seuil de réponse. D'après ces auteurs, seul le premier de ces deux indices se montre sensible à la focalisation de l'attention induite par des flèches centrales.

Müller et Findlay (1987) ont alimenté la controverse par une critique radicale des méthodes utilisées par Bashinski et Bacharach. Un nouveau calcul des indices d' et β montrerait cette fois ce biais de réponse. Dans deux expériences, Müller et Findlay examinent l'effet des anticipations de position sur la détectabilité de formes (des «T» présentés aux coins d'un carré), en fonction d'abord de leur répartition dans le champ (divisibilité de l'attention) et ensuite dans des conditions de similarité plus ou moins grande avec les distracteurs. Lorsque cette discriminabilité est forte, le sujet est supposé confronté à une tâche de simple détection de luminance, comparable à celles utilisées par Posner ou par Bashinski et Bacharach. Les conclusions des auteurs rejoignent la théorie de Shaw (1982) sur deux points fondamentaux : le partage possible d'une attention «perceptive» sur deux positions non-contiguës et la prévalence des changements du critère de réponse β dans la détection simple. Mais le débat rebondit avec une étude de Cathryn Downing (1988). Avec quatre cibles réparties sur 12 positions possibles d'une sorte de cadran d'horloge, les sujets exécutaient successivement des tâches de discrimination de brillance, d'orientation ou de forme, ou une tâche de détection, sur lesquelles on analysait l'impact d'une indication préalable par flèche centrale. Le sujet enregistrait la présentation des signaux et fournissait en fin d'essai, pour chaque position utilisée, une estimation codifiée («*cible certaine, incertaine, distracteur certain, incertain*») de sa perception. Dans sa conclusion, l'auteur estime avoir démontré des changements de la sensibilité perceptive induits par la présignalisation centrale, même dans le cas de simples détections de luminance. Elle conforte donc relativement les résultats de Bashinski et Bacharach et conteste le caractère radical des formulations de Shaw (1984). Sa position nuancée, qui consiste à admettre la coexistence d'effets perceptifs et «décisionnels-prémoteurs» de l'orientation préalable, résume à peu près l'état actuel de la question. Mais si l'attention visuelle joue à la fois sur la sensibilité perceptive et sur le «biais de réponse», il n'est pas évident que le poids relatif des deux stratégies soient identique dans toutes les tâches. En tous cas, les problèmes en suspend ne concernent plus l'existence d'un mécanisme volontaire de «set», mais sa description et son partage dans les processus afférents et efférents.

L'ATTENTION ET LE CONTRÔLE DES SACCADES

Toutes les expériences discutées jusqu'ici reposent sur la coopération volontaire du sujet qui s'impose de fixer le centre du dipositif tout en guettant l'apparition des signaux en d'autres points du champ visuel. Cette attitude initiale est *méthodologiquement* nécessaire pour démontrer des focalisations internes de l'attention («*covert*»), indépendantes des mouvements oculaires. Mais elle implique un effort peu naturel et il n'est pas certain que les capacités de détection qu'elle permet de mesurer soient intégralement conservées pendant le mouvement des yeux, qui provoque sûrement une polarisation du champ perceptif. Dans la vie courante, l'attention et la fovéation sont liées par la nécessité d'utiliser l'acuité de la vision centrale. Chercher un livre sur une étagère, lire, conduire une voiture, examiner les cadrans du tableau de bord, etc. impliquent des changements rapides de l'attention coordonnés avec de nombreuses saccades. On a jusqu'ici éludé le problème des relations entre l'attention et les déplacements du regard en tirant parti des possibilités offertes par la détection pour disjoindre leurs mécanismes. Mais qu'en est-il de leur couplage ?

Posner, Nissen et Snyder (1978) avaient déjà montré qu'il est beaucoup plus facile de mobiliser l'attention vers la position visée par le mouvement oculaire que vers un autre lieu. Leurs sujets devaient exécuter des saccades vers l'une des deux « boîtes », dessinées sur l'écran à 7° à gauche et à droite du point de fixation, tout en répondant manuellement (TR) à un stimulus-test donné au même endroit ou au centre. Avec une forte probabilité du signal de TR (80 %) au point visé par la saccade, les sujets étaient prédisposés à surveiller la périphérie et le net « bénéfice » du TR pour cette position montrait la synergie des mouvements de l'attention et des yeux. Par contre l'inversion des probabilités 20 % - 80 % entre le centre et la périphérie n'était pas suivie d'effets symétriques et rendait immédiatement la tâche très difficile. Même très fréquent, le stimulus central (c'est-à-dire la position que le regard s'apprête à quitter) était incapable d'entraîner des TRs plus rapides que ceux au stimulus périphérique. Ces données suggéraient donc beaucoup moins d'autonomie de l'attention dans le contexte des mouvements des yeux que dans les expériences de détection périphérique avec le regard au centre.

Ce phénomène a été étudié par Remington (1980), avec une tâche similaire, assortie d'un sondage simultané de la perception par une méthode de détection juxtaliminaire de brefs incréments lumineux. Ces flashes-sondes étaient donnés en différents points du méridien horizontal, et à différents instants de l'essai, afin de reconstituer la cinétique attentionnelle propre à chaque position avec les courbes de probabilité de détection dans l'intervalle temporel périsaccadique. Comme on pouvait s'y attendre, un net avantage apparaissait pour la cible du mouvement oculaire par rapport aux autres stimulus-tests. Cet accroissement de détectabilité spécifique de la position de la cible précédait nettement le phénomène de « suppression saccadique »[4], qui se manifeste sur la Figure 11 avec la chute globale de la détection, 150 msec après l'apparition de la cible. Mais à cause de ce phénomène, tout le problème des relations

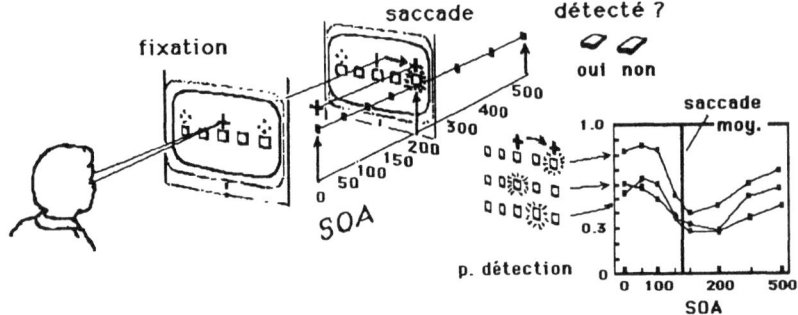

Figure 11. — Expérience 1 de Remington. Un écran cathodique présente au sujet un point de fixation central et une rangée horizontale de 5 «boîtes», espacées de 5°. L'apparition d'une croix au-dessus d'une boîte périphérique, à gauche ou à droite, constitue l'ordre (et la cible) saccadique. A différents intervalles, variant aléatoirement entre huit valeurs comprises entre 0 et 500 msec (SOA) par rapport à l'apparition la cible, le contour d'une boîte est intensifié pendant 3 msec. Ce stimulus est le stimulus-sonde, que le sujet déclare perçu ou non-perçu en fin d'essai (grâce aux clés «oui» et «non»). Les capacités attentionnelles périsaccadiques sont donc mesurées par probabilité de détection liminaire et non par TR. Les courbes de performance (en bas à droite) montrent que la cible du mouvement des yeux est aussi la mieux détectée (probabilité plus élevée). Noter le décrément associé à la «suppression saccadique».

attention-saccade revient ici à évaluer les performances perceptives dans cette brève période de 150-200 msec qui suit le signal de mouvement.

La polarisation bien réelle du champ visuel par le mouvement oculaire oblige surtout à départager deux hypothèses radicalement différentes. (a) L'attention serait entraînée passivement par le déplacement du regard. L'initiative étant prise par le système moteur (dans le cas d'une coordination œil-main par exemple), ce dernier préviendrait le système perceptif-attentionnel des nouvelles coordonnées de l'image visuelle par une «décharge corollaire», ou une «copie efférente». Mais il est tout aussi raisonnable de supposer (b) la relation inverse où le générateur saccadique serait asservi à l'«éclairage» attentionnel d'une région du champ. Dans ce cas, la difficulté à porter son attention vers un autre lieu que la cible saccadique refléterait seulement l'impossibilité de partager l'attention directrice entre deux positions du champ. Pour Remington, le test crucial était d'obliger le sujet à guetter systématiquement le centre, en fournissant 80% des sondes à cette position, ou en remplaçant l'ordre saccadique périphérique par une flèche centrale. Si, dans tous les cas, la détection reste meilleure au point périphérique visé par la saccade, on peut supposer l'entraînement passif de l'attention par celle-ci. Or Remington observe plutôt le résultat opposé : la détectabilité des flash-tests centraux s'améliore ou se maintient un peu plus longtemps. Sans être irréfutables, ces données contredisent la théorie de l'efférence. A la différence de Posner et ses collègues, l'auteur conclut à une indépendance relative et momentanée de l'attention par rapport à la polarisation imposée par le mouvement des yeux.

« SACCADES-EXPRESS » ET VERROUILLAGE DES MOUVEMENTS OCULAIRES. — Si le générateur saccadique est étroitement contrôlé par l'attention, on peut se demander si les variations de celle-ci n'affectent pas le déclenchement ou la cinétique des mouvements oculaires. Jusqu'à une époque récente, on attribuait à ceux-ci un caractère monolithique. Simples témoins d'une activité plus élaborée, leurs caractéristiques stéréotypées (150 à 200 msec de latence, 20 à 60 msec de durée) faisaient des saccades l'exemple-type des mouvements «balistiques» (Westheimer, 1954). Leur latence (appelée aussi temps de réaction saccadique) est pourtant variable et se montre parfois un indice presqu'aussi sensible que le TR manuel[5] (Megaw, 1972, 1974 ; Posner, Nissen et Ogden, Expérience 2, 1978).

Chez le Singe ou chez l'Homme, le protocole d'étude standard consiste à fournir d'abord un point de fixation qui saute ensuite vers une position imprévisible pour déclencher le mouvement des yeux (Figure 12A). Mais l'introduction d'un délai sans stimulus entre l'extinction du point de fixation et l'apparition de la cible («gap», Figure 12B), entraîne d'importantes facilitations de latence, de l'ordre de 100 msec (Saslow, 1967). Ce phénomène surprenant a été étudié en détail par Fischer et ses associés (voir Fischer et Breitmeyer, 1987) chez le Singe et chez l'Homme. Normalement, (la cible succédant immédiatement au point de fixation) la latence moyenne des saccades est de l'ordre de 200-250 msec, avec une distribution grossièrement normale. Avec un «délai vide» de 200 msec après l'extinction du point de fixation, cette distribution comporte deux modes, et le premier s'établit à 100-150 msec et correspond à ce que les auteurs dénomment «saccades express». Lorsqu'on fait varier aléatoirement l'extinction du point de fixation, la position de la cible et la durée du délai vide, le regroupement a-posteriori des données montre que ces mouvements oculaires ultra-rapides restent synchronisés sur la cible. Si un effet d'alerte dû à la brusque disparition du point de fixation était responsable de la facilitation des saccades, cette synchronisation se dégraderait.

Mais les saccades-express ne sont pas seulement obtenues avec un protocole de délai vide. Dans les conditions standard, ou dans un proto-

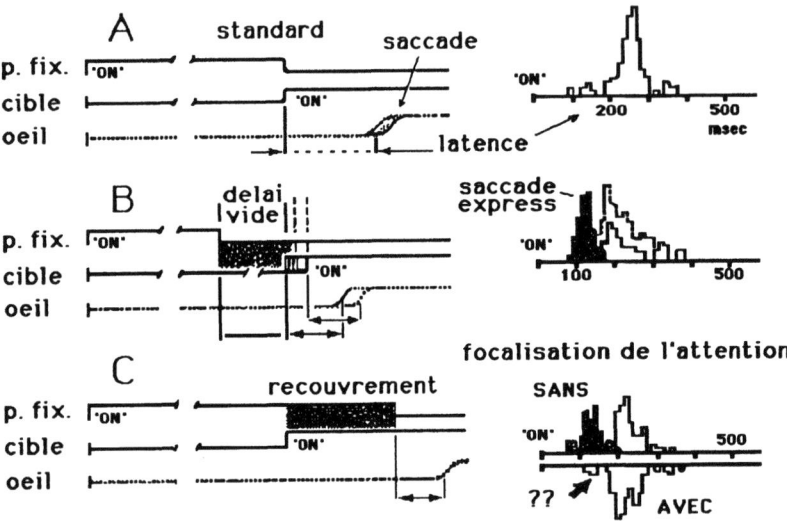

Figure 12. — Schématisation des saccades-express chez l'Homme ou le Singe. (A), Protocole standard; (B), de «délai vide», et (C), à recouvrement («*overlap*») de stimulus. «P.FIX» : point de fixation, «POS.» : oculogramme. Les distributions fictives de latences saccadiques, figurées à droite, montrent la synchronisation des saccades sur l'illumination de la cible (B) et après apprentissage du protocole «à recouvrement» (C, histogramme orienté vers le haut), l'effet suppresseur de l'attention sur les saccades-express (histogramme vers le bas).

cole «à recouvrement», fournissant simultanément le point de fixation et la cible, mais où le stimulus impératif est constitué par l'extinction du premier («*overlap paradigm*», Figure 12C), certains sujets réalisent spontanément une petite proportion de saccades express. Par apprentissage, il est possible de l'augmenter, aussi bien chez le Singe (Fischer, Boch et Ramsperger, 1984) que chez l'Homme (Fischer et Ramsperger, 1986). Or dans toutes ces conditions, lorsque le sujet doit concentrer volontairement son attention sur le point de fixation, sur un stimulus annexe, ou même sur la position future de la cible (Mayfrank, Mobashery, Kimmig et Fischer, 1986), on observe *la disparition des saccades-express*. On peut donc supposer d'abord que la fixation fovéale attentive «bloque» le regard par inhibition du générateur saccadique, et que la première opération nécessaire au mouvement oculaire est *le désengagement de l'attention* (voir Posner, Choate, Rafal et Vaughan, 1985; Posner, Walker, Friedrich et Rafal, 1987; Posner, Inhoff, Friedrich et Cohen, 1987). Il lui correspondrait donc une levée d'inhibition dont la durée fait normalement partie de la latence saccadique. Mais lorsque le sujet humain guette un point éloigné de l'axe visuel (condition semblable à celle des expériences de présignalisation), c'est bien l'attention elle-même, et non la vision fovéale qui semble responsable de ce renforcement d'inhibition dont témoignerait la disparition des saccades-express. Comme l'exposent crûment les auteurs (Fischer et Breitmeyer, 1987), la latence saccadique étant de l'ordre de 200 msec, s'il faut environ 30 msec au processus visuel afférent et environ 25 msec au système oculomoteur pour générer le mouvement des yeux, que fait le cerveau durant les 145 msec restantes? Leurs travaux semblent démontrer clairement l'existence dans la latence saccadique normale, d'un temps appréciable consacré à des processus de nature attentionnelle. On comprend donc mieux que le TR oculaire se révèle sensible aux variations du contexte expérimental.

ALTERATIONS DE LA DYNAMIQUE SACCADIQUE. — Le contrôle étroit du générateur saccadique par l'attention est tout aussi fortement suggéré par les résultats récents de Bon et Lucchetti (1988). Ces auteurs ont simplement analysé avec une grande précision les variations de la vitesse instantanée de l'œil pendant les mouvements oculaires effectués par des singes dans des situations sollicitant leur attention de façon très différente. Les trois catégories illustrées sur la Figure 13 sont statistiquement caractéristiques du contexte expérimental de leur enregistrement. Ainsi, *les saccades spontanées enregistrées* dans l'obscurité ont en majorité des profils «lents-irréguliers» *(a)*, ou «asymétrique»s *(b)*, qui constrastent avec le décours «rapide-symétrique» *(c)* des *saccades visuellement guidées et intentionnelles observées* dans une tâche comportementale. (Les animaux guettaient le changement de couleur d'un point lumineux signalant la période d'accès à la récompense et devaient par

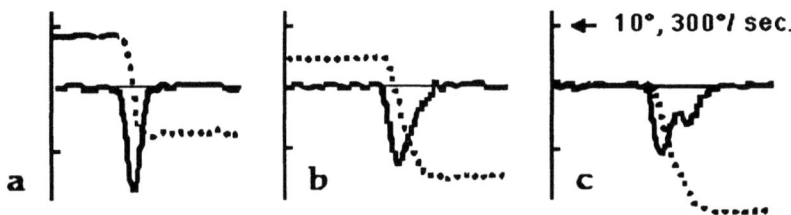

Figure 13. — *(a)*, Saccades «irrégulières», *(b)*, «asymétriques» et *(c)*, «symétriques», redessinées d'après Bon et Lucchetti (1988). La position de l'œil est figurée en pointillés et sa dérivée mathématique (la vitesse instantanée, qui sert de critère au classement), en trait plein.

conséquent suivre chacun de ses sauts). Dans la troisième situation, - *d'exploration visuelle spontanée* de l'environnement habituel du laboratoire, les profils de vitesse des mouvements oculaires se répartissaient dans les trois catégories *(a, b, c)*. Cette typologie de la dynamique des saccades qui apparaît pour des différences massives d'investissement attentionnel révèle l'influence de la tâche visuelle sur le mécanisme générateur des mouvements des yeux. D'après nos connaissances sur les mécanismes physiologiques (voir Chapitre 5), il est raisonnable de spéculer que les saccades «irrégulières», effectuées spontanément dans l'obscurité, traduiraient un mode de fonctionnement plus autonome des commandes oculaires du tronc cérébral que les mouvements oculaires intentionnels («rapides-symétriques»). Ceux-ci résulteraient de la convergence d'influences facilitatrices corticales sur le générateur saccadique, convergence sans doute particulièrement efficace lorsque les processus de l'attention visuelle isolent la cible des stimulus concurrents.

LES RELATIONS ENTRE SACCADES ET ATTENTION

Ces derniers travaux montrent l'existence de variations significatives des paramètres les plus élémentaires de la saccade — sa latence ou son décours temporel — en fonction du contexte sensoriel, comportemental et attentionnel. Ainsi se trouve sensiblement modifiée l'image d'une «coopération fonctionnelle» entre l'attention et le générateur saccadique invoquée en termes vagues par Posner (1980) pour rendre compte des possibilités de dissocier le processus mental de l'axe du regard. Cette coopération apparaît nettement comme une véritable subordination des mouvements oculaires qui peut prendre les formes les plus variées et qui pose le problème des relations entre les mécanismes automatiques et l'activité volontaire et consciente.

La plupart du temps, l'enregistrement des données visuelles n'est pas réalisé en une seule fixation, mais par échantillonnages successifs. Cette multiplicité des prises d'information et leur traitement par des processus totalement automatisés semble la règle courante des situations perceptives. Ainsi, l'amateur d'art focalise intensément son attention sur le détail d'un tableau, pendant que son regard est animé de rapides mouvements de faible amplitude. En comparaison, les tâches de détection sont rudimentaires (elles ont été choisies pour leur simplicité). Le *sujet qui attend* l'apparition d'un signal ne cherche pas à évaluer la scène dans son ensemble. Il ne traite que des données sensorielles simples (luminance, couleur, lettres, beaucoup plus rarement des mots entiers), dont la signification n'est guère ambigüe, et qui vont apparaître en un petit nombre de positions connues à l'avance. Ces situations *sont pourtant basées sur un «set»* c'est-à-dire une tâche fonctionnelle à laquelle le sujet se prépare intentionnellement. Le «set» se définit par la finalité de l'engagement volontaire et non par la complexité des processus mis en jeu. Un simple mouvement oculaire délibéré (ou sa rétention dans les expériences de détection périphérique) exige un «set» minimum, caractérisé par un temps d'incubation initial et une organisation hiérarchisée du champ visuel (focalisation). Malgré la critique de Marylyn Shaw contre les expériences de présignalisation examinées dans ce Chapitre — critique soulignant la sensibilité du TR aux stratégies de réponse et l'impossibilité d'une interprétation exclusivement perceptive — ces études montrent bien que cette prédétermination d'une position spatiale spécifique est un préalable attentionnel de la détection.

La complexité des automatismes oculaires et des processus de traitement associés — mais aussi leur dépendance vis-à-vis d'un mobile central — apparaît surtout dans l'exploration visuelle et la lecture. A l'évidence, la recherche d'un objet précis, dans un champ visuel encombré et sans trait saillant, n'obéit pas à l'appel d'un stimulus particulier. Si c'était le cas, les mouvements oculaires présenteraient un caractère erratique qui rendrait nombre de tâches usuelles tout simplement impossibles. Or depuis les études classiques de Dodge (1907), et surtout celles, plus récentes, concernant la perception des images complexes (Yarbus, 1967)[6], ou la lecture, on connaît l'existence *de véritables stratégies visuelles* analysables en termes de durée des fixations et d'amplitude des déplacements oculaires. Puisque ces stratégies (Becker et Jurgens 1979; Rabbitt, 1984) dépendent manifestement des anticipations de l'observateur sur le contenu du texte ou de la scène observée (O'Regan, 1979; Findlay 1982, pour les problèmes de la lecture : voir Lévy-Schoen et O'Regan, 1989 et les revues de Just et Carpenter 1980 et de Rayner 1984; mais aussi : Rayner 1983 (Ed.) et Coltheart (Ed.), 1987), on est obligé d'admettre l'existence d'une capacité de prédiction perceptive, fournissant au système oculomoteur des hypothèses sur les caractéristiques de l'objet recherché. L'étude de la lecture a montré (par des techniques de manipulation du texte en temps réel, basées sur un principe d'asservissement à la position du regard) la capacité de la vision parafovéale ou même périphérique d'extraire des caractéristiques relativement complexes du mot suivant. Les effets de contexte, dans la lecture ou dans l'observation rapide d'image (reconnaître un objet normal ou incongru dans une scène) démontrent sans ambiguïté ce contrôle étroit des mouvements oculaires par l'activité cognitive. Ici, la focalisation est évidemment plus difficile à définir que dans la détection puisqu'elle porte sur des données symboliques qui exigent sans doute l'intervention de nombreux automatismes d'encodage et d'interprétation du matériel visuel. On peut en conclure que l'opposition volontaire/ automatique, si elle est utile pour une première définition des processus, n'implique aucune impossibilité de coordination. Si l'activité volontaire apparaît si complexe, c'est sans doute parce qu'elle peut mettre à son service une collection de processus automatiques à chaque fois adaptés à l'objectif visé.

RÉSUMÉ DE LA PREMIÈRE PARTIE

L'attention est un phénomène mental qui s'accompagne de signes comportementaux évidents chez l'Homme et l'animal. Mais en raison d'une grande ubiquité fonctionnelle — elle est nécessaire à toutes les tâches et interagit sans doute aussi bien avec la perception qu'avec la génèse de l'action — sa définition se heurte à de redoutables difficultés théoriques. Son étude est donc forcément indirecte, très dépendante des doctrines psychologiques et n'apparaît pas comme un champ de recherches homogène où les connaissances progressent de façon continue.

Depuis son apparition en Allemagne, au milieu du siècle dernier, la Psychologie scientifique a connu trois grandes écoles : la Psychologie classique, le Behaviorisme et la Psychologie cognitive contemporaine. La première reposait sur le concept central de sensation consciente dont elle faisait l'élément primaire d'une construction associative des représentations. D'inspiration mentaliste, elle voyait dans la perception un modèle de l'esprit et considérait l'attention — ou *Aperception* — comme l'intégration ultime d'un état focalisé de la conscience. Enlisée dans les incohérences de l'introspection, ce courant fit place au Behaviorisme qui mit au premier plan les études animales, l'enregistrement d'une performance objective et les problématiques de l'apprentissage. Son principe de correspondance directe entre l'effet du stimulus et les réponses mesurables introduisait une Psychologie S.R. (stimulus-réponse) d'inspiration réflexiste et centrée sur le modèle pavlovien. L'attention devenait une posture préparatoire ou une désinhibition des «réactions d'orientation».

Dans les années cinquante, le renouveau des études expérimentales chez l'Homme s'est effectué avec l'hypothèse que le cerveau est une puissante machine de traitement d'information dont il faut décrire le fonctionnement en termes d'opérations séquentielles. Puisque ses entrées sensorielles fournissent en parallèle de multiples informations dont certaines seulement sont retenues pour déterminer l'action (théorie du «canal unique»), le problème de la sélection et du niveau où elle opère fait de l'attention une question stratégique. Dans ce cadre, deux grands axes sont apparus : *(a)* l'influence de l'attention sur les opérations perceptives («filtrage précoce» à l'entrée du système ou, plus tardivement, au niveau des significations qui déterminent le choix de la réponse en mémoire) et *(b)* la délimitation des opérations «automatiques» (ou «parallèles») et «non-automatiques» (volontaires, attentionnelles, conscientes, exclusives et donc «sérielles»). On note cependant que le modèle général d'une progression ordonnée des traitements entre l'entrée sensorielle et l'action reste d'inspiration S.R. Contesté par les tenants de la théorie des «ressources» (organisation modulaire, optimisée en fonction des exigences de la situation), ce schéma introduit un insoluble dilemme entre sélection «précoce» et «tardive». Cette difficulté disparaît par contre avec le concept proactif d'«*Einstellung*» ou de «*set*». Le «set» est une règle volontaire qui oriente et prédétermine les opérations nécessaires à une tâche. Apparu à la fin du siècle dernier et impliqué par les auteurs classiques dans la sélectivité perceptive et les processus de réévocation mnésique, son principe a été utilisé dans la période récente pour étudier l'orientation spatiale de l'attention visuelle. Dans ces expériences où le sujet immobilise son regard pour effectuer un Temps de réaction (TR) de détection à un stimulus périphérique, une information probabiliste sur le lieu d'apparition du signal entraîne une modification différentielle des performances. Celle-ci suggère une focalisation *interne* de l'attention sur la région tridimensionnelle de l'espace où l'observateur attend le signal. On a pu ainsi décrire cet «éclairage» ponctuel du champ visuel par l'attention par la métaphore d'un «projecteur» dont on mesurerait la mobilité, l'empan et la sensibilité aux facteurs d'induction volontaire ou automatique. Si la méthode du TR ne permet pas de dissocier les influences de l'attention sur la sélection perceptive et sur la préparation de la réponse, l'indépendance relative de ces processus internes par rapport au mécanisme générateur du mouvement des yeux semble mieux établie. Dans les conditions normales cependant (lorsque le regard n'est plus bloqué au centre), ces effets restent synchrones d'un contrôle étroit exercé par l'attention sur la latence et la dynamique des saccades.

NOTES

[1] La méthode dite des «coûts et bénéfices» est définie comme l'amélioration ou le ralentissement du TR qui résulte des manipulations expérimentales. Posner et Snyder (1975) avaient étudié les effets d'une «amorce» alphabétique ou sémantique sur un TR de décision (appariement) ou d'identification (présent-absent). Ils estimaient que le mode automatique pouvait entraîner un bénéfice de TR pour des stimulus similaires à la cible, mais sans coût associé pour le traitement d'un item concurrent, alors que le mode volontaire se caractérisait par les deux conséquences. Dans ce cas, le «coût» de performance provient du besoin d'une réorientation de l'attention, engagée d'une façon exclusive en mode intentionnel. C'est pourquoi l'efficacité des présignalisations est révélée au moins autant par le «coût» d'une préparation (ou «set») inadéquate, que par les améliorations du TR.

[2] Les auteurs défendent la théorie d'un effet attentionnel-perceptif, mais ils éliminent bien vite la possibilité que le flash initial ait pu être traité comme un signal de réponse. L'inhibition consécutive témoignerait alors d'un apprentissage des sujets à retenir leur réaction jusqu'au véritable signal impératif. La présence d'essais-pièges, où celui-ci n'était pas donné, les incitait d'ailleurs fortement à se comporter ainsi. L'éventualité d'une activation directe de la réponse par un présignal évocateur d'une réaction d'orientation est également niée par Maylor (1985), bien qu'elle ressorte clairement de la discussion du «biais de réponse» en TR de détection (voir ce Chapitre, p. 86). Notons également que Tassinari, Aglioti, Chelazzi, Marzi et Berlucchi (1987, Expérience II) ont reproduit ce phénomène d'inhibition tardive avec une rangée horizontale de cinq cibles au lieu de deux. Mais comme ils l'observent d'une manière similaire pour les deux cibles du côté du marqueur, alors que ce retard du TR n'apparaît pas du côté opposé, il l'interprètent comme un déséquilibre transitoire entre les deux hémichamps, d'abord en faveur du côté du présignal, puis de l'autre. En définitive, ils relient cet effet au mécanisme de programmation des saccades horizontales.

[3] Remarquons que la métaphore du «projecteur attentionnel» fait implicitement l'hypothèse forte d'une «zone d'éclairage» étroite qui se déplace librement. Chez Shulman, Remington et McLean, si la cible intermédiaire provoque bien une facilitation du TR qui précède celle de la cible anticipée, le tableau qui ressort des TRs minima observés plus tard (350 ms) est plutôt celui d'un étalement, d'une invasion progressive et non celui d'un déplacement complet vers cette dernière cible. En effet, la cible-sonde garde, de 350 à 500 ms (limite de l'exploration) un pouvoir facilitateur supérieur à la cible indiquée. Autrement dit, l'apparition de la flèche provoque un décentrage asymétrique du champ visuel de l'attention, dont le point focal reste intermédiaire entre le point de fixation et la position présignalée. Voir plus loin le problème des «asymétries d'hémichamp».

[4] La suppression saccadique (Volkmann, 1962; Volkmann, Schick et Riggs, 1968) correspond à la brusque augmentation des seuils psychophysiques pendant le mouvement oculaire. On a voulu y voir le mécanisme de la très remarquable absence de traces, laissées dans notre expérience consciente, par un événement aussi omniprésent que la saccade oculaire. Deux lignes d'hypothèses ont été invoquées : (1) la *copie efférente*, selon laquelle l'analyseur visuel est prévenu, avant la saccade, par l'ordre moteur (Von Holst et Mittelstaedt, 1950), (2) des facteurs purement visuels, liés à la stimulation synchrone de tous les détecteurs de mouvements (voir Breitmeyer et Ganz, 1976). Mais la suppression saccadique n'est qu'une perte partielle des capacités visuelles qui ne peut rendre compte de la perte intégrale de la sensation de glissement pendant le mouvement des yeux. Quels que soient les facteurs impliqués, ils n'ont guère de sens s'ils ne sont pas intégrés à la reconstruction centrale du champ perceptif à partir des «instantanés» fournis par les visées oculaires successives. C'est pourquoi Remington se demande si la mobilisation de

l'attention sur la cible saccadique n'explique pas en partie cette «transparence» de nos mouvements des yeux.

[5] Dans des tâches de choix avec pointage où le sujet ignore initialement quelle cible il devra atteindre, une très bonne corrélation est obtenue entre les TR saccadiques et manuels (Biguer, Jannerod et Prablanc, 1982). Cette observation, dans le domaine des coordinations visuo-manuelles (où l'acuité fovéale est nécessaire à la précision du pointage), est un argument en faveur de l'hypothèse d'un programme moteur commun aux différents effecteurs engagés dans la réponse (voir Chapitre 6).

[6] Ces figures très connues (Yarbus,1967) montrent le positionnement répétitif du regard sur les *éléments significatifs* d'une image. Sur le portrait d'une jeune fille où les déplacements de l'axe oculaire d'un observateur sont tracés par superposition photographique, on «voit» celui-ci fixer systématiquement les yeux, la bouche et des détails du contour du visage. Dans un autre exemple, utilisant un paysage de forêt, les fixations se regroupent d'abord sur un petit personnage au premier plan et les explorations visuelles restituent ensuite la structure verticale de la scène en parcourant les troncs d'une haute futaie située à l'arrière plan.

DEUXIÈME PARTIE

LES DEUX SYSTÈMES VISUELS

Chapitre 4
Problèmes fondamentaux et mécanismes de la perception visuelle

I. NATIVISME ET EMPIRISME

L'étude de la perception repose sur des concepts qui s'enracinent très loin dans les théories de la connaissance ayant marqué l'évolution de la pensée occidentale. Dans la deuxième moitié du XVIIe siècle, Thomas Hobbes (1650, 1651), puis surtout John Locke (1690) dans son *Essai sur l'entendement humain*, se firent les porte-parole d'un mouvement intellectuel (l'Empirisme) faisant de l'activité de nos sens le germe essentiel de nos idées. Celles-ci devenaient les produits de multiples apprentissages et interactions sociales au lieu d'être initialement placées par Dieu dans notre esprit. Notons cependant qu'en affirmant que toute «*conception... (possède) en totalité ou partie, une origine fondée sur les organes des sens*», Hobbes reprenait en fait une idée déjà exprimée par Héraclite. Locke également, en comparant l'être humain à la naissance à un «papier blanc» où s'inscrit l'expérience, retrouvait l'image de la *tabula rasa*, la tablette de cire vierge des Stoïcistes. Mais ces théories s'opposaient avant tout aux «idées innées» de Descartes (1641) qui illustraient une tradition philosophique postulant des capacités constitutives ou structurales de l'esprit, tradition représentée ensuite par l'«harmonie» primitive de Leibnitz (1714) et les «intuitions *a priori*» de Kant (1781). Pourtant Descartes et l'école mécaniciste française du XVIIe siècle admettaient parfaitement l'importance des organes des sens pour déclencher l'action. Mais ils fondaient celle-ci sur une appréhension du monde extérieur directe et immédiate, parce que prédéterminée et non apprise. A cette conception «nativiste» de la perception invoquant le secours des idées innées et de leur cortège de présupposés théologiques, les Empiristes opposaient la notion d'une construction perceptive, c'est-à-dire d'une organisation des données sensorielles, interprétable comme tout processus mental, par l'intervention de phénomènes d'acquisition, de mémoire et d'associations (Boring, 1942).

Dans ces discussions, l'étude de nos systèmes sensoriels était un enjeu crucial et le principal d'entre eux, la vision, avait toujours fasciné le monde savant. Après Euclide, Léonard de Vinci avait décomposé les perspectives, Kepler et Descartes avaient étudié l'optique oculaire (ce dernier avait montré la formation d'une image inversée sur la rétine). Newton avait élaboré une théorie de la vision des couleurs. Mais Berkeley, dans sa «Nouvelle théorie de la vision» (1709), fit de la perception de l'espace un problème-clé et un cheval de bataille des Empiristes. L'espace, comme champ des mouvements du corps *devait être* appris avec ceux-ci au cours de la petite enfance. Comme les théoriciens n'avaient alors aucune notion de l'appréhension de la profondeur à partir des différences stéréoscopiques entre les deux yeux (disparité binoculaire), la distance des objets n'était pas considérée comme sensorielle et *ne pouvait être qu'inférée* à partir de la mémoire des mouvements, d'indices visuo-moteurs tels que l'accommodation et la convergence [1], ou de corrélations visuo-tactiles nécessairement dépendantes de toute l'activité du sujet. L'objet réel, immédiatement appréhendé dans ses caractéristiques d'éloignement, de relief et de solidité, semblait donc posséder une qualité irréductible à la seule fonction visuelle. Il était un composite, un complexe d'indices variés que l'esprit devait enregistrer et assembler. Les arguments de Berkeley, complétés au XIXe siècle par Thomas Brown (1820) et Lotze, concernant le rôle du mouvement et de la kinesthésie dans la localisation, faisaient ainsi de la dimension spatiale la pierre de touche de la perception, considérée comme «expérience», ou «cognition» de l'environnement. La contribution de Hume (1740) et d'Hartley (1749) à ce mouvement avait été de mettre au premier plan le rôle des associations. Celles-ci furent mises ensuite en théorie par l'école anglaise de James Mill (1829), de John Stuart Mill (1865) et de Bain (1855), d'après les principes chimiques de la combinaison des corps simples en corps composés, afin d'expliquer cette reconstitution mentale d'expériences sensorielles multiples.

En définitive, l'interprétation empiriste peut être schématisée de la façon suivante. La perception étant avant tout conscience, connaissance et reconnaissance d'un environnement d'objets, elle intègre la totalité des messages fournis par les organes des sens. Ces relations intermodalitaires particulièrement complexes (si l'on pense aux informations «kinesthésiques» : proprioceptives, vestibulaires, visuo-motrices, etc.), sont donc nécessairement apprises dans les premières périodes de la vie, où elles dépendent des mouvements et de l'élaboration des pratiques. C'est la raison principale pour laquelle les associations sont une notion si importante : elles déterminent la construction et l'utilisation des représentations internes, sans lesquelles la perception serait impossible. Le problème change pourtant profondément d'aspect lorsqu'on envisage le simple processus de la vision d'un objet à distance. Armés des seules connaissances de l'optique géométrique (l'œil forme une «image» sur la rétine) et ignorant jusqu'à l'existence du mécanisme stéréoscopique qui permet l'appréciation exacte de la profondeur (Wheatstone inventa le stéréoscope en 1833), les théoriciens du début du XIXe siècle étaient confrontés à l'imprécision supposée de nos systèmes sensoriels. Ils imaginaient donc logiquement ces défauts compensés par des phénomènes de mémoire. Puisque la distance en particulier n'était pas sentie directement, elle devait être apprise ou déduite d'indications enregistrées précédemment. Le «percept», ou élaboration d'une représentation actuelle de l'objet résultait donc d'une mise en relation de l'image rétinienne avec la trace des expériences passées. Dans ce schéma, l'information sensorielle n'était finalement rien d'autre que l'indice évocateur d'un savoir déjà constitué.

Malheureusement, ces indices sont terriblement inconstants. Comment se fait-il que nous distinguions dans le monde visuel des objets constitués et non des conglomérats de lignes et de contours, de surfaces ou de taches colorées indépendantes? Comment se fait-il qu'un objet reste identifiable (qu'il nous semble toujours le même) lorsqu'il se déplace et que, de ce fait, sa forme, ses ombres projetées, ses couleurs constitutives, bref tous ses éléments se modifient sous l'effet de la perspective ou de l'angle d'éclairement? Sous les termes de «permanence de l'objet», ou de «phénomènes de constance perceptive», cet ensemble de problèmes constitue toujours le nœud central des théories de la vision. La solution des Empiristes était celle d'une infinité d'apprentissages sensoriels basés sur l'usage des choses. Pour expliquer qu'un cube garde son identité sous différents angles de visée (malgré le changement apparent de ses angles et arêtes), ils invoquaient l'observation et la manipulation précoces d'objets similaires.

On voit bien malgré tout l'aspect artificiel et la fragilité de ces explications. Si la perception finale est à ce point dépendante de l'expérience subjective, comment se fait-il que l'appréhension visuelle des couleurs et des objets montre si peu de discordances et de variations individuelles entre les observateurs? Le problème se posait déjà au XVIII siècle, avec le débat sur la véracité du monde sensible. Si la constitution d'un percept repose sur des données non immédiates, intégrées par des processus représentatifs et associatifs, elle implique logiquement des risques d'erreurs, d'omission, ou d'illusions. En généralisant ce raisonnement, certains philosophes en virent à douter de la réalité de nos impressions sur le monde extérieur. Mais cette position cultivait le paradoxe jusqu'au sophisme, car la validité des données perceptives est la règle et non l'exception. Samuel Johnson, dit-on, réfuta entièrement la théorie idéaliste de Berkeley (le monde est entièrement construit par notre cerveau et possède une réalité physique impossible à connaître) en donnant simplement un coup de pied dans une pierre. L'exactitude et l'objectivité fondamentales de la vision sont des faits que les tenants d'une perspective nativiste avaient beau jeu de mettre au premier plan. La première évidence n'est pas l'insensibilité de nos organes sensoriels aux ondes électromagnétiques ou aux radiations cosmiques, mais bien que dans le *domaine utile* sélectionné par l'Evolution, les objets visuels peuvent être évalués, approchés, évités. Si la vision ne nous prévenait pas correctement de la probabilité d'une collision, si la proie n'était pas parfaitement informée des mouvements du prédateur (et inversement), il est probable que d'autres espèces animales auraient remplacé celles que nous connaissons[2].

L'ÉLÉMENTARISME CLASSIQUE

En dépit de leur interminable controverse, Nativistes et Empiristes s'accordaient sur l'existence de *sensations élémentaires*, uniquement déterminées par l'excitation de nos organes des sens. Il s'agit là d'un concept central, aussi bien dans la Psychophysique de Fechner (1860) que pour la Psychologie expérimentale qui se développe avec la fondation du laboratoire de Wundt (1879). La distinction entre sensation et perception, proposée initialement par Thomas Reid en 1764, n'est pas évidente à partir du langage, puisque les deux termes sont employés indifféremment l'un pour l'autre. Le terme «sensation» renvoie ici au processus sensoriel amorcé par l'excitation spécifique d'un *capteur périphérique*. Bien que les pressions soient l'agent normal de la sensibilité tactile et la lumière celui de la vision, une sensation lumineuse est aussi bien provoquée par un éclairement que par un choc sur l'œil. A l'opposé, la perception implique *la notion d'objet*, c'est-à-dire d'une représentation interne de l'environnement qui n'est pas fonction de la modalité sensorielle : *on identifie* le crayon aussi bien par la vue que par le toucher. Comme on le verra toutefois par la suite, cette ligne de partage entre sensorialité et cognition n'est pas immuable. Dans la Neurophysiologie sensorielle, la sensation a absorbé la perception, tandis que dans la théorie gestaltiste, la perception a digéré la sensation (Boring, 1942).

Mais à l'époque, la différence entre sensation et perception était également liée à la définition des domaines psychologique et physiologique, car le concept de spécificité sensorielle est le pivot de la Physiologie moderne. Une fois admise l'excitation des différents récepteurs modalitaires, il fallait en effet concevoir que leurs messages soient transmis au cerveau par des voies parallèles où les informations *gardent leur identité et leur topologie*. Il en découlait par conséquent les notions de «centres», de «voies» et d'aires de projection corticale appartenant à un système sensoriel déterminé. Avec le concours de la clinique, ces idées furent précisées par le grand débat sur la localisation des fonctions dans le cortex qui domina toute la fin du XIXe siècle. Mais il en résultait aussi une articulation très claire de la Physiologie sensorielle et de la Psychologie expérimentale. La première analysait les mécanismes automatiques (non conscients) du codage périphérique, de la conduction et de la transformation des messages jusqu'au cortex, *ce qui était réalisable sur l'animal anesthésié*. La Psychologie prenait ensuite le relai. Puisque l'excitation sensorielle était supposée entraîner une *sensation consciente* en atteignant l'écorce cérébrale, ce phénomène mental élémentaire des Associationnistes devenait accessible à l'expérimentation chez l'Homme, avec la détection psychophysique, le Temps de réaction et l'Introspection. Conscience et cortex traçaient donc, et pour longtemps, la frontière des deux disciplines. En bref, la Physiologie fournissait les données de base, sous la forme d'un inventaire des organes et des voies sensorielles atteignant les zones réceptrices de l'écorce. De cet inventaire découlait un catalogue de «sensations élémentaires» que le Psychologue étudiait avec ses moyens propres pour analyser la perception et les représentations. C'est ainsi qu'il faut comprendre le titre de l'œuvre maîtresse de Wundt, la *Psychologie physiologique*, aux antipodes d'une «Psychophysiologie» apparue ensuite dans le contexte behavioriste des «corrélats» du comportement. Jusqu'aux années 1920-1930, tous les manuels de Psychologie commençaient par un exposé de l'anatomie du cerveau et des récepteurs.

Puisque la Psychologie, comme toute science, s'imposait une démarche réductive à des entités élémentaires, il lui fallait définir cette plus petite «fraction de conscience» résultant d'une stimulation périphérique significative. La notion de codage intermédiaire étant alors inconnue, la voie sensorielle était considérée comme une simple ligne téléphonique qui justifiait l'idée d'une correspondance directe entre un certain type de stimulus et la sensation corticale. Le premier problème était donc d'identifier cet «agent efficace» du phénomène cognitif primaire. Ensuite, l'intégration dans la perception était conçue comme une «combinaison de sensations et de processus de reproduction» où les premières servaient d'amorce aux seconds. «*Toute excitation...*, écrivait William James (1890, 1929), *court immédiatement aux hémisphères cérébraux éveiller des processus nerveux, or nombre de ces processus ne sont que le résidu d'expériences passées qui s'éveillent avec eux; et ainsi la sensation s'épaissit-elle de toutes les idées qu'elle suggère. La première... est l'idée de l'objet.*» James résumait ainsi l'opinion générale sur le fonctionnement des associations courantes, automatiques, ou inconscientes (on disait alors «physiologiques») dans la construction d'une représentation (d'un objet). A l'étape finale, la théorie de Wundt faisait intervenir l'«*Aperception*», c'est-à-dire l'attention active. En focalisant l'esprit sur une fraction du champ, celle-ci constituait un «Blickpunkt», ou point central de «clarté» perceptive.

Pour la vision, le postulat élémentariste imposait de réduire le stimulus à sa plus simple expression : le point lumineux de couleur. Une ligne était alors assimilée à une rangée de points, une surface à leur juxtaposition dans l'espace et le mouvement à une succession temporelle de positions. Or même avec un stimulus aussi élémentaire que le point lumineux, l'impression produite reste variable à l'infini. Comme l'écrivait Titchener (1908), «*chacune des 40 000 lumières-couleurs*» que nous avons la capacité de percevoir correspond à une combinaison particulière d'intensité et de longueur d'onde. La doctrine des «attributs» établissait donc les principes d'une typologie basée sur les *dimensions physiques* de l'excitant sensoriel auxquelles on pouvait faire correspondre par l'introspection ou la Psychophysique un «fait mental» déterminé. Un son par exemple, peut varier en intensité sans changer de timbre. Le point lumineux peut être décrit qualitativement (par sa couleur) et quantitativement (par le flux ou énergie). En généralisant cette idée à toutes les modalités sensorielles, Wundt estimait que les attributs de «qualité» et d'«intensité» suffisaient à préciser toutes les sensations. (Il différenciait par contre différents types d'associations : fusion, assimilation, complication, Aperception). Mais tout le monde n'était pas de cet avis. Külpe et Stumpf, mais surtout Titchener, considéraient également *la durée* et — pour souligner l'importance de la dimension spatiale — l'«extensité» (ou «voluminosité») et la *position*, voire l'«attensité» qui caractérisait l'effet de l'attention. On cherche encore, dans ce catalogue multidimensionnel des sensations, les critères de leur combinaison dans un percept structuré. L'interprétation d'un simple dessin en deux dimensions devenait d'une énorme complexité. Chaque ligne étant supposée faite de points séparés, chacun d'entre eux provoquait une sensation particulière, définie comme une conjonction d'attributs. En fait, la Psychologie classique était dans l'impasse. Une fois admis le principe général des associations avec un matériel acquis, son explication de la perception se limita le plus souvent à ces discussions préalables sur l'exacte définition des sensations élémentaires.

RETINE ET CONSCIENCE : L'ERREUR FONDAMENTALE. — Une théorie aussi peu satisfaisante se prêtait évidemment aux critiques conjuguées des Behavioristes et des Gestaltistes, attaquant l'intérêt scientifique du fait de conscience à travers l'introspection. Mais on a plus rarement souligné l'erreur logique fondamentale des auteurs classiques qui, en prenant un phénomène conscient (la sensation) comme base d'explication de la perception, *supposait implicitement le problème résolu au départ*. Si la conscience est le résultat d'un processus d'intégration (ce qu'elle était chez Leibnitz, voir Chapitre 1), elle ne peut être le cadre *d'aucun phénomène élémentaire*. Si le principe d'une correspondance univoque entre le stimulus et la sensation semble trivial (le stimulus visuel est « quelque chose qui se voit »), il est pourtant quelquefois pris en défaut (la disparité binoculaire ne donne lieu à aucune sensation directe car la profondeur est perçue comme une propriété *intrinsèque* des objets et non séparément), et il apporte toujours de redoutables ambiguités. Gibson (1950), par exemple, a noté celles attachées à la notion d'« image rétinienne ». Si l'image rétinienne est le stimulus, ou l'agent causal de la vision, elle n'est pas une image (une représentation). C'est un tableau complexe de modifications physico-chimiques des photopigments dont il n'est pas sûr que la visualisation la plus sophistiquée ressemblerait à une photographie du monde externe. Ce sont des données brutes. Lorsqu'on évoque la notion d'image au contraire, on se réfère *au résultat* du processus perceptif. Décomposer le tableau perçu en constituants géométriques pour en faire des « stimulus » est un pur artefact de raisonnement. Pour avoir négligé ces principes et puisque le cristallin inverse sa géométrie, on enseignait autrefois que le cerveau devait « redresser l'image rétinienne ». Le cerveau ne redresse rien, (une collection de « codes élémentaires » n'exige pas d'être orientée d'une manière particulière), mais la formule est significative. Avec le redressement d'une « image » préexistante dans la rétine, le système visuel, comme le câble qui relie la caméra de télévision à l'écran, devient un simple canal de transmission, une « voie » destinée à présenter cette photographie toute faite à l'« observateur central », au « petit bonhomme » intérieur (la conscience). En définitive, cette confusion — particulièrement facile et spontanée — entre l'événement initial et le produit achevé du processus visuel montre que la nature du stimulus efficace est loin d'être une question triviale. En pratique, il sera donc toujours important de distinguer le « stimulus » conventionnellement choisi par le chercheur, *du véritable agent causal de la perception, toujours ignoré* a priori *et qui doit être inféré de l'expérimentation.*

Il est plus facile maintenant de comprendre l'incohérence de l'explication classique du mouvement à partir des sensations élémentaires. Puisque le point lumineux de couleur était considéré comme l'unité fondamentale de stimulation et que la position spatiale était l'un de ses « attributs », le mouvement résultait du changement de cette position dans l'unité de temps. Il devenait alors une expérience particulièrement complexe puisque cette sensibilité positionnelle devait être combinée avec une reconnaissance de l'identité de l'objet apparu successivement à différents endroits. Autrement dit, la permanence de l'objet (le problème le plus difficile de la perception) et le temps et l'espace devenaient des catégories plus fondamentales que le mouvement et des préalables à sa perception. La réalité est à l'opposé de cette théorie invraisemblable. Nous savons que les cellules sensibles au mouvement sont présentes dans la rétine et que la précision de leur information permet par exemple, aux Batraciens, des réactions de capture ultra-rapides. Si les neurophysiologistes avaient suivi les préceptes académiques en vigueur à la fin du siècle dernier et recherché des corrélats neuronaux du temps et de l'espace aux premiers étages des voies visuelles, leurs progrès auraient été sans doute très lents.

INTERACTIONS ET STRUCTURE CONTRE L'ÉLÉMENTARISME. LA GESTALT

Le mouvement Gestaltiste fut d'abord une contestation des principes élémentaristes qui dominaient la pensée académique de l'époque. Lié à une tradition philosophique opposée à l'associationnisme (la phénoménologie), il développa l'idée centrale de structure, déjà introduite par C. von Ehrenfels (1890). Celui-ci soulignait qu'une mélodie existe indépendamment des notes qui la composent (on peut la transposer dans une tonalité différente) et il la définissait comme une « forme-qualité » autonome. Mais l'expérience cruciale pour réfuter le concept de sensation, et par voie de conséquence l'«atomisme mental» de Wundt, fut réalisée en 1912 à Francfort, par Max Wertheimer, avec Kurt Koffka et Wolfgang Köhler comme sujets. Dans cette étude, dite «du mouvement apparent», un tachystoscope présentait successivement deux raies à l'observateur, la première verticale et la seconde inclinée à 25°. Avec un intervalle temporel de quelques centaines de millisecondes, le sujet percevait deux événements distincts. Avec une séparation de 20 msec, les deux raies semblaient simultanées. Mais pour un délai critique de 50 à 60 msec, la fusion des deux fentes successives produisait une impression de mouvement : saut, ou inclinaison rapide. Ce «phénomène-phi», comme le baptisa Wertheimer, nous est en fait très familier puisqu'il est la forme expérimentale du principe cinématographique, où l'animation résulte d'une cadence d'images bien précise. A l'époque, c'était une authentique découverte qui faisait du mouvement une entité perceptive à part entière et non une intégration temporelle de sensations. L'événement scientifique crée par Wertheimer était cependant moins lié au résultat expérimental lui-même qu'à son interprétation. En principe, le mouvement apparent aurait pu devenir une nouvelle variété de sensation, caractérisée par des «attributs» tels que la linéarité, la direction, ou la vitesse. Mais l'idée-force de l'auteur était que l'irréalisme de l'explication du mouvement par la Psychologie classique provenait du concept même de sensation élémentaire. Celle-ci était en effet fondamentalement basée sur *le principe psychophysique d'une correspondance directe entre l'énergie du stimulus et le fait de conscience*, correspondance remarquablement absente du phénomène-phi (il n'y a pas de mouvement physique), qui s'avérait donc irréductible à une somme de composantes.

L'originalité de l'école Gestaltiste fut de généraliser ce raisonnement à l'ensemble de la perception. Chaque scène visuelle doit être comprise comme une totalité, une forme ou une configuration (Gestalt), déterminée par des règles d'organisation précises. Ses éléments n'ont pas d'existence réelle et chacun d'entre eux peut jouer un rôle très différent avec des structures variées. Leur distinction par l'analyse est donc un artifice qui n'a d'autre utilité que de comprendre leurs relations. La perception fonctionne comme un tout, comme un système dynamique ou un champ de forces, dans lequel tous les éléments actifs entrent en interaction. Ceux qui sont similaires tendent à se grouper dans une même entité, ceux qui sont dissemblables tendent à se dissocier. *Le caractère spontané, contraignant et systématique de ces mécanismes de structuration témoigne de leur invariance et de leur imperméabilité aux facteurs d'apprentissage et d'attention*. Ces propriétés furent attribuées par les Gestaltistes à un déterminisme physiologique, essentiellement cortical, achevant le processus sensoriel par des champs d'activités correspondant aux différentes parties de l'image visuelle. (Ces champs étaient supposés unis ou séparés par des forces d'attraction et de répulsion similaires à des forces électromagnétiques.) Avec cette conception structuraliste de la vision (qu'elle généralisa partiellement aux autres modalités sensorielles), la « Psychologie de la Forme » posait les bases d'une approche autonome de la perception, car sa méthode était fondée sur la recherche des propriétés internes de l'image et non sur des entités extérieures, réintroduites par des processus de mémoire et d'association. Du même coup, ils discréditaient la théorie classique (empiriste) de l'intégration mentale en montrant que *la perception est le fait primaire* et que les soi-disant « sensations élémentaires » sont des sous-produits de son analyse.

A partir d'un grand nombre d'expériences psychophysiques, les gestaltistes cherchèrent les lois générales de ces relations perceptives. La principale, celle de la « bonne forme », ou principe de « prégnance » (*Prägnanz*, ou saillance), est intuitivement évidente. Certaines figures s'imposent d'elles-mêmes. Elles sont vues immédiatement, alors que d'autres semblent exiger un long processus d'interprétation. Les figures géométriques simples appartiennent à la première catégorie et s'opposent par exemple, aux taches bizarres d'un test de Rorschach, conçues pour qu'on y projette des données psychiques remarquablement extérieures à la perception. L'explication de la « bonne forme » faisait appel aux principes de symétrie, proximité et similarité des éléments, homogénéité, fermeture, « bonne continuation » des contours, et à l'idée de figure-fond. Parmi les illustrations du principe de la « bonne forme », les trois suivantes restent des références importantes pour les études modernes qui cherchent à les traduire en termes d'information.

1. *LES « CONSTANCES » ET ILLUSIONS PERCEPTIVES*. — Presque tous les textes sur la perception font référence aux illusions perceptives. L'idée est ancienne que les illusions ne sont pas des erreurs, mais qu'elles traduisent mal à propos des mécanismes fondamentaux de la vision. L'une des plus connues est sans conteste l'illusion de Müller-Lyer, dans laquelle deux segments de même longueur sont perçus comme inégaux en raison de l'orientation de leurs empennages. Elle s'explique par le fait que ces derniers créent un environnement minimum qui déclenche à son tour des réactions de constance perceptive. Parmi celles-ci, la plus nette est la « constance de dimension », ou de taille des objets, illustrée par l'« illusion de Ponzo », qui n'a d'illusion que le nom, car elle traduit un principe fondamental de perspective, représenté sur la Figure 14, avec un autre exemple de cet effet très fort. On verra plus loin comment Gibson

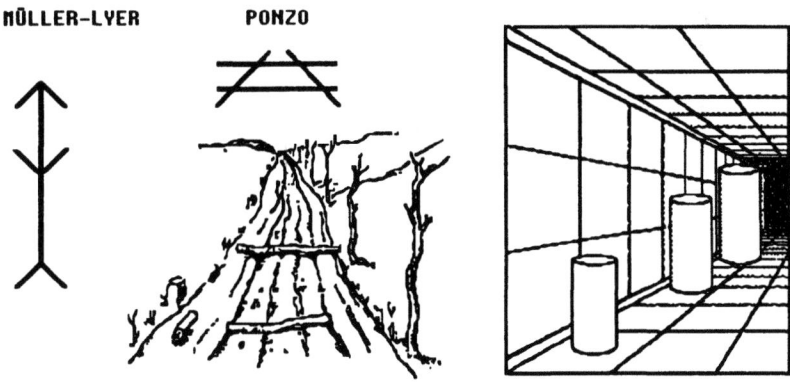

Figure 14. — L'illusion de Müller-Lyer (à gauche) et deux exemples de «constance de dimension». Au centre, l'illusion de Ponzo et sa traduction «réaliste» : les deux madriers de longueur identique semblent inégaux en raison du contexte de perspective. La force de ce phénomène apparaît bien à droite : il est très difficile d'admettre que les cylindres sont rigoureusement superposables. Cette image, bien qu'elle soit en deux dimensions et qu'elle fasse appel à une technique conventionnelle de dessin au trait, montre que la présence d'une perspective *suffit* à créer l'impression *immédiate* d'une augmentation de volume des trois cylindres. On peut considérer ce principe comme un développement des relations figure-fond. Mais Gibson (1950, voir plus loin) l'utilise comme argument à l'appui de sa thèse d'un mécanisme commun à la perception de la profondeur et à celle des objets. La notion d'«objet» est inséparable du problème des «constances perceptives», c'est-à-dire du maintien de son identité avec les multiples changements géométriques liés au «point de vue». La taille est la constance la plus facile à analyser.

(1950) a développé ce constat d'une forte relation entre les «constances» et la perspective. Les gestaltistes firent un usage immodéré de ce type d'illustration à l'appui de leurs thèses sur la structuration de l'image.

2. *CAS DE STRUCTURATION MINIMALE. LE «GANZFELD»*. — Quelles sont les conséquences d'une illumination uniforme du champ visuel? Dans les expériences de «champ total» («Ganzfeld»), le sujet est placé dans une sorte de coquille de couleur gris-blanc, dont les parois concaves ne présentent aucune discontinuité. Dans une variante de cette situation, des demi-balles de ping-pong sont ajustées autour des yeux et illuminées par transparence. Dans ces conditions, l'observateur éprouve l'impression d'être plongé dans une brume lumineuse d'une profondeur indéfinissable. Avec un éclairage coloré, la couleur n'est pas perçue, sauf d'une manière fugitive, après un mouvement oculaire ou un bref arrêt du projecteur. L'existence même de la perception visuelle semble donc très dépendante des *articulations* spatiales et temporelles. Une illumination

assymétrique qui provoque un gradient de luminosité (un côté du dispositif étant objectivement plus clair que l'autre) n'est pas remarquée par le sujet qui reste avec la sensation d'un champ uniforme. Mais sitôt celui-ci partagé par une ligne médiane tracée verticalement, les deux parties différemment éclairées deviennent immédiatement évidentes. Cet effet organisant d'un séparateur (un contour simple) s'impose avec une force qui apparaît bien dans le «cercle de Benussi-Koffka» (Figure 15). La spontanéité de cette perception suggère qu'il lui correspond des automatismes visuels spécifiques. Plus récemment, beaucoup d'études ont été consacrées au rôle de l'orientation et de la disposition relative des surfaces dans la perception de la réflectance et de la couleur (Walraven, 1976; Gilchrist, 1977). On a montré par exemple l'importance des limites séparant les plages colorées dans la perception de celles-ci. Si l'image est déplacée par un dispositif asservi aux micro-mouvements oculaires de l'observateur (ce qui rend ces bordures floues), il n'est même plus possible de distinguer les couleurs (Yarbus, 1967; Krauskopf, 1957, 1961, 1967).

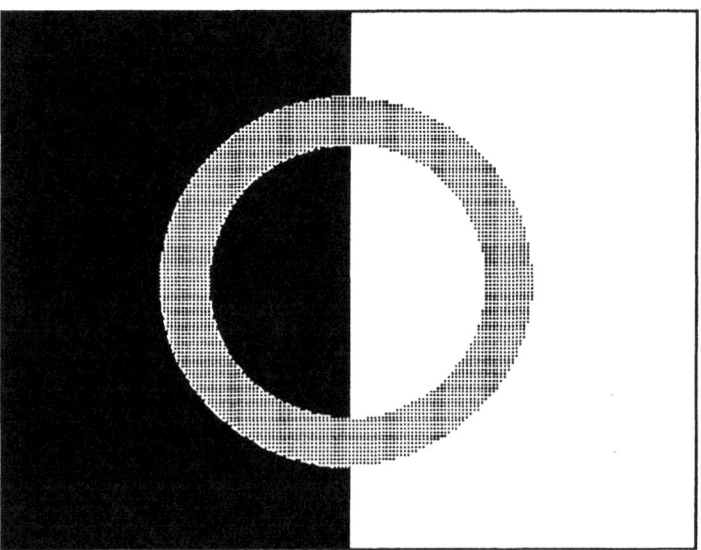

Figure 15. — Le cercle de Benussi-Koffka (Koffka, 1935) montre les effets de contour et d'interaction des surfaces. En tendant un fil sur le diamètre vertical de l'anneau gris, on note l'obscurcissement instantané de sa moitié droite et l'éclaircissement de sa moitié gauche. Cet effet d'une ligne séparatrice dans l'intégration du contraste entre plages de luminance différente est manifestement automatique.

3. *LE RAPPORT FIGURE-FOND*. — La perception est d'abord et avant tout perception des objets. Mais ceux-ci reposent généralement sur un support dont les éléments descriptifs sont négligés par l'observateur : le fond. Un exemple très connu est celui du livre rouge sur une table noire. L'observateur voit le livre, voit sa surface colorée, mais ne «voit pas» le fond noir dont la fonction est uniquement de le «faire ressortir». Le concept figure-fond (qui n'est finalement qu'une extension du principe des séparateurs évoqué plus haut) est dû au psychologue danois Edgar Rubin (1915), dont les travaux (traduits en allemand en 1921) ont été réalisés indépendamment de ceux des gestaltistes, mais se sont intégrés naturellement dans les lois perceptives de l'école. Parmi les règles de cette hiérarchisation interne de l'image, Rubin, puis Wertheimer, ont montré particulièrement le rôle du contour, spontanément perçu comme appartenant à la figure et non au fond. La «loi de fermeture» s'applique à ce phénomène, puisque c'est généralement la partie close de l'image qui s'impose comme figure. Les «figures ambiguës» tirent justement leurs propriétés de ce qu'un objet à forte prégnance (visage, profil) est artificiellement placé dans la région «ouverte». De toute évidence, dans la relation figure-fond, ce dernier est déterminant pour la facilité avec laquelle l'objet est délimité, discriminé et reconnu : c'est le problème du camouflage. L'analyse de la perception en termes de rapports figure-fond est restée un domaine très important pour la compréhension des principaux facteurs de ségrégation de l'image.

DU STIMULUS À L'INFORMATION VISUELLE

En 1960, Teuber introduisait un volumineux Chapitre sur la Perception, d'un manuel de Physiologie américain en constatant l'absence d'une véritable théorie de la perception. L'entreprise des Gestaltistes avait tourné court. Avec le recul, on peut avancer une raison plausible de cet échec. Acharnés à montrer le caractère fondamental et irréductible de la structure, les Gestaltistes avaient fait de celle-ci un principe épistémologique et missionnaire, applicable aussi bien à l'organisation sociale qu'à la Psychologie de l'enfant. Dans cette évolution vers une «Gestalt-Theorie», la structure devenait l'explication définitive qui se substituait à l'analyse des problèmes spécifiques. Comme l'estime fort justement Marr (1982), ce type de démarche tua l'école.

C'était là une situation inconfortable pour les auteurs modernes, confrontés à l'incontournable héritage conceptuel de la Théorie de la forme. L'élémentarisme classique une fois discrédité par celle-ci, toute stratégie analytique cherchant à décomposer le processus visuel était-elle devenue impossible ? Devait-on se contenter d'un globalisme irréductible et stérile ? Depuis les années cinquante, un certain nombre de travaux se sont attachés à démontrer le contraire. Leurs auteurs sont à des degrés divers des continuateurs de la Gestalt. Mais tous partent de l'idée que *la structure et l'organisation, loin de s'opposer à la notion d'éléments primaires, ne sont au contraire compréhensibles que comme des règles d'assemblage de ceux-ci.* La perspective moderne, centrée sur le traitement de l'information, est donc celle d'une synthèse entre un nouvel élémentarisme «objectif» (débarrassé des anciens présupposés philosophiques de la Psychologie classique) et le concept de structure.

LE «VISUAL WORLD» DE J.J. GIBSON (1950). — Dans leur illustration des lois perceptives, les gestaltistes avaient utilisé comme stimulus des dessins d'aspect plutôt abstrait. Pour Gibson au contraire (1950, 1966), la théorie de la vision doit surtout rendre compte avec réalisme de toute la variété des situations courantes. Une première distinction est donc celle qu'on peut faire entre l'image plane et l'univers visuel réel, fondamentalement tridimensionnel. Cette propriété n'est pas une abstraction mathématique. Elle émerge concrètement des objets qu'il contient et qui sont directement perçus dans leur profondeur et leur éloignement. Comme le montrent les expériences du «Ganzfeld», un champ vide abolit la perception. Dans les conditions normales, les objets ne surgissent pas d'un tel «fond», détachés les uns des autres : ils ne s'inscrivent pas dans un espace blanc d'aspect immatériel. (Une telle présentation constitue justement un procédé pictural pour créer une atmosphère onirique). La disposition générale des objets et du «fond» est très informative. En d'autres termes, les objets créent l'espace. *Perception spatiale et perception d'objet sont une seule et même fonction.* Pour analyser ses mécanismes, on doit trouver des *invariants géométriques*, créés par la disposition topologique des constituants de l'image, et qui sont les véritables stimulus de la vision complexe. Ces invariants proviennent des différentes formes de perspective, qui sont d'ailleurs un principe commun à l'univers objectif (celui que nous avons sous les yeux) et à ses représentations planes (photographiques). Dans le premier cas cependant, la fonction stéréoscopique ajoute une détection exacte des distances qui confère aux objets leur caractère de réalité. Mais dans le second, la perspective fournit toujours une forme d'organisation, dont l'analyse fait de Gibson un «gestaltiste de la troisième dimension».

La notion de surface est ici importante, car les surfaces sont les éléments pertinents qui, dans le monde réel à trois dimensions, permettent de définir aussi bien le fond, ou terrain, que les figures et les objets. En outre, les surfaces semblent directement repérables par quelques caractéristiques fondamentales, accessibles à l'expérimentation psychophysique : luminance et couleur, texture et inclinaison (décelable par la réflectance, ou pourcentage de lumière réfléchie). Dans *La perception du monde visuel* (1950), Gibson montre que ces variables se résument en fin de compte à *des gradients de densité*, principalement de densité des textures et de densité des mouvements (Figure 16). L'augmentation systématique de la première avec l'éloignement, ou avec l'inclinaison des plans par rapport à l'observateur, est en effet un paramètre essentiel pour l'identification des surfaces et par conséquent pour la définition des contours et la segmentation de l'image. Une brusque variation de ces gradients est le signe d'une rupture de pente, potentiellement significative d'une bordure de l'objet. En postulant la sensibilité directe de la vision à ce type d'information, Gibson recherche un agent causal objectif qui explique simultanément la perception de l'étendue spatiale et les multiples relations figure-fond. Marr (1982) a critiqué cette hypothèse d'un invariant sensoriel, en montrant que la densité de la macro-texture ne suffisait généralement pas à créer l'impression de profondeur (Figure 16). Gibson, trente ans auparavant, a peut-être sous-estimé la complexité des codages de la texture impliqués par sa théorie (il n'était guère préoccupé par ce point). Il n'en reste pas moins que l'importance des déterminants de la perspective dans la constance de taille des objets est un fait majeur, reconnu depuis longtemps (Figure 14, voir aussi Koffka, 1935). Marr n'en fournit d'ailleurs aucune explication. La pertinence des gradients de texture reste donc entière.

LES RELATIONS INFORMATION-STRUCTURE DANS LA «BONNE FORME». — Pour que la vision nous renseigne sur le monde environnant, il faut évidemment que celui-ci soit «visible» : qu'il contienne un certain nombre de traits stables, ou systématiques qui se dégagent du «bruit». Ce constat élémentaire correspond au premier théorème de la théorie de l'information qui définit celle-ci comme une réduction d'incertitude, ou comme la présence d'un élément constant dans un milieu fluctuant. Puisque les notions d'organisation et de structure s'opposent tout aussi fondamentalement au hasard, elles sont, *par principe, directement traduisibles en termes d'information.*

Une structure est un assemblage d'éléments en fonction d'une certaine règle. Les propriétés physiques des éléments ne sont pas importantes. Un carré peut être dessiné à l'encre rouge sur une feuille de papier, avec des allumettes sur une table, en traçant des sillons dans le sable. Mais leur type (traits horizontaux ou verticaux) et leur présence sont déterminantes. En omettant son côté supérieur, le carré devient une sorte de «U». La

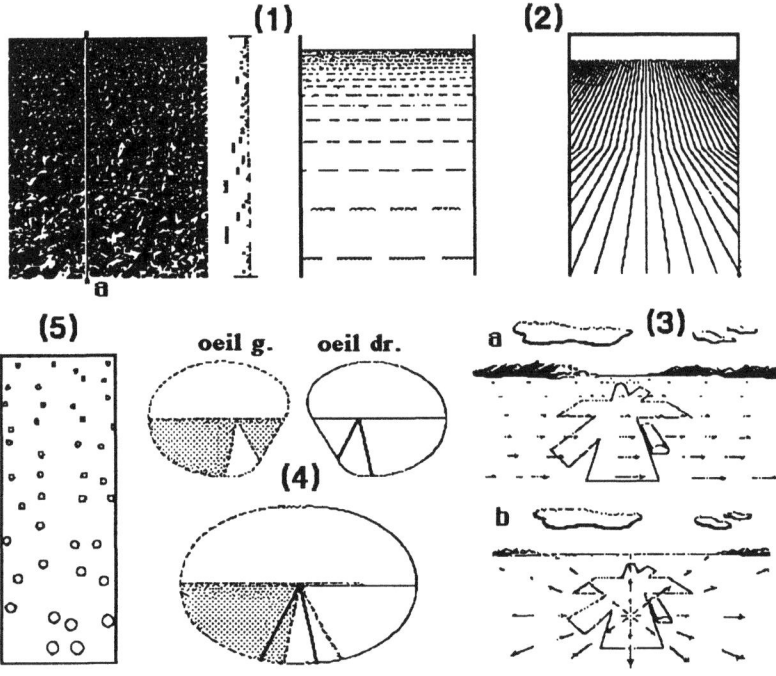

Figure 16. — Les catégories de perspectives par gradients de densité selon Gibson (1950). 1) Densité de texture et variation de la «cyclicité» claire-obscure le long de l'axe (a). L'illustration photographique (champ labouré) et sa schématisation par des tirets en fonction du principe de densité croissante de la micro-structure (texture), restitue l'impression d'une surface dans l'espace. 2) Perspective traditionnelle : densité des lignes de fuite. On perçoit nettement que la «rupture de pente» d'un tel gradient donne le tracé d'un contour (séparateur). 3) Gradients de mouvements (a) uniforme si l'observateur se déplace dans un paysage : ici aussi, une discontinuité, ou hétérogénéité, du gradient signale un objet animé d'un déplacement propre. (b) de dilatation de l'espace : le problème de l'aviateur à l'atterrissage. 4) Perspectives, ou gradients, de disparité binoculaire : les parties proches et lointaines d'une route fuyant vers l'horizon ne sont pas vues avec une discordance égale par les deux yeux, puisque la disparité est nulle à l'infini. Il faut enfin remarquer que les illustrations no 1 et 2 s'opposent à l'«esquisse primaire» de David Marr (1982), dont le principe consiste à détecter le contour par les transitions lumineuses (le trait) *avant* de remplir la surface ainsi délimitée par une texture ou une couleur. Marr critique surtout, chez Gibson, le fait que la variation de densité *ne suffit pas* à créer l'impression de profondeur (5). La densité doit concerner tout autant la taille apparente des éléments de la texture que leur espacement relatif.

suppression additionnelle du côté droit donne un «L». Chacune de ces trois figures est une configuration unique, totalement déterminée, inconfondable avec une autre. Mais le système visuel n'est évidemment pas précâblé pour reconnaître uniquement l'une d'entre elles. Puisque la mobilité de quelques éléments du carré permet de faire de nouvelles figures, on peut imaginer que tous varient systématiquement. Avec deux états possibles (présent-absent, ou horizontal-vertical), ces quatre côtés fournissent 16 configurations distinctes qui, si elles se succèdent rapidement et aléatoirement, deviennent un bruit visuel dans lequel rien ne peut être détecté. Pour qu'il y ait information, il faut réduire le nombre d'éventualités possibles *en fixant* un ou plusieurs éléments dans une position déterminée. (Moins il reste d'éléments incertains, plus l'information est grande.) Lorsque plusieurs côtés sont prédéterminés simultanément, on dit qu'ils sont spatialement corrélés. *L'émergence de la structure résulte donc d'une corrélation croissante de ses éléments.* Dans l'exemple du carré, elle n'apparaît complètement que si l'incertitude est réduite à zéro. Il ne reste plus d'éléments variables aléatoirement et la corrélation devient ici une détermination totale. Mais ceci résulte uniquement du choix arbitraire d'un ensemble initial de quatre barres horizontales ou verticales (les côtés éventuels). Dans une situation plus réaliste, faisant appel à un vaste réseau de petits traits (chaque côté apparaissant par alignement de tirets contigus), l'organisation du carré conserverait le caractère d'une corrélation entre certains éléments bien précis. Partout ailleurs, l'orientation aléatoire des petits traits fournira l'aspect d'un fond, ou d'une texture (Figure 17).

Figure 17. — Le carré comme corrélation d'éléments.

Cet exemple fait appel à une forme géométrique particulièrement simple et évidente, susceptible d'être appréhendée d'un seul coup d'œil (en présentation tachystoscopique). Il s'agit d'une figure «prégnante», ou «bonne forme», dans la terminologie gestaltiste. On peut noter qu'une rotation de 90° de chacun de ses côtés n'altère pas certaines caractéristiques topologiques (deux côtés opposés horizontaux et deux verticaux). On obtient ainsi une croix, c'est-à-dire une autre «bonne forme». Il ne s'agit pas d'une coïncidence fortuite, car carré et croix ont les mêmes propriétés informationnelles de corrélation et de réduction d'incertitude. Les travaux de Wendell Garner et de ses associés (voir Garner, 1974) ont précisément montré que le degré de «prégnance», ou taux de «bonne forme», évalué par des observateurs dans une tâche de classement libre, était inversement lié au nombre d'éventualités aléatoires résiduelles, c'est-à-dire à la taille de l'ensemble des combinaisons obtenues en laissant fluctuer les éléments non fixés. Cet effectif définit à la fois un «jeu» de figures possibles et l'information présente dans chacune d'elles. La «bonne forme» semble nettement attachée aux configurations totalement spécifiées, c'est-à-dire sans alternatives. Les sujets réagissent donc comme s'ils appréhendaient non seulement le dessin qui leur est présenté, mais aussi, implicitement, *toute la famille de ses variations possibles*. Le nombre de celles-ci fournit alors un indicateur précis de la «force» ou de la «faiblesse perceptive» du stimulus. On a choisi plus haut d'illustrer cette notion d'ensemble aléatoire de référence par une combinatoire portant sur les éléments de la figure : traits présents ou absents, horizontaux ou verticaux. Mais il existe d'autres transformations équivalentes, telles que la variété des copies autour d'un axe ou d'un point de symétrie. Certaines formes (un cercle, la disposition des points sur un dé) sont uniques et montrent une forte «prégnance», alors que d'autres, plus irrégulières, ou plus «ambiguës», possèdent de nombreuses variantes. Dans le laboratoire de Garner, on a soumis (Clement et Varnadoe, 1967) ces familles d'effectif croissant à des tâches de discrimination, de mémoire de reconnaissance (le sujet évaluant le stimulus «identique» ou «différent» par rapport à un modèle) ou de mémoire de reproduction (dessin). Dans ces expériences, où le temps de réponse fournit une mesure de la difficulté de l'épreuve, les auteurs montrent que la rapidité d'encodage et la qualité de la mémorisation des stimulus dépendent clairement des propriétés informationnelles de la «bonne forme», tandis que la discrimination elle-même est affectée par leur similarité.

Le principe de la structure comme corrélation d'éléments est très important. Il ouvre en effet la perspective d'une explication physiologique basée sur les codages élémentaires effectués par les neurones visuels (voir pp. 135, 142). Notons aussi qu'il résout élégamment l'insoluble problème de la «généralisation du stimulus» mis en évidence par les chercheurs behavioristes étudiant les discriminations visuelles chez l'animal. Si un rat est d'abord entraîné à distinguer deux grands triangles, on constate qu'il transfère très facilement ce comportement de choix à deux triangles plus petits, voire légèrement différents. Ces capacités soulèvent la délicate question de processus de catégorisation abstraite — facultés non-perceptives — qui étonnent de la part de cet animal (et de ces auteurs). En fait, la discussion est particulièrement mal introduite en termes de réponses discriminatives à deux couples de stimulus *définis* a priori *et arbitrairement comme des entités distinctes par l'expérimentateur* (S1-S2 = grands triangles, s1-s2 = petits triangles). Puisque le rat les traite de façon similaire, il faut ensuite envisager un processus spécial pour rendre compte de leur équivalence. Mais si la forme est établie par le système visuel comme une corrélation d'éléments, cette opération est indépendante de la taille et le problème n'existe pas.

TEXTURES ET TEXTONS. UNE NOUVELLE SOLUTION DU PROBLEME FIGURE-FOND. — Les travaux de Bela Julesz et de ses associés illustrent depuis longtemps cette idée d'un stimulus défini comme une information émergeant d'un environnement aléatoire. Leurs études de la fusion stéréoscopique et de la perception de la profondeur (ou perception «cyclopéenne») fournissent une application remarquable d'un principe de corrélation, ou d'appariement. Les «stéréogrammes à texture aléatoire», ou «*Random Dots Stereograms*» (RDS) de la Figure 18a sont à première vue indistinguables. Pourtant, la région centrale diffère par un léger décalage (vers la gauche pour l'œil droit, vers la droite pour l'œil gauche, comme dans les perspectives monoculaires de la Figure 16). Lorsque ces panneaux sont présentés au stéréoscope dans l'axe optique de chaque œil, leur fusion en une image unique provoque la perception immédiate d'un relief : le carré central «flotte» au-dessus du plan. Chaque RDS comprend 10 000 cases, blanche ou noire, que le système visuel doit apparier (ligne par ligne par exemple) pour détecter le décalage typique de la disparité binoculaire et *le mesurer*.

Les mêmes auteurs ont ensuite utilisé ces trames aléatoires, non plus comme fond, ou bruit visuel d'accompagnement d'une information, mais comme d'authentiques stimulus discriminatifs. On remarque en effet que si deux d'entre elles sont placées bord à bord (Figure 18b), leur différenciation est impossible dans certains cas, immédiate dans d'autres. On peut mesurer avec précision la force du processus par la durée d'exposition tachystoscopique nécessaire à la perception d'une différence, Mais quelle est l'information utilisée par les sujets pour les sépa-

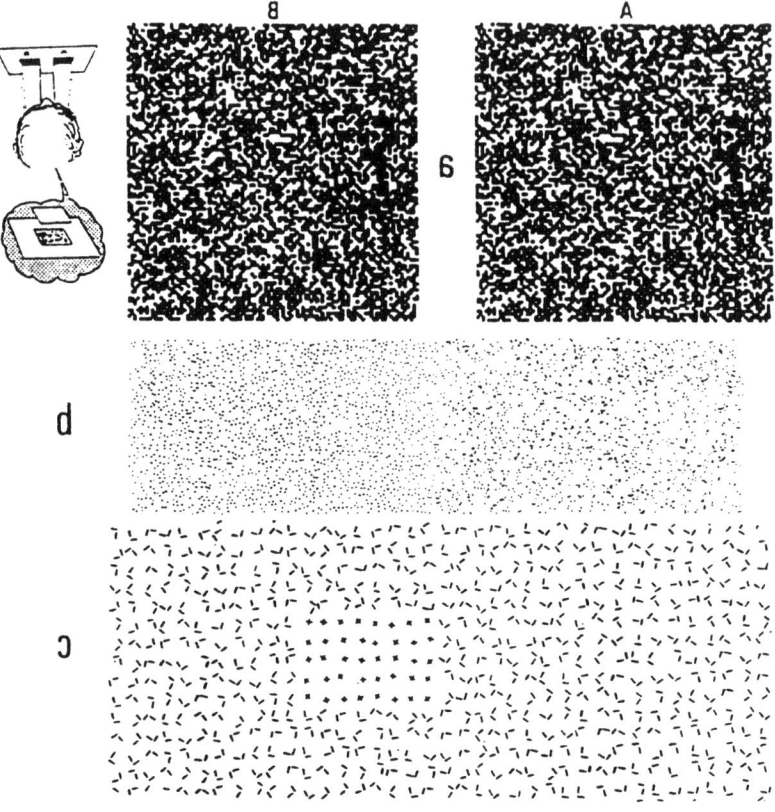

Figure 18. — En (a) Les stéréogrammes RDS de Julesz (1971) pour l'étude de la disparité binoculaire. En confectionnant deux lunettes sur le modèle de droite, on voit surgir, par fusion des deux textures, un carré central «flottant» au-dessus du fond. En (b) Les deux textures ont la même densité de 1er ordre (proportion blanc-noir, ou degré de gris) mais une probabilité conjointe de 2e ordre différente (la distance entre deux points contigus quelconques n'est pas distribuée de la même façon). En conséquence, elles sont immédiatement discriminables. En (c) la texture centrale a les mêmes propriétés de 1er et 2e ordre que celle du «fond» : mêmes éléments (petits traits), espacements, ou orientations, que le sondage porte sur un seul ou de deux traits quelconques. Mais la zone centrale ressort immédiatement du fond, en raison du *type de jonction* des éléments (Texton de croisement) qui la rend différenciable par le système «préperceptif» parallèle (tous les éléments sont analysés simultanément). Par contre, dans le coin supérieur gauche, les «T» sont «cachés» parmi les «L» de la texture de fond. Il faut un effort de recherche pas à pas pour les découvrir : c'est la «vision attentive». Données redessinées d'après les travaux de Julesz.

rer, alors qu'ici encore *aucune structure n'est présente*? Le problème présente un aspect stratégique. Si l'ensemble du champ visuel est constitué d'une texture uniforme, on est en situation de «Ganzfeld». Mais si l'on perçoit la trame différente d'une zone précise, on est en présence d'une relation figure-fond. Il devient alors possible de considérer la détection de la plupart des surfaces comme la discrimination d'une texture régionale et l'objet comme une conjonction de plusieurs d'entre elles. On a vu le rôle que Gibson attribuait à la disposition tridimensionnelle des surfaces texturées et aux variations de leur densité granulométrique dans la structure perspective de l'image.

Mais il n'est pas si facile de traduire le hasard en image. Les textures utilisées sont des panneaux d'éléments disposés aléatoirement selon des règles d'égalisation probabiliste sophistiquées (modèles de Markov). On ne peut en effet se contenter de balayer le tableau rangée par rangée, en tirant simplement au hasard l'état de chaque point dans un répertoire d'éléments (blanc, noir, tiret orienté, etc.). La génération aléatoire doit porter simultanément sur les deux dimensions de la surface pour que les critères stochastiques soient satisfaits *indépendamment de la position des éléments*. Une fois l'image construite, un sondage de vérification illustre les notions fondamentales de «statistiques de premier, deuxième et nième ordre». Si l'on prélève *un élément* à la fois, le seul inventaire possible est celui de la densité relative globale (proportion état n° 1/ état n° 2 de l'élément) qui, dans le cas d'éléments blanc/ noir, traduira la luminance de la texture (statistique de premier ordre). Mais si le sondage porte sur la combinaison *d'une paire*, échantillonnée dans un rayon déterminé, cette probabilité conjointe, ou de deuxième ordre, nous renseignera maintenant sur la fréquence relative des différentes microconfigurations possibles (blanc-blanc, blanc-noir, noir-noir, par exemple). Julesz et ses associés ont d'abord montré que deux textures *dont les probabilités de deuxième ordre sont identiques (on démontre alors que celles de premier ordre le sont aussi) sont en règle générale indistinguables* et ce, pour un vaste éventail d'éléments constitutifs. Par contre celles qui sont identiques en premier ordre, mais différentes en second ordre sont bien discriminées. Dans la Figure 18b, la fréquence des points noirs par unité de surface est la même (premier ordre) pour les deux textures, mais non l'écartement relatif de deux points quelconques (deuxième ordre).

Mais les auteurs ont trouvé des exceptions remarquables à cette règle. Dans la Figure 18c, une texture composée d'éléments de type «+» est incluse dans une autre composée d'éléments formant une sorte de «L». Elle est immédiatement discriminée, bien que les deux ensembles soient identiques en premier et deuxième ordre. Le caractère «croisement» des petits traits possède une saillance particulière qui le fait échapper au principe d'homotypie statistique évoqué plus haut. La théorie des «textons» (Julesz, 1981a; Julesz, 1981b; Julesz et Bergen, 1983) fait l'inventaire de ces propriétés topologiques locales des éléments qui rendent une texture aléatoire immédiatement discriminable. Les textons sont des «conjonctions spéciales», pour lesquelles il faut postuler des détecteurs particuliers. Ils concernent toujours (a) des éléments d'aspect allongé (petit trait), pour lesquels (b) la terminaison et la présence d'un croisement constituent des différenciateurs extrêmement importants. (Julesz, 1980).

Un troisième résultat important est illustré sur la Figure 18c. Dans la partie gauche de celle-ci sont disséminés quelques éléments en forme de «T» qui, à la différence des «croix», ne sont pas perceptibles d'emblée. Il faut, pour les trouver, un effort de scrutation («*scrutiny*») sériel, élément par élément. En variant simplement la composition du panneau et la durée d'exposition nécessaire à la détection, Julesz et Bergen (1983) estiment que cette recherche de l'élément «T» procède par pas d'environ 50 msec au sein de la zone fovéale et en l'absence de mouvements oculaires. Ce processus de *vision attentive* est radicalement différent de la discrimination instantanée des deux textures précédentes associées en figure-fond. Cette dernière opération est réalisée par *la vision préattentive*, qui traite rapidement en parallèle tous les éléments d'un large champ visuel. Immédiatement sensible aux propriétés topologiques des textons, ce mécanisme établirait leur densité régionale pour piloter la vision focale, seule capable d'examiner l'objet éventuel. Puisque l'univers visuel change constamment, il est probable qu'une perturbation de cette fonction directrice de la vision globale ferait de nous des aveugles. Dans la théorie de Julesz, on a typiquement une organisation en deux étapes de la perception visuelle. La première, automatique et parallèle, s'apparente aux processus étudiés par les gestaltistes. Elle en diffère toutefois par sa perspective élémentariste basée sur un principe d'information. «*Nous croyons*, écrivent Julesz et Schumer (1981, p. 576), *que la marque fondamentale des sciences matures est leur capacité d'identifier leurs éléments de base (atomes, quarks, gènes, phonèmes) et d'expliquer leurs phénomènes comme l'interaction de ces éléments.*»

INTELLIGENCE ARTIFICIELLE ET VISION PAR ORDINATEUR : SYNTHÈSES ET SPÉCULATIONS

Si l'on parvient à spécifier aussi précisément le processus visuel, il est tentant d'essayer de construire des «machines voyantes». La *Vision par ordinateur* est un terme général qui fait référence aussi bien aux systèmes d'analyse automatique d'images utilisables dans l'industrie, qu'aux tentatives de modélisation des données psychophysiques et physiologiques dans une approche fonctionnelle globale de la perception. Cette seconde démarche, très ambitieuse, est apparue progressivement au cours des années soixante, à la suite de nombreux essais d'identification de «patterns», ou des lettres, par des techniques de densité statistique. Les premières analyses d'images complexes ou d'objets tridimensionnels mirent alors en évidence un fait majeur, mais jugé à l'époque surprenant : *l'énorme quantité de calculs* nécessaire à des processus simples tels que la définition d'un contour ou la segmentation de l'image en zones pertinentes (un personnage, un objet, etc.). La complexité insoupçonnée de la «vision précoce» exigeait donc une réflexion méthodologique et stratégique, car le choix et l'optimisation des procédures semblait conditionner toute l'entreprise.

«*VISION*» *DE D. MARR*. — Cette réflexion, explique l'influence du livre de David Marr (*Vision*, 1982), basé sur l'idée d'une pluralité de niveaux de l'explication fonctionnelle. «*Il n'est presque jamais possible*, écrit l'auteur (p. 19), *de comprendre un système complexe de quelque type que ce soit par la simple extrapolation de ses propriétés élémentaires.*» La vision est à l'évidence un processus complexe, qu'il faut par conséquent diviser en autant de problèmes spécifiques (reconnaître des contours, des surfaces, des formes, des volumes et des objets). Cas par cas, on définit donc des règles de calcul, ou algorithmes, susceptibles d'être compilées dans un langage informatique. Le programme fonctionnant ensuite sur un ordinateur permet de vérifier les performances du dispositif. Mais l'étape réellement décisive est celle de la «théorie du calcul» («*computational theory*») qui doit rendre parfaitement explicite une «opération perceptive», avec ses données initiales et ses principes de transformation. En outre, la cohérence générale de ces processus spécialisés pose un problème d'architecture qui exige une démarche spécifique. Marr propose trois étapes successives, ou si l'on préfère, trois niveaux hiérarchiques de traitement.

a) *L'ESQUISSE PRIMAIRE* («*Primal Sketch*») est le résumé de toutes les caractéristiques de l'image plane qu'on peut extraire des données photométriques, traduisant celle-ci en valeurs numériques. Les «primitives», ou données brutes, de cette description sont fournies par les «passages à zéro» de la dérivée mathématique de l'image. Plus explicitement, la répartition physique de la lumière sur la rétine est formalisée comme une «fonction spatiale de luminance» qu'on se représentera intuitivement comme un volume, ou une carte topographique dont les altitudes (les lignes de niveau) traduiraient l'intensité lumineuse. La dérivation est un procédé sensible à la pente locale des changements : les transitions abruptes du blanc et noir seront donc intégralement décalquées par ce traitement. Son intérêt est de s'appliquer à des copies *plus ou moins filtrées en fréquence spatiale* de cette fonction-image. En conservant seulement les fréquences basses (l'image vue par un myope), on restitue la structure générale, avec les fréquences élevées les détails les plus fins. (Cet appel à des procédés de filtrage et de dérivation est validé par de nombreuses données psychophysiques et physiologiques.) Le résultat final est un catalogue de signaux symboliques («*tokens*»), isolant des taches, lignes, bords et contours, c'est-à-dire des *continuités et discontinuités* qui aideront ensuite à la ségrégation des parties signifiantes de l'image.

b) *L'ESQUISSE EN «DEUX DIMENSIONS ET DEMIE»* («*2D 1/2 Sketch*»), consiste à généraliser ce système de descriptions dans le domaine de la vision en relief. Son but n'est pas de traduire intégralement le monde visuel et sa profondeur. Il se limite à l'identification des surfaces, de leur courbure et de leur orientation, car celles-ci (comme chez Gibson) sont la base de la définition des objets. Cette identification repose d'abord sur la détection de l'inclinaison des plans dans l'espace (relativement à l'observateur et à la source lumineuse) à partir de l'intensité réfléchie, mais aussi sur la modélisation des mécanismes de fusion stéréoscopique. Dans ce dernier cas, il faut trouver la meilleure correspondance possible entre les deux images monoculaires. Les dispositifs proposés par Marr et Poggio (1976, puis 1979) effectuent entre elles une corrélation ligne par ligne à différents niveaux successifs de filtrage en fréquence spatiale. (Les images floues et dépourvues de détails sont plus faciles à apparier.)

c) *LA «MODELISATION TRIDIMENSIONNELLE»* («*3D Model*»), est le seul étage réellement perceptif du système. L'idée de base est de déterminer des «primitives volumétriques» à partir des surfaces repérées à l'étape précédente. La reconstitution des objets est ensuite traitée comme une combinaison de ces éléments simples, et illustrée pédagogiquement comme ces jeux de construction, composés de blocs de bois qu'un enfant empile pour faire un bonhomme ou une maison. Le cylindre est un volume privilégié, car il peut schématiser des formes complexes. (Si le diamètre de la section varie sur sa longueur, on peut par exemple obtenir un vase, ou une jambe.) Mais les règles de calcul réellement critiques concernent l'accrochage de ces éléments entre eux. Un quadrupède est défini comme un cylindre horizontal figurant le tronc, auquel s'attacheront des pattes et une tête. Des proportions différentes permettent d'identifier des stéréotypes variés : la girafe par son long cou, le singe par ses longs bras. Or ces animaux de Marr réintroduisent de très anciens problèmes. Leurs formes ne sont pas perçues d'emblée comme des configurations originales, mais comme des assemblages, reconnus grâce à des modèles de connexions préalables. En d'autres termes, le décryptage et la catégorisation de l'objet ne sont pas déduits de ses propriétés intrinsèques, mais basés sur l'addition d'un savoir spécialisé. Curieusement, cette logique est celle des thèses empiristes.

MODELES «CONNEXIONNISTES» PARALLELES ET CATEGORISATION SYMBOLIQUE. — Le raisonnement de Marr est celui d'une hiérarchie sérielle des traitements, dans laquelle les étapes «2D 1/2» et «3D» dépendent chacune de la conclusion des opérations précédentes. Or malgré leur énorme complexité, ces processus visuels précoces sont menés à bien par notre système nerveux en moins de 200 msec, ce qui correspond à une cinétique neuronale d'environ une centaine de «pas de traitement». C'est là une différence criante avec les milliards de cycles d'instructions d'ordinateur qu'exigent les algorithmes supposés équivalents. Même si certaines cellules nerveuses sont individuellement capables d'opérations très complexes, il est pratiquement certain que l'efficacité du système s'explique surtout par le parallélisme massif de son câblage. Or les machines actuelles sont toujours tributaires de l'architecture séquentielle de von Neumann.

On étudie donc le fonctionnement conjoint de multiples opérateurs spécifiques, d'après des principes de coopération ou de concurrence (Hinton et Anderson, Eds, 1981; Ballard et Brown, 1982; Ballard, Hinton et Sejnowski, 1983; Brown, 1984; Feldman, 1985). Il s'agit d'extraire simultanément toutes les informations possibles jusqu'à un niveau comparable à celui de la représentation «2D 1/2» de Marr. Ce niveau est celui de la définition finale des contours, surfaces, textures, couleurs, etc., c'est-à-dire de tout ce qui précède et conditionne la reconnaissance des objets. De bons exemples de ces dispositifs, basés sur un principe de *corrélation monoparamétrique*, sont fournis par le modèle de disparité binoculaire de Marr et Poggio (1979) et par l'algorithme de Hough (1962). Ce dernier analyse des segments de contour, en leur ajustant une droite hypothétique dont la pente est ensuite portée sur un graphique de régression, en fonction d'un indice de position géométrique. L'intérêt de cette formalisation consiste à provoquer le regroupement des données par familles (nuages de points), déterminées par les caractéristiques angulaires ou topologiques de l'image (colinéarité et continuité, parallélisme, othogonalité). On peut donc détecter les discontinuités et établir les aspects essentiels de la forme de l'objet. Sur des principes similaires, d'autres auteurs ont également proposé des analyses de la réflectance, de la texture ou de la couleur des surfaces. Tous ces résultats sont finalement codés sous formes d'«unités» qui sont autant d'hypothèses sur l'existence d'un élément constitutif de la scène. (Chacune implique l'existence d'un module de traitement, ou d'une compétence d'identification particulière.) A ces «unités» sont associées des valeurs numériques qui indiquent leur probabilité, ou leur poids, et qui sont réunies ensuite dans un tableau général résumant le savoir de la machine sur l'image d'origine. D'étape en étape, les unités définissent des aspects de plus en plus globaux et l'on constitue des représentations de plus en plus symboliques ou abstraites des données initiales. L'objet est finalement défini comme une configuration particulière de ces codes catégoriels.

Dans ce type de modélisation, les niveaux de récapitulation successifs n'ont pas exactement le sens d'une «étape de traitement» nécessairement achevée pour entreprendre les calculs suivants. Ils traduisent surtout la concurrence entre processus hétérogènes et constituent des grilles de sélection de l'information pertinente. Dans cet esprit, Jerome Feldman a proposé (1985) par exemple une architecture à quatre niveaux de représentation de l'information visuelle : (a) rétinotopique, (b) en coordonnées centrées sur le sujet, (c) lié aux objets et (d) établissant des relations avec les situations et les buts. Les deux premiers étages de ce système sont liés par les mouvements oculaires qui positionnent la grille d'analyse rétinotopique sur la région de la représentation stable correspondant à la partie du monde réel visé par la fovéa. En conséquence, l'auteur postule deux modes fondamentaux du fonctionnement visuel : *le mode d'«enregistrement»*, où l'information transite du cadre (a) vers le cadre (b), et le mode *«de poursuite»*, correspondant à la préparation d'une saccade.

PERCEPTION ET ATTENTION :
STADES ET ARCHITECTURE DES PROCESSUS

Les Gestaltistes rejetaient simultanément la conception empiriste de la perception, la théorie des associations et l'effet intégrateur de l'attention car toutes ces notions ne s'imposaient qu'à partir de la nécessité de combiner entre elles les soi-disant sensations élémentaires. En niant l'existence de celles-ci au profit d'une structuration spontanée du champ, ils n'avaient donc plus besoin d'expliquer la perception par l'attention ou par l'intervention spéculative de la mémoire et d'une connaissance préalable du monde externe. Ils favorisaient donc une interprétation plus nativiste, où la perception devenait moins «consciente» et plus «sensorielle» et introduisaient les théories modernes qui interposent plusieurs niveaux de traitement entre les organes des sens et la cognition.

Les travaux actuels renouent cependant avec l'élémentarisme (les textons, les conjonctions d'éléments, etc.) dans l'analyse d'une «vision précoce» composée de processus automatiques (inaccessibles au sujet) effectués en parallèle sur la totalité de l'image. Ces mécanismes *préconscients* de la perception sont «*si fondamentaux et surviennent si tôt dans la chaîne des traitements d'information que, de part leur nature intime, aucun effort interne (d'introspection) ne pourrait révéler leur action*» (Julesz, 1985). Par tous ces aspects ils s'opposent spécialement à *l'attention visuelle*, qui opère par focalisations successives, position par position, élément par élément (Figure 18c). Dans la théorie de Julesz comme dans celle de Treisman et Gelade (1980), cet effort — éventuellement pénible — d'exploration pas à pas de l'image est le seul moyen d'identifier les conjonctions «non naturelles», c'est-à-dire non prévues au départ par le système préperceptif[3].

Cette dichotomie entre « vision préattentive » et « vision attentive » pose un problème de modèle, ou d'architecture. On peut concevoir l'échelonnement séquentiel de deux étapes d'opérations, où les processus de focalisation et de sélection d'un « objet pertinent » (signification) suivraient la mise en forme automatique des données du champ visuel. Mais ceci suppose la passivité d'un observateur dont la perception dépend exclusivement du stimulus. Ce postulat est généralement incorrect, car la « vision active » est la règle et implique l'existence de processus *descendants* (« *top-down* ») « contrôlés » par le sujet (voir Chapitre 2). Ainsi, la « scrutation » proposée par Julesz impose un effort et une initiative de l'observateur. On s'aperçoit facilement dans la Figure 18c, que la recherche d'un trait aussi discret que la différence entre « T » et « L » exige l'intervention d'un critère intentionnel. Ces objets spécialement bien camouflés ne pourraient être reconnus sans un modèle interne, ou une règle de combinaison d'éléments, *antérieur* à l'apparition du stimulus. Mais comme l'existence de mécanismes ascendants est évidemment hors de doute, l'idée apparaît d'un *cycle perceptif*, organisé comme une boucle où alterneraient successivement des informations ascendantes et descendantes qui s'influencent mutuellement. On note à l'appui, que l'enregistrement du monde visuel est un phénomène *discontinu et itératif*, fragmenté en échantillons (informations ascendantes) séparés par les mouvements oculaires (commandés par des ordres centraux). Or la « vision attentive » de Julesz reproduit sans doute ce processus sans déplacement du regard. Il est donc possible de concevoir les mécanismes « préperceptifs » comme des procédures, ou des sous-programmes insérés dans le cycle plus général de la vision active. Celle-ci répondrait alors à l'opinion de W. James (1929, p. 307) selon laquelle « *nous ne percevons d'ordinaire que ce que nous préprecevons* », et que « *nous ne préprecevons que ce que l'on nous a étiqueté et dont nous gardons les étiquettes imprimées dans notre esprit* ».

II. ÉVOLUTION DE NOS CONNAISSANCES SUR LE SYSTÈME VISUEL

Les théories psychologiques de la perception dépendent-elles des données physiologiques sur le codage nerveux des dimensions du stimulus ? Ou bien doit-on soutenir, à l'inverse, que ces compétences neuronales ne sont identifiables qu'avec un « stimulus efficace » nécessairement défini à partir d'une vision fonctionnelle globale ? Julesz et Schumer (1981, p. 578, *citant Uttal* : « *La sotte époque psychobiologique — ou — ce qui arrive lorsque les données neurophysiologiques deviennent des théories psychologiques»*...) semblent prendre ce dernier parti-pris, tandis que les promoteurs de la «vision par ordinateur» soutiennent évidement le premier point de vue. Considérées chacune avec tolérance, les deux perspectives paraissent pourtant très complémentaires. Mais il n'en est pas moins vrai que les progrès récents de l'anatomie et de la physiologie de la vision doivent être intégrés à la théorie perceptive et qu'ils suscitent, d'ailleurs, de nombreuses spéculations et modélisations fonctionnelles. En outre, l'évolution de nos connaissances sur le système visuel des Primates fait maintenant partie de la culture scientifique générale, car elle a contribué à remodeler notablement ce qui était autrefois communément admis comme plan d'organisation du cortex. Pour approfondir les notions anatomiques que nous évoquerons rapidement, le lecteur intéressé pourra se reporter à des revues didactiques (Bullier, 1983; Zeki, 1990), ou spécialisées (Zeki, 1978 a,b; Allman, Baker, Newsome et Petersen, 1981; Cowey, 1981; Van Essen et Maunsell, 1983; Gattass, Sousa et Covey, 1985; Maunsell et Newsome, 1987; Zeki et Shipp, 1988; Andersen, 1989).

A l'origine des conceptions anciennes, on trouve les tentatives de localisation des fonctions, qui, au début de ce siècle, avaient illustré les noms de Flechsig, Brodmann, et Campbell. Ces schémas, fortement imprégnés des idées de «centres» et de «voies», conduisirent à une division tripartite du cortex en aires sensorielles, associatives et motrices. Sur le versant afférent, chaque modalité sensorielle était associée à une aire de *projection primaire* constituant le point d'aboutissement d'un système *spécifique*. Parmi les autres régions corticales, celles qui n'avaient pas été identifiées comme motrices par lésion ou stimulation, étaient définies comme «associatives». On les considérait comme le siège des fonctions supérieures et comme responsables de l'intégration par convergence des différents messages sensoriels dans la perception. Une telle organisation s'accordait bien avec la labilité des effets sensoriels des lésions respectant les aires primaires. Mais elle répondait également à la vieille idée associationniste et empiriste d'une perception faite d'une somme de sensations élémentaires liées par la mémoire des expériences antérieures. Lorsque par la suite, le Behaviorisme remplaça le concept général d'associations par le modèle pavlovien, ce schéma restait cohérent avec la notion d'apprentissages établis par renforcement de connexions stimulus-réponses. A la succession temporelle des événements concernant d'abord l'enregistrement du stimulus, puis le frayage mnésique d'une connexion avec la réponse et enfin l'activation de la commande effectrice, correspondait presque terme à terme la contiguïté anatomique des aires sensorielles, associatives et motrices.

Dans ce cadre général, la fonction visuelle était donc, pour l'essentiel, clairement localisée dans le système géniculo-strié. Après le cortex occipital, les transformations associatives de l'information visuelle semblaient s'effectuer au cours de leur transit dans la *ceinture pré-striée*, avant l'accès aux aires temporales et inférotemporales. Ainsi, en 1942, von Bonin, Garol et McCulloch, après injection de strychnine dans le cortex occipital du Singe, observaient des pointes EEG dans les régions pré-striées. Lorsque celles-ci étaient injectées à leur tour, les activités pathologiques apparaissaient dans le cortex inféro-temporal.

ORGANISATION ANATOMIQUE DES AIRES VISUELLES CORTICALES

Ce schéma séquentiel du mécanisme sensoriel, encore admis voici une vingtaine d'années, a été remis en question par la démonstration de mutiples «cartes» visuelles recouvrant plus ou moins totalement les régions associatives. Cragg et Ainsworth (1969), puis Zeki (1969, 1971) et Allman et Kaas (1971 a,b, 1976), ont décrit plusieurs représentations complètes du champ rétinien dans les aires préstriées du macaque rhesus et du singe à lunettes (celui-ci, ou «*owl monkey*», présente l'avantage d'être lissencéphale, ce qui facilite les explorations). Cette notion d'une pluralité d'aires visuelles était une idée nouvelle qui devait entraîner progressivement un bouleversement radical de nos conceptions concernant d'abord la vision, puis l'organisation corticale en général. Le tournant peut être situé en 1978, lorsque Zeki (1978 a,b), faisant l'inventaire des récentes découvertes, généralisa le constat — tiré de ses propres observations — d'une séparation fonctionnelle et anatomique entre l'«aire du mouvement» (V5-MT, Zeki, 1974) et l'«aire de la couleur» (V4, Zeki, 1977). Il proposa que l'information visuelle n'était pas transmise de façon sérielle du cortex occipital au cortex préstrié, mais se voyait plutôt distribuée à plusieurs régions spécifiques, analysant chacune en parallèle un aspect particulier de l'image. Les efférences de ces aires spécialisées convergeraient ensuite vers le cortex inférotemporal, ou vers le cortex pariétal, où s'effectuerait la synthèse finale. Ce modèle a été globalement confirmé et précisé ensuite. Dans un bilan récent, Maunsell et Newsome (1987) mentionnent 18 aires visuelles post-striées, c'est-à-dire situées en aval de l'aire occipitale.

La Figure 19, établie d'après Gattass, Sousa et Covey (1985), Ungerleider (1985) et Cowey (1985a), schématise la position des aires visuelles les mieux connues actuellement chez le macaque, ainsi que les grandes

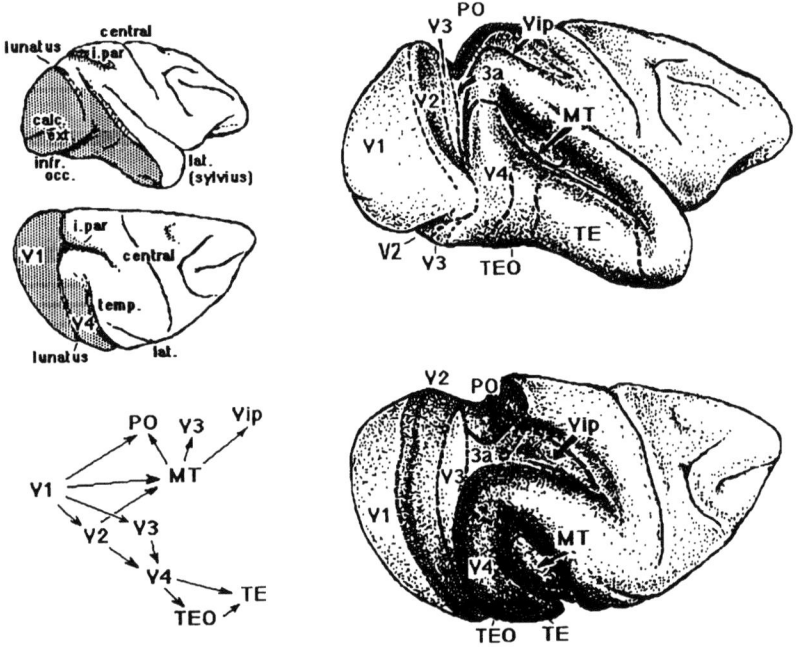

Figure 19. — Disposition générale des aires corticales visuelles chez le Macaque. En haut à gauche, l'aspect normal du cerveau en vue latérale et supérieure avec les principaux sillons et les aires visibles extérieurement (régions visuelles en grisé). Au centre, les structures enfouies dans les sillons pariétal et temporal sont montrées en écartant ceux-ci largement. En bas à gauche sont résumées les principales connexions anatomiques, mais non les récurrences. La terminologie V1, V2, V3, V4, due à Zeki, souligne que l'aire striée (V1) est le point de départ d'une série de transformations de l'information visuelle et non seulement l'aboutissement d'un système de projection.

lignes de leurs interconnexions. Ces structures étant majoritairement enfouies dans la profondeur des sillons lunatus, temporal et pariétal, ceux-ci doivent être dessinés ouverts, ce qui ne correspond pas à l'image familière du cerveau de cet animal. Néanmoins, l'importance de la surface corticale consacrée à la vision chez cette espèce (près de 60 % de l'ensemble), apparaît nettement. Le schéma (très simplifié) des principales interconnexions entre ces différentes aires, présente l'aspect d'un « Y » couché horizontalement, dont la petite branche supérieure se termine dans l'aire pariétale PG (von Bonin et Bailey, 1947) et dont la branche inférieure atteint le cortex inférotemporal.

Une aire peut être identifiée par différents critères. Le premier concerne (a) l'existence d'une représentation rétinotopique particulière, démontrée par l'exploration topographique sur l'animal anesthésié. Mais on s'appuie également sur (b) les projections anatomiques ou (c) les particularités architectoniques, ou encore sur (d) l'effet comportemental des lésions. Dans un nombre de cas encore limité enfin, l'enregistrement unitaire sur l'animal vigile a fourni des observations irremplaçables. Il est vrai cependant, que toutes les propriétés de ces nouvelles aires corticales sont encore loin d'être complètement inventoriées (Van Essen, 1985). En revanche leur délimitation peut être considérée comme mieux établie, grâce au perfectionnement des techniques de traçage anatomique. La connectivité laminaire montre en effet que les projections «montantes» sont généralement originaires des couches superficielles (2 et 3) du tissu cortical et se terminent à un niveau intermédiaire de celui-ci (la couche 4). Par contre, les connexions récurrentes (ou «descendantes») et latérales (ou «horizontales») prennent pour point de départ et d'arrivée les couches superficielles ou profondes, mais *évitent systématiquement la couche 4* (Rockland et Pandya, 1979; Tigges, Tigges, Anschel, Cross, Letbetter et McBride, 1981; Maunsell et Van Essen, 1983c). A partir de ces seules données, on peut donc tracer un organigramme qui, même incomplet, reflète trois principes importants : (*a*) *une organisation hiérarchique* qui dessine le courant des transformations de l'information visuelle, (*b*) *le fonctionnement parallèle de plusieurs sous-systèmes*, ou canaux de traitement spécifiques, enfin (*c*) l'existence, à l'intérieur de ces derniers, de nombreuses *interactions* latérales ou de *récurrences* systématiques. Une région de niveau supérieur peut contrôler les afférences qu'elle reçoit et de nombreuses connexions «horizontales» existent aussi bien à l'intérieur de ces canaux de traitement, qu'entre les deux grandes branches pariétales et inférotemporales du système (Neal, Pearson et Powell, 1987, 1988 a,b). Parallélisme n'est pas cloisonnement.

ANALYSE SEPAREE DES OBJETS ET DES POSITIONS SPATIALES.
— On admet actuellement (voir Mishkin, Ungerleider et Macko, 1983; Ungerleider, 1985) que la division en deux branches du système d'aires visuelles corticales recouvre une dichotomie fonctionnelle entre les opérations de discrimination et de reconnaissance des objets statiques, des formes et des couleurs d'une part (voie inférotemporale), du mouvement et des relations spatiales d'autre part (voie médiotemporale — MT — et pariétale). Cette idée s'appuie d'abord sur des études comportementales de discrimination d'objets, montrant des pertubations dramatiques après lésion inférotemporale (aire TE), et permettant de dissocier ce syndrôme de l'effet des lésions pariétales. La première atteinte est spécialement

efficace lorsque les singes doivent distinguer un objet nouveau d'un objet familier, la seconde lorsqu'ils doivent trouver la bonne cachette de récompense d'après la contiguité d'une «marque» indicatrice — cylindre de bois par exemple (Pohl, 1973; Ungerleider et Mishkin, 1982). Ainsi l'intégration des traits distinctifs des objets (forme, couleur, texture, taille, éclairement ou orientation) exige l'intégrité du système inférotemporal (voir Dean, 1976), mais non des structures de la voie pariétale, indispensables par contre pour apprécier correctement les relations de proximité.

On notera que cette dissociation majeure recoupe également des données de la clinique humaine. A partir d'une certaine étendue, les deux types de lésions ont des conséquences dramatiques. Mais les destructions pariétales sont associées au syndrôme d'«*héminégligence*» (qui sera évoqué au Chapitre suivant), alors que les atteintes temporales conduisent à un tableau différent, qualifié de «cécité psychique». Celle-ci peut être cependant très spécifique, avec l'impossibilité de reconnaître les visages (*prosopagnosia*, voir Hécaen, 1981). Or chez le Singe, les enregistrements unitaires dans les aires inférotemporales ont permis l'observation spectaculaire de cellules qui reconnaissent exclusivement ce type de stimulus visuel complexe : figure humaine ou simienne, mains, objets familiers (Perrett, Rolls et Caan, 1982; Desimone, Albright, Gross et Bruce, 1984). De tels neurones se sont peut-être spécialisés en raison de l'importance que prennent, pour ces animaux sociaux, les expressions faciales d'agression et de soumission. Ils révèlent en tous cas l'acuité des capacités discriminatives de l'aire inférotemporale.

Les cellules de cette région possèdent des propriétés physiologiques particulières. Elles répondent préférentiellement (Gross, Rocha-Miranda et Bender, 1972; Desimone et Gross, 1979) à des stimulus complexes, présentés en n'importe quel point d'une vaste zone du champ visuel. On dit qu'elles ont un *champ récepteur* de grande taille (il englobe généralement la région fovéale). En conséquence, elles restent activées par le stimulus malgré les petits mouvements oculaires qui accompagnent l'examen d'un objet, et qui déplacent la «photographie rétinienne» du monde extérieur. Mais l'information spatiale est perdue, puisqu'elle est normalement codée par l'activation, dans une carte *rétinotopique*, d'un groupe de neurones en correspondance avec une région particulière de l'espace externe. L'aire inférotemporale étant dépourvue de rétinotopie, l'analyse des positions doit être réalisée par un autre système.

> La géométrie du champ visuel représenté dans les différentes aires visuelles est cohérente avec ce principe de spécialisation. Dans V1, première station corticale des traitements visuels, le champ rétinien (environ 120°) est reproduit intégralement, avec une

dilatation de la zone centrale, et la majorité des cellules qui répondent à la couleur sont groupées dans cette zone, tandis que la proportion d'unités sensibles à l'orientation et au mouvement augmente avec l'excentricité périphérique. Dans la branche inférotemporale, cette représentation se réduit progressivement dans V2 (80°), puis dans V3 (40°) et dans V4 (20-25°), tandis que les propriétés physiologiques des neurones évoquent directement celles de la vision fovéale. Celle-ci par exemple, est le cadre de la perception des couleurs, et V4 contient, uniformément réparties, la plus forte proportion d'unités sensibles à ce paramètre. A l'inverse, ce type de codage est absent dans V5-MT, relai essentiel de la voie pariétale, où le champ visuel représenté reste large (90°) et où tous les neurones répondent à des directions et à des vitesses de mouvement bien spécifiques. Cette dernière structure prend donc en charge, sur l'ensemble du champ, des fonctions caractéristiques de la vision périphérique. Mais l'importance de V5-MT pour le sous-système pariétal est conforme à l'idée que l'analyse des paramètres du mouvement contribue à l'analyse de la dimension spatiale (on se souvient des «gradients de mouvement» invoqués par Gibson[4] — Cf. Figure 16, p. 118). Ainsi, la ségrégation anatomique des modules de traitement de la couleur et de la forme d'une part, et du mouvement d'autre part, correspond bien à une différenciation de la sensibilité aux traits locaux (identification des objets en vision centrale) ou globaux (structure, disposition) de l'image.

CODAGES DE L'INFORMATION VISUELLE

Notre compréhension du système visuel repose surtout sur la généralisation des méthodes électrophysiologiques inaugurées par Kuffler (1953) dans le ganglion rétinien, et exploitées ensuite par Hubel et Wiesel au niveau thalamique (noyau Géniculé Latéral) et cortical. L'utilisation systématique de l'enregistrement unitaire en conjonction avec une définition précise du stimulus efficace a en effet dégagé les concepts de codage élémentaire et de champ récepteur. Ce dernier n'est que la traduction au niveau d'une cellule nerveuse du principe rétinotopique puisque, dans chaque structure, les neurones ne sont sensibles qu'à une région déterminée de l'espace visuel. La taille du champ récepteur est donc le «grain» de cette représentation neuronale, le diamètre de la «lunette» avec laquelle chaque cellule observe la partie du champ qui la concerne. Le grain le plus fin (souvent inférieur à un degré) se rencontre dans V1 et les plus gros dans les aires inférotemporales, mais dans la «lunette» des neurones, le stimulus efficace est élémentaire dans le premier cas et correspond à des figures complexes dans le second. La notion de champ récepteur *est donc associée à celle de stimulus spécifique.*

CODAGE DES LIGNES ET DU MOUVEMENT. — Au niveau rétinien, la zone sensible où le stimulus provoque la décharge cellulaire est un disque «ON» entouré d'une couronne d'effet inhibiteur «OFF» (l'inverse existe également). Mais dans le ganglion Géniculé latéral et surtout dans V1, le stimulus optimal est souvent allongé : une barrette lumineuse, ou un point mobile dans une certaine orientation. Ces cellules « simples », dans la terminologie de Hubel et Wiesel, seraient activées par la convergence d'une série de champs récepteurs périphériques, à la fois contigus et alignés sur la rétine selon l'inclinaison « préférée » (Hubel et Wiesel, 1962). Les propriétés des cellules corticales « complexes » et « hypercomplexes », qui sont beaucoup plus sélectives vis-à-vis de la longueur du stimulus et de la direction de son mouvement (axial, ou perpendiculaire à l'orientation codée), sont de la même façon expliquées par ce principe de convergence hiérarchique en cascade (cellules « simples » → cellules « complexes » → cellules « hypercomplexes »). Ce modèle, désormais classique (Hubel et Wiesel, 1977), est un modèle d'élaboration progressive des orientations, positions et longueur des contours par fragmentation de l'image. Mais dans le cortex visuel, tous ces neurones se regroupent verticalement en « colonnes d'orientation », à l'intérieur desquelles les préférences cellulaires sont identiques vis-à-vis de ce paramètre (Hubel et Wiesel, 1968, 1972). A l'intérieur de cet ensemble toutefois, l'activité des unités varie aussi avec le contraste de la barrette lumineuse — même convenablement orientée. Pour certains neurones, le stimulus optimal doit posséder une bordure nette lumière-obscurité que l'on décrit comme un spectre de « fréquences spatiales » comportant des valeurs élevées. Pour d'autres, il faudra une barrette plus « floue » (défocalisée optiquement) contenant typiquement des fréquences spatiales basses (voir Maffei, 1978, 1985).

Ainsi, dans le cortex visuel, l'inclinaison d'un stimulus allongé, la direction de son mouvement éventuel et sa fréquence spatiale constituent trois codes élémentaires associés dans les préférences d'un même type de neurone. Celui-ci pourra donc reconnaître la portion d'un contour traversant son champ récepteur, si cette ligne possède la bonne orientation et le bon contraste. Toute la gamme des colonnes d'orientation se trouve rassemblée au sein d'une même « unité rétinotopique », capable de décrire une région précise du champ visuel. Mais en réalité, cet ensemble est dédoublé, car les cellules réagissent préférentiellement à la stimulation de l'œil droit ou de l'œil gauche. On dit qu'il y a dominance oculaire. Les informations similaires, issues des deux yeux, sont donc représentées côte à côte par ces deux séries de colonnes spécifiques (Hubel et Wiesel, 1972, 1977; LeVay, Hubel et Wiesel, 1975). Cette disposition fournit l'information de base au calcul de la disparité binoculaire, nécessaire à la perception du relief et de la distance.

CODAGE DE LA COULEUR ET DE LA LUMINANCE. — Les informations sont élaborées dans la rétine, à partir de la stimulation lumineuse des cônes et des bâtonnets. Les bâtonnets, seuls représentés en périphérie, sont beaucoup plus sensibles que les cônes et sont donc seuls utilisés dans la pénombre. Les cônes, fonctionnels à partir d'un certain degré d'éclairement, peuvent être divisés en trois catégories d'après les propriétés de leur photopigment. Chacune d'entre elles répond à une large bande du spectre de lumière visible, mais possède aussi un maximum de sensibilité pour une région précise de ce spectre. Un type de cône répondra donc mieux aux courtes longueurs d'onde (le bleu), un autre répondra plus spécialement au vert, le troisième enfin, au rouge. En outre, la réponse des neurones qui transmettent l'activité de chaque type de cône est grossièrement proportionnelle à l'intensité lumineuse. De ce fait, une cellule ayant son maximum de sensibilité dans le bleu donnera exactement la même réponse à une stimulation plus intense provenant d'une lumière verte. Comment se fait-il donc, qu'à partir de ces trois sortes de récepteurs relativement peu sélectifs, nous soyons capables de percevoir des nuances aussi subtiles dans la teinte des objets visibles? Cette perception serait en effet impossible avec un seul type de récepteur. Mais les trois types sont représentés en chaque point de la topie rétinienne et la comparaison de leurs messages permet de définir simultanément la couleur et la luminosité du stimulus. Lorsqu'un signal fort, émis par un capteur de type « rouge », est mesuré par référence à une activité faible provenant des cônes « vert » et « bleu », la couleur rouge est perçue. De la même façon, un faible signal « bleu », comparé à une activité forte, mais égale, des canaux « vert » et « rouge », donnera une impression de jaune (la couleur intermédiaire entre vert et rouge). Cette opération est essentiellement une soustraction des signaux émis par les trois sortes de capteurs. L'opération inverse, c'est-à-dire l'addition de leurs activités fournit simultanément l'information de luminance. Mais ces opérations simples dans leur principe doivent être complétées pour prendre en compte les remarquables performances du système visuel en matière de «constance des couleurs[5]». Dans le cortex visuel, les cellules sensibles à la couleur et à la luminance constituent une catégorie distincte de celles qui répondent à l'orientation et au mouvement du stimulus. Elles ne semblent pourtant pas capables de restituer ces phénomènes de «constance», à l'inverse des neurones de V4 (Zeki, 1980).

EN RESUME, pour chaque point du champ visuel, V1 constitue une mini-banque de données décrivant la stimulation lumineuse. Ces canaux d'informations sont au nombre de six : couleur et luminance, fréquence spatiale (degré de contraste), dominance oculaire, orientation et mouvement. Les différentes dimensions du stimulus sont préférentiellement codées par des populations cellulaires spécifiques (Figure 20) dont la décharge sera maximale pour une certaine combinaison de paramètres.

Mais aucun type de neurone ne répond exclusivement à un seul de ces traits élémentaires.

SYSTÈMES PARVO-CELLULAIRE ET MAGNOCELLULAIRE

La Figure 20 illustre la disposition anatomique qui, dans V1, préside à cette organisation des différents canaux de codage. On avait déjà remarqué que les couches supérieures du cortex occipital présentent une activité métabolique importante après stimulation visuelle. En utilisant des colorations de la cytochrome oxydase (une enzyme mitochondriale) on fait apparaître, à la surface de V1, des séries de taches sombres qui marquent toute l'épaisseur des couches 2 et 3 (Wong-Riley, 1979; Hendrickson, 1985). Ces taches sont alignées perpendiculairement au sillon lunatus, c'est-à-dire à la frontière entre V1 et V2 (cette frontière correspond également à l'axe vertical médian d'un hémichamp visuel). Cette organisation se prolonge directement, à la surface de V2, par des bandes sombres disposées en alternances successives bande large — bande étroite. Cette description est importante, car elle recouvre une ségrégation de types cellulaires à la fois morphologique et fonctionnelle. Une double rangée de taches dans V1 se superpose en effet exactement à l'alignement des paires de colonnes de dominance oculaire qui réunissent donc côte à côte les informations visuelles codées par chaque rétine à partir d'un même point du champ visuel (Horton et Hubel, 1981; Humphrey et Hendrickson, 1983; Tootell, Silverman, de Valois et Jacobs, 1983). Dans chacun de ces modules rétinotopiques de V1, les cellules de petite taille (éléments *parvocellulaires*), à conduction lente, se regroupent dans la région superficielle des couches 2 et 3 et donnent naissance à deux systèmes distincts : Le premier, composé des neurones les plus sensibles à la couleur, émerge des «taches» et projette exclusivement sur les *bandes étroites* de V2 (Livingstone et Hubel, 1984). Ce canal est donc appelé *Parvocellulaire «taches»*. Le second regroupe les autres cellules de petite taille codant l'orientation du stimulus, ou la disparité binoculaire (relief et profondeur), et qui projettent exclusivement sur les *zones intermédiaires* non marquées de V2. C'est le système *Parvocellulaire «intertaches»* (Hubel et Livingstone, 1987).

Après ces découvertes, on s'est aperçu qu'il fallait distinguer, depuis la rétine les systèmes parvocellulaires du *système Magnocellulaire*, composé de grandes cellules à conduction rapide. Ces deux ensembles relaient dans des couches séparées du noyau Géniculé Latéral, pénètrent dans V1 par des couches différentes et sont ensuite dirigés vers des aires

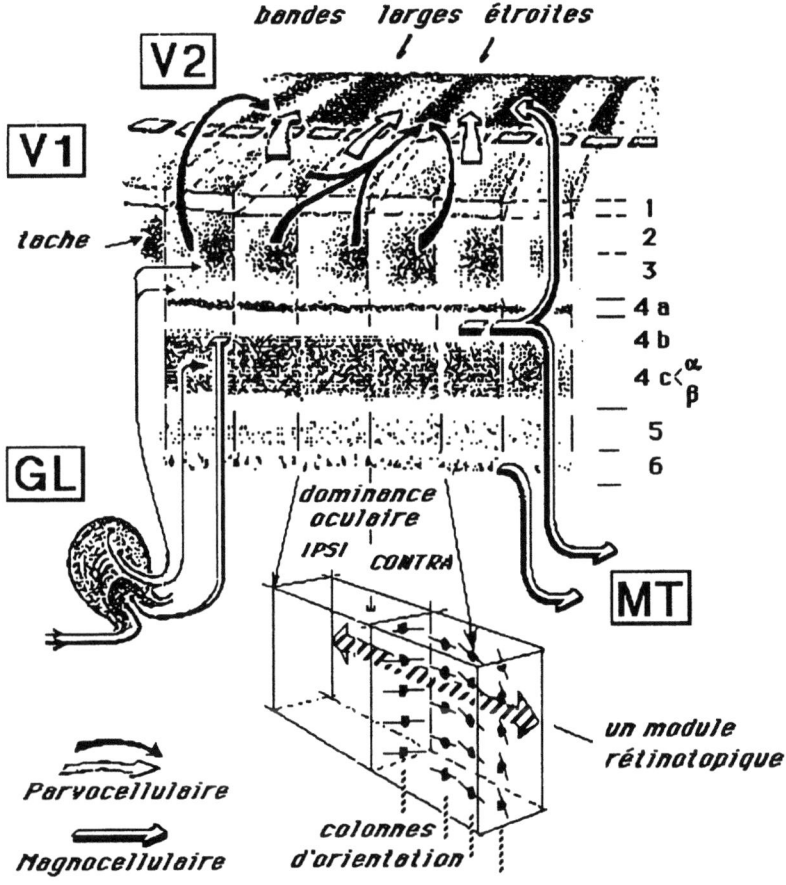

Figure 20. — Disposition anatomique de l'appareil de codage de V1. On a schématisé en bas un « module rétinotopique » qui comprend deux « super-colonnes » de dominance oculaire réunissant chacune les différents types de neurones de la classification de Hubel et Wiesel (1962, 1977) préférentiellement connectés à une seule rétine. Chacun de ces deux ensembles se subdivise en une série de « colonnes d'orientation », au sein desquelles les cellules possèdent une même sélectivité à l'orientation, mais pour toute la gamme des sensibilités aux fréquences spatiales. La coloration de la cytochrome oxydase se traduit par la teinte sombre des couches 4a et 4c, mais surtout par des alignements de « taches » discontinues, dans les couches superficielles 2 et 3. Cette disposition perpendiculaire à la frontière entre V1 et V2 correspond d'une part aux super-colonnes de dominance oculaire de V1 et d'autre part à des « bandes » alternativement larges et étroites dans V2. Noter la ségrégation des afférences parvo et magnocellulaires, provenant du ganglion géniculé latéral (GL), et des efférences : le système Parvocellulaire donne naissance aux systèmes « taches » (codant la couleur) et « inter-taches », le système Magnocellulaire se dirige vers V5-MT.

post-striées distinctes. Le système *Magnocellulaire* n'est pas représenté dans les couches superficielles de V1, il projette simultanément vers V5-MT, et vers les *bandes larges* à la surface de V2 (Livingstone et Hubel, 1987a ; Maunsell et Van Essen, 1983c ; Ungerleider et Desimone, 1986). Ce système prend en charge l'essentiel des signaux de direction et de vitesse du mouvement, conjointement à l'orientation du stimulus. Ses cellules sont globalement sensibles à la luminance et très réactives à la disparité interoculaire, mais non aux détails à très haute résolution et jamais à la couleur.

EN RESUME, trois canaux d'information parallèles caractérisent les efférences de V1. (*a*) le système Magnocellulaire qu'on vient d'évoquer, (*b*) *Le système Parvo-Taches*, exclusivement spécialisé dans les codages « bleu-vert-rouge ». C'est un « canal spectral » (luminance et couleur), représenté dans les « taches » de V1, dans les « bandes fines » de V2, et qui a pour destination V4. (*c*) *Le canal Parvo-Intertaches*, intermédiaire entre les deux précédents, et spécialisé dans les codages d'orientation et de disparité binoculaire pour les fréquences spatiales élevées (seul, il peut révéler les détails les plus fins de l'image). Ses neurones sont moyennement sensibles à la couleur, mais *jamais au mouvement* (DeYoe et Van Essen, 1988 ; Livingstone et Hubel, 1987b ; Zeki et Shipp, 1988).

Les canaux Parvo et Magnocellulaires possèdent des spécificités accessibles à l'analyse psychophysique. Les sensations de mouvement et de couleur, habituellement intégrées dans des perceptions complexes, peuvent être séparées par des artifices expérimentaux. Cavanagh, Tyler et Favreau (1984) ont imaginé un dispositif dans lequel des bandes colorées rouge et vertes se déplacent sur un écran de télévision. Or si l'on ajuste l'intensité lumineuse propre à chaque couleur, pour se placer dans des conditions d'isoluminance, l'impression de mouvement s'atténue ou disparaît. Par des tests complémentaires, les auteurs ont précisé que cette sensation émerge brusquement (avec une latence brève), à condition que d'importantes différences lumineuses existent aux jonctions des plages colorées. Ces caractéristiques sont très cohérentes avec les propriétés du système Magnocellulaire.

Cette démonstration d'une perception du mouvement réalisée par un mécanisme totalement insensible à la couleur a été reproduite pour la vision du relief et de la profondeur. Lu et Fender (1972) ont présenté à leurs sujets un objet visuel composé d'un assemblage de surfaces colorées en vision stéréoscopique (chaque œil recevant du stéréoscope une image légèrement décalée, pour respecter le principe de disparité binoculaire). Dans ces conditions, l'observateur a une vision normale du relief et de la profondeur, à condition que les faces colorées ne soient pas rendues isolumineuses. Lorsqu'elles le sont, la sensation de relief disparaît et le sujet ne perçoit plus qu'une surface plane, de coloration hétérogène. Cette expérience montre l'implication du système magnocellulaire dans la vision du relief. Ce système, exclusivement sensible à l'éclairement, devient inactif dans les conditions d'équiluminance. Il ne peut donc plus reconstituer l'orientation des lignes de transition entre les plages de couleur, à partir desquelles sont codées les différences binoculaires.

REDONDANCES ET CONSTANCES PERCEPTIVES

Le découpage vertical du système visuel en canaux séparés est une simplification pédagogique qui n'implique pas l'absence de combinaison des codes d'origine différente. Les neurones sont presque toujours sensibles à plusieurs dimensions du stimulus et, d'une manière générale, la vision est toujours un complexe associant des informations variées. Elle est abolie par le «Ganzfeld», qui est un simple *champ de luminance* (un seul code). Mais elle réapparaît lorsque les changements graduels de l'éclairement sont séparés par des transitions brusques (lignes orientées, deuxième code). Si l'on peut appauvrir l'image jusqu'à un certain point (lorsqu'un myope regarde une photographie en noir et blanc, sa vision est dépourvue de couleur, de profondeur, de mouvement et de fréquences spatiales élevées), la perception visuelle normale est toujours faite d'une luxueuse redondance d'informations spécifiques. On a vu, par exemple, que le mouvement était essentiellement perçu à partir des transitions de luminance. Pour cette raison, un daltonien reste capable de suivre le déplacement d'une balle quelconque sur une pelouse. Mais la trajectoire sera beaucoup plus évidente à l'individu normal si la balle est rouge. En bref, la multiplicité et la vicariance des codages expliquent nos capacités discriminatives en permettant *plusieurs descriptions très différentes d'un même objet* dans l'infinie variété des situations courantes.

Dans cet esprit, DeYoe et Van Essen (1988) raisonnent à partir d'une liste de «dimensions», ou d'«attributs perceptifs», de l'objet, dérivés des propriétés neuronales décrites précédemment. Ils distinguent quatre catégories : a) forme tridimensionnelle, taille et rigidité; b) propriétés des surfaces : couleur, textures, réflectance et transparence; c) relations spatiales et orientations tridimensionnelles; d) mouvements en trajectoire ou en rotation. En analysant la contribution respective des six systèmes de codage primaire de V1 à ces «dimensions» — qui sont des intégrations perceptives simples — les auteurs constatent *l'absence de correspondance fixe et invariable entre codes et attributs*. Ainsi, la texture d'une surface peut apparaître avec de très nombreux segments orientés (brosse, pelage), avec la cyclicité (fréquence spatiale) des ombres, des reflets et des couleurs (prairie, tissu), mais aussi du mouvement (champ de blé, plan d'eau, averse). Ainsi également, la distance et la position dans l'espace peuvent être déterminées d'après la disparité binoculaire (un poteau, dans un paysage enneigé, dépourvu de lignes de fuite et de contours), mais aussi d'après les orientations et les fréquences spatiales qui constituent les perspectives linéaires, ou les gradients de texture décrits par Gibson (c'est ce que nous faisons pour prendre un objet en fermant un œil). Enfin, l'objet en trois dimensions peut également être reconstitué d'après la perspective (ou «parallaxe») de mouvement, c'est-à-dire la vitesse relative de déplacement des objets proches et lointains. («*structure-from-movement*», dans la littérature). D'un autre côté, la disparité interoculaire, dont la première fonction est *l'évaluation exacte des distances*, donne naissance à d'autres perceptions. Elle contribue à la détection des surfaces en *triant les autres descripteurs par plans de profondeur*. Notre vision du «carré flottant» dans les stéréogrammes RDS de Julesz (Figure 18, p. 122) s'explique par la ségrégation, dans une texture aléatoire qui semblait uniformément répartie, de deux zones formant un contour et un rapport figure-fond. En définitive, puisqu'aucune relation permanente, ou structurelle, n'existe entre les codages, et que l'objet comporte toujours des aspects invariants, le problème majeur est celui des «*constances perceptives*», puisque celles-ci sont avant tout des règles de proportions fixes entre informations fluctuantes.

LE CALCUL DES «CONSTANCES» DANS LES AIRES CORTICALES. — Pour Zeki et Shipp (1988), le mécanisme de base de ces intégrations est la convergence des interconnexions anatomiques entre aires corticales spécialisées. La vision de la profondeur illustre bien comment la convergence construit de nouveaux codages. La première étape concerne la différenciation des informations tirées des transitions de l'intensité lumineuse. Les plus précoces (et les plus utiles à la survie) sont d'abord *le mouvement* (dès la rétine), puis *l'orientation des lignes* (au niveau de V1). En comparant celle-ci dans les deux images monoculaires, le système mesure ensuite *leur disparité*. Cette opération est effectuée dans V1 et dans V2 (Poggio et Poggio, 1984, supposent une participation des cellules «complexes» à ce mécanisme) et l'on peut supposer qu'ensuite sont identifiés *textons, textures et gradients de densité*, dont on a vu l'importance pour les rapports figures-fond et les perspectives. C'est donc par convergence et comparaisons successives que seraient différenciés, après V1, des nouveaux traits, ou «super-codes» fondamentaux qui concernent désormais tout ou partie du champ visuel. Ces descripteurs ont perdu leur caractère local, c'est-à-dire attaché à un seul point rétinotopique. L'observation physiologique fondamentale qui leur correspond est l'importante *augmentation générale de la taille des champs récepteurs, après V1*.

La convergence de différentes informations primaires sur une aire corticale effectuant un traitement spécifique est analysée en termes de «conjonctions significatives» par Phillips, Zeki et Barlow (1984). Ces auteurs cherchent à décrire le fonctionnement cortical à partir d'un principe d'opération unique qui tienne compte des données de la maturation et qui obéisse à une règle probabiliste fondamentale : la combinaison (simultanéité) d'événements sensoriels aléatoires est beaucoup plus rare que l'apparition isolée de chacun d'entre eux. Le cortex serait donc un vaste système de corrélation, ou d'appariement, qui repère la coïncidence de données *nécessairement informatives lorsqu'elles sont fréquentes*. Ainsi, les bords et les lignes orientées et mobiles sont-ils des combinaisons omniprésentes d'événements visuels. Leur caractère systématique en fait des traits que le système apprendrait à reconnaître au cours de sa «période critique» de maturation, *par la spécialisation de neurones détecteurs particuliers* (voir, pour l'orientation, Frégnac et Imbert, 1984). Encore faut-il, pour que ces conjonctions apparaissent, que leurs constituants soient signalés par des cellules proches, car seule la proximité anatomique autorise les interactions. Cette notion expliquerait donc l'organisation du système visuel en une longue série de «cartes», dont les premières sont rétinotopiques et les dernières «catégorielles». Ainsi, V1 détecte les traits locaux, c'est-à-dire des associations de stimulus plus simples, codées par des récepteurs juxtaposés sur la rétine. (Il faut *au moins* deux récepteurs activés pour définir une orientation ou une direction de mouvement.) Dans ce cas, la représentation rétinotopique est appropriée. Par contre, dans l'aire du mouvement, V5-MT, les champs récepteurs des neurones ne correspondent pas à des positions visuelles contiguës. La représentation n'est plus rétinotopique, mais fonctionnelle : elle obéit à la typologie des mouvements repérables. De carte en carte, la reprojection des informations s'effectuerait donc selon des critères différents.

Ces critères, qui correspondent très exactement à la définition d'opérations perceptives, ou d'«attributs structuraux» de l'image sont encore loin d'être tous identifiés. On peut seulement remarquer avec Cowey (1985a), que le développement de nouvelles capacités visuelles à partir d'une seule structure phylogénétiquement ancienne aurait abouti à une augmentation rhédibitoire du système de connexions internes (puisque le système fonctionne essentiellement par convergences et interactions réciproques entre les cellules). La duplication des cartes visuelles apparaît donc comme une solution économique, trouvée par l'Evolution, pour mettre en œuvre un nouveau type de traitement à partir du principe de contiguïté entre les neurones. Avec cette idée il faut admettre une certaine correspondance structure-fonction, et par conséquent *la localisation d'opérations spécifiques dans une aire anatomique déterminée*. Parmi celles-ci, l'analyse de la couleur, dans V4, et celle du mouvement, dans le complexe V5-MT/ MST situé en amont des aires pariétales, suscitent toujours d'importants travaux (Newsome et Wurtz, 1988).

CONSTANCE DES COULEURS. — Ces fonctions posent directement un problème de constance perceptive élémentaire, lié au fait qu'un « super-trait », ou « attribut », soit reconnu indépendamment des valeurs absolues et quantitatives des paramètres à partir desquels il est constitué. On a vu (Cf. note 5, p. 149) que la couleur était identifiable quel que soit l'éclairement global, mais aussi pour d'importantes variations spectrales de celui-ci. Elle devient donc une entité « flottante », c'est-à-dire un système de relations entre les codages « rouge-vert-bleu » qui lui donnent naissance. L'idée est ici très proche de l'argument d'Ehrenfels (ce Chapitre, p. 110) du motif mélodique irréductible à ses notes constitutives. Or cette attribution de qualités permanentes ou abstraites serait la première fonction des aires corticales post-striées. Zeki (1980, 1983 a,b) estime que les neurones de V1 ne reflètent que la composition spectrale (bleu-vert-rouge) du stimulus, alors que ceux de V4 manifestent une réponse constante pour une même couleur dans des conditions d'éclairement basées sur des spectres variés. En d'autres termes, la couleur est « latente » dans V1, qui contient toutes les informations nécessaires, mais elle ne devient « explicite » qu'au niveau de V4 (Phillips, Zeki et Barlow, 1984). Wild, Butler, Carden et Kulikowski (1985) ont pu vérifier, par des lésions localisées de cette dernière structure, que les singes étaient perturbés dans une discrimination de surfaces colorées si le spectre d'éclairage était modifié.

CONSTANCE DES MOUVEMENTS. — D'une façon similaire, la perception du mouvement démontre une remarquable indépendance vis-à-vis des conditions qui lui donnent naissance. Il semblerait à première vue que le mouvement soit toujours lié à un objet précis. Or des expériences psychophysiques démontrent par exemple que sa détection est remarquablement peu affectée par le filtrage des fréquences spatiales élevées qui rend le stimulus flou. (Le lecteur peut s'en convaincre en agitant les doigts dans une région très périphérique de son champ visuel : le mouvement sera perçu alors que la main n'est plus visible.) Après les premiers inventaires de Zeki (1974), Maunsell et van Essen (1983 a,b), Albright, Desimone et Gross (1984) et d'autres auteurs ont décrit dans V5-MT, une organisation neuronale complexe qui code les trajectoires et les vitesses. On a pu obtenir une bonne corrélation entre les performances psychophysiques (détection) du singe et les décharges de ces neurones (Newsome et Paré, 1988; Newsome, Britten et Movshon, 1989). Mais les opérations réalisées par ceux-ci sont plus complexes que dans V1 car, dans cette dernière structure, les cellules reconnaissent surtout les déplacements perpendiculaires à la barrette-stimulus. Mais si deux barrettes sont associées pour former la pointe d'un triangle et simuler le «coin» d'un objet, ces codages ne traduisent plus le mouvement du stimulus complexe. Les neurones de V5-MT reconnaissent pourtant la trajectoire réelle de l'objet élémentaire ainsi défini, ce qui suppose qu'ils combinent le mouvement apparent des deux bords avec l'angle qu'ils forment (Movshon, Adelson, Gizzi et Newsome, 1986). Mais la fonction la plus spectaculaire de V5-MT (et de l'aire voisine MST) serait liée à la détection des parallaxes (perspectives) de mouvements, définies par la vitesse décroissante du déplacement des objets avec l'éloignement (Allman, Miezin, et McGuinness, 1985). Si l'on projette sur un écran, un réseau aléatoire de points animés de mouvements variés, mais dans lequel apparaît occasionnellement un déplacement coordonné de certains éléments, l'observateur humain, comme le singe, reconnaissent une structure et peuvent le manifester par un Temps de réaction. (Si les déplacements sont proportionnels à un éloignement fictif, on peut même avoir une perception tridimensionnelle). Or des résultats préliminaires d'Andersen et Siegel (1988) suggèrent que des lésions très localisées de V5-MT, qui perturbent dramatiquement mais transitoirement la détection des mouvements isolés, empêcheraient définitivement celle des structures.

La Neurophysiologie des fonctions visuelles est maintenant confrontée aux mêmes problèmes fondamentaux d'information élémentaire, d'«attributs», de «constances» et de «représentations», qui animaient les discussions du siècle dernier. Mais la démarche moderne est à la fois semblable et profondément différente de celle — élémentariste, recombinatoire et empiriste — de la Psychologie classique. A l'opposé de celle-ci, obnubilée par les faits de conscience, elle situe la nécessité d'une synthèse des éléments au niveau préperceptif, c'est-à-dire à un niveau infra ou préconscient. Les données actuelles (constances de couleur et de mouvement par exemple) redéfinissent ainsi la notion d'attribut d'une manière qui échappe complètement à l'ancien principe de correspondance directe entre les caractéristiques physiques du stimulus et la sensation perçue. Curieusement, l'intégration des codages en configurations spécifiques réintroduit le principe gestaltiste d'un champ perceptif comme structure, c'est-à-dire comme ensemble déterminé automatiquement par l'équilibre de ses «forces» internes. Mais en fin de compte, le pouvoir de synthèse des recherches actuelles, comparé aux idées anciennes, est lié au concept de *codage* qui, comme la notion classique de *représentation*, repose sur la valeur d'événement symbolique d'un signal nerveux traduisant l'existence d'un phénomène externe.

ÉPILOGUE : LES INFLUENCES EXTRINSÈQUES AU SYSTÈME VISUEL : ATTENTION ET PERCEPTION

L'anatomie nous pose un dernier problème, en montrant la vraisemblance de mécanismes modulateurs agissant (par inhibition, déshinhibition ou facilitation directe) *à l'échelle globale d'un module anatomique entier*. Dans l'ensemble du cortex cérébral, les connexions «longues» issues de pyramides localisées au dessus et en dessous de la couche IV, et qui relient différentes aires entre elles, sont considérées comme excitatrices (Feldman, 1984). Mais il existe une gamme de petits interneurones capables de générer localement, à partir de telles facilitations lointaines, aussi bien des excitations (cellules bipolaires et cellules étoilées) que des inhibitions (cellules en panier, en étoile et en chandelier). Le dispositif permettant à une région corticale d'en influencer une autre est donc omniprésent. Mais quelle est sa fonction ?

Bien qu'il soit encore impossible de répondre à cette question, l'existence de cet appareil modulateur suggère que les opérations visuelles du cortex sont peut-être continuellement régulées par des influx d'origine non-sensorielle. Entre V1 et les aires inférotemporales et pariétales, la vingtaine d'aires spécifiques répertoriées jusqu'ici calcule en permanence les attributs perceptifs nécessaires pour reconnaître et localiser les objets environnants Si l'un d'entre eux possède une importance comportementale particulière, il est concevable qu'il soit renforcé par une facilitation externe de l'aire spécialisée correspondante. On peut en tous cas imaginer ainsi aujourd'hui l'impact de l'attention sur l'intégration perceptive des codages élémentaires. Parmi les manifestations de ces «influences non-rétiniennes» («*extraretinal inputs*», pour Maunsell et Newsome, 1987) il faut mentionner l'«effet d'augmentation» («*enhancement effect*») d'une décharge sensorielle en présence d'un stimulus signifiant. Décrit d'abord dans le colliculus supérieur (Goldberg et Wurtz, 1972b), puis dans d'autres régions cérébrales, ce phénomène très important sera analysé plus en détail au Chapitre suivant. Mais ici, les données les plus pertinentes sont celles de Moran et Desimone (1985) suggérant que *les codages visuels peuvent être altérés sous l'effet des contraintes de la tâche.*

> Ces auteurs ont étudié les décharges des unités de V4 et de l'aire inférotemporale, dans une discrimination visuelle basée sur une réponse de choix «Go/No-go». Leurs singes devaient répondre rapidement (moins de 700 msec) à une certaine configuration de stimulus et plus lentement à une autre. (Une règle d'appariement «même-différent» exigeait d'eux une réaction comportementale rapide avec la succession de deux stimulus identiques et une réponse lente dans l'autre cas.) Comme les animaux devaient maintenir le regard au centre du dispositif, les signaux possédaient des coordonnées

rétiniennes précises qui les rendaient utilisables pour tester les champs récepteurs des neurones. Mais l'aspect crucial de l'expérience était la présentation simultanée, en un autre point du champ récepteur, de stimulus neutres, c'est-à-dire sans relation avec la tâche (et par conséquent sans intérêt pour l'animal), mais permettant un test supplémentaire de la décharge cellulaire. En bref, le singe qui devait répondre à une barrette verte, voyait également apparaître à côté d'elle un trait rouge non pertinent. Mais de bloc d'essais en bloc d'essais, la fonction comportementale des deux stimulus était inversée. L'avantage cette procédure complexe était de présenter simultanément à la cellule un stimulus efficace (provoquant sa décharge) correspondant ou non à celui attendu par le singe pour déclencher sa réponse. Lorsque le stimulus efficace pour la cellule était aussi le stimulus utile pour le singe, la décharge apparaissait nettement. Par contre, lorsque le stimulus utile à l'animal était neutre pour le neurone, la réponse de celui-ci était diminuée malgré la présence du stimulus «efficace» dans son champ récepteur. Cette expérience prouve donc que l'attention de l'animal pour le stimulus non préféré de la cellule provoque une altération des capacités de codage de celle-ci. Par la suite, les mêmes auteurs (Spitzer, Desimone et Moran, 1988) ont pu montrer que l'intensité de ces réponses cellulaires de V4 était directement fonction de la difficulté de la discrimination. Cette fois, l'animal devait distinguer par ses réactions (rapides ou lentes) deux barrettes de même couleur, mais diversement orientées. En limitant l'analyse au stimulus le plus efficace pour chaque neurone, ils constataient que la décharge augmentait avec le degré de similarité du signal concurrent. Une attention plus intense, nécessaire à la perception d'une différence minime, influençait donc la qualité des activités neuroniques.

EN CONCLUSION : L'INFLUENCE DE LA TACHE SUR LA PERCEPTION VISUELLE. — Ces données sont parmi les plus importantes de celles citées dans cet ouvrage. Bien qu'on ignore la contribution précise de ces cellules au processus perceptif, on peut maintenant affirmer sans équivoque que ce dernier ne se déroule pas d'une manière automatique et invariable, c'est-à-dire d'une façon imperméable aux contraintes de la tâche et aux effets de l'attention. Cette conception gestaltiste, rénovée par la théorie du «filtrage tardif» (l'impact exclusif de l'attention au niveau du choix de la réponse : voir Chapitres précédents) devient douteuse. Puisque les neurones répondent différemment au même stimulus *dans deux contextes différents* c'est qu'ils subissent une influence extérieure à la vision, et l'hypothèse du traitement descendant («*top-down*»), ou du «set», c'est-à-dire d'un modèle interne et préalable du stimulus à sélectionner, paraît renforcée.

NOTES

[1] Une place particulière revient à Hermann von Helmholtz qui relia ces conceptions philosophiques au développement expérimental de la physiologie visuelle. Avec cette idée générale d'une participation de la motricité à la perception, il montra la différence entre les mouvements oculaires passifs et actifs par une observation que chacun peut faire rapidement (en déplaçant légèrement le globe oculaire par une pression du doigt sur le coin de la paupière, on éprouve une sensation de mouvement qui s'oppose à la remarquable absence de perception laissée par les saccades), Helmholtz supposait que l'ordre moteur oculaire était normalement pris en compte par la vision pour maintenir l'impression de stabilité de l'environnement. Cette première intuition d'une «décharge corollaire» (von Holst et Mittelstaedt, 1950) venait appuyer sa théorie des «inférences inconscientes», dans laquelle l'appréhension de la profondeur était expliquée à partir des signaux fournis par l'accommodation et la convergence. En cette matière comme dans d'autres, Helmholtz s'opposait particulièrement à l'interprétation «nativiste» de Hering qui prétendait avec les «signes locaux» que la distance était directement codée dans la rétine.

[2] Cette discussion est compliquée par les phénomènes de maturation du système visuel. Ce dernier n'est pas fonctionnel à la naissance et il existe une «période critique» où la pratique conditionne les capacités de codage de ses neurones (voir la revue de Frégnac et Imbert, 1984). Mais quelle est la limite entre cet «apprentissage à voir» des premiers âges de la vie (déterminant la reconnaissance des constituants élémentaires) et un «apprentissage des objets» (supposant l'enregistrement complet de chacun d'entre eux dans une mémoire nécessairement gigantesque)? Ce dernier principe, qui caractérise précisément la conception empiriste, se retrouve dans la théorie des «assemblées cellulaires» de Hebb (1949), dont la plasticité expliquerait les reconnaissances. Cette théorie souvent citée et prolongée par le «perceptron» de Rosenblatt (1962), (machine auto-adaptative, basée sur des hypothèses non-localisationnistes et stochastiques), repose pourtant au départ sur quelques données fausses. 1) Hebb ne semble pas avoir compris la force des arguments gestaltistes sur l'autonomie des processus perceptifs et leur imperméabilité à l'apprentissage et il ne se donne pas la peine de les réfuter. 2) Comme beaucoup d'auteurs de son époque, il invoque la difficile réadaptation d'aveugles de naissance récupérant de leur cécité par opération de la cataracte. Ces sujets perturbés dans leur maturation précoce, ne fournissent pas de fait solide en faveur d'un «empirisme normal». 3) Hebb trouve la raison d'assemblées cellulaires plastiques dans l'absence de représentation rétinotopique organisée dans les aires associatives qui font suite au cortex occipital. Mais de tels ajusteurs spécifiques ont maintenant été décrits dans ces régions (voir p. 131). 4) Hebb ne distingue pas le niveau des *codages* de la «vision précoce» ou «pré-perceptive», (peu ou pas plastiques après la maturation), et celui des *significations* (très plastiques, puisque c'est le niveau des apprentissages et de l'attention). Malgré tout, la position empiriste conserve sa crédibilité avec les phénomènes d'imprégnation visuelle, démontrant l'enregistrement - *d'objets particuliers* au cours de la maturation. Connus et étudiés depuis longtemps chez les oiseaux, ces apprentissages perceptifs «précontraints» expliqueraient peut-être la prégnance du visage maternel chez l'enfant humain et l'activité des cellules inférotemporales, sensibles aux figures et aux mains chez le Singe. Une spéculation raisonnable serait d'admettre que de tels objets contribuent à structurer la perception normale. Mais le fonctionnement de celle-ci n'est sûrement pas directement explicable par des «modèles de plasticité neurosensorielle».

[3] Ces règles peuvent-elles changer avec la pratique? L'apprentissage de la lecture semble le montrer. En prouvant que ces conjonctions «artificielles» (voulues) peuvent s'automatiser et s'intégrer au fonctionnement parallèle du système «préperceptif», par la formation de détecteurs spécifiques, on réactualiserait une version limitée (non liée aux

objets) de l'empirisme visuel. Les théories modernes laissent cette possibilité ouverte. On doit cependant distinguer nettement celle-ci des «habiletés perceptives» acquises, dont Gibson (1950) donne l'exemple suivant. Les futurs pilotes qui s'entraînent à l'atterrissage doivent avant tout repérer le point central de «dilatation» de l'espace (Figure 16) matérialisant l'axe de la trajectoire. Manifestement estime-t-il, leur perception est la même que la nôtre (ils voient les mêmes choses), mais ils ne l'utilisent pas de la même façon : leur entraînement consiste à «apprendre à regarder», c'est-à-dire à rechercher et à trouver un trait peu saillant de la scène.

[4] Le traitement du relief et de la profondeur est peut être moins précisément localisé que ceux de la couleur et du mouvement (voir Poggio et Poggio, 1984). Ce type de codage est présent dans V1, V2 et V3. Fonctionnellement, il est tout aussi nécessaire à la perception des objets qu'à celle de l'espace, et l'on remarque que V2, comme V1, est une source d'information commune aux voies pariétales et inférotemporales (Shipp et Zeki, 1985 ; DeYoe et Van Essen, 1985). La destruction de la zone fovéale de V2 provoque chez le Singe une augmentation des seuils de l'acuité stéréoscopique (la plus petite distance séparable en profondeur) ce qui indique une contribution partielle de cette structure à la perception de la profondeur (Cowey, 1985b). Selon Zeki (1978 a,b), les neurones de V3 possèdent les caractéristiques optimales pour l'analyse des contours et des formes.

[5] Dans un assemblage de nombreux papiers colorés, éclairés de manière non uniforme, les couleurs restent identiques et sont donc indépendantes du flux lumineux. On peut même faire en sorte qu'une zone noire réfléchisse davantage d'énergie qu'une plage blanche : pourtant le noir reste noir et le blanc, blanc. Plus extraordinaire encore est notre capacité de percevoir toujours les mêmes couleurs avec un éclairage au spectre incomplet. Ainsi, les photographies couleur en lumière artificielle présentent souvent une dérive vers les teintes rouges dont nous nous étonnons parce que notre système visuel les corrige. Dans toutes ces situations pourtant, les proportions relatives d'activité de nos récepteurs «bleu-vert-rouge» sont perturbées. La théorie la plus achevée de ces mécanismes, ou théorie «*retinex*» (pour rétine-cortex), de Land et McCann (1971) suppose que la mesure par les trois types de cônes de la réflectance de chaque surface colorée, est réétalonnée en prenant comme norme une estimation locale de l'éclairement total (la réflectance théorique du blanc), effectuée à partir des rapports de réflectance de part et d'autre des frontières entre plages différentes. Les bords des surfaces et les contours sont donc très importants pour la vision des couleurs (Cf. p. 144).

Chapitre 5
Le « deuxième système visuel ».
Mécanismes sélectifs et fovéation

Tout illégitime qu'il soit dans l'esprit de nombreux chercheurs, l'événement subjectif, c'est-à-dire le fait perceptif ou fait de conscience des anciens auteurs, reste un critère et une dimension essentiels de l'interprétation des lésions cérébrales. Le système visuel des Primates est un ensemble complexe dont le pivot, l'aire occipitale V1, a été délimité uniquement d'après les lacunes de la perception consciente provoquées par des blessures de guerre. Mais il existe d'autres régions visuelles dont l'atteinte provoque également des troubles graves *sans être associée* à cette sensation subjective de cécité. Ces perturbations touchent l'orientation spatiale, la localisation des objets, et les activités praxiques visuellement guidées. L'idée générale est celle d'un « système visuel de l'action », parallèle au « système visuel de la perception », assimilé en première approximation au classique système géniculo-strié. Les structures cérébrales du premier ensemble sont toujours plus ou moins directement liées aux commandes des mouvements des yeux[1].

Chez les Primates, ces mouvements n'ont pas, en eux-même, de finalité immédiate (ils ne sont pas une action). Leur fonction est *la fovéation*, qui centre l'objet ou le stimulus sur la partie à haute résolution de la rétine (la fovéa) et sert de préalable à d'autres activités. La perception visuelle en dépend, puisqu'elle est généralement construite par échantillonnage. Or l'attention peut influencer directement des saccades qui se montrent sensibles en latence et en cinétique aux variations du contexte expérimental (Chapitre 3). Mais c'est un fait également que l'orientation oculaire précède aussi tous les gestes de préhension manuelle et qu'elle s'intègre aux coordinations motrices les plus complexes et les plus automatisées. Les mouvements de fovéation peuvent être rapides et d'apparence réflexe («réflexe d'orientation»), aussi bien que volontaires et capables de traduire des processus d'anticipation très élaborés. Cette variété de leurs modes de commande suggère que de nombreuses interactions cérébrales convergent vers les structures qui, du tronc cérébral au cortex, ont été impliquées — depuis fort longtemps — dans l'oculomotricité.

DONNÉES HISTORIQUES SUR LA LOCALISATION DES FONCTIONS OCULOMOTRICES

Les principales régions cérébrales impliquées dans les commandes de l'oculomotricité figurent parmi les toutes premières structures nerveuses reconnues comme des entités spécifiques au début des tentatives de localisation fonctionnelle. Pierre Flourens (1794-1867), qui fut le promoteur des études expérimentales par la méthode des lésions, attribuait globalement aux hémisphères cérébraux la perception, la volonté et les activités cognitives, mais sans qu'une région précise correspondît à une faculté déterminée. La vision par contre était dévolue aux *corpora quadrigemina* (*colliculus*). Or cette dernière structure, stimulée électriquement par Adamuk (1870), révélait surtout une capacité de déclenchement des mouvements oculaires. A cette époque, les premières explorations systématiques de l'écorce cérébrale par des courants électriques, dues à Fritsch et Hitzig (1870) et à Ferrier (1874, 1875 a,b), démontraient la possibilité de provoquer des mouvements des yeux contraversifs à partir de plusieurs régions corticales, aussi bien antérieures que postérieures : dans les aires frontales d'une part, dans les aires pariétales et occipitales d'autre part.

En cette fin du siècle dernier, les localisations corticales suscitèrent de grandes controverses dans les milieux académiques. Dans ces discussions s'affirma la tendance d'attribuer aux parties antérieures de l'écorce un gradient de fonctions motrices et aux régions postérieures un gradient de fonctions sensorielles. Mais puisque dans ces dernières structures, le problème majeur de la délimitation des centres de la vision n'était pas résolu, on pouvait penser que les réponses oculaires à l'excitation des aires pariétales et occipitales résultaient de «phosphènes», ou sensations visuelles fantômes, susceptibles d'activer à leur tour une commande motrice. Cette dernière semblait plus logiquement localisable dans le centre oculomoteur situé dans le lobe frontal, ou «*champ oculaire frontal*» («frontal eye field», FEF) qui se distinguait par des seuils de stimulation particulièrement bas. Cette région devait faire ensuite, et jusqu'à nos jours, l'objet d'un certain nombre de cartographies, traduisant en résultats expérimentaux chaque progrès des techniques de stimulation focale (Holmes, 1938; Smith, 1944; Crosby, Yoss et Henderson, 1952; Bender et Shanzer, 1964; Robinson et Fuchs, 1969). Comme par ailleurs, certains patients atteints de lésions frontales, présentaient une déficience des mouvements oculaires dirigés vers l'espace contralatéral, on considéra bientôt comme établie la participation de ces structures à une commande volontaire de l'orientation du regard (Holmes, 1938). Il était tentant d'opposer ensuite cette notion à celle d'un *centre réflexe* de la fovéation, situé dans le colliculus supérieur.

Les premières explorations de l'écorce cérébrale par stimulation électrique avaient été immédiatement critiquées. Au Congrès de Physiologie tenu à Londres en 1881, Goltz objectait l'impossibilité de trancher entre trois interprétations : la mise en jeu directe d'une structure effectrice, celle de possibles circuits afférents, ou la diffusion du courant vers les régions sous-corticales. En affirmant que de telles expériences devaient être complétées par l'étude de lésions contrôlées, il exprimait alors une opinion déjà très largement répandue. Goltz s'opposait particulièrement à Ferrier qui défendait une théorie strictement localisationniste de l'écorce cérébrale et dont les expériences d'ablation systématique chez le singe suggéraient la spécialisation motrice des régions précentrales et antérieures. Pour la vision, Ferrier proposait l'implication de larges zones postérieures englobant tout ou partie de *l'aire pariétale*. Après une exploration du gyrus angulaire (Figure 21) avec des stimulations électriques, exploration dans laquelle il avait observé des mouvements des yeux, Ferrier pratiqua des lésions de cette région. En se fondant sur l'absence de réactions de l'animal assoiffé à la présentation de boisson, il prétendit l'avoir rendu aveugle. Mais cette conclusion était fausse : si le gyrus angulaire contient bien d'authentiques aires visuelles (V3 et V4), l'aire primaire (V1), qui est la seule dont la destruction provoque un scotome permanent, n'était pas touchée. En fait, l'absence de réactions immédiates de l'animal après l'opération était probablement due à l'atteinte du *lobule pariétal inférieur*, que l'on croit maintenant lié à la localisation spatiale et à l'utilisation comportementale du stimulus. Les tests effectués n'étaient donc pas suffisants pour affirmer une cécité définitive et Ferrier s'aperçut effectivement plus tard de son caractère transitoire. Mais comme il ne maîtrisait pas les infections post-chirurgicales à l'époque, il sacrifiait rapidement ses singes pour éviter l'extension des

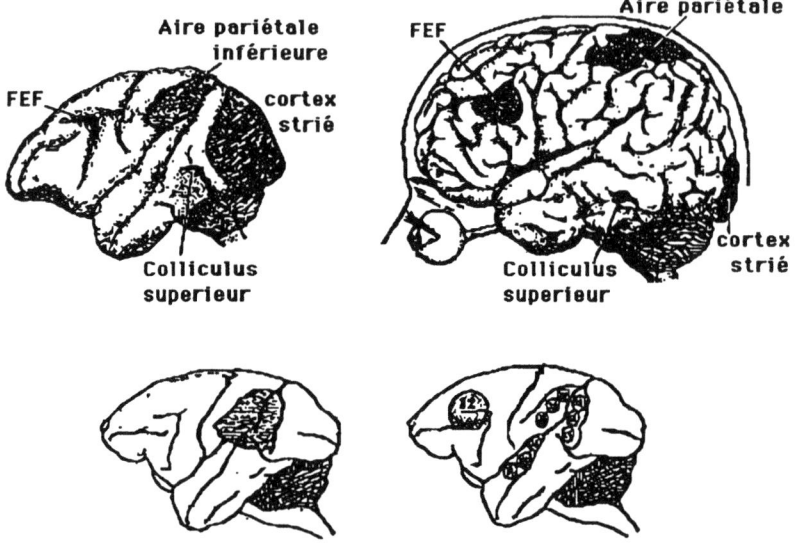

Figure 21. — Position anatomique du Champ oculaire frontal (FEF), de l'aire PARIÉTALE inférieure, du cortex STRIÉ et du COLLICULUS supérieur (en transparence), chez le Singe (à gauche) et chez l'Homme. En bas, sur les deux cerveaux de singe, on a représenté la localisation des lésions du «gyrus angulaire» (à gauche) pratiquées par Ferrier (1876) et les points de stimulation électrique (à droite) avec lesquels cet auteur avait obtenu des mouvements oculaires.

lésions. Soulignons qu'à la date de ces expériences, la délimitation et la spécificité de l'aire occipitale V1 n'était pas encore établie. C'est donc très tôt — voici plus d'un siècle — et bien avant la localisation des fonctions visuelles que le *colliculus supérieur* et deux régions corticales, l'une *frontale* et l'autre *pariétale* ont été identifiés pour leur participation aux commandes volontaires ou perceptives de l'oculomotricité. Les recherches modernes ont, depuis, largement confirmé l'importance de ce «triangle cérébral» pour la compréhension des opérations attentionnelles et cognitives complexes qui déterminent le positionnement du regard. Pour l'essentiel, ce Chapitre est consacré à ce système tripolaire dont la Figure 21 résume le repérage et la nomenclature.

VISION CONSCIENTE ET «HÉMINÉGLIGENCE»

Ce sont les travaux du médecin japonais T. Inouye (1909, voir Glickstein, 1988), analysant les déficits de soldats touchés au niveau occipital pendant le conflit de 1905 avec la Russie, puis surtout les études de Holmes (1918) pendant la Première Guerre mondiale, qui démontrèrent la représentation visuelle du cortex strié. Dans les deux cas, les blessures avaient été provoquées par des balles ayant traversé la boîte crânienne et dont les points d'entrée et de sortie permettaient de reconstituer la trajectoire (on ne disposait pas de «*scanner*» à l'époque). Comme la pension d'invalidité de ces malheureux était calculée d'après l'importance du déficit, on testait leur capacité résiduelle en déplaçant un objet sur un écran et en leur *demandant ce qu'ils voyaient*. C'est en corrélant la carte du *scotome* ainsi établie avec les lésions inférées des blessures externes que V1 fut défini.

Or au même moment, la description par Riddoch (1917) de ces cécités d'origine occipitale permettait une observation frappante. Bien que très handicapés dans leur fonction visuelle, les patients conservaient souvent d'importantes capacités de détection des *mouvements.* Riddoch insistait particulièrement sur le fait que ces fonctions résiduelles, donnant lieu à des sensations vagues et difficilement descriptibles, correspondaient pourtant à des performances convenables et systématiques dans la partie du champ *totalement aveugle aux objets statiques.* Ces études ont été poursuivies à l'époque moderne. La «vision aveugle» («*blindsight*», voir Weiskrantz, Warrington, Sanders et Marshall, 1974), qui subsiste après des lésions étendues du cortex occipital, semble caractérisée à la fois par sa nature inconsciente et ses relations typiques avec les réponses d'orientation spatiale. Les mouvements oculaires provoqués par des flashes lumineux dans la zone du scotome ont une amplitude qui augmente de façon normale avec l'excentricité du stimulus et, dans certains cas, on obtient également de bons résultats pour des mouvements de pointage de la main (Perenin et Jeannerod, 1975).

LESIONS PARIETALES. — Ces capacités résiduelles concernent sûrement les fonctions du lobe pariétal. Les données initiales d'Holmes (1918), au cours de la Première Guerre mondiale, contenaient également un certain nombre d'observations cliniques concernant des lésions de cette structure. Ses atteintes — mais aussi celles du colliculus supérieur et du pulvinar — se traduisent par la coexistence d'une perception visuelle apparemment normale et d'un ensemble de «troubles de l'attention», caractérisés par une déficience des réponses spatialement dirigées, des mouvements des yeux (aussi bien saccadiques que de poursuite) et des mouvements de la main (Hécaen et de Ajuriaguerra, 1954; Zihl et von Cramon, 1979; Teuber, 1963). Lorsque les lésions sont unilatérales, on définit un syndrôme d'«hémi-inattention», ou d'«héminégligence» que Mountcastle (1978) résume comme une «*répugnance ou incapacité à diriger l'attention visuelle dans l'hémichamp contralatéral de l'espace comportemental, ou à effectuer son exploration»* (voir les revues de Critchley, 1953; Denny-Brown et Chambers, 1958; Friedland et Weinstein, 1977, *in* Weinstein et Friedland (Eds.), 1977; Hyvärinen, 1982 a,b; Lynch, 1980; Mesulam, 1981). Les sujets qui présentent les formes les plus graves de ce syndrôme n'ont pas conscience des objets ou des stimulus qui leur sont présentés dans la moitié de l'espace opposée à l'atteinte corticale et cette ignorance s'étend même parfois à leur propre corps (Brain, 1941). Ils heurtent systématiquement le même côté du chambranle des portes, ne lisent que la moitié du titre d'un journal, ne reproduisent que la moitié d'un dessin simple, tel un cube ou une maison, etc. Ils se comportent donc en toutes circonstances comme si une partie du monde visuel n'existait pas (Denny-Brown et Banker, 1954). Leur déficit peut être mis en évidence par des tests visuels ou d'exploration tactile et par des épreuves purement représentatives de description d'une scène imaginaire (Bisiach, Cornacchia, Sterzi et Vallar, 1984; Gainotti, D'Erme, Monteleon et Silveri, 1986; voir aussi Gainotti, 1987). Après rééducation, ces troubles régressent généralement et une forme mineure du syndrôme est décrite comme une *«extinction sensorielle»* (Bender, 1945). Le sujet devient capable de reconnaître un stimulus visuel ou tactile présenté seul dans l'espace contralatéral à la lésion, mais non lorsque qu'il intéresse simultanément les deux côtés. Si l'on touche légèrement la main gauche d'un patient atteint du côté droit, il perçoit ce contact sans difficulté. Mais l'attouchement des deux mains n'est plus ressenti qu'à droite. Tout se passe donc comme si la sensation décodée par l'hémisphère intact (gauche) masquait l'autre stimulus.

L'héminégligence pariétale comporte une dimension spécifique à l'Homme, car elle n'apparaît nettement que pour les lésions de l'hémisphère droit, c'est-à-dire de l'hémisphère non-dominant. Mais comme les atteintes cérébrales gauches entraînent l'apparition de troubles dramatiques du langage, on ne sait pas si l'éventuelle héminégligence de ce côté est masquée par la gravité de l'aphasie, ou si le caractère spectaculaire du syndrôme pour l'autre hémichamp est dû à la spécialisation cérébrale de l'hémisphère droit dans les fonctions spatiales. Les spécialistes discutent ces deux interprétations (Heilman et Watson 1977 a,b). C'est un fait en tous cas que, chez le Singe, les déficits sont à la fois symétriques et plus modérés : ils prennent essentiellement la forme clinique de l'«extinction sensorielle» (Ettlinger et Kalsbeck, 1962; Eidelberg et Schwartz, 1971; Heilman, Pandya, Karol et Geschwind, 1971; pour une clarification, voir Lynch et Mc Laren, 1989). Mais en proportion de la surface corticale, le lobe pariétal du Singe est considérablement plus réduit que celui de l'Homme. Malgré ces différences, les constatations cliniques ont stimulé de nombreuses recherches sur l'animal visant à reproduire et à analyser ces déficits spatiaux et attentionnels (Butters et Barton, 1970; Ungerleider et Brody, 1977).

LESIONS FRONTALES. — L'héminégligence, ou «hémianopsie» frontale est souvent comparée au syndrôme pariétal, mais elle s'en distingue assez nettement et son interprétation semble facilitée par l'existence d'un déficit mesurable dans l'activité oculomotrice spontanée ou volontaire. Certains des patients souffrant d'une atteinte frontale unilatérale manifestent une grande pauvreté de l'exploration visuelle du champ contralatéral. Ils éprouvent une difficulté à déplacer leur regard dans cette direction en réponse à un stimulus ou — ce qui semble plus significatif — à une commande verbale (Chain, Chédru, Leblanc et Lhermite, 1972; Chédru, Leblanc et Lhermitte, 1973). Les études du groupe animé par Luria (Luria, 1966/ 1980; Luria, Karpov et Yarbus, 1966; Karpov, Luria et Yarbus, 1968) ont mis en évidence l'effet perturbateur de ces lésions sur les caractéristiques dynamiques des explorations visuelles effectuées en présence d'une photographie ou d'un tableau. D'une façon tout à fait remarquable, ces patients produisaient le même type de déficit lorsqu'on leur faisait examiner l'image dans l'obscurité avec un étroit faisceau lumineux qu'ils dirigeaient de la main. Leur exploration était aléatoire, et non pas systématiquement ordonnée comme celle des sujets normaux, ce qui indiquait que leur difficulté n'était pas seulement d'effectuer des mouvements oculaires, mais bien de les organiser d'une manière planifiée. Tyler (1969) a montré que les déficits sont nettement plus apparents avec des images complexes qu'avec des formes géométriques simples. Les fonctions touchées ne se réduisent évidemment pas aux commandes motrices du regard et elles mettent en cause des capacités représentationnelles (Butters, Soeldner et Fedio, 1972). Dans l'espoir qu'elles seraient plus aisément compréhensibles chez le Singe, de nombreuses tentatives ont été effectuées pour reproduire le syndrôme humain chez cet animal. Après les observations de Kennard (1939), l'appauvrissement des stratégies d'exploration visuelle a généralement été retrouvé après lésion du FEF (Latto et Cowey, 1971 a,b; Latto, 1978 a,b). Mais leur interprétation débouche directement sur l'hypothèse d'une atteinte des mécanismes attentionnels (Welch et Stuteville, 1958; Crowne, 1983), qu'on examinera plus en détail au Chapitre 7.

LA THÉORIE DES «DEUX SYSTÈMES VISUELS»

Apparue vers la fin des années 60, cette théorie (Ingle, 1967; Trevarthen, 1968; Schneider, 1969) postulait le traitement *simultané et indé-*

pendant des informations utiles à *l'identification* des objets et de celles qui permettent de les *localiser*. Les premières formaient le substrat des mécanismes perceptifs, tandis que les secondes étaient nécessaires aux automatismes de l'orientation oculaire et posturale et de la locomotion. A cette opposition, Trévarthen (1968) faisait correspondre la différence entre vision «focale», ou maculaire, et vision «ambiante» ou périphérique. Il notait en particulier la dépendance du comportement moteur global vis-à-vis de celle-ci, alors que la première est surtout indispensable à la précision des activités manipulatoires. Par contre, s'orienter, s'asseoir, se déplacer en évitant des obstacles imprévus deviennent impossibles sans les informations fournies par la vision latérale qui «*demeure efficace à basse luminosité, est très sensible aux mouvements et entraîne peu d'effets conscients*» (p. 302).

Cette idée d'une double fonction visuelle s'est d'abord imposée dans une première formulation qui différenciait surtout le classique système «géniculo-strié» de structures plus archaïques comme *le colliculus supérieur*. Le premier s'arrêtait à V1, puisque les aires visuelles associatives (Chapitre précédent) n'étaient pas encore connues. Le second concernait particulièrement les automatismes de la réaction d'orientation, liés à la prise en compte immédiate des stimulations périphériques. Ce mécanisme conditionne d'ailleurs les possibilités d'identification ultérieures, puisque la capture fovéale d'un nouvel objet exige d'abord le paramétrage de son excentricité. Les mouvements de la tête et des yeux, comme les modifications posturales qui leur sont associées, sont donc très dépendantes de ce type de données. La localisation par la «vision ambiante» a toujours semblé plus primitive et plus fondamentale que l'analyse descriptive de l'objet visuel.

Les lésions du colliculus supérieur, réalisées par Schneider (1969) sur des Hamsters, entraînaient effectivement des conséquences très différentes de celles des atteintes du cortex occipital (V1) sur les discriminations visuelles. Les lésions tectales induisaient des comportements stéréotypés «d'exploration erratique» (défaut de localisation), tandis que les lésions corticales étaient constamment associées à des approches hésitantes des signaux de récompense suggérant une sorte de «myopie psychique» (défaut d'identification). L'accent ainsi placé sur la dissociation de ces deux fonctions visuelles stimulait alors un grand nombre d'études des lésions colliculaires chez les Rongeurs (voir Dean et Redgrave, 1984 a,b,c; Foreman et Stevens, 1987, pour des revues), mais aussi chez le Chat (Winterkorn, 1975 a,b; Berlucchi, Sprague, Levy et DiBernardino, 1972; Tunkl et Berkley, 1977; Vievard, Fabre-Thorpe et Buser, 1986) et les Primates, chez qui les déficits étaient très souvent interprétés en termes de «négligence» (*neglect*) et reliés aux conséquences des atteintes frontales et pariétales (Butter, 1974, 1979; Butter, Weinstein, Bender et Gross, 1978; Marzi et Latto, 1977; Bender et Butter, 1987; voir aussi Weiskrantz, 1972). Ces études témoignaient d'un renouveau important et durable de l'intérêt porté aux structures visuelles extérieures au système géniculo-strié.

Les données examinées au Chapitre précédent devaient ensuite montrer que la dissociation des fonctions de localisation et d'identification est un principe d'organisation général du système visuel. Au niveau cortical, la divergence des deux branches inférotemporale et pariétale après V1 traduit bien, en effet, cette notion d'un traitement parallèle et simultané des objets et des positions spatiales. Le premier système (inférotemporal) est exclusivement visuel et analyse surtout les informations de la rétine centrale, tandis que le second (pariétal), au sein duquel le champ périphérique est mieux représenté, effectue une mise en correspondance multimodalitaire des données visuelles et somesthésiques. La localisation semble donc ici basée sur le repérage des positions du corps (schéma corporel), qui sert de référence pour évaluer l'espace et la distance des objets externes.

NEUROPHYSIOLOGIE DU MÉCANISME SÉLECTIF : L'«ENHANCEMENT»

Les structures du sytème visuel sont organisées en «cartes» rétinotopiques, au sein desquelles un neurone donné n'est activé qu'à partir d'une région bien précise de l'espace : *le champ récepteur*. Mais lorsque l'expérimentateur place un stimulus optimal à l'intérieur de celui-ci, la décharge unitaire reste-t-elle invariablement identique, ou dépend-elle de l'état de l'animal ? Qu'en est-il en particulier lorsque le même objet visuel, auparavant négligé, devient la cible d'un mouvement ? La réponse à cette question, c'est-à-dire l'observation *d'une activité différente au même signal*, lorsque celui-ci est ignoré, ou lorsqu'il déclenche au contraire la réponse de l'animal, définit précisément le phénomène d'«*enhancement*». Sa démonstration, dans le colliculus supérieur, par Robert H. Wurtz et Michael E. Goldberg, remonte à une vingtaine d'années (Goldberg et Wurtz, 1972 a,b; Wurtz et Goldberg, 1972 a,b). Mais il constitue toujours aujourd'hui le principal critère de l'implication d'une structure cérébrale dans l'attention visuelle. Sa mise en évidence repose sur une procédure-type en quatre phases, enchaînées sous forme de blocs d'essais consécutifs, pendant l'enregistrement d'un même neurone (Figure 22).

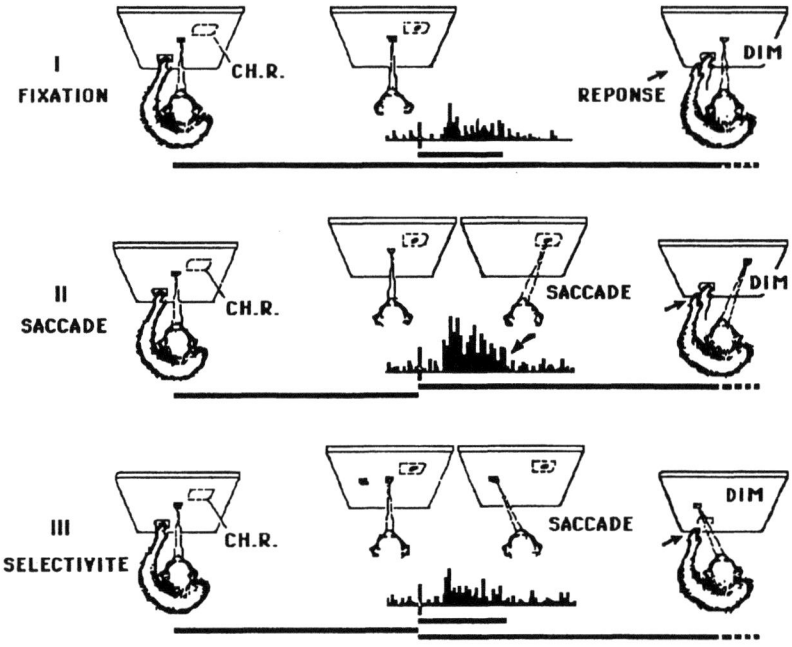

Figure 22. — LE PROTOCOLE D'«ENHANCEMENT» commence toujours par la «*TACHE DE FIXATION*» (I, en haut), imaginée par Wurtz (1969) pour obliger le singe à maintenir son regard dans l'axe et mesurer les champs récepteurs. Tous les essais commencent par la fixation du stimulus central que l'animal a allumé en appuyant sur le levier (figurine de gauche) et dont il doit guetter la diminution d'intensité pour obtenir la récompense («*Dim*» et relâchement du levier, à droite). La période d'attente est alors mise à profit pour caractériser le neurone enregistré. En balayant l'écran frontal avec un second point lumineux, on repère le champ récepteur (la région où la cellule décharge, «CH.R.») et on mesure la réponse sensorielle normale. Après cette première étape, la «*TACHE DE SACCADE*» (II), au milieu de la figure, comporte des débuts d'essais identiques, mais le point de fixation central s'éteint ensuite à l'apparition du second stimulus dans le champ récepteur. L'animal doit donc effectuer une saccade oculaire pour conserver en fovea cette cible dont l'affaiblissement lui donnera plus tard accès au renforcement. Dans la période de latence du mouvement des yeux (environ 200 msec), les conditions visuelles sont, pour un bref instant, physiquement les mêmes qu'en (I) : même position de l'œil et mêmes coordonnées rétiniennes du stimulus. Si la décharge est plus intense (figurine du milieu), il y a «enhancement». S'agissant d'un neurone visuel on suppose que cette facilitation n'est pas liée à la commande motrice, mais participe à la sélection de la cible. Noter l'arrêt de la réponse unitaire avec la saccade (petite flèche) qui fait disparaître le stimulus du champ récepteur. Mais l'hypothèse de sélection du stimulus oblige à faire le test de «*SELECTIVITE POSITIONNELLE*» (III), afin de vérifier que l'«enhancement» n'apparaît qu'avec un mouvement vers une cible placée dans le champ récepteur. Puisque le neurone n'est activé normalement qu'à travers celui-ci, une décharge à un stimulus situé en dehors serait d'origine non-spécifique. La procédure (en bas) est identique à celle de la phase précédente, mais avec un double point lumineux. Le singe effectue cette fois une saccade

TOPOGRAPHIE CÉRÉBRALE DES DIFFÉRENTS TYPES D'«ENHANCEMENT»

L'«enhancement» a d'abord été décrit en détail dans le *colliculus supérieur* (Goldberg et Wurtz, 1972b; Wurtz et Mohler, 1976a), c'est-à-dire dans une structure historiquement liée à l'hypothèse du «deuxième système visuel». La comparaison s'imposait donc avec les activités cellulaires du *cortex occipital V1*, où Wurtz et Mohler (1976b) enregistraient ensuite 91 unités répertoriées selon les catégories d'Hubel et Wiesel (1968). Seulement 12 % de ces neurones montraient des facilitations labiles, dues à des effets non-spécifiques de vigilance, ou d'alerte (sans relation avec les saccades visant le champ récepteur : dans l'épreuve III, les activités étaient faiblement augmentées par un mouvement oculaire quelconque). Cette absence d'«enhancement» différencie donc nettement V1 du colliculus. Pour les auteurs, V1 est un «analyseur de traits», qui n'évalue pas «*la signification comportementale du stimulus*» en modulant ses décharges proportionnellement. Robinson, Baizer et Dow (1980) ont élargi cette conclusion à l'aire V2, située immédiatement en aval de V1.

vers une cible placée *hors du champ récepteur*, tandis qu'un flash-test apparaît simultanément *dans celui-ci* pour réévoquer la décharge dans les conditions de la tâche (I). Dans l'exemple montré ici, la réponse du neurone en (I) est augmentée en (II) par un «*enhancement*» *spatialement sélectif*, puisque (III) est similaire à (I). Cependant, ces trois tests ne suffisent pas à faire de l'«enhancement» un témoin physiologique privilégié de l'attention. Pour les auteurs l'attention implique un mécanisme *sensoriel*, ou post-sensoriel, de sélection du signal qui témoigne de l'importance de celui-ci pour l'animal, mais *qui n'est pas lié* à un système effecteur particulier. Si le singe n'ignore pas le stimulus, puisqu'il donne une réponse comportementale, il est important que celle-ci soit quelconque. Faute de quoi le phénomène physiologique peut être suspecté d'appartenir à la chaîne des processus prémoteurs. C'est pourquoi, la *quatrième et dernière phase* de l'expérience évalue la SPECIFICITE DE L'«ENHANCEMENT» VIS-A-VIS DE LA REPONSE (IV). Le singe doit maintenant répondre *manuellement* à un changement d'intensité du stimulus périphérique (toujours placé dans le champ récepteur de la cellule étudiée), mais *sans rompre la fixation* du point central. Dans la première version de cette tâche, dite *d'«ATTENTION PERIPHERIQUE»* (IVa), Wurtz et Mohler (1976a) entraînent l'animal à relâcher le levier lorsqu'il détecte «du coin de l'œil» l'affaiblissement du signal critique. — *Cette épreuve n'est pas figurée ici, mais le comportement oculomoteur et manuel du singe est identique à celui de la phase (I) de «Fixation», tandis que les stimulus sont ceux du test de «Saccade» (II).* — Une deuxième version de ce test fait appel à un geste de la main vers la position du stimulus, c'est-à-dire à un POINTAGE EN VISION PERIPHERIQUE (IVb). Bushnell, Goldberg et Robinson (1981) intercalent un panneau annexe entre le singe et l'écran où l'on projette les points lumineux. Sans interrompre la fixation centrale, l'animal doit toucher ce panneau dès que le stimulus périphérique y apparaît en un lieu correspondant au champ récepteur du neurone étudié.

Les explorations ont ensuite logiquement suivi le schéma tracé par l'anatomie, par l'étude des «héminégligences» et par celle des commandes de la fovéation. En premier lieu ont été analysées les *aires corticales frontales et pariétales*, c'est-à-dire le FEF, ou aire 8, (Goldberg et Bushnell, 1981) et le lobule pariétal inférieur, ou aire 7, (Bushnell, Goldberg et Robinson, 1981). Après ces deux régions, classiquement considérées comme les «champs oculaires» antérieurs et postérieurs du cortex, deux structures de l'étage diencéphalo-thalamique : la *substantia nigra*[2] (Hikosaka et Wurtz, 1983 a,b,c,d, 1985 a,b) et le *pulvinar*[3] (Petersen, Robinson et Keys, 1985) ont été inventoriées. Ces deux noyaux, qui relaient de nombreuses interconnexions entre le colliculus et les aires corticales précédentes, complètent la topographie générale de l'«enhancement» cérébral, dont la Figure 23 regroupe les résultats les plus typiques. Dans toutes ces régions, la proportion de neurones «visuels» (activés par le stimulus périphérique en tâche de fixation) est variable. D'une manière assez uniforme cependant, la moitié d'entre eux démontre l'«enhancement» saccadique : la proportion varie de 39-40 % à 60 % selon les structures. Cette évaluation, d'abord qualitative (inspection des histogrammes d'activité), est devenue ensuite paramétrique, avec le calcul d'un taux de facilitation qui varie couramment de 1,5 à 9.

La caractéristique commune de ces structures est de contenir des cellules aptes à la *détection et à la localisation spatiale* du stimulus en tant qu'*événement*. Elles ne codent pas les traits spécifiques de l'objet visuel, répondent indistinctement à des «spots» lumineux de formes et de couleurs variées et sont généralement très sensibles aux mouvements. Leurs champs récepteurs sont de taille variable, mais augmentent toujours avec l'excentricité périphérique et peuvent atteindre de grandes dimensions (un quadrant, ou même un hémichamp). S'ils englobent parfois la fovéa, la grande majorité d'entre eux concerne typiquement la vision latérale[4]. A première vue, il est donc facile d'opposer ces propriétés à celles des cellules de V1, où la zone fovéale est majoritairement représentée par des champs récepteurs très petits (souvent moins d'un degré d'angle visuel) et où le stimulus efficace doit posséder impérativement une spécificité de couleur, de contour, d'orientation, de dominance oculaire et de direction du mouvement. Puisque ces dernières caractéristiques sont directement descriptives des objets, on pourrait se demander si l'«intérêt comportemental» du stimulus (son marquage par l'attention) n'est pas une propriété exclusive des mécanismes de localisation spatiale — immédiatement utiles à l'action. Mais le problème est plus complexe, car les fonctions discriminatives d'identification sont présentes, en aval de V1, dans les aires visuelles de la branche inférotemporale, où Moran et

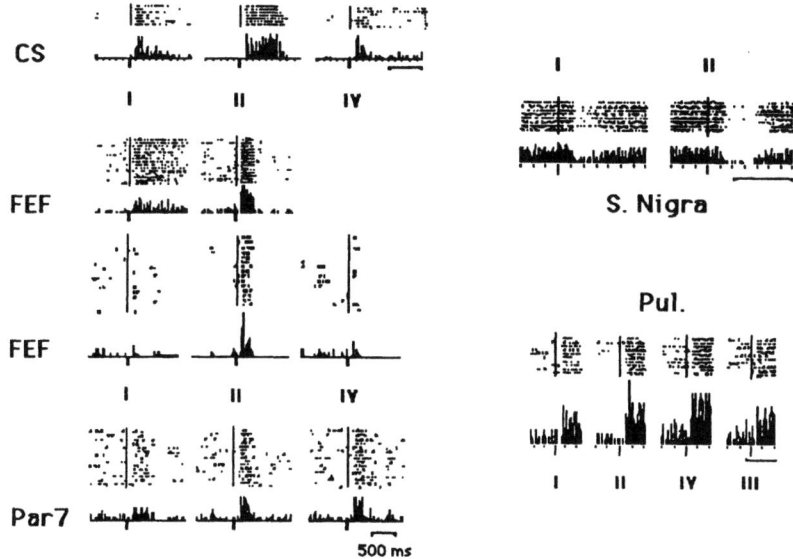

Figure 23. — Comparaison des décharges cellulaires dans les principales phases du protocole d'«enhancement» (épreuves de Fixation I, Saccade II et Attention Périphérique IV). Chaque panneau illustre une cellule représentative d'une structure (deux pour le FEF), d'après les données de Wurtz et Mohler (1976a) pour le *colliculus supérieur* (CS), de Goldberg et Bushnell (1981) pour le *FEF*, de Bushnell, Goldberg et Robinson (1981) pour le *cortex pariétal* (Par7), de Hikosaka et Wurtz (voir Wurtz, 1985) pour la *substantia nigra* (S.Nigra) et de Petersen, Robinson et Keys (1985) pour le *pulvinar* (Pul.). L'activité unitaire est représentée sous une forme «raster» (une ligne par essai, un point par potentiel d'action), dont l'histogramme situé en dessous est la moyenne. Chaque barre verticale traduit la présentation du stimulus. Le module III de la vignette «pulvinar» est un test de sélectivité de l'«enhancement» (stimulus HORS du champ récepteur) en Attention Périphérique (IVa).

Desimone (1985, voir fin du Chapitre précédent), ont clairement démontré l'impact de l'attention sur les activités unitaires. Or cette observation effectuée dans V4 («l'aire de la couleur») est renforcée par Fischer et Boch (1985) qui trouvent, dans cette structure, *la plus importante proportion (74%) d'«enhancement»* jusqu'ici inventoriée. L'absence de ce phénomène dans V1 inciterait donc à considérer celle-ci comme une banque de données visuelles élémentaires, invariablement liées aux mêmes aspect du stimulus et échappant aux effets modulateurs de l'attention.

L'«ENHANCEMENT» : ACTIVITE PRESACCADIQUE OU SELECTION ATTENTIONNELLE ? — La sélectivité pour le champ récepteur est une propriété fondamentale de l'«enhancement» qui le distingue d'une activation générale et l'associe étroitement à la structure rétinotopique du message visuel[5]. L'«intérêt» de l'animal s'exprime uniquement dans le champ récepteur cellulaire et la décharge reste identique dans les conditions statiques du test de fixation (I) et lorsque la saccade est dirigée *à l'extérieur* de cette région critique[6]. Cette condition minimale pour impliquer l'«enhancement» dans une focalisation sensorielle n'est cependant pas suffisante pour accréditer l'hypothèse d'une relation avec l'attention. L'«enhancement» est au départ le renforcement d'une réponse unitaire *visuelle* en présence d'un mouvement oculaire. Mais ce critère est ambigu, car la saccade est à la fois une simple manifestation de l'intérêt de l'animal et une réaction motrice spécifique dont les commandes peuvent annexer des neurones sensoriels aux opérations de paramétrage (modèle du servo-mécanisme, voir p. 174). Il est donc très important de savoir si la «sélection de la cible» par les neurones de l'«enhancement» peut être généralisée à d'autres réponses. L'hypothèse attentionnelle — qui s'oppose à l'interprétation prémotrice — implique donc un principe de vicariance dans l'expression motrice de l'intérêt de l'animal. C'est pourquoi l'aspect le plus sensationnel de l'«enhancement» est la démonstration d'une certaine permanence du phénomène dans différents contextes de réponse. Or de ce point de vue, deux ensembles de structures se différencient nettement.

(a) STRUCTURES DIRECTEMENT LIEES A LA REPONSE SACCADIQUE. — L'extension du test d'«enhancement» à une réponse manuelle a donné des résultats négatifs dans le *COLLICULUS SUPERIEUR*, où Wurtz et Mohler (1976a) ont évalué 55 cellules en «attention périphérique» (*test IVa*), et dans le *FEF* (*aire 8*) où Goldberg et Bushnell (1981) ont mesuré quantitativement les réponses de vingt cellules dans la même tâche. Ces résultats suggèrent que ces deux structures ne traduisent la sélection du stimulus que lorsque celui-ci est directement nécessaire au système oculomoteur. Malgré l'absence de test spécifique, cette conclusion s'applique peut-être à la *substantia nigra*, qui s'insère anatomiquement entre les deux régions précédentes.

(b) STRUCTURES INDEPENDANTES DE LA NATURE DE LA REPONSE. — A l'inverse, l'«enhancement» s'observe dans le *CORTEX PARIETAL* (aire 7) aussi bien lorsque le singe effectue une saccade vers le stimulus (*Test II*), que lorsqu'il répond manuellement en maintenant la fixation centrale (*Test IVa*). Sur une centaine de neurones étudiés dans ces deux épreuves, Bushnell, Goldberg et Robinson (1981) ont trouvé la

même proportion d'unités facilitées (environ 40 %). Mais surtout, les 31 cellules testées successivement dans les deux situations semblaient réagir de façon identique (leurs taux de décharge étaient corrélés à .85 d'une tâche à l'autre). Enfin, huit neurones étaient également facilités dans le protocole de pointage en vision périphérique (IVb). De telles propriétés font de l'aire pariétale une structure-clé des processus de sélection sensorielle, processus que l'on retrouve dans le *PULVINAR*. Ici pourtant, le tableau dessiné par Petersen, Robinson et Keys (1985) semble plus complexe, en raison des nombreuses subdivisions de ce noyau. Dans la région dorso-médiale toutefois, les neurones se comportaient pratiquement comme ceux de l'aire 7. La moitié étaient facilités en « attention périphérique » (IVa), avec une nette sélectivité spatiale pour le champ récepteur [7]. Etant donné ces résultats, B. Blum (1985) a cherché à reproduire artificiellement l'« enhancement » pariétal avec un unique choc électrique « préconditionnant », donné dans le pulvinar, ou dans le noyau thalamique Latéral Postérieur. Les décharges visuelles enregistrées dans le cortex étaient alors profondément affectées (facilitées ou annulées), mais d'une façon curieusement *cumulative*. Ces modulations se construisaient progressivement, ou persistaient pendant quelques essais, après l'arrêt des stimulations.

Cette dissociation des structures spécifiquement liées aux mouvements des yeux (colliculus et FEF) et de celles pour lesquelles la réaction comportementale semble interchangeable (aire pariétale et pulvinar) est un résultat majeur. Il suggère l'existence de deux systèmes fonctionnels caractérisés par des mécanismes sélectifs différents. Dans l'aire 7 et le pulvinar, un processus d'évaluation sensorielle (que les auteurs assimilent à l'attention) marquerait la position de l'espace importante, ou l'objet pertinent pour toutes les réactions motrices. Dans les autres structures, sa sélection ferait partie des opérations de paramétrisation de la cible saccadique, c'est-à-dire d'un phénomène prémoteur orienté vers la fovéation.

LE PROBLÈME DU MÉCANISME ET LES AMBIGUÏTÉS DU PROTOCOLE D'« ENHANCEMENT »

La démonstration de l'« enhancement » est le fait d'un protocole comportemental qui démasque les propriétés fonctionnelles des neurones. Son interprétation exige toutefois une critique des différentes phases de la méthode car, malgré son importance, le phénomène n'est peut-être qu'une conséquence des processus d'attention active proprement dits.

LE PROBLEME DE LA TACHE DE REFERENCE. EFFETS INHIBITEURS DE LA FIXATION CENTRALE. — La logique de base du protocole consiste à comparer une situation où le stimulus est neutre, c'est-à-dire ignoré, ou non-utilisé, à différentes conditions où il devient un signal de réponse. Or dans le premier cas, l'épreuve de fixation (*phase I*, où sont collectées les données de référence) répond à la nécessité pratique d'obliger le singe à maintenir son regard dans l'axe du dispositif. Cette attitude est-elle « *neutre* » ? L'étude des « saccades-express » (Chapitre 3), et de quelques données physiologiques récentes, suggère qu'il n'en est rien.

Dans V4, Fischer et Boch (1985) ont utilisé une variante de la tâche de fixation où l'animal devait maintenir son regard dans l'axe malgré l'extinction temporaire du point central. Si le stimulus-test (champ récepteur) survenait dans la période obscure, les réponses cellulaires étaient considérablement plus importantes que celles observées dans la tâche de base, en présence du point lumineux fovéal. *La fixation centrale a donc un effet suppresseur sur ces activités.* Ces observations rejoignent celles d'Hikosaka et Wurtz (1983b) qui, avec une procédure comportementale de fixation visuelle *sans point de fixation*, réussissaient à obtenir de neurones de la substantia nigra, jusque là silencieux, des réponses à un stimulus-test, bloquées auparavant par la surveillance attentive et prolongée du point central. Mais il existe aussi des effets inverses *d'augmentation* des décharges aux stimulus périphériques dans la tâche de fixation. Mountcastle, Andersen et Motter (1981) ont trouvé par exemple une catégorie de *neurones pariétaux visuels* facilités par la fixation attentive, en prenant pour ligne de base les intervalles inter-essais où l'animal attendait en gardant spontanément son regard au centre.

La tâche de fixation (*I*), où le singe ignore le stimulus-test et qui fournit les données normatives de l'« enhancement », n'apparaît donc plus comme une tâche neutre. Le principe du protocole (prendre une épreuve d'attention fovéale comme référence d'un test d'attention périphérique) affaiblit l'interprétation des auteurs faisant de *l'augmentation* des décharges le critère du mécanisme sélectif. Puisque la fixation centrale attentive s'accompagne de processus d'inhibition active de l'effet des stimulus périphériques, on pourrait soutenir que l'« enhancement » ressort principalement de la dépression des réponses unitaires dans la tâche initiale. (Ces points lumineux testant l'activité cellulaire sont alors, pour le singe, des signaux distrayants et gênants, qu'il doit *activement négliger* s'il ne veut pas manquer l'affaiblissement du point central). Si la différence d'activité entre les situations de fixation et de saccade est bien établie, sa signification l'est beaucoup moins.

APPARITION PROGRESSIVE DE L'«ENHANCEMENT». LE PROBLEME DES ANTICIPATIONS DU STIMULUS. — Dès sa démonstration dans le colliculus supérieur, Goldberg et Wurtz (1972b) notaient la «construction progressive» du phénomène dans les premiers essais du test de saccade (*II*) et sa disparition graduelle après la reprise de la tâche initiale. Ils le comparaient alors à «la réciproque d'une habituation» qui se serait installée avec l'épreuve de fixation (*I*). Or ce retard de l'«enhancement» suggère l'existence d'une courte phase d'apprentissage, où le singe mémorise la position de la cible pour pouvoir faire ensuite une prédiction systématique de celle-ci. L'élément déterminant est le plan d'expérience en blocs d'essais successifs qui implique la présentation répétitive des signaux de réponse au même endroit dans chaque épreuve. Un premier processus d'enregistrement de la position visée — processus attesté par la présence de mouvements oculaires *anticipés* — interagit donc fort probablement avec l'«enhancement». Or il existe des neurones capables de retenir cette position.

LES «MEMOIRES TONIQUES» DE POSITION sont mises en évidence avec une variante de l'épreuve de saccade caractérisée par la *dissociation temporelle* de la cible et du mouvement oculaire («réponse saccadique différée»). Le singe, qui maintient son regard sur un stimulus central, reçoit d'abord l'information positionnelle par le bref scintillement d'un point périphérique, puis attend l'ordre de mouvement donné par l'extinction du point de fixation. Certaines cellules commencent alors à décharger avec l'information initiale et conservent cette activité jusqu'à la saccade, même tardive. Avec une tâche similaire, Mays et Sparks (1980) ont trouvé des unités de ce type dans les couches visuelles intermédiaires du *colliculus supérieur* (le lieu d'enregistrement de l'«enhancement»). Dans la *substantia nigra*, le neurone illustré sur la Figure 24 et enregistré par Hikosaka et Wurtz (1983c) est caractéristique d'une tel phénomène — mais avec une réponse d'inhibition cette fois. D'autres cellules de cette région se contentent d'une brève inhibition *phasique* au moment d'un flash qui commande une saccade *ultérieure*. Mais surtout, dans le *cortex pariétal* (bordure latérale du sillon intrapariétal), Gnadt et Andersen (1988) ont trouvé des cellules visuelles qui mémorisent *les paramètres* de la saccade (Figure 24). Ces unités changent d'activité dans l'intervalle entre le bref stimulus indicateur et la réponse oculaire, et l'intensité de leur décharge tonique est clairement reliée à la position de la cible. Leur spécificité apparaît bien dans les essais non réussis :

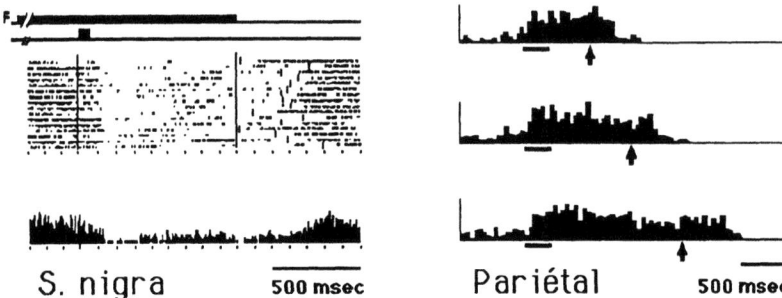

Figure 24. — Deux exemples de «mémoires sélectives» de la cible saccadique. Dans la *substantia nigra* (données schématisée d'après Wurtz, 1985), la cellule cesse son activité après le flash indicateur et ne la reprend qu'après la saccade (dont le début est matérialisé sur chaque ligne de «raster» par un tiret vertical). Dans le *cortex pariétal* (Gnadt et Andersen, 1988) la présentation de la cible (tiret horizontal sous les histogrammes) entraîne l'augmentation de l'activité. L'ordre du mouvement oculaire (extinction du point de fixation) est donné au moment de la flèche. Données simplifiées, redessinées d'après celles de Gnadt et Andersen(1988), qui montrent par ailleurs une relation entre l'intensité de la décharge et la position de la cible

l'activité qui précède une saccade erronée est fluctuante et incertaine. Les auteurs voient dans ces décharges la manifestation cellulaire d'une «intention motrice». Mais celle-ci semble encore plus évidente *dans le FEF*, où Bruce et Goldberg (1985) ont étudié des neurones qualifiés de prémoteurs (parce qu'actifs dans l'obscurité et peu sensibles aux points lumineux utilisés pour définir les champs récepteurs) et capables de réponses prédictives. Dans leur «tâche saccadique différée», le flash positionnel était donné une seule fois au début d'une série d'essais, et le singe donnait ensuite toujours le même mouvement oculaire — directement récompensé — à l'extinction du point de fixation. Or ces «saccades apprises» étaient précédées de décharges anticipées qui se développaient d'essai en essai avant le signal de mouvement, et que les auteurs reliaient explicitement au caractère répétitif de l'épreuve.

La présence de ces appareils neuroniques — qui retiennent la position d'une cible et annoncent le mouvement oculaire à l'avance — dans les structures de l'«enhancement» est significative. Puisque le phénomène a été constamment associé à des situations de prévision du signal, il est tentant de supposer que de telles cellules participent à un processus de facilitation proactive, par leurs activités typiquement *toniques*. L'«enhancement» ne peut être indépendant des variables qui définissent «l'état psychologique» de l'animal au moment du stimulus (attention fovéale, ou périphérique, rétention préalable d'une cible). En d'autres termes, ce phénomène pourrait être la traduction neuronale d'un «set» sensoriel ou oculomoteur.

Or, contrairement à cette hypothèse, Wurtz et Mohler (1976a), s'appuyant sur leur étude des couches profondes du colliculus (Mohler et Wurtz, 1976) et sur la particularité de cette structure de contenir une superposition de cartes prémotrices et visuelles (voir p. 173), ont proposé un *mécanisme phasique* — c'est-à-dire déclenché par le stimulus périphérique — de spécification du point focal visé par la saccade. Ils ont supposé qu'une activité descendante, d'origine corticale, sélectionnerait d'abord un large sous-ensemble de cellules colliculo-réticulaire profondes, dont l'addition avec la réponse sensorielle normale des couches visuelles supérieures provoquerait l'«enhancement». Celui-ci produirait alors une focalisation de la commande qui serait redirigée plus bas, vers le générateur saccadique. Cette hypothèse de Wurtz et Mohler est intéressante par l'illogisme de son raisonnement «réflexiste». Elle place le *primum movens* au niveau d'un ordre prémoteur phasique qui, en réponse au stimulus lumineux, viendrait faciliter une réaction colliculaire sensorielle pourtant très probalement plus précoce[8]. Si l'«enhancement» fait partie du mécanisme de sélection visuelle qui autorise la commande du mouvement oculaire il ne peut être en même temps la conséquence de celle-ci. Or il suffit d'admettre que l'influence externe soit de nature *tonique* et *qu'elle précède le stimulus* pour que l'hypothèse devienne particulièrement réaliste.

Pour conclure, on soulignera que l'interprétation de l'«enhancement» comme un mécanisme non-prémoteur de sélection sensorielle déterminé par l'attention est liée à la démonstration d'un phénomène directement révélé par *les signaux de réponse*, au moment de la réaction comportementale. Un pas supplémentaire dans l'analyse des mécanismes de l'attention visuelle serait de retracer ses origines au niveau d'une activité neuronale «covert», ou latente, dont l'analyse du protocole indique l'existence et qui traduirait mieux la nature mentale de l'attention.

L'«ENHANCEMENT» DANS LE CADRE DES MÉCANISMES DE LA FOVÉATION

Un résultat très important de toutes ces études est la différence fonctionnelle observée entre deux groupes de structures : le colliculus et le FEF d'une part, le cortex pariétal et le pulvinar d'autre part, qui n'ont pas le même degré de liaison avec la réponse motrice au stimulus. Si l'aire pariétale et son satellite thalamique semblent importants pour privilégier la cible, ou l'objet visuel pertinent, le colliculus et le FEF pourraient par contre élaborer des influences facilitatrices à caractère prémoteur qui seraient dirigées vers les commandes oculomotrices du tronc cérébral. Ces différentes régions s'inscrivent dans un vaste triangle anatomique dont l'un des pôle est le FEF (aire 8 du cortex préfrontal), relié à la fois directement et indirectement au colliculus. La voie indirecte transiterait par le noyau caudé et la substantia nigra. Sur l'autre versant du système, l'aire pariétale est connectée au cortex préfrontal incluant le FEF et elle envoie également une importante projection aux couches profondes du colliculus. Elle se trouve donc en position d'influencer toutes les opérations des structures précédentes.

LE MECANISME GENERATEUR DES MOUVEMENTS DES YEUX.
— Les commandes des différents types de mouvements oculaires (saccades, mouvements lents de poursuite et mouvements de convergence) sont partiellement séparées au niveau du tronc cérébral, comme en témoignent diverses atteintes pathologiques. Mais il est commode de les regrouper dans un même «centre du regard», contrôlant le déplacement synchrone des deux yeux. Cette idée d'un mécanisme unique, que les structures supérieures traiteraient par conséquent comme un seul organe, est ancienne (l'«œil double» de Hering, 1868). Elle implique que les influences corticales ne soient pas connectées directement aux motoneurones des six muscles oculaires de chaque œil, mais relayées par de nombreux noyaux mésencéphaliques et pontiques qui servent d'interface et de mécanisme de programmation. L'identification des régions impliquées (voir Bender, 1980; Henn, Lang, Hepp et Reisine, 1984), incertaine d'après la pathologie humaine depuis Foville (1858), Wernicke (1877) et Parinaud (1883), a été précisée après Bender et Shanzer (1964), par des explorations systématiques effectuées chez le Singe par lésions et stimulations. La Figure 25 résume cette organisation. Pour les mouvements rapides (saccades), seuls en cause dans ce Chapitre, le *générateur saccadique* est donc, selon l'expression de Keating, un «archipel théorique» dont les ilots cellulaires sont répartis dans le tronc cérébral. Il s'agit d'une entité fonctionnelle et non anatomique, définie surtout par un certain nombre de modèles[9] (voir par exemple, Robinson, 1975, 1981; van Gisbergen, Robinson et Gielen, 1981; Fuchs, Kanedo et Scudder, 1985).

ORGANISATION FONCTIONNELLE DE LA FOVEATION. — Wurtz et Goldberg (1972b) ont pratiqué des lésions sélectives des couches où ils avaient enregistré les cellules de l'«enhancement» et n'ont observé qu'un retard temporaire de 150 à 300 msec dans l'initiation des saccades. Avec des destructions plus complètes et intéressant les couches profondes, le déficit touche simultanément la précision et la latence saccadiques. Il est proportionnel à l'excentricité des cibles et sa récupération est lente (Albano, Mishkin, Westbrook et Wurtz, 1982). Les mouvements oculaires restent cependant possibles et le trouble s'apparente à une «négligence» des stimulus contralatéraux soudains, c'est-à-dire à une déficience de la réaction d'orientation plutôt qu'à une perturbation motrice. En fait, le premier stade d'une véritable incapacité permanente exige des

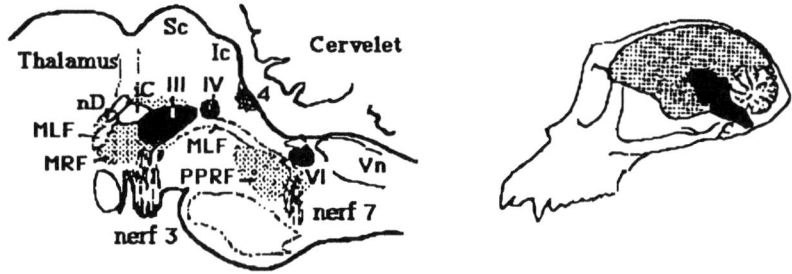

Figure 25. — Coupe parasagitale du tronc cérébral du Singe, montrant la localisation des noyaux des nerfs crâniens III, IV, et VI et de leurs régions prémotrices : réticulaires mésencéphaliques (MRF, mouvements oculaires verticaux) et pontiques paramédianes (PPRF, mouvements horizontaux). iC= n. intersticiel de Cajal, nD= noyau de Darkschewitsch, MLF= faisceau longitudinal médian, Sc et ic= colliculus supérieurs et inférieurs, Vn= noyaux vestibulaires.

lésions profondes, touchant le prétectum et le thalamus médian postérieur. Or même dans ces conditions, le syndrôme n'est pas total et le singe conserve un champ réduit de mouvements oculaires (Albano et Wurtz, 1982; Keating, Kenney, Gooley, Pratt et McGillis, 1986).

Puisque la fovéation résiste aussi bien aux atteintes du colliculus, il faut qu'un autre système accède au générateur saccadique. On a donc essayé séparément des destructions du FEF (champ oculaire frontal). Celles-ci ne provoquent qu'une perturbation transitoire, typiquement caractérisée comme une négligence et non comme une perte de la capacité de fovéation. Mais en revanche, lorsqu'on pratique *des destructions combinées du FEF et du colliculus*, on observe l'anihilation totale et permanente du répertoire saccadique (Schiller, True et Conway, 1979, 1980). Si le FEF envoie bien des projections au colliculus (Künzle et Akert, 1977; Leichnetz, Spencer, Hardy et Astruc, 1981), sa fonction oculo-motrice n'est pas exclusivement relayée par celui-ci (Schiller et Sandell, 1983). Ces données établissent donc que deux systèmes parallèles, l'un colliculaire et l'autre cortical, convergent vers le générateur saccadique du tronc cérébral. Elles ne signifient pas pour autant que le FEF, qui envoie des projections aux couches intermédiaires du colliculus, ne puisse influencer cette structure, ni que leurs fonctions soient équivalentes.

Sur le versant sensoriel, ou «sensoriel-attentionnel» du système, notons que l'effet de la stimulation électrique des aires corticales postérieures semble au contraire directement dépendant de l'intégrité du colliculus. Schiller (1977) a montré que la lésion de celui-ci abolissait les saccades provoquées à partir de V1. Bien que cette dernière région constitue l'une des deux sources d'afférences visuelles des couches supérieures du colliculus, l'effet oculomoteur des «phosphènes» provoqués par la stimulation serait, au moins partiellement, relayé par le cortex pariétal (Keating et Gooley 1986). Celui-ci envoie un fort contingent de fibres aux couches profondes du colliculus, mais son influence sur les saccades en tant que «champ oculaire postérieur» (Shibutani, Sakata et Hyvärinen, 1984) peut aussi bien être relayée par le FEF. En définitive, ces données suggèrent l'existence d'un système ramifié, parallèle et finalement convergent vers les noyaux moteurs du tronc cérébral. La Figure 26 résume les grandes lignes de cette organisation qui ne ressemble en aucune manière à une chaîne de mécanismes spécifiant séquentiellement les ordres moteurs d'une région à la suivante.

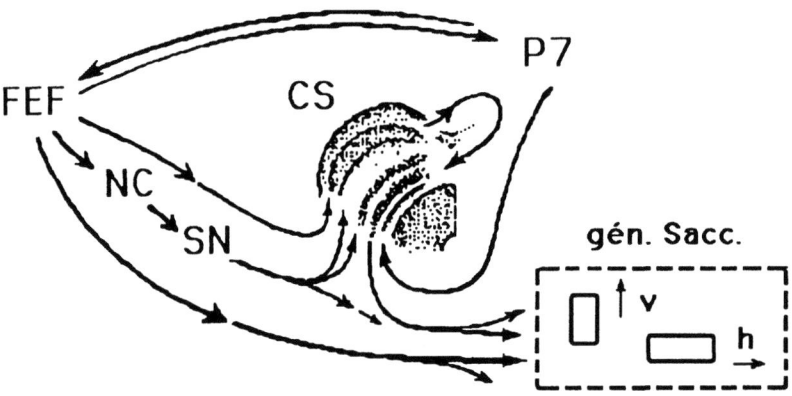

Figure 26. — Schéma de connexion fonctionnelle des commandes oculomotrices. FEF : Champ oculaire frontal, P7 : aire pariétale, NC : noyau caudé, SN : substantia nigra, CS : Colliculus supérieur. Le générateur saccadique est figuré symboliquement par ses deux «modules» liés aux mouvements verticaux (V) et horizontaux (H).

Dans cet ensemble complexe, le colliculus supérieur occupe une position centrale, aussi bien sur le plan anatomique que sur le plan fonctionnel. Les travaux classiques l'impliquaient dans la composante oculaire des «réactions d'orientation». (Le «réflexe de capture visuelle», ou «*visual grasp*», Ingram, Ranson, Hannett Zeiss et Terwilliger, 1932; Hess, Burgi et Bucher, 1946). A partir des années 60, les recherches qui lui étaient consacrées ont connu un développement explosif, dû à la théorie des «deux systèmes visuels». Mais par la suite, cet intérêt ne s'est pas démenti, car l'analyse des transformations sensorimotrices qui sont effectuées dans cette structure est importante pour la compréhension des «cartes cérébrales», comme pour la modélisation des commandes oculaires. Cette importance est attestée par le nombre de revues consacrées au colliculus. (Sprague, 1975; Wurtz et Albano, 1980; Huerta et Harting, 1984; Dean et Redgrave, 1984 a,b,c; Stein, 1984; Sparks, 1986; Dean, Redgrave et Westby, 1989).

PRINCIPES D'ORGANISATION DU COLLICULUS SUPERIEUR. — Le colliculus supérieur est une structure laminaire, composée de deux ensembles superposés. Les trois couches supérieures, essentiellement visuelles et qui reçoivent des afférences directes de la rétine et du cortex occipital, doivent être en effet distinguées des quatre couches profondes, de nature prémotrice, qui se caractérisent par un gigantesque système de connexions aussi bien afférentes qu'efférentes (voir ci-dessous et Figure 27). Cette dichotomie repose donc d'abord sur des critères de connectivité anatomique et d'après ceux-ci, Edwards (1980) considère le colliculus visuel et les couches profondes comme deux structures différentes. Selon lui, la partie profonde, d'où sont originaires (parmi d'autres projections) les faisceaux tecto-pontin, tecto-bulbaire et tecto-spinal, fait fonctionnellement partie de la Formation réticulée mésencéphalique. Mais cette dissociation n'est pas une cloison étanche. On a décrit des connexions dendro-dendritiques à la jonction des couches visuelles et des couches profondes et de nombreux relais sont possibles (prétectum, noyau parabigéminal, Formation réticulaire). L'enregistrement unitaire illustre bien, malgré tout, la différence entre ces deux parties du colliculus. Dans les premières, les cellules restent silencieuses dans l'obscurité (même pendant les mouvements oculaires spontanés) et d'une manière générale en l'absence de stimulus dans leur champ récepteur. Mais lorsque la microélectrode pénètre dans les couches profondes, le tableau change. La transition s'annonce d'abord nettement par un ronflement d'activité plus soutenu et le caractère typiquement prémoteur des unités est attesté par les décharges qui précèdent de 50 à 150-200 msec les mouvements oculaires effectués dans l'obscurité. Certaines d'entre elles peuvent être activées par un stimulus lumineux, mais aussi par d'autres informations sensorielles (auditives et somesthésiques surtout).

CONNEXIONS DU COLLICULUS SUPERIEUR

COUCHES SUPERFICIELLES. Afférences : RETINE, Prétectum, n.Parabigéminal, CORTEX visuel (V1, Préstrié), FEF. *Efférences.* Prétectum, n.Parabigéminal, THALAMUS : n.Géniculé Latéral (partie dorsale, magnocellulaire), n.Prégéniculé, Pulvinar inférieur.

COUCHES PROFONDES. Afférences : MOELLE cervicale, TRONC CEREBRAL : n.Giganto-cellulaire, n.Vestibulaire médian, n.Goll et Burdach, n.sensoriel du V, n.médian du Corps trapézoïde, n.Périolivaire, n.ventral du Lemnisque latéral, n.réticulaire du Tegmentum pontique, n.reticularis pontis caudalis, Locus coeruleus, Raphé dorsal, n.parabrachial latéral, n.externe Colliculus Inférieur, n.Brachium Colliculus Inférieur, n.Péricentral, n.Paralemniscal, n.Parabigéminal, n.Cunéiforme, Substantia nigra (p.reticulata), Zona incerta, THALAMUS : n.réticulaire, n.Prégénigulé, CORTEX visuel (V1, Préstrié), Aires Pariétales, Temporales, Préfrontales, FEF. *Efférences ascendantes* : Prétectum et n.Commissure postérieure. SUBTHALAMUS : Zona incerta, Champs de Forel, et THALAMUS : n.réticulaire, intralminaire, reuniens, n.Géniculé Médian magnocellulaire, n.Supragéniculé, Medialis Dorsalis, complexe Centre Médian-Parafasciculaire. *Efférences descendantes directes* : Faisceaux tecto-pontin, tecto-bulbaire, n. Parabigéminal, n.Paralemniscal, n.Cunéiforme, Colliculus Inférieur, n.reticularis pontis oralis, n.réticulaire Tegmentum pontique, n.Pontin dorsolatéral, n.Moteur VII. *Efférences descendantes croisées* : Faisceau Tecto-spinal, n.reticularis pontis oralis, n.réticulaire du Tegmentum pontique, n.Abducens (VI) et région prémotrice réticulaire, n.du VII, Olive Inférieure, n.Raphé, MOELLE cervicale.

Le trait le plus typique de l'organisation colliculaire réside dans son système de «cartes rétinotopiques». Dans les couches supérieures, l'enregistrement unitaire montre une représentation anatomiquement ordonnée du champ visuel. Dans les couches profondes, on a établi par microstimulation électrique des «cartes de mouvements» dont l'aspect le plus remarquable provient du fait que toutes les saccades possibles sont provoquées à partir de positions bien précises de l'électrode. Des mouvements oculaires effectués dans la même direction, mais avec une amplitude croissante, et qui correspondent à des *variations d'intensité* des décharges au niveau des motoneurones, sont codés dans le colliculus par l'activation *de cellules différentes*. En faisant exécuter au singe des saccades couvrant tout le champ visuel, on s'aperçoit que certaines d'entre elles seulement, dirigées vers une région précise, sont précédées d'une décharge unitaire caractéristique. Cette région — qui est également la cible d'un mouvement déclenché par une stimulation électrique donnée avec la microélectrode — est appelée le «champ moteur» de la cellule. Un grand principe d'organisation apparaît dans la superposition des champs récepteurs des cellules visuelles et des champs moteurs des couches profondes, qui sont alignés verticalement, de sorte qu'une même région de l'espace visuel est marquée par des décharges sensorielles ou prémotrices anatomiquement localisées dans une sorte de «colonne» colliculaire.

UN SERVO-MECANISME DE FOVEATION? — Robinson (1972) et Schiller et Stryker (1972) ont montré chez le singe vigile, que les saccades déclenchées par des microstimulations locales de cette carte de mouvements correspondaient à un code rétinotopique (Figure 27). L'amplitude et la direction des mouvements étaient directement superposables à la représentation du champ visuel dans les couches supérieures. Les saccades provoquées électriquement étaient indépendantes de la position initiale de l'œil et la répétition de la stimulation entraînait des mouvements successifs vers la périphérie. Les impulsions électriques agissaient donc comme un point lumineux projeté à chaque fois au même endroit de la rétine et dont l'écart à la fovéa (l'«erreur rétinienne») serait annulé par le mouvement oculaire. Le modèle de fovéation (Schiller et Koerner, 1971) reposait donc sur l'isomorphie de la carte visuelle des couches superficielles et de la carte prémotrice des couches profondes. Cette organisation permettait de supposer que le stimulus lumineux activait une

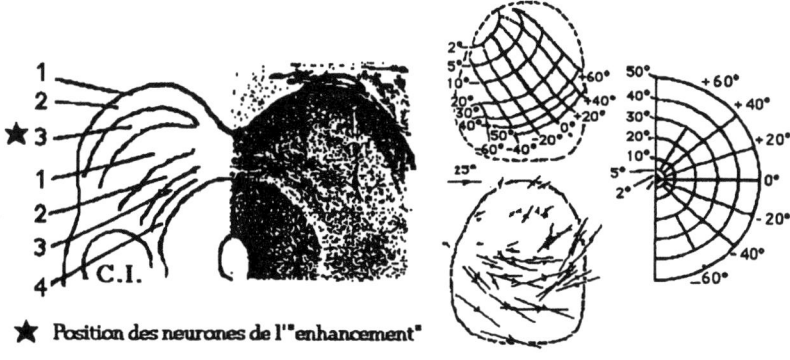

★ Position des neurones de l'"enhancement"

Figure 27. — *A gauche,* disposition des 7 couches du Colliculus supérieur en coupe frontale. *A droite,* les «cartes» colliculaires, vues d'en haut. Le premier schéma est la représentation du champ visuel dans les couches superficielles. La ligne oblique «0°» est le méridien horizontal, où les cellules ne répondront qu'à un stimulus contralatéral et placé sur cet axe horizontal du champ visuel. *En bas,* vecteurs de mouvements oculaires déclenchés, dans les couches profondes, en un point anatomique marqué par la petite flèche. La longueur des vecteurs (amplitude des saccades) augmente avec l'excentricité et leur direction représente l'angle polaire (de -60° à +60°) du mouvement des yeux. (D'après Robinson, 1972).

colonne colliculaire réalisant une transformation sensori-motrice descendante de l'information visuelle. Un tel système serait donc globalement précâblé pour annuler l'«erreur rétinienne» d'un stimulus périphérique. Notons que ce concept fonctionnel est cohérent avec les interprétations des auteurs de l'«enhancement». On peut en effet facilement imaginer qu'un rôle important de l'attention consiste à désigner la cible du mouvement parmi plusieurs stimulus. Quels que soient par ailleurs les mécanismes de cette facilitation, elle valoriserait une position du champ visuel, un objet peu saillant ou même anticipé, au détriment de stimulus physiquement plus intenses.

Quelle serait donc l'origine de ces activités «attentionnelles-préparatoires»? La principale structure candidate est le FEF, qui projette directement sur le colliculus et le tronc cérébral, mais qui exerce aussi son influence indirectement, par l'intermédiaire du noyau caudé. Cette voie transite par la subtantia nigra et l'étude détaillée de cette structure, par Hikosaka et Wurtz, représente une tentative pour démonter le mécanisme de l'«enhancement» colliculaire en remontant d'un pas dans la hiérarchie des centres oculomoteurs. L'hypothèse des auteurs est celle d'une inhibition nigrale s'exerçant en continu sur le colliculus supérieur et dont l'arrêt temporaire au moment de la saccade serait la cause de l'«enhancement» dans cette dernière structure. Pour l'étayer, Hikosaka et Wurtz (1983d) se sont lancés dans l'analyse détaillée des relations nigro-colliculaires par la méthode des réponses antidromiques. Avec une microélectrode d'enregistrement dans la substantia nigra et une autre *de stimulation* dans le colliculus, ils réussissent à activer directement, à rebours du cheminement des influx normaux, une importante proportion de cellules nigrales. Au cours de la descente, de brusques changements de latence et de seuil de la stimulation efficace suggèrent que ces cellules nigrales envoient au colliculus un prolongement qui remonte en développant des arborisations collatérales dans deux couches différentes de cette structure (presque toujours une couche profonde, prémotrice, et une couche intermédiaire). Cette étude minutieuse, appuyée par des données déjà obtenues sur le Rat (Deniau, Hammond, Riszik et Feger, 1981), montre que les projections nigro-tectales peuvent effectivement contribuer à l'«enhancement» dans le colliculus supérieur (et d'une manière générale à la spécification de la saccade) par une levée phasique de leur action inhibitrice.

L'hypothèse d'un contrôle inhibiteur du colliculus supérieur par la substantia nigra s'accorde parfaitement avec de nombreuses descriptions anatomiques des voies nigro-tectales (Graybiel, 1978; Chevalier, Deniau, Thierry et Feger, 1981) qui démontrent l'implication d'un médiateur inhibiteur : le GABA (Chevalier, Thierry, Shibazaki et Feger, 1981). Un test critique, réalisé dans la dernière partie de l'étude d'Hikosaka et Wurtz (1985 a,b) est l'injection, dans le colliculus supérieur, de précurseurs ou d'antagonistes de cette substance, pour vérifier qu'ils altèrent la capacité du singe à effectuer des mouvements oculaires vers des régions correspondantes du champ visuel. Les résultats sont apparemment mitigés, car on n'observe pas l'abolition des capacités de fovéation du singe. En fait, les saccades qui se montrent les plus sensibles à cette intervention sont celles *qui nécessitent la mémorisation préalable de la cible à partir d'un flash initial*. Mais comme les lésions du colliculus n'abolissent pas les saccades (elles les retardent seulement), ces injections n'ont aucune raison de provoquer des conséquences dramatiques. Par contre, les éléments du répertoire oculomoteur qui sont touchés suggèrent que les projections nigro-tectales véhiculent sans doute les activités anticipatrices démasquées dans le FEF et dans la substantia nigra par les protocoles de «réponses saccadiques différées» (voir, p. 168). On peut donc rapprocher cette observation du caractère appris de l'«enhancement», qui ne s'installe pas d'emblée et qui nécessite une information antécédente, lorsque le singe doit choisir entre deux cibles simultanées (test de sélectivité spatiale).

LE PARADOXE DU «FRONTAL EYE FIELD»

Le FEF est connu pour son influence oculomotrice depuis l'aube de la physiologie moderne. Isolé comme une région spécifique sur des critères architectoniques, (aire 8, dans la nomenclature de Brodmann, 1909), il a fait l'objet de nombreuses études topographiques par stimulation électrique, ou lésions. Dans ce dernier cas le FEF a été visé spécifiquement, ou inclus dans les subdivisions régionales du cortex préfrontal. Mais malgré ces efforts, la fonction de cette structure reste mal connue. Au total, peu d'études basées sur l'enregistrement unitaire lui ont été consacrées. Les toutes premières (Bizzi, 1968; Bizzi et Schiller, 1970) ont soulevé un véritable paradoxe en n'inventoriant qu'un faible pourcentage de cellules liées aux mouvements oculaires, et qui ne déchargeaient, de surcroît, *qu'après* leur déclenchement. Comment expliquer dans ces conditions que le FEF puisse commander les mouvements des yeux avec des seuils de stimulation électrique aussi bas?

Mohler, Goldberg et Wurtz (1973) ont supposé que les neurones du FEF traitaient une information sensorielle, bien qu'ils soient situés dans les régions corticales antérieures traditionnellement associées à des fonctions motrices volontaires. Ils ont donc étudié les réponses au stimulus visuel ignoré par le singe, dans la tâche de fixation (I) du protocole d'«enhancement», et ont trouvé 45 % d'unités réactives (67 % dans l'étude plus complète de Goldberg et Bushnell, 1981). Puisqu'aucune d'entre elles ne déchargeait avant les mouvements oculaires effectués dans l'obscurité, elles ne pouvaient traduire un processus prémoteur au sens vrai du terme. Mais lorsque ces neurones répondent aux stimulations visuelles, leur décharge précède évidemment le mouvement oculaire éventuel et elle peut influencer sa commande. Or ces activités sont particulièrement sensibles aux conditions dans lesquels le stimulus devient la cause de la saccade. La manipulation du contexte comportemental, et plus particulièrement de sa dimension préparatoire, est une condition essentielle de leur étude. A cet égard, on suspecte que le résultat négatif observé par Bizzi était dû à un protocole rudimentaire où les mouvements oculaires étaient simplement provoqués, dans un mode «réactif», par des sons ou des attouchements.

L'étude plus récente de Bruce et Goldberg (1985) renforce nettement cette intuition. Les auteurs trouvent 65 % de neurones «présaccadiques» dont ils cherchent à établir la spécificité visuelle ou motrice par une batterie de tests. Cette étude complète la démonstration de l'«enhancement» dans le FEF (augmentation de la décharge lorsque l'animal répond ou non à un même stimulus par un mouvement oculaire), en comparant cette fois les réactions cellulaires lorsque le singe effectue les mêmes saccades avec ou sans signal lumineux. Dans ce dernier cas, les réponses oculaires sont directement récompensées. Elles prennent donc un caractère volontairement dirigé et cessent d'être la condition d'une perception du signal discriminatif. Le singe effectue d'abord, par exemple, une simple saccade à un saut du point central, puis il doit la reproduire avec une cible virtuelle qui l'oblige à mémoriser la position visée. (C'est l'épreuve de «réponses saccadiques différées», déjà évoquée p. 168). Cette position est indiquée occasionnellement, dans une série d'essais, par un flash qui accompagne la disparition du point central. A cet instant et comme cette tâche se déroule dans l'obscurité complète, les décharges cellulaires qui annoncent le mouvement ne peuvent dépendre d'aucune information sensorielle immédiate. La comparaison avec l'épreuve d'«enhancement» permet de classer les unités selon leur liaison avec le stimulus ou avec la réponse.

Cette étude montre qu'une importante proportion de cellules «présaccadiques» est parfaitement en mesure d'influencer les structures du tronc cérébral et apporte des données nouvelles sous deux aspects : a) Le caractère d'anticipation préparatoire des activités est bien illustré par le comportement des unités «liées aux mouvements» dans la tâche de «saccades apprises». b) Curieusement, cette recherche est la première de la littérature où l'exploration a été systématiquement conduite dans le flanc vertical du sillon arqué, dont le fond délimite le FEF postérieurement. Or cette région s'avère particulièrement intéressante. Bruce, Goldberg, Bushnell et Stanton (1985) ont comparé les «champs moteurs» des cellules (le taux d'activité unitaire pour différentes directions et amplitudes des mouvements) avec les saccades obtenues par une microstimulation donnée avec l'électrode d'enregistrement. Ils observent de très bonnes corrélations. En poursuivant systématiquement leurs observations, ils obtiennent une cartographie du FEF, beaucoup plus complète et précise que les précédentes (Figure 28).

L'implication de cette organisation topographique dans une commande préparatoire et volontaire du mouvement oculaire est clairement suggérée ensuite par Goldberg, Bushnell et Bruce (1986) qui montrent que la même stimulation provoque des saccades d'amplitude différente *en fonction de l'état attentionnel de l'animal*. En utilisant la tâche de fixation de l'«enhancement», dans laquelle ils remplacent le stimulus périphérique par la stimulation électrique du FEF, ils observent une réduction d'amplitude des mouvements provoqués, par rapport à ceux qui sont obtenus dans les intervalles inter-essais. Tout se passe comme si le système *résistait activement* à ces saccades d'origine externe lorsque

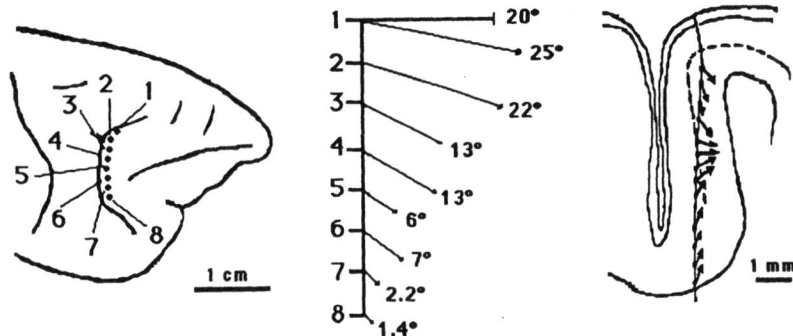

Figure 28. — La carte oculomotrice du FEF de Bruce, Goldberg, Bushnell et Stanton (1985). A gauche, 8 pénétrations d'électrodes dans le pli rostral du Sillon Arqué ont servi à déclencher des saccades *d'amplitude* différente, régulièrement décroissantes de 25° à 1,4°. Les vecteurs traduisant les angles saccadiques (valeur médiane de l'excenticité) ainsi obtenus sont représentés au centre, dans une orientation quelconque pour éviter leur recouvrement. Mais la *direction effective* des différents mouvements des yeux est déterminée dans chaque pénétration par la profondeur de la stimulation, comme le montre la coupe figurant une trajectoire d'électrode à droite. Données schématiques, redessinées d'après Bruce, Goldberg, Bushnell et Stanton (1985).

l'animal guette l'affaiblissement du point central. Comme l'analyse dynamique montre que cet effet n'est pas dû à une correction tardive du mouvement électriquement déclenché, il faut supposer que toutes les saccades possibles sont «préprogrammées courtes» avec l'attention focale. Dans une carte hautement différenciée comme celle du FEF, l'origine de cet effet pourrait être une suractivation locale des cellules codant les saccades de faible amplitude.

MÉCANISMES FONCTIONNELS DANS LE LOBULE PARIÉTAL INFÉRIEUR

Les aires pariétales 5 et 7 sont très représentatives de ce qu'il est convenu d'appeler le «cortex associatif». Le concept provient des études anatomiques de Flechsig qui, à la fin du XIXe siècle, avait montré chez l'homme que ces régions reçoivent des fibres originaires des centres voisins du toucher, de la vision et de l'audition. L'aire 7, qui nous intéresse ici, est un lieu de convergence multiple qui reçoit des afférences d'un grand nombre de régions de l'écorce cérébrale. Pour la somesthésie, les informations primaires lui parviennent *via* l'aire 5, et les afférences secondaires directement. Les aires visuelles préstriées de la bordure antérieure du sillon lunatus (hiérarchiquement plus élevées que V1 et V2 dans l'organisation du système visuel) lui envoient des projections. L'aire 7 ne reçoit pas semble-t-il d'informations auditives directes, mais ces informations lui sont transmises par les relations complexes qu'elle entretient avec les noyaux postérieurs du thalamus. L'aire 7 reçoit du gyrus cingulaire et de la substantia innominata des afférences limbiques, tandis qu'elle envoie d'importantes projections réciproques au cortex préfrontal. A cette liste non exhaustive, il faut ajouter des connexions directes avec les aires prémotrices (aire 6).

L'équipe animée par Hyvärinen à Helsinki, a été la première à enregistrer dans l'aire 7 du Singe vigile des neurones répondant à une grande variété de stimuli visuels capables d'éveiller l'intérêt de l'animal. Ces premières études reposaient sur des tests à caractère clinique et «naturaliste» (objets et friandises présentés par l'expérimentateur) et ne comportaient pas d'enregistrement des mouvements oculaires. Sans chercher à analyser les décharges de façon exhaustive, les auteurs voulaient préciser le concept d'aire associative en évaluant les convergences multisensorielles sur un même neurone (ces convergences sont limitées et ne concernent souvent que deux modalités) et en les localisant approximativement sur une carte corticale (Hyvärinen, 1977; Hyvärinen et Poranen, 1974; Hyvärinen et Shelepin, 1979).

Peu après, Mountcastle et ses collègues, à Baltimore, précisèrent, dans une étude retentissante, les relations entre les décharges cellulaires des aires 5 et 7 et les mouvements des yeux et de la main. Ils décrivirent quatre classes de neurones en fonction de ces composantes du comportement moteur : les cellules liées (1) aux saccades oculaires, (2) à la poursuite d'une cible visuelle, ou (3) activées pendant la fixation attentive et (4) pendant les mouvements de pointage manuels. Deux points étaient particulièrement soulignés : la précession des décharges sur les réactions motrices de l'animal et leur relative insensibilité aux «stimulations passives». Ainsi, les neurones «visuels» se montraient indifférents à des stimulus variés lorsque ceux-ci étaient ignorés de l'animal. Les cellules «somatomotrices» restaient également silencieuses lorsque l'expérimentateur mobilisait doucement un bras du singe pour mettre en jeu les récepteurs kinesthésiques. Puisque ces catégories d'activités pariétales ne se manifestaient que si l'animal montrait son intérêt par une réaction comportementale spécifique et puisque que celle-ci était précédée et non simplement accompagnée par la décharge, Mountcastle, Lynch, Georgopoulos, Sakata et Acuna (1975), puis Lynch, Mountcastle, Talbot et Yin (1977) proposèrent de réviser la conception traditionnelle des aires pariétales comme région d'association sensorielle, pour leur attribuer une fonction de commande des comportements intentionnels ou dirigés. Mais comme les variantes biomécaniques d'un même mouvement (pointage d'une cible à différents azimuts, par exemple) ne semblaient affecter les décharges que d'une façon mineure, ces auteurs avançaient également l'idée d'une dimension «globale» ou «holistique» de cette fonction. Son rôle était de décider d'une réponse appropriée et non d'en définir les détails, c'est-à-dire le programme, une capacité au contraire typiquement motrice. A l'appui Stein (1976) observait de fortes perturbations des gestes dirigés avec le refroidissement des aires pariétales.

Cette hypothèse fut (durement) attaquée par Robinson, Goldberg et Stanton (1978). Ces derniers montrèrent que les catégories de neurones «visuels» mis en évidence dans l'aire 7 par le groupe de Mountcastle pouvaient être mis en jeu passivement par des stimulus appropriés, même lorsque le singe les ignorait. Par contre, lorsque le stimulus devenait le signal d'une réponse, c'est-à-dire lorsqu'il provoquait un mouvement de l'œil (saccadique ou de poursuite), ou de la main (pointage) la décharge était facilitée («enhancement»). En d'autres termes, les auteurs de Baltimore n'avaient pas testé correctement les propriétés strictement sensorielles de leurs unités, car c'est uniquement en contrôlant l'axe du regard par un point de fixation (et non par des épreuves «cliniques») qu'on peut mesurer les réponses par référence au champ récepteur. Les décharges interprétées par Mountcastle comme des témoins d'une commande globale quelque peu abstraite, étaient donc beaucoup mieux décrites comme des facilitations d'une réponse visuelle normalement discrète, mais plus massive lorsque le stimulus était pris comme cible d'un mouvement dirigé. Leur relation intime avec la sélection d'un événement sensoriel pertinent apparaissait bien mise en évidence par la méthodologie de l'«enhancement». En outre, pour prouver la nature sensorielle et non motrice des ces décharges, Robinson, Goldberg et Stanton (1978) comparaient le déclenchement de la réponse unitaire avec le signal ou avec le début de la réponse motrice. La synchronisation systématique de la décharge avec le stimulus contrastait alors avec la relation temporelle incertaine de celle-ci avec le début du mouvement. Dans cet article polémique, l'«enhancement» pariétal était décrit à partir d'une population réduite (58 cellules), mais comme on l'a vu plus haut, l'étude plus systématique de Bushnell, Goldberg et Robinson (1981) vérifiait le phénomène et démontrait son indépendance vis-à-vis de la réponse motrice utilisée.

Rolls, Perrett, Thorpe, Puerto, Roper-Hall et Maddison (1979) ont appuyé cette critique de l'hypothèse de la commande pariétale. Ils ont observé en effet que la réactivité des neurones de l'aire 7 ne dépendait pas de la signification appétitive (récompenses variées), aversive (une seringue, utilisée pour donner de l'eau salée au singe), ou neutre (formes géométriques) des objets ou des signaux. Ceux-ci étaient présentés manuellement ou dans une discrimination instrumentale. Or l'idée de la commande, même «holistique», suppose que les cellules réagissent différemment lorsque que l'animal effectue une réponse de préhension ou d'évitement-répulsion. Cependant, les décharges n'étaient guère affectées par la «désirabilité» des stimulus. Elles étaient présentes à chaque fois que ceux-ci déclenchaient une fixation visuelle et elles ne s'habituaient qu'avec la disparition de cette réaction comportementale (présentations répétées, satiation de l'animal).

L'hypothèse attentionnelle, c'est-à-dire la notion selon laquelle les neurones pariétaux témoignent d'un traitement privilégié du stimulus quelle que soit la réponse comportementale, s'est donc imposée et les caractéristiques de l'«enhancement» pariétal restent sa meilleure expression. Mais chaque test spécifique faisait appel à des échantillons réduits qui ne sont pas forcément représentatifs de l'ensemble des neurones décrits dans l'aire 7. L'«enhancement» reste associé à l'idée d'un code positionnel relativement simple, parce que statique et rétinotopique. Or la typologie cellulaire du cortex pariétal a été étendue depuis à d'autres informations et la diversité des capacités de codage de l'aire 7 est impressionnante.

Motter et Mountcastle (1981), puis Motter, Steinmetz, Duffy et Mountcastle (1987) et Steinmetz, Motter, Duffy et Mountcastle (1987) ont analysé en détail les réponses cellulaires à des stimulus mobiles qui convergent ou s'éloignent simultanément du centre du champ visuel et ils trouvent des cinétiques précises, signalées par les neurones. (Lors des déplacements du sujet vers l'avant ou vers l'arrière, l'environnement effectue un mouvement de «zoom» que de tels stimulus permettent d'analyser en termes de champs récepteurs). Par ailleurs, lorsque le singe, au lieu de rester en fixation centrale, suit une cible qui se déplace par paliers, Sakata, Shibutani et Kawano (1980) ont montré que les neurones pariétaux codaient également la direction du regard, voire la position absolue du point focal dans la profondeur du champ visuel. Ces neurones combinent donc une information visuelle avec la déviation oculaire, l'accomodation et la convergence. Les mêmes auteurs (1983) ont élargi ensuite ces résultats aux neurones de poursuite visuelle, tout aussi sélectivement sensibles à la direction d'une cible mobile dans les trois dimensions de l'espace (voir aussi : Sakata, Shibutani Kawano et Harrington, 1985). L'importance de ces observations a été encore accrue par

Andersen, Essick et Siegel (1985, 1987), montrant comment ces codages différenciés interagissent avec l'information visuelle proprement dite. Lorsque le stimulus est présenté à une coordonnée rétinotopique constante (il accompagne le regard), les réponses cellulaires changent avec le déplacement de celui-ci. Ces neurones peuvent donc signaler les événements en coordonnées spatiales vraies, et non plus rétinotopiques, une information nécessaire au système moteur et en particulier aux commandes de la main. L'influence de l'attention sur ces activités n'est pas connue, mais lorsque le singe se focalise sur le point de fixation, la réactivité d'une catégorie particulière de neurones liés aux signaux périphériques est augmentée, ce qui témoigne au minimum d'un rééquilibrage des représentations nerveuses entre fovéa et champ latéral lors de la fixation attentive (Mountcastle, Andersen et Motter, 1981, voir p. 166; Mountcastle, Motter, Steinmetz et Sestokas, 1987). Pour terminer ce bref inventaire enfin, il faut rappeler les données de Gnadt et Andersen (1988), montrant que, lorsque le singe, prévenu par un flash indicateur, s'apprête à quitter cet état de concentration fovéale pour effectuer un mouvement oculaire, certains neurones pariétaux anticipent la position de la future cible (voir Figure 24, p. 168). Pour les auteurs, ils ont donc la possibilité de participer à l'« intention motrice ».

Toutes ces données réunies montrent l'existence d'un système de représentation différencié des mouvements et des positions, capable de surveiller l'espace visuel extra-fovéal et d'en coder tous les éléments, en relation plus ou moins étroite avec l'état attentionnel de l'animal (fixation visuelle, périodes d'attente inter-essai, prévision d'un mouvement oculaire imminent). La plupart de ces études évoquent la contribution de ces mécanismes à l'attention visuelle, une idée à laquelle les phénomènes d'« héminégligence » apportent une confirmation suggestive, lorsque ce système est détruit en totalité ou en partie. Mais si l'importance du cortex pariétal dans ces processus paraît hors de doute, les décrire en termes de construction d'une image neuronale de l'environnement ne prouve pas leur participation au *déclenchement* de l'action (hypothèse de la « commande holistique »). Cependant, entre l'idée d'une valorisation de la réponse unitaire sensorielle (« enhancement ») lorsque le stimulus devient une cible et celle d'une activité intentionnelle globale — mais non prémotrice au sens habituel du terme (spécification) — la distance n'est peut-être pas si grande, puisque la désignation de l'objectif est bien la toute première nécessité du geste volontaire. Admettons cependant comme peu probable que les aires pariétales soient seules en cause. Elles sont en effet fortement liées à l'autre structure de l'« héminégligence », le FEF, par d'importantes connexions à double sens et l'on a vu (pp. 167-

168) que ces deux régions contenaient des cellules capables de décharges prédictives. Leur contribution simultanée à l'intention motrice et à la sélection sensorielle de la cible semble donc possible (voir Chapitre 7).

RÉSUMÉ DE LA SECONDE PARTIE

La perception diffère de la sensorialité par la mise en cause d'une capacité représentative permettant la reconnaissance d'un objet à partir de différentes données sensorielles que leur pouvoir d'évocation rend interchangeables. Les auteurs classiques l'attribuaient à des phénomènes de mémoire, d'association et d'attention, capables d'intégrer les sensations (provoquées par l'arrivée de messages modalitaires au cortex) dont ils faisait les éléments primitifs de la conscience. Mais après eux, l'école Gestaltiste rejeta le concept de sensation avec l'expérience du «mouvement apparent». Elle montra, avec les lois de la «prégnance» ou «bonne forme», que toute perception implique l'organisation du stimulus (scène visuelle, mélodie) dans un champ structuré dont les éléments entrent automatiquement en interaction. Cette conception invariante des processus perceptifs postulait logiquement leur insensibilité aux facteurs d'apprentissage, de mémoire et d'attention.

A l'époque moderne, la structure est analysée par le biais des phénomènes de «constance perceptive», que l'étude de la ségrégation des surfaces et des multiples discriminations de couleur, luminance et texture permet d'attribuer à des systèmes de proportions fixes entre les différents constituants de l'image. Mais cette même notion d'organisation et de structure peut être vue également comme une règle de combinaison des éléments, définie par des propriétés informationnelles établies par référence au hasard. La synthèse générale des résultats dépend maintenant des possibilités de simuler sur ordinateur des modèles de la vision, qui sont toutefois freinées par des difficultés spécifiques apparues en termes d'économie de calcul et d'architecture. Pour les résoudre, le «connexionnisme» s'inspire des connaissances acquises par la Neurophysiologie et la Neuroanatomie du système visuel des Primates.

Depuis une vingtaine d'années, ces deux disciplines ont inventorié, après le cortex occipital V1, une vingtaine d'aires visuelles associatives qui traiteraient les dimensions spécifiques — ou spécifiquement combinées — du stimulus (mouvement, couleur, etc.). Cette organisation, à la fois hiérarchique (niveaux de traitement successifs) et parallèle (simultanéité de certaines opérations), permettrait la recombinaison des traits élémentaires, issus d'une première fragmentation de l'image, en attributs intégrés des objets. Elle se caractérise par la séparation de deux ensembles consacrés simultanément à l'analyse des positions (cortex pariétal) et à la reconnaissance des formes (cortex inférotemporal). Résultat majeur, on a constaté chez le Singe, une altération des codages neuronaux sous l'effet des contraintes attentionnelles de la tâche, dans deux structures spécialement représentatives de cette organisation : *l'aire corticale V4*, ou *aire de la couleur* (liée au cortex inférotemporal) et *l'aire pariétale inférieure*. Le principe d'invariance perceptive avancé par la Gestalt est donc remis en question.

Le plus connu de ces effets, le phénomène d'«*enhancement*» (augmentation d'une décharge cellulaire lorsque le stimulus devient utile à l'animal), caractérise cependant d'autres régions cérébrales. Il existe, en fait, deux formes d'«*enhancement*» qui différencient deux groupes de structures. Dans *le colliculus supérieur, la substantia nigra, le champ oculaire du cortex frontal*, le phénomène n'apparaît que si le stimulus devient la cible d'un mouvement des yeux, alors que dans le *pulvinar et le cortex pariétal*, il semble témoigner de la valorisation d'une position spatiale *quelle que soit la réponse comportementale*. Pour cette raison, et parce que l'aire pariétale appartient typiquement au «deuxième système visuel» où les lésions entraînent le syndrôme *d'«héminégligence»* (une cécité praxique et attentionnelle, typiquement inconsciente et non-perceptive), son «*enhancement*» a été considéré comme le principal résultat de la Neurophysiologie de l'attention. Mais les propriétés et l'interconnexion des structures de *l'«enhancement»*, dont les projections convergent vers le générateur saccadique du tronc cérébral, suggèrent un schéma fonctionnel plus général. Les régions les plus rostrales participeraient au contrôle prédictif de l'oculomotricité, tandis que les structures postérieures permettraient la localisation d'une cible et la focalisation sur un lieu de l'espace, nécessaire au guidage de l'action.

NOTES

[1] Les mouvements des yeux sont à la fois la conséquence (ou le témoin) d'une fonction sélective centrale et la cause d'un nouveau contenu perceptif. Leur paradoxe est d'avoir constamment servi d'argument à de nombreuses métaphores sur la focalisation de l'attention et de la conscience malgré la remarquable absence de traces qu'ils laissent dans notre expérience vécue.

[2] La SUBSTANTIA NIGRA comporte deux sous-régions, la *pars reticulata* et la *pars compacta* qui se distinguent très nettement par leurs connexions anatomiques. La seconde (*pars compacta*), riche en neurones dopaminergiques, envoie des projections vers le noyau caudé et le putamen (striatum), tandis que la *pars reticulata* constitue (avec le globus palidus) l'un des deux étages de sortie de ce même striatum, et fournit une importante innervation au thalamus et aux couches profondes du colliculus. Les activités unitaires de la *pars reticulata* sont très liées aux signaux visuels et aux mouvements oculaires. Ce sont des activités toniques (couramment 80 spikes/secondes) qui s'inhibent avant les saccades. Ces réponses «en miroir» des décharges observées dans le colliculus et des autres structures démontrent l'«enhancement» : leur pause d'activité au stimulus lumineux, est plus importante si le singe dirige ensuite son regard vers lui que lorsqu'il l'ignore (Figure 24). Notons également qu'un certain nombre de ces unités nigrales réagissent à des cliks auditifs et montrent une pause plus longue si ce stimulus déclenche un mouvement oculaire typique de la réaction d'orientation : on a donc un «enhancement» auditif.

[3] Le PULVINAR est le plus gros noyau thalamique et son développement est continu dans la phylogénèse. Bien que ses fonctions visuelles soient attestées par l'anatomie, il est extraordinairement mal connu du point de vue fonctionnel. Il reçoit des afférences des couches visuelles du colliculus supérieur (qu'il relaie vers le cortex pariétal), ainsi que d'importantes projections de V1 et des aires préstriées et inférotemporales. Les travaux de Bender (1981, 1982, 1983) ont défini plusieurs organisations rétinotopiques complexes, où les champs récepteurs ne sont pas disposés de façon laminaire. La destruction de V1 abolit les propriétés visuelles des neurones du pulvinar. Sa lésion affecte les discriminations visuelles, mais comme le noyau est traversé par les fibres rétino et corticotectales, ce résultat est équivoque (il n'est pas reproduit par une destruction à l'acide kaïnique qui fait dégénérer les corps cellulaires sans toucher les fibres de passage). Chez l'Homme, les lésions du pulvinar produisent un syndrôme d'héminégligence identique à celui du lobe pariétal (Zihl et von Cramon, 1979).

[4] On notera quelques unes de leurs propriétés spécifiques. Dans les couches visuelles du *colliculus supérieur*, Goldberg et Wurtz (1972a) trouvent des unités qui manifestent une «inhibition de contour», lorsque que la taille du stimulus grandit jusqu'à déborder les limites du champ récepteur. Dans le «champ oculaire» frontal (FEF) (Mohler, Goldberg et Wurtz, 1973), les neurones montrent moins de spécificité que dans le colliculus, bien qu'ils semblent préférer des stimulus lumineux très ponctuels. Ceux du *cortex pariétal* au contraire, sont plus sensibles à des stimulus de grande dimension, peut-être en raison de leurs propriétés luxotonique (sensibilité à la quantité de lumière). Leur champ récepteur est large, inclut fréquemment la fovéa et semble dépourvu d'inhibition de contour. Dans le *pulvinar* (Petersen, Robinson et Keys, 1985), on trouve des champs récepteurs plus petits, mais qui varient également (de 0.5° à 10-30°) avec l'excentricité. Dans la *substantia nigra*, les champs récepteurs n'ont pas été systématiquement tracés par Hikosaka et Wurtz (1983a), qui indiquent cependant qu'ils sont souvent de grande taille et qu'ils peuvent inclure un hémichamp. Toutes ces régions codent diversement la direction des déplacements du stimulus. Dans le colliculus, on trouve surtout (90 %) des cellules «pandirectionnelles», incapables de reconnaître ce paramètre avec précision. Par contre, Motter et Mountcastle (1981) ont observé dans le *cortex pariétal* un véritable système de codage des déplacements centrifuges ou centripètes du stimulus. Ces propriétés leur suggèrent l'existence d'une représentation, ou «image nerveuse» spécifique des mouvements de «zoom» de l'environnement, pendant la locomotion.

[5] C'est pourquoi l'on regrette les petits effectifs du test de sélectivité positionnelle. Initialement (dans le colliculus), cette propriété était simplement illustrée par les variations d'activité d'un neurone «représentatif». Dans le FEF, Wurtz et Mohler (1976b), puis Goldberg et Bushnell (1981), indiquaient respectivement la vérification de quatre et de

huit neurones. Dans l'étude des activités pariétales par ces derniers auteurs (1981), sept unités étaient mentionnées. Malgré les centaines d'enregistrements unitaires effectués, ce test (comportementalement difficile) n'a jamais servi à l'évaluation systématique d'une structure. Il n'est d'ailleurs pas facile de conserver les activités cellulaires assez longtemps pour les tester dans toutes les phases de l'expérience. Ce sont donc des sous-échantillons différents qui ont été étudiés dans chaque épreuve spécifique. Sans remettre en cause la démonstration de la facilitation sélective pour le champ récepteur (ces neurones existent), la question de sa généralité reste posée.

[6] Il peut arriver cependant que la réponse du neurone soit réduite en deçà des mesures de référence, voire complètement inhibée. Hikosaka et Wurtz (1983b) ont ainsi observé sur 13 cellules de la *substantia nigra*, un phénomène de «super-sélectivité», équivalent à un blocage du champ récepteur lorsque le singe s'apprête à regarder *une autre* région de l'espace. Les mécanismes sélectifs peuvent donc impliquer aussi bien des facilitations du signal attendu que des inhibitions concernant le reste du champ.

[7] Cette étude est jusqu'ici la seule dans laquelle cette sélectivité de l'«enhancement» a été vérifiée dans une épreuve basée sur une réponse manuelle (tâche IVa).

[8] En faisant varier la synchronisation entre l'extinction du point de fixation et l'apparition de la cible périphérique, les auteurs utilisent celle-ci pour sonder la réactivité cellulaire, tandis que le singe (surentraîné) effectue toujours le même mouvement à la disparition du point central. Le décours temporel de la facilitation de la décharge est ainsi établi dans une étroite fenêtre d'environ 500 msec, centrée sur le début de la saccade. Il semble même atteindre son maximum lorsque le stimulus suit immédiatement le départ de celle-ci. Ces données partielles (trois cellules) ne soutiennent pas solidement les conlusions des auteurs.

[9] On peut souligner rapidement trois principes de leur fonctionnement. 1) Malgré la complexité de l'appareil musculaire extrinsèque de l'œil, les commandes sont décomposées de façon cartésienne, puisque les déplacements horizontaux sont réalisés par des motoneurones situés dans le *noyau abducens* (nerf VI) et que les mouvements verticaux dépendent du noyau du III et du IV. 2) L'information prémotrice consiste en une décharge tonique, dont l'intensité code l'amplitude du mouvement. 3) Cette activité est admise vers la commande neuromusculaire par un système local de neurones réticulaires («*omnipausers*» et «*bursters*»), définissant la porte temporelle utile selon un principe d'asservissement à l'information de position.

TROISIÈME PARTIE

LE CERVEAU COMME SYSTÈME D'ACTION : ATTENTION ET INTENTION

Chapitre 6
L'attention dans la perspective stimulus-réponse. Théorie du temps de réaction et mécanismes préparatoires

Si l'idée d'une relation forte entre l'attention et les processus moteurs semble à première vue paradoxale, il est pourtant clair que la focalisation de l'attention sur un objet constitue souvent la première manifestation d'une *intention*. Celle-ci peut changer ou disparaître avant de recevoir un début de réalisation, elle n'en constitue pas moins l'élément fondamental qui distingue l'activité volontaire des automatismes susceptibles d'être déclenchés sur un mode réflexe par le stimulus. Est-il besoin de remarquer que, dans ce type de processus, l'attention est d'autant plus fortement sollicitée que l'urgence de l'action se fait pressante ? La vie de tous les jours donne de nombreux exemples de telles situations où l'attention, loin d'être l'agent d'une «vie mentale» purement contemplative, semble au contraire la condition principale d'un agissement efficace. C'est en tous cas le sens que lui donne le langage courant («*attention à ce que tu fais*») et son illustration la plus simple est celle où nous guettons un événement soudain pour y réagir le plus rapidement possible.

Cette situation-type est celle du Temps de réaction (TR) et son analyse constitue l'une des plus anciennes entreprises de la Psychologie scientifique. Cet intérêt constant des chercheurs pour le TR vient sans doute du fait que l'obligation de réagir vite impose au sujet de mettre en jeu, dans l'intervalle stimulus-réponse, un condensé de processus fondamentaux sensoriels et moteurs directement mesurables. A l'époque moderne, cette tâche a fourni le support d'importantes modélisations en termes de transformations discrètes et successives (appelées «*stades de traitement*») de l'information sensorimotrice. Mais comme cette épreuve exige une certaine forme de prédétermination, ou d'adaptation antérieure à l'arrivée du signal impératif (elle est impossible à l'improviste), elle introduit le concept critique de *préparation*. Celui-ci traduit la même idée que l'«*Einstellung*», ou le «set», celle d'un ajustement préalable de l'organisme à la tâche. (On a déjà vu au Chapitre 3, avec l'orientation spatiale de l'attention visuelle, une forme particulière de ces mécanismes). Comment s'articulent ces deux perspectives théoriques : schéma stimulus-réponse et anticipation ? Sont-elles même compatibles ? Quelles sont les contraintes qu'elles imposent aux relations entre l'attention et la planification de l'action ?

HISTORIQUE DU TEMPS DE RÉACTION

Le problème du Temps de réaction est plus ancien que la Psychologie scientifique elle-même. Au début du XIXe siècle, les astronomes s'aperçurent en effet d'erreurs subjectives dans les relevés de passage des objets stellaires. La méthode de l'«œil et de l'oreille» imposait alors à l'observateur de repérer et de mémoriser deux positions successives associées aux battements d'une horloge, pour calculer ensuite le franchissement de l'axe de visée par interpolation. L'anecdote indique qu'en 1796, Maskelyne, Astronome Royal à Greenwich, chassa son assistant Kinnebrook, parce que celui-ci «persistait à effectuer des mesures erronnées». (Elles différaient de huit dixièmes de seconde des siennes propres). Une note sur cet incident devait cependant attirer l'attention de Bessel (1784-1846), fondateur de l'observatoire de Königsberg, qui eut alors l'idée de comparer les différents relevés d'un même passage : aucun n'était identique. On attribua donc ces variations individuelles à un facteur physiologique de «transmission d'influx nerveux» au moment de la prise en compte des indications auditives et visuelles. Avant que le perfectionnement du chronographe ne permît l'enregistrement automatique des transits stellaires, les revues d'Astronomie témoignèrent d'un certain engouement pour l'étalonnage de cette erreur de mesure, avec le calcul d'une «*équation personnelle*» propre à chaque observateur. Ces études préfiguraient les recherches psychologiques ultérieures, avec leurs stimulations effectuées au moyen d'une «étoile artificielle» et un enregistrement chronométrique de plus en plus précis des réactions de l'observateur. A partir des années 1860, le nouveau chronoscope de Hipp permettait de mesurer la milliseconde et devenait l'instrument de laboratoire standard. Avec lui, l'astronome Hirsch constatait que les impressions visuelles, auditives et tactiles entraînaient des réponses de vitesse différente, qu'il chiffrait respectivement à 200, 150 et 140 msec.

En supposant le facteur individuel constant, Helmholtz (1850) chercha à évaluer chez l'Homme, la vitesse de conduction nerveuse qu'il venait de mesurer sur le nerf de grenouille. Pour une même réaction motrice, il appliquait un stimulus à différentes régions de la peau — entre le pied et la hanche par exemple — pour induire des variations du TR proportionnelles à la distance entre le point de stimulation et le cerveau. On pouvait ainsi obtenir quelques valeurs vraisemblables, mais elles étaient mêlées à d'importantes fluctuations qu'Helmholtz attribua fort justement à un «temps central» et il abandonna la méthode. Celle-ci fut réintroduite plus tard, par l'ophtalmologiste hollandais Donders (1868/ 1969 a,b), dans l'intention, explicite cette fois, d'estimer la durée des actes mentaux. L'idée initiale était qu'une opération cognitive exige une période de temps qui lui est caractéristique, au même titre qu'une contraction musculaire ou qu'un battement cardiaque. Conscient cependant de la difficulté d'accéder directement à la mécanique psychique, Donders imagina une méthode «de soustraction», reposant sur la comparaison de la «*réaction la plus simple*», dans laquelle le sujet donne toujours une même réponse à un même stimulus, à une variante que l'expérimentateur aurait «compliqué» d'un processus additionnel. La mesure de l'allongement physiologique dans cette seconde épreuve était supposée correspondre à la durée de l'acte mental inséré.

Dans la première série d'expériences, le sujet recevait des stimulations tactiles par des électrodes cutanées fixées aux pieds. Il devait répondre avec la main droite à une sensation perçue au pied droit et avec la main gauche dans l'autre cas. Dans la *situation simple* (droit-droit, ou gauche-gauche séparément), la réponse était toujours identique et Donders la supposait présélectionnée une fois pour toutes avant chaque stimulus. L'observateur se contentait donc de réagir à la seule apparition de celui-ci (*détection*), sans qu'il lui fût nécessaire de le reconnaître. La performance moyenne enregistrée dans cette condition (appelée ensuite «*type I*» ou «*méthode a*»), était alors comparée à celle du Temps de réaction de choix («*type II*» ou «*méthode b*»), où le signal, survenait aléatoirement d'un côté ou de l'autre. Le sujet qui ne pouvait plus rien préparer à l'avance devait identifier le stimulus (à gauche ou à droite) avant de choisir son mouvement. Ces deux opérations additionnelles de «discrimination + choix» provoquaient alors un allongement du TR de 67 msec, que l'auteur considérait comme le temps ..«*pour décider quel côté avait été stimulé et pour établir l'action de la volonté sur le côté droit ou gauche*».

Donders était un expérimentateur méticuleux et il reproduisit cette expérience avec d'autres stimulus et avec d'autres réponses. Avec une lumière rouge ou blanche, la différence TR simple/TR de choix augmentait jusqu'à 154 msec. Elle atteignait 166 msec avec la présentation visuelle de deux lettres que le sujet devait nommer (réaction vocale). Enfin, lorsqu'il devait répéter oralement une seule syllabe prononcée par l'expérimentateur («*ka*», par exemple), sa performance était plus rapide de 88 msec que celle enregistrée avec deux («*ka*», ou «*ki*»). Ainsi se trouvait démontrée cette différence entre TR simple et TR de choix, qui reste un fait expérimental majeur dont l'explication est au centre de la théorie du Temps de réaction.

Donders tenta ensuite de dissocier, au sein des processus du TR de choix, la discrimination sensorielle de la sélection de la réponse. Pour établir la durée de la première opération, il mis donc au point une épreuve de «*TR discriminatif*» («*type III*», ou «*méthode c*»), où la réponse était toujours identique — comme dans le TR simple — mais où il était demandé aux sujet de distinguer parmi les stimulus présentés et de ne réagir qu'à un seul d'entre eux. (Par exemple, l'expérimentateur énonce «*ka*», ou «*ki*», mais seule «ki» doit être répétée.) La performance moyenne se situait alors effectivement à un niveau intermédiaire, plus lente de 46 msec que le TR simple, mais plus rapide de 42 msec que le TR de choix. Cette progression ordonnée des trois performances semblait donc justifier l'idée-force d'une organisation typiquement *sérielle* et *modulaire* des opérations sensori-motrices mises en jeu entre signal et réponse (Figure 29). Pour Donders en effet, le mécanisme du TR simple (I) était *par nature identique* à celui de la réponse «discriminative» (III), ou de la réponse de choix (II), à la seule exception des opérations mentales *insérées*.

Cette chronométrie des actes mentaux reposait entièrement sur deux hypothèses fortes concernant la structure des traitements. (1) L'enchaînement des opérations devait absolument s'effectuer sans recouvrement, et (2) ces opérations devaient *être rigoureusement les mêmes* d'une épreuve à l'autre. Ces deux conditions déterminaient la validité de la soustraction des TRs obtenus dans des tâches différentes. Or les expériences de Wundt montraient que la deuxième affirmation n'était pas vraie dans l'absolu, puisque la discrimination (TR type III) d'un stimulus était *plus lente* si elle était effectuée contre trois signaux à ignorer au lieu d'un seul. Mais Wundt (1886) estimait surtout que le «TR discriminatif» de Donders n'était qu'une variante du TR de choix. A chaque essai, le sujet devait bel et bien décider de répondre ou de ne pas répondre (on le considère maintenant comme un «*choix Go/No-go*» en raison de l'incer-

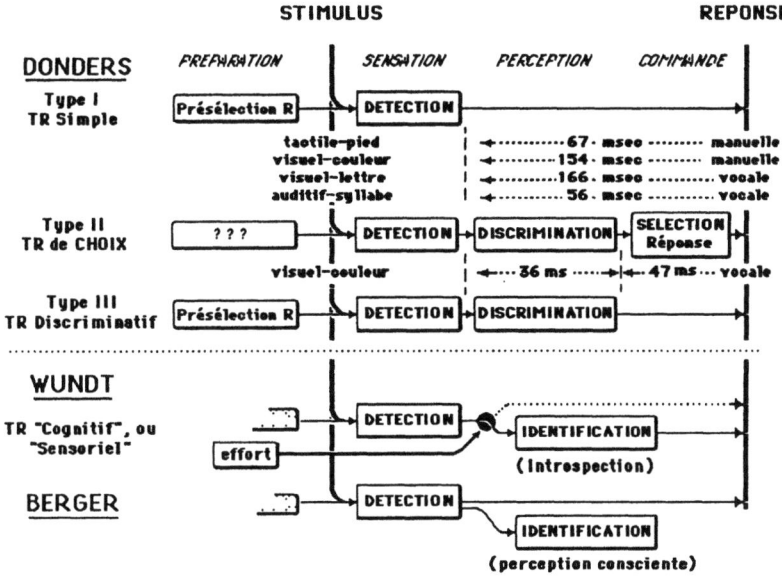

Figure 29. — Schématisation des «actes mentaux» impliqués dans les trois protocoles de Donders (en haut) pour calculer leur durée «par soustraction» (on a intercalé les différences obtenues dans plusieurs tâches). Au dessous, interprétation de Wundt qui aboutit à l'impossible «réaction de type sensoriel», ou TR «purement discriminatif», et l'analyse critique de Berger (en bas), supposant le parallélisme du processus moteur et du processus perceptif.

titude de l'opération motrice). De ce fait on pouvait douter de l'existence d'une tâche intermédiaire qui eût permis de décomposer l'enchaînement «discrimination + sélection», caractéristique du TR de choix (Figure 29). Le principe même de la méthode de soustraction était sérieusement atteint.

Wundt concentrait son analyse sur *le TR simple* et élaborait une théorie «signalisatrice» conforme à sa préoccupation de décrire l'émergence d'une sensation à la conscience. Pour lui, le sujet manifestait simplement par sa réponse qu'il avait effectivement perçu le stimulus. Le processus était envisagé en trois phases : a) une phase sensorielle, provoquant une «impression», b) le passage de celle-ci au «foyer de l'attention» (*Aperception*) et c) un processus *moteur volontaire* qui ne faisait que traduire l'accomplissement de la détection. Mais Wundt raisonnait aussi d'après un concept de préparation déjà ébauché par Exner (1874). L'argument principal venait des nombreuses erreurs d'anticipation qu'on observe en

TR simple, lorsque la réponse *survient avant* le stimulus. Dans ce cas, le processus sensoriel ne peut contribuer au TR et, comme il est vraisemblable que le sujet utilise toujours la même stratégie, il n'y a pas *succession* des phénomènes perceptifs (phases a et b) et moteurs (phase c), mais plutôt organisation parallèle et simultanée des deux. Dans la seconde édition de la *Psychologie Physiologique* (1880), on trouve que la phase volontaire (de réponse)... «*coïncide avec le temps interne ou temps de l'Aperception*». Et un peu plus loin (p. 255) : «*Voici la seule manière d'expliquer ce phénomène : grâce à la tension de l'attention, qui va au-devant de l'impression attendue, il se développe simultanément une innervation préparatoire des domaines centraux moteurs, qui, à la moindre impulsion, se convertit en excitation réelle*». Wundt formalisait donc le TR comme une tâche d'attention, en reliant la perception du stimulus à l'anticipation motrice. Il donnait à l'appui (pp. 271-273) les résultats d'expériences préliminaires, montrant que la «réaction simple» était considérablement ralentie par les facteurs d'*incertitude* (variations aléatoires de l'intensité ou de la modalité sensorielle du signal), *de surprise* (raccourcissement imprévu de la période préparatoire) et de *distraction* (interférence d'un deuxième stimulus).

En systématisant ces observations, le laboratoire de Leipzig aurait pu opérationnaliser, avec 60 ans d'avance, un concept de préparation semblable à celui de l'expérience de Mowrer, Rayman et Bliss (1940, voir Chapitre 1, p. 36). Mais l'orientation choisie fut au contraire d'analyser le TR simple par l'introspection. On essaya de moduler volontairement cet «effort d'attention», supposé à l'origine de la préparation, pour définir *différents types de TRs simples*, identifiés par des changements de performance. En accord avec la théorie «signalisatrice», L. Lange et d'autres élèves de Wundt cherchèrent à distinguer une «*réaction cognitive*», ou «*de type sensoriel*», comportant une perception complète passant par les trois étapes mentionnées plus haut, d'une «*réaction motrice*», considérée comme un court-circuit (dépouvue de la phase b). Pour démontrer le premier type, le sujet ne devait répondre qu'après «une claire identification» du signal, qui exigeait un entraînement prolongé : il devait pister sa perception par introspection, et ne répondre que lorsque celle-ci était achevée. Cette tentative de différencier un processus de TR simple de «pure identification» — qui aurait échappé cette fois aux critiques portées contre le «type III» de Donders — se solda par un échec. Malgré des tentatives répétées, les TRs «sensoriels» des meilleurs observateurs ne différaient pas systématiquement des TRs «moteurs». Pour Berger (1886), le sujet risquait toujours — en dépit de ses efforts — de déclencher sa réponse dès l'apparition du stimulus, alors que l'évaluation perceptive, donnant lieu à la sensation consciente (identification), se poursuivait encore. Comme la procédure n'exerçait aucune contrainte sur lui, sa «réaction sensorielle» pouvait à tout moment se transformer en «réaction motrice». Pour cet auteur, la seule façon d'être sûr que la perception était achevée au moment de l'initiation de la réponse, consistait à faire dépendre celle-ci du signal.

En fait, la critique préparationniste se retournait facilement contre Wundt. C'était bien le caractère «balistique» et irrépressible du processus de réaction qui empêchait toute intervention de la conscience une fois celui-ci engagé. Exner (1873) avait déjà mentionné le peu de contrôle conservé par les sujets — malgré une pratique intensive — sur le déroulement de leur processus mental après le stimulus impératif. Pour lui (1874), c'était la préparation — et non la réaction — qui constituait l'action importante et à proprement parler volontaire. Il concevait son mécanisme comme un aiguillage («*Bahnung*», voir Exner, 1894), par lequel le système nerveux mettait en place la facilitation d'une réponse particulière par le signal désigné. Sur une base similaire, Külpe considérait comme automatiques les actes mentaux déclenchés par le signal de TR et il les assimilait à une sorte de «réflexe préparé». Comme l'introspection des sujets montrait qu'ils avaient remarquablement peu à dire sur la période du TR elle-même, en comparaison de la période de préparation, Külpe suggérait que celle-ci était le cadre d'une adaptation («*Einstellung*», ou «set»), spécifique de *chaque tâche* («*Aufgabe*»). Puisque l'attitude initiale du sujet lui semblait différente selon le nombre de signaux attendus, Külpe (1893/1895) rejetait aussi la méthode de soustraction inaugurée par Donders, en considérant que l'adjonction d'un processus de discrimination dans le TR de choix entraînait une modification de l'ensemble de la structure du traitement. Ce débat sur la nature des processus préparatoires et sur leurs relations avec les opérations activées par le signal de réponse est toujours d'actualité.

SÉRIALITÉ STIMULUS-RÉPONSE ET STADES DE TRAITEMENT

Les chercheurs de l'époque n'avaient pas, techniquement, les moyens expérimentaux pour préciser leurs interrogations. Pour cette raison, à laquelle s'ajouta ensuite l'hostilité des Behavioristes envers l'étude des processus mentaux, les recherches consacrées au Temps de Réaction connurent un déclin prolongé jusqu'à la Deuxième Guerre mondiale. Leur renouveau spectaculaire au cours des années 50 et 60 est dû à la redécouverte de l'hypothèse sérielle de Donders dans la perspective du traitement de l'information. Dans sa forme moderne, cette conception repose sur l'existence d'opérations spécifiques, ou de «*stades de traitement*», qui s'enchaînent linéairement dans l'intervalle du TR. Celui-ci est donc toujours considéré comme une somme de temps élémentaires consacrés à ces processus modulaires. Cependant, la principale faiblesse du raisonnement de Donders provenait du postulat que les épreuves comparées différaient uniquement par l'opération dont il voulait mesurer la durée. Ses détracteurs estimaient au contraire que l'insertion d'un stade de traitement modifiait tous les autres et que le nouveau TR confondait ces deux conséquences. C'est pourquoi un renouvellement particulièrement important de ces principes méthodologiques et théoriques fut apporté par Sternberg (1969), proposant une méthode *d'inférence*, centrée sur l'analyse d'une même tâche. Si cette dernière implique bien l'organisation discrète des transformations successives de l'information apportée par le stimulus (*détection, identification, choix et mise en jeu de la réponse*), on doit pouvoir manipuler *la difficulté* de chacun de ces processus isolément. La discrimination par exemple, peut être affectée par la similitude des signaux. On peut comparer une situation où une lumière rouge commande une réponse (R1) et une lumière bleue une réponse (R2), à celle d'une différenciation Rouge (R1) / Rose (R2), plus difficile, et qui entraîne un TR de choix plus long. Cette variation de difficulté est interprétée comme une augmentation de la *quantité de traitement* réalisée par un même processus, augmentation qui se traduit par l'allongement de cette composante spécifique du TR.

Mais l'idée essentielle à la base de la Méthode des Facteurs Additifs, ou MFA (Sternberg (1969), consiste à *combiner deux manipulations différentes*, supposées agir sur deux étapes distinctes de la chaîne d'opérations. En organisant l'intervention de ces deux facteurs de variation selon un plan exhaustif (chaque degré d'une difficulté devant être testé avec tous les niveaux de l'autre, voir Figure 30), *l'Analyse de Variance*, appliquée aux TRs obtenus, permet de connaître le degré d'indépendance de leurs effets. Lorsque celle-ci est complète, on dit que ces effets sont *additifs*. En d'autres termes, l'action *simultanée* des deux variables produira des modifications *cumulatives* du TR moyen et leurs influences s'ajouteront sans s'affecter réciproquement. Les changements du TR provoqués par l'action d'un premier facteur resteront donc identiques dans toutes les conditions de variation imposées par le second (Figure 30). Cette situation est typiquement observée lorsque l'une des variables touche le versant perceptif et l'autre le mécanisme de l'action motrice. Intuitivement, on comprend en effet que la difficulté d'une dis-

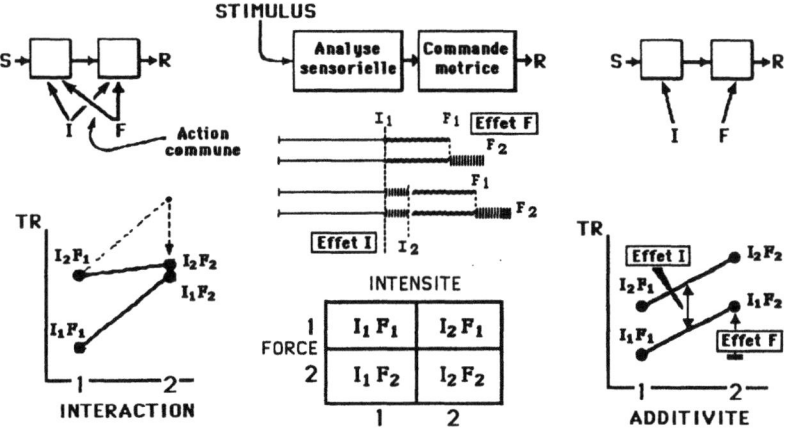

Figure 30. — Principe d'analyse d'un processus sensorimoteur (en haut) par la MFA. Dans cette expérience fictive, en TR simple, on cherche à évaluer l'indépendance d'un facteur perceptif (par exemple, l'intensité I du stimulus) et d'un facteur «moteur» (par exemple, la force F nécessaire à déclencher le bouton-réponse). Le sujet sera donc soumis aux quatre conditions de la matrice factorielle (en bas au centre) qui détermine quatre types d'essais différents, présentés par blocs successifs. Si les traitements expérimentaux agissent de manière indépendante sur les deux «boîtes noires» illustrées en haut (avec la décomposition correspondante du TR, dessinée au-dessous), on s'attend à la configuration des TRs moyens représentée à droite (*additivité*). Mais si les deux facteurs possèdent une influence commune (ce qui peut signifier qu'ils représentent partiellement la même manipulation expérimentale), on devrait obtenir l'effet *d'interaction figuré* à gauche.

crimination a peu de chances de retentir directement sur le système de réponse. Ces deux traitements d'information étant réalisés par des modules indépendants (sans opération commune), leur contribution respective au TR restera distinguable et les différences statistiques seront limitées *aux effets principaux* des facteurs (aucune *interaction* ne sera observée). Mais si l'expérimentateur s'intéresse cette fois aux processus intraperceptifs, il pourra combiner par exemple, une manipulation de l'intensité du stimulus avec des changements de sa netteté par rapport à un «bruit» (visuel ou auditif). Dans ce cas, les effets peuvent être plus complexes. Si l'action d'un facteur est atténuée, ou modifiée, par l'intervention de l'autre (ce qui est la définition d'une interaction statistique), c'est que les deux variables ont un effet commun, qui s'exerce vraisemblablement sur une même opération de traitement. Ces idées ont exercé une influence considérable sur la recherche moderne des stades de traitement dans le Temps de Réaction. Ceux-ci sont maintenant identifiés grâce à l'inventaire des effets additifs obtenus par la combinaison d'une variété de manipulations expérimentales. Theios (1975), proposant cinq types d'opérations, et Sanders (1980), qui en distingue six (Tableau ci-dessous) sur la base d'un bilan critique de dix années d'utilisation intensive de la MFA, ont présenté chacun d'une manière synthétique les données disponibles et les progrès réalisés. Le lecteur intéressé pourra également se reporter aux revues de Turvey (1973), Taylor (1976), Massaro (1975) et Pieters (1983).

Ligne d'opérations S.R., d'après l'inventaire de Sanders (1980)

	OPERATION	INFORMATION MANIPULABLE
STIMULUS		
	Prétraitement	*Contraste du stimulus*
	Extraction de «traits»	*«Qualité» du stimulus*
	Identification	*Discriminabilité*
	Choix de la réponse	*«Compatibilité» S.R.*
	Programmation	*Spécificité de la réponse*
	Ajustements moteurs	*Tension musculaire induite*
REPONSE		

Les effets additifs les plus clairs définissent simultanément des manipulations expérimentales et des types de traitements bien précis. Les variables les plus intéressantes sont a) l'intensité (ou contraste) du stimulus, b) sa «qualité» (ou bruitage), c) sa discriminabilité (degré de confusion possible entre deux lettres, par exemple). Par ailleurs, d) la compatibilité SR (stimulus-réponse) renvoie au caractère plus ou moins spontané, ou immédiat (c'est-à-dire à la force) d'une relation acquise entre un stimulus et une réponse. Ainsi, on reconnaît et on nomme plus vite un mot familier qu'un mot non-familier, on appuie plus rapidement sur le bouton qui s'illumine que sur celui qui est désigné par un code (tel que «1» pour gauche, «2» pour droite). Cette variable, comme le *nombre de réponses* (ou d'«alternatives») impliquées dans le choix, est généralement considérée comme susceptible d'influencer le processus de décision motrice (recherche en mémoire du programme adéquat). En associant des variations de la compatibilité SR avec une manipulation de chacun des trois facteurs «sensoriels» qui viennent d'être envisagés, des effet additifs sans interaction ont généralement été décrits et reproduits, dans des études relativement comparables. On est donc tenté de conclure à l'existence de stades perceptifs spécifiques. Cette conclusion est confortée par l'observation (voir Sanders, 1980) d'effets additifs par manipulation conjointe de l'intensité et de la qualité du signal (lorsque celui-ci est «dégradé», ou noyé dans du bruit). Mais il faut mentionner pourtant un travail de Stanovich et Pachella (1977), décrivant des effets d'interaction par la combinaison des facteurs de brillance (contraste) du stimulus et de compatibilité SR. Pour les auteurs ce serait l'indication d'un fonctionnement parallèle des processus d'identification et de décision ou de recherche en mémoire de la réponse.

Sur le versant moteur, trois variables expérimentales ont été plus spécialement utilisées : a) la fréquence relative des réponses entre elles, b) la modulation de durée de la période préparatoire, c) la consigne donnée au sujet d'exercer une tension musculaire plus ou moins grande pendant la durée de l'essai (il s'agit d'influencer un «niveau général d'activation motrice»). Différentes combinaisons de ces variables ont été employées. Or il faut souligner que la manipulation (a), par laquelle une des réponses mises en jeu devient à un moment donné plus fréquente (probable), possède un statut très particulier. Ainsi, dans un TR de choix binaire, l'équiprobabilité entre deux réponses correspond à la définition même du TR de choix, tandis qu'un rapport de fréquences 100 % - 0 % entre elles renvoie au TR simple. Cette nouvelle opérationnalisation du principe de comparaison entre ces deux tâches a donné des résultats non-homogènes, des effets additifs (par exemple, Holender et Bertelson, 1975) ayant été rencontrés aussi fréquemment que des interactions (Bertelson et Barzeele, 1965; Broadbent et Gregory, 1965) ce qui suggère leur impact sur un module commun du processus prémoteur. Le problème prend une dimension nouvelle si l'on envisage la différence entre TR simple et TR de choix en termes de préparation motrice (c'était l'argument de Külpe contre Donders). Celle-ci est en effet supposée maximale dans le premier cas et minimale dans le second. Or des changements de la période préparatoire, ou de l'activation générale agissent sans doute aussi sur ce processus. On pourrait donc dégager de ces études l'idée générale d'une *absence de symétrie* entre les traitements expérimentaux supposés agir sur les versants afférents et efférents du «processus de réaction». En effet, si la manipulation de facteurs qui influencent les stades sensoriels ou perceptifs apparaît possible *directement*, par des changements du stimulus, les paramètres du traitement de l'information nécessaires à l'issue motrice *ne sont peut-être accessibles qu'à travers la préparation*.

Si l'identification des opérations de traitement par la MFA constitue la grande perspective heuristique des années 70, il faut en mesurer les limites. En toute rigueur, le modèle inférentiel de Sternberg ne s'applique qu'à une chaîne d'opérations à la fois obligatoires, *cumulatives* (le traitement ne doit pas emprunter d'autres voies : ce serait une dérivation parallèle), et *indépendantes* (les stades de traitement doivent être nettement individualisés et les opérations de l'étape *n+1* ne peuvent commencer avant la fin du processus *n* : un cas typique de recouvrement). Or ce postulat ne peut être démontré. On doit cependant répéter que l'additivité des manipulations expérimentales est un argument très fort en faveur de leur indépendance d'action, et par conséquent de l'existence réelle d'opérations distinctes. Mais les interférences n'ont pas la même valeur démonstrative. Elles peuvent être dues aussi bien à la nature des «manipulations-sondes» utilisées (les variations expérimentales), dont les effets sont plus ou moins purs, ou plus ou moins redondants, qu'à la présence de *mécanismes parallèles* qui ne remplissent pas les conditions du modèle. Or ceux-ci ne peuvent être exclus *a priori* : on a vu précédemment (Chapitre 4) la manière dont l'organisation des fonctions visuelles évoquait ce principe. Mais l'hypothèse de sérialité possède cependant toujours une base logique et chronologique, conforme à l'idée de progression hiérarchique des traitements. Il s'agit donc surtout de définir le niveau de description où s'applique la MFA, ou si l'on préfère, le «grain» de l'information traitée (Miller, 1988). Si l'on peut sans risques imaginer un modèle à deux grands stades, où le traitement sensoriel précède l'organisation motrice, il n'est pas certain qu'on puisse aussi facilement étudier toutes sortes de micro-opérations.

La robustesse de la MFA et la validité de l'hypothèse séquentielle sont donc des notions relatives. Malgré une déclaration finale d'«optimisme prudent», Sanders (1980) remarque par exemple qu'elle peut être remise en cause par l'existence d'influences modulatrices à caractère général, du type éveil, niveau d'activation ou alerte. L'exemple qu'il cite est celui du modèle proposé par Kahneman («théorie de l'effort», 1973), dans lequel un ajustement des capacités de traitement aux exigences de la tâche est opéré sous l'influence de la vigilance. Un tel système pourrait avoir pour conséquence logique de changer l'organisation de la ligne d'opérations par mise en jeu de modules supplémentaires. A l'évidence, la MFA ne s'applique plus si les variations expérimentales modifient la structure interne de la tâche. Or, comme on va le voir maintenant, c'est sans doute le principal problème posé par la préparation.

PRÉPARATION ET PRÉPROGRAMMATION

Malgré de prestigieuses références historiques faisant de la préparation un problème-clé pour la compréhension des mécanismes du TR (pp. 195-197), malgré l'impossibilité d'obtenir un véritable temps de réaction sans période préparatoire, l'intérêt du concept de préparation est resté longtemps sous-estimé, pour ne pas dire ignoré, des théoriciens contemporains. Comme le remarque Gottsdanker (1980), un certain nombre de résultats obtenus dans les années 50 et 60 *auraient dû* être interprétés en termes préparatoires, mais curieusement, ils ne le furent pas. Cet auteur s'est intéressé plus particulièrement au phénomène de *Réfractorité Psychologique*, mis en évidence dans un TR de choix binaire lorsque l'une des réponses est demandée au sujet en collision temporelle avec l'autre (le S2 étant donné dans l'intervalle de TR : S1 - R1). Dans ces conditions, la «période réfractaire» (l'allongement important du TR à S2) a été interprétée en termes d'interférences dans le traitement «simultané» de S1 et S2 (Bertelson, 1967a). Mais Gottsdanker montre que le sujet est spécifiquement préparé à la succession des deux stimulus, puisqu'en *omettant* S1 dans quelques essais, c'est-à-dire en supprimant ponctuellement l'«interférence», il obtient un TR à S2 *plus long* que dans l'expérience normale. L'auteur conclut à l'existence d'une influence préalable au premier signal, et à l'«ubiquité» des phénomènes préparatoires.

PREPARATION «INTENSIVE». — Cette conception hérite des théories behavioristes de l'«activation» et de la «vigilance» (Freeman, 1948 ; Duffy, 1962) qui considèrent avant tout la dimension intensive, ou «énergétique» des comportements. A l'évidence, un même mouvement peut être exécuté plus ou moins rapidement, au prix d'un *effort et d'une tension préalables* plus ou moins grands. L'attention et la préparation étant nécessaires à l'exécution de toutes sortes de réponses, on ne peut leur associer d'information unique, alors qu'elles décrivent bien le degré d'investissement du sujet dans l'épreuve. Cette interprétation présente l'avantage de rester totalement compatible avec la théorie sérielle. Les opérations mentales entre stimulus et réponse étant décrites en termes de stades de traitement, la préparation, comme l'attention ou l'anticipation («*expectancy*»), sont vus comme des *processus modulateurs généraux* qui conditionnent l'efficacité (la vitesse) des transformations réalisées dans les différentes «boîtes noires» du circuit. Garner (1978) a formalisé cette conception en distinguant d'un côté des processus «structuraux» (les stades), dont la logique répond à l'organisation supposée du système nerveux (mécanismes perceptifs, associatifs et moteurs), et des processus «fonctionnels», qui sont davantage des réglages d'état, ou de niveau d'activité (un exemple extrême évoque la différence entre l'organisme endormi ou éveillé).

Malgré tout, la régulation de l'attention et de la préparation obéit à certaines règles. Cet état de tension et d'effort est typiquement transitoire. Il ne peut être maintenu très longtemps à un niveau optimal et dépend beaucoup des indices temporels. En TR simple, où un signal unique déclenche toujours la même action motrice, la meilleure performance est obtenue avec des durées d'attente fixes. L'inconvénient étant d'induire une synchronisation comportementale qui se manifeste par des réponses anticipées, il faut varier aléatoirement le moment d'apparition du signal. Les TRs les plus rapides sont alors généralement observés lorsque l'incertitude temporelle est la plus faible, c'est-à-dire avec les délais les plus longs (le sujet est surpris par les plus courts). Bertelson (1967b), et Bertelson et Tisseyre (1967) ont analysé ces relations entre le réglage d'une préparation optimale et la prédictibilité temporelle du stimulus. Dans ce contexte, la notion de préparation correspond à l'intuition courante : plus facile est l'anticipation du moment de l'action et plus intense — ou plus complète — est la préparation du mouvement (Näätänen et Merisalo, 1977).

ANALYSE DE LA PROGRAMMATION MOTRICE. — Quelle est la signification de la préparation en situation de choix ? Puisque le sujet ignore jusqu'au signal impératif la nature même de la réponse à produire, on utilise couramment une durée d'attente fixe, à l'issue de laquelle le stimulus lui fournit l'information nécessaire. C'est donc à cet instant précis que le sujet doit organiser son «plan moteur» et pour cette raison, le TR de choix est devenu la méthode d'étude privilégiée des processus de décision et de programmation motrice (pour la notion de «programme moteur», voir la discussion spécifique en fin de Chapitre). Ceux-ci sont d'abord conçus comme un processus de *planification progressive* de l'action. Pour David Rosenbaum (1980), le point de départ serait une sorte d'ébauche, ou de «protoprogramme», qui tiendrait compte de la posture adoptée par le sujet depuis le début de l'essai, car celle-ci impose évidement des contraintes biomécaniques au mouvement futur. Ce protoprogramme serait complété ensuite, au moment du choix, par les instructions motrices définissant la réponse effective. La méthode de «préindiciation du mouvement» («*movement precueing technique*», Rosenbaum, 1980) permet d'étudier ce processus de spécification du programme moteur définitif, en fournissant préalablement au sujet des indications plus ou moins complètes sur la nature de sa réponse. En faisant réaliser ainsi *une partie* du programme avant le signal, l'auteur mesure par le TR les étapes résiduelles de sa confection.

> Dans cette expérience-phare, le sujet devait effectuer, à partir d'une règle de TR bi-manuel, différents mouvements de pointage sur un dispositif à huit cibles (quatre par main), disposé horizontalement devant lui sur une table. Au début de la période d'attente, un système de codage lumineux pouvait indiquer la main impliquée («M» : gauche ou droite), la direction du mouvement («D» : vers soi, ou en s'éloignant), ou son étendue («E» : pointage court ou long). Globalement, cette expérience a démontré que le fait de fournir à l'avance une information relative à chacune de ces trois dimensions possibles de l'action entraîne une facilitation du TR qui démontre sa prise en compte dans le programme moteur. Mais le plan expérimental conçu par Rosenbaum reposait surtout sur *la combinaison exhaustive* de ces informations préalables dans huit

types d'essais différents : 1 = pas d'indice initial (TR de choix véritable), 2= E, 3= D, 4= M, 5= D+E, 6= M+E, 7= M+D, 8= M+D+E (= TR simple, aucune incertitude). Par cette méthode, l'additivité éventuelle des facilitations du TR observées dans les différents cas de figure autorisait la déduction : 1) du caractère sériel ou parallèle des opérations de spécification et 2) de l'ordre dans lequel ces opérations sont normalement effectuées. Ainsi par exemple, l'analyse des effets d'association de deux dimensions quelconques (*«Main»* et *«Direction»*) peut en principe démontrer des opérations successives (si les facilitations du TR après «M+D», correspondent à la somme des facilitations «M» et des facilitations «D»), ou normalement effectuées en parallèle (si aucune facilitation «M» ni «D» n'est observée isolément, tandis que «M+D» sont efficaces). Les résultats ont montré finalement que la spécification de la main active est la plus longue des opérations nécessaires à la construction du programme moteur (le gain de TR est le plus important si l'opération est réalisée avant le signal). Viennent ensuite la spécification de la direction du mouvement et celle de son étendue. Enfin, ces trois opérations s'enchaînent de manière sérielle[1], mais elles ne doivent pas nécessairement être effectuées dans un ordre précis.

Les conclusions de l'étude de Rosenbaum sont importantes. Confortées par d'autres études utilisant la même technique (Zelaznik, 1981; Bonnet, Requin et Stelmach, 1982), elles font de la préparation une programmation anticipée *qui change l'ordre séquentiel des traitements*. Au lieu de la succession constante d'opérations indépendantes (voir le tableau de Sanders, p. 200), consacrées aux opérations sensorielles, puis aux différentes étapes de spécification du mouvement, enfin à l'exécution du programme moteur, on a maintenant : *1.* préprogrammation pendant l'attente du signal, *2.* signal, *3.* traitement du signal, *4.* programmation complémentaire éventuelle, et *5.* exécution du plan moteur. Cette interprétation renforce également l'explication courante des perturbations du TR provoquées par *«priming»*, ou *amorçage*. Ces modifications sont particulièrement nettes, dans un choix gauche-droite, lorsque le sujet a pu préparer l'une des deux réponses possibles sur la base d'un indice préalable (l'amorce) et qu'il voit ensuite apparaître le signal de l'autre mouvement. Dans ce cas, le TR est *plus lent* qu'en l'absence de toute information préalable, ce que l'on explique généralement en affirmant que le sujet doit d'abord «déprogrammer» sa mauvaise réponse avant de reprogrammer celle qui lui est demandée (pour une formulation du problème, voir Requin, 1985).

CONSEQUENCES DE L'EXPERIENCE DE ROSENBAUM : PREPARATION SPECIFIQUE ET «SET». — Ces observations sont terriblement gênantes pour la théorie sérielle des stades de traitement. Sa traduction méthodologique, la M.F.A., a été explicitement conçue sur un principe d'analyse intra-tâche qui suppose l'*organisation invariante* des différentes opérations déclenchées par le signal de réponse. Les seules manipulations licites sont celles qui affectent *leur efficience*. Les indications préparatoires de Rosenbaum, en faisant éclater un stade de traitement

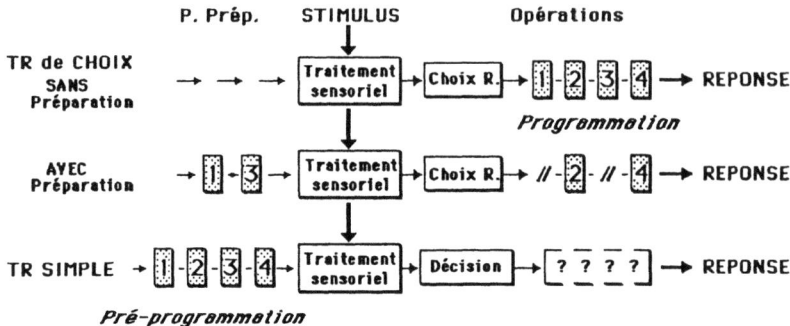

Figure 31. — Préparation par déplacement des opérations du stade de programmation motrice, au cours de la période préparatoire (P.Prep). La réduction d'incertitude provoquée par les instructions précoces — par rapport au TR de choix intégral — entraîne la réalisation partielle de ces traitements AVANT l'arrivée du stimulus. Cette logique trouve son aboutissement dans le TR simple, où toute l'organisation paramétrique du mouvement est effectuée au préalable (préprogrammation).

bien défini en deux phases d'importance variable, l'une précoce et l'autre tardive (Figure 31), sont tout à fait incompatibles avec ces postulats. L'expérience montre en fait la possibilité de réaliser, *dans une même épreuve*, différentes transitions entre la chaîne d'opérations du TR de choix (incertitude complète) et celle du TR simple (lorsque le sujet possède toute l'information). Cette préparation nouvelle manière s'oppose à la conception modulatrice de Garner puisque les instructions initiales modifient profondément la structure de la tâche.

Tout le monde admet, depuis Donders, qu'il existe une organisation des traitements particulière à chaque épreuve. En TR simple, la réponse est prédéterminée avant le signal (comment interpréter autrement celles qui sont données avant lui?) et les opérations déclenchées ensuite se limitent à une simple détection, suivie du franchissement d'un seuil moteur. Par contre, le tableau récapitulatif du TR de choix donné par Sanders (*prétraitement, extraction de «traits», identification, choix de la réponse, programmation et ajustements moteurs*, cf. p. 200) indique six étapes de nature très différente. Par quelle opération mystérieuse le sujet adopte-t-il donc l'un ou l'autre de ces deux modes de fonctionnement? Et comment se montre-t-il capable, de surcroît, de le faire au sein d'une même épreuve? Par ailleurs, le contenu *réel* des stades de traitement dépend des signaux et des réponses choisis, (on sait depuis longtemps que le TR est systématiquement différent avec des signaux tactiles, sonores ou visuels par exemple). Il faut donc concevoir *chaque tâche* comme la mise en jeu de fonctions très spécifiques, auxquelles correspondent sans doute des « modules » ou des circuits cérébraux bien particuliers. Mais puisque le sujet possède un répertoire permanent de capacités discriminatives et motrices, la question se pose de savoir comment ces processus peuvent être *choisis et assemblés* dans une même structure d'action.

Cette nécessité générale des mécanismes de présélection se heurte cependant à la conception générale de la mémoire attachée aux stades de « reconnaissance » du stimulus, de « détermination de la réponse » et de « programmation », caractéristiques du TR de choix. La première implique la comparaison d'un « encodage » du signal avec un modèle préalablement appris et stocké. La seconde est un processus de rappel, ou de restitution, où le stimulus entraîne l'organisation d'une réaction particulière en raison d'une association SR inscrite par la pratique ou par l'effet d'une consigne. Un programme est une liste d'instructions conservée en mémoire pour être exécutée au bon moment. Dans les trois cas, l'issue dépend de *l'interrogation de la mémoire par le stimulus*, ce qui semble inconciliable avec la notion même de présélection. On notera pourtant que l'incertitude levée par le signal de réponse ne concerne qu'un très petit nombre d'éventualités, et non l'ensemble du répertoire gestuel et lexical (TR vocal) du sujet. Il est invraisemblable que la décision motrice résulte d'une exploration exhaustive de la mémoire et l'on peut supposer que les opérations du TR de choix sont, elles aussi, *préconditionnées*. A l'instant du signal, le sujet n'est plus naïf. Il a mis en place une structure de traitement limitative permettant sa reconnaissance et son traitement accéléré. C'est dans une telle perspective qu'on pourrait interpréter par exemple, les effets d'interaction entre facteurs perceptifs et de compatibilité SR, obtenus par Stanovich et Pachella (1977, voir Pachella, 1974). En fin de compte, le *processus de réévocation du TR de choix doit être lui aussi considéré comme très spécifique de la tâche*. La démonstration en a d'ailleurs été apportée sans équivoque par la superbe expérience de Kurt Lewin (1922 a,b), citée au Chapitre 1 (p. 34). La mise en jeu des associations est entièrement conditionnée par le mobile initial du sujet.

On est donc amené à penser que tous les types de TR exigent une organisation préalable, ou préparatoire. Même en TR de choix, il existe des mécanismes de présélection qui déterminent la *composition* de la séquence d'opérations bien avant le signal impératif. Associer la préparation à ces mécanismes revient à la considérer comme une composante du « set », c'est-à-dire de la règle d'action (voir p. 32, p. 227). Dans l'expérience de Rosenbaum, les informations préparatoires ne sont pas des stimulus auxquels le sujet répond, mais des indications contextuelles, des consignes complémentaires qui modifient l'interprétation du signal.

CORRESPONDANCES ENTRE LES DONNÉES PHYSIOLOGIQUES ET LE CONCEPT DE PROGRAMMATION MOTRICE

La notion de « set » contient l'idée d'un « réglage » ou d'une mise en condition d'origine explicitement intentionnelle. Evarts s'y est référé dans la description des effets d'une « instruction » préalable de direction du mouvement sur une réponse réflexe (Evarts, 1984; Evarts et Tanji, 1974) et sur l'activité associée des cellules pyramidales dans le cortex moteur du Singe. Après cette expérience restée malheureusement sans lendemain, on a montré chez l'animal des *précessions* de l'activité nerveuse des structures motrices par rapport au début d'un mouvement spontané. De telles observations étaient généralement interprétées avec l'idée naïve d'attribuer un rôle de *primum movens* aux augmentations d'activité les plus précoces. Mais l'observation d'une décharge anticipée ne suffit pas à en faire un corrélat du « set » ou de la préparation. Comment départager celles qui relèvent de la simple commande, celles qui sont liées à d'éventuelles variations posturales et celles qui pourraient induire un choix préalable de la réponse ? Le problème physiologique de la préparation est surtout posé par les activités qui précèdent le signal déclencheur et qui sont modulées par les conditions expérimentales. Une *relation quantitative* entre l'intensité de cette décharge et le TR exécuté par le Singe rend en effet l'hypothèse préparatoire tout à fait inévitable (Lecas, Requin, Anger et Vitton, 1986, Figure 32). Mais d'autres données ont illustré ensuite la sensibilité des enregistrements cellulaires à la manipulation d'informations préalables. Elles impliquent de larges régions plus rostrales que le cortex moteur : le cortex prémoteur (aire 6) et la S.M.A., ou *aire motrice supplémentaire* qui en fait partie fonctionnellement (Weinrich et Wise, 1982; Godschalk, Lemon, Kuypers et Van der Steen, 1985; Tanji et Kurata, 1985; Riehle et Requin, 1989; Kurata, 1989). Cependant, les relations physiologiques entre préparation et processus de réponse restent obscures. Les concepts de sérialité S.R. et de « stades de traitement » peuvent-ils être transposés dans le domaine de l'organisation des commandes motrices centrales?

LE « PROGRAMME MOTEUR » COMME ACTIVITE ET LA PREPARATION COMME REGLAGE D'INTENSITE. — En 1980, Jean Requin (voir aussi Requin, Lecas et Bonnet, 1984) a cherché à intégrer les données qui viennent d'être évoquées dans un modèle conforme à la conception sérielle traditionnelle. L'auteur part de la distinction de Massaro (1975) et de Garner (1978) entre une organisation « structurale », séquentielle et permanente, et les régulations « fonctionnelles ». Il fait de la

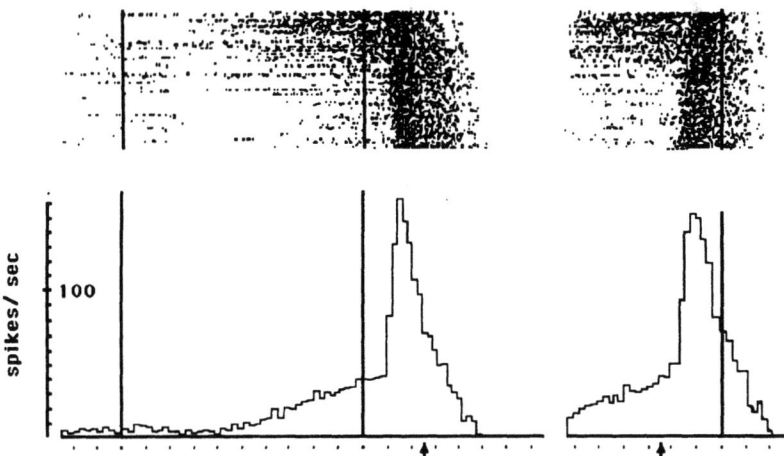

Figure 32. — Modulations de l'activité précoce d'une cellule du cortex moteur du Singe, dans un TR de choix gauche/droite en pointage de cibles (Lecas, Requin, Anger et Vitton, 1986). Présentation «en rasters» (où chaque point est une activité unitaire et chaque ligne de points un essai) dont chaque histogramme est la sommation. A gauche, les données sont alignées sur les signaux et les deux lignes verticales délimitent la période préparatoire (1 sec). L'écart entre la seconde et la flèche donne le TR moyen. A droite les mêmes données sont synchronisées sur le début du mouvement (la flèche indique alors la position moyenne du stimulus). Le protocole fait varier par bloc d'essais la probabilité relative des deux réponses. Il transforme donc continuellement le TR de choix (gauche-droite 50%-50%) en TR simple (100%-0%, ou 0%-100%), ce qui affecte la performance de l'animal en conséquence. Or la nature des décharges cellulaires est bien liée au TR. En haut de la figure, les deux «rasters» ne correspondent pas à l'ordre chronologique. Les essais ont été ordonnés par TRs croissants (de haut en bas), pour montrer la corrélation entre la performance et l'intensité de l'activité anticipatrice (r= -.87). L'augmentation préparatoire de la décharge qui annonce les TRs courts est-elle une modulation précoce du processus de réponse, ou l'amorce de ce processus lui-même?

première un circuit anatomique parcouru, dans l'intervalle stimulus-réponse, par une vaste circulation d'informations (leurs transformations, d'une région cérébrale à la suivante, constitueraient les «stades» du traitement SR), tandis que la préparation résulterait d'influences facilitatrices agissant spécifiquement, avant le signal, sur les différentes structures de passage.

Requin envisage surtout trois grandes étapes de traitement successives : 1) la détermination globale de l'action à entreprendre, 2) la spécification du programme moteur, 3) l'exécution du mouvement. L'analyse sensorielle n'est donc pas considérée dans ce modèle. La distinction établie entre ses deux premiers stades est surtout justifiée par des arguments logiques qui rendent extrêmement improbable le stockage de programmes moteurs complets. Par contre, la mémorisation d'un nombre limité de «formules cinétiques» élémentaires pourrait constituer un alphabet, utilisé au deuxième stade pour assembler le plan moteur comme un mot, d'après des règles définies par l'identification globale de l'objectif et la nature de l'action à entreprendre. Or l'auteur relève l'«isomorphie» de ces hypothèses avec les données physiologiques disponibles en 1980 (et complétées depuis). En premier lieu, à la suite des travaux d'Evarts (1968, 1973), *le cortex moteur, ou précentral (aire 4)*, avait déjà fait l'objet de nombreuses investigations. Toutes soulignaient le rôle de cette structure dans le déclenchement et le contrôle du mouvement volontaire, ce qui en faisait la cible idéale d'un processus de programmation. Dans le même temps, les équipes d'Hyvärinen et de Mountcastle impliquaient le cortex pariétal dans l'hypothèse d'un mécanisme de définition globale, ou «holistique» de l'action (voir p. 180). Les explorations chez le singe illustraient en effet une sorte de relation de but, de finalité, ou de type de mouvement (prendre, rejeter, etc.), entre décharges cellulaires et apparition d'un objet-cible, mais non avec les aspects paramétriques du geste déclenché. A la suite de leurs travaux, on pouvait voir cette région — *(1)* point de convergence des traitements visuels de la localisation et des informations somesthésiques et auditives, dont *(2)* la lésion entraîne le syndrôme *d'héminégligence*, et où *(3)* ont été décrites des formes d'«enhancement» liées à la sélection attentionnelle de la cible (voir Chapitre 5) — comme une initiatrice du mouvement volontaire.

Entre ces deux structures polaires, représentées par les aires pariétale et précentrale, les travaux de Thach (1975) et les synthèses d'Allen et Tsukahara (1974) et d'Evarts et Thach (1969), faisant un bilan de l'activité et des connexions des noyaux cérébelleux, permettaient d'impliquer un circuit cérébello-thalamo-cortical dans des fonctions de programmation motrice. Aux trois catégories d'opérations précisées plus haut : 1) définition globale de l'action, 2) programmation, 3) exécution du mouvement, le modèle de Requin fait correspondre terme à terme, une activité nerveuse élaborée d'abord dans les *aires associatives* (principalement pariétales), puis transmise aux structures *néocérébelleuses* et aux *ganglions de la base* pour paramétrage, et se projetant finalement, par l'intermédiaire du *thalamus latéral*, sur le *cortex moteur*, responsable du déclenchement du mouvement et de sa régulation. Le schéma de la Figure 33 précise cette organisation à la fois logique et anatomique.

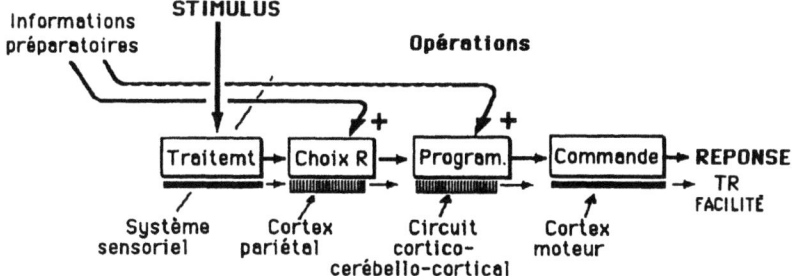

Figure 33. — Opérations successives impliquées dans le TR de choix et mode d'action des influences préparatoires dans le modèle de Requin. A chacun des stades de traitement effectuant la transformation S-R, correspondent des influences précoces spécifiques agissant, dans la période préparatoire, sur les structures anatomiques où s'effectuent les spécifications successives du programme moteur. Au dessous des « boîtes noires » correspondant au Choix et à la Programmation de la réponse, on a figuré le racourcissement de leur durée d'opération dû à cette facilitation.

Il est important de souligner que, dans cette conception du mécanisme sensorimoteur, le programme est une activité déclenchée par la reconnaissance du signal de TR et qu'à ce titre il ne peut avoir d'existence réelle avant cette date, ni être construit pendant la période préparatoire. La programmation, typiquement transitoire et *phasique*, est un moment particulier du processus stimulus-traitement-réponse. En revanche, la préparation amorcée au cours de la période d'attente se traduirait par la facilitation *tonique* des structures nerveuses où s'effectuent les différentes phases de la spécification motrice, provoquant ainsi l'accélération ultérieure d'une ou plusieurs étapes de la chaîne. Comme on l'a déjà indiqué, cette logique modulatrice ne peut rendre compte des résultats de Rosenbaum, montrant que la préparation peut construire le programme en totalité ou en partie, avant le signal de réponse. Cependant, il suffirait d'admettre que les activités préparatoires *modifient la connectivité du circuit* pour que ce même programme prenne une existence latente, cessant d'être uniquement une activité momentanée, pour inclure un principe d'aiguillage temporaire des voies anatomiques parcourues. Etant donné l'organisation somatotopique des commandes corticales on pourrait facilement concevoir que ce type de mécanisme entraîne ensuite la facilitation relative d'une réponse particulière.

DE MULTIPLES PROGRAMMES PRECABLES EN PARALLELE : LA PREPARATION SYNONYME D'ORGANISATION. — On peut cependant soutenir une vision différente, faisant appel à une conception « parallèle » ou modulaire de l'appareil de commande et basée sur de nombreuses études des représentations manuelles et digitales du cortex moteur. Par microstimulation, on a mis en évidence, dans l'aire 4, des *représentations multiples* de la contraction d'un même muscle. Sa commande est donc accessible à des neurones corticaux différents, ce qui s'explique aisément si le muscle est impliqué dans plusieurs mouvements. En accord avec cette idée, une même cellule pyramidale peut simultanément faciliter la commande spinale d'un muscle et inhiber celle de son antagoniste (voir Humphrey, 1986 ; Lemon, 1988). On a montré également l'existence de facilitations simultanées des commandes agonistes/antagonistes de muscles proximaux, en combinaison avec la mise en jeu d'un muscle intrinsèque de la main. L'action résultante est une fixation du bras, associée à une action particulière des doigts. Il faut en conclure que le cortex moteur ne commande pas des muscles isolés, *mais des configurations de mouvements élémentaires*. En d'autres termes, les coordinations et les synergies musculaires *préexistent* dans le système de connexions entre les cellules corticospinales et les motoneurones médullaires.

D'autres études, concernant le cortex prémoteur (aire 6, et S.M.A.), permettent de généraliser cette notion à des gestes intégrés. Il suffit en effet d'admettre qu'un même neurone prémoteur projette de façon divergente sur plusieurs types de cellules pyramidales de l'aire 4, et que la distribution simultanée de ces influences facilitatrices ou inhibitrices produise une configuration motrice complète. Dans la région latérale (arquée) de l'aire 6, on a trouvé des neurones liés à la projection de la main et du bras avec saisie d'objet (Gentilucci, Fogassi, Luppino, Matelli, Camarda et Rizzolatti, 1988 ; Rizzolatti, Camarda, Fogassi, Gentilucci, Luppino et Matelli, 1988), tandis que la microstimulation de la S.M.A. (Macpherson, Marangoz, Miles et Wiesendanger, 1982) provoque des mouvements associés du bras et de la jambe. Bien que le rôle fonctionnel de l'aire 6 reste discuté (voir Wise, 1985 a,b), deux principes généraux permettent d'interpréter les données.

Tout d'abord, l'aire 6 serait impliquée dans les réajustements posturaux qui précèdent les mouvements des extrémités. Cette idée s'appuie, au plan anatomique, sur d'importantes projections pyramidales vers le Noyau Rouge parvocellulaire et la Formation réticulée bulbaire (origine de faisceaux cérébro-spinaux contrôlant la musculature axiale et proximale), et sur les connexions directes de la SMA et de l'aire 6 latérale avec la moelle cervicale. Ces projections contrastent particulièrement avec la connectivité très spécifique de l'aire 4, vis-à-vis des commandes spinales des mouvements de la main. Mais par ailleurs, le cortex prémoteur serait le siège d'une activité organisante. Cette ancienne hypothèse de Fulton (1935) sur la synthèse des enchaînements complexes de mouvements, reste justifiée par l'existence de connexions étroites avec l'aire 4, située plus en aval (Martino et Strick, 1987), comme avec les structures sous-corticales. Wise (1985 a,b) évoque la possibilité que cette fonction s'exprime par l'inhibition de réponses indésirables vis-à-vis du comportement actuel. L'enregistrement, dans l'aire 6 et dans la SMA, de neurones «*set-dépendants*» peut s'interpréter selon ces deux grandes hypothèses. Lorsque le singe prépare son mouvement d'après un signal initial de position, ces unités présentent une activité, souvent tonique et prédictive de la réponse en termes directionnels et «logiques» (présence/absence) *mais non paramétriques* (Godschalk, Lemon, Kuypers et Van der Steen, 1985 ; Wise et Mauritz, 1985 ; Weinrich, Wise et Mauritz 1984 ; Tanji, Okano et Sato, 1988). De ce fait ils ne participent probablement pas au contrôle direct du mouvement, mais plutôt à celui d'un préalable postural, ou à la sélection d'un sous-ensemble neuronal de l'aire 4.

L'idée générale qui paraît s'imposer est celle d'un regroupement local, dans l'aire 6, de neurones pilotant des «circuits gestuels» spécifiques. Dans ce système de «canaux parallèles de mouvements», tous les types de coordinations motrices faisant partie du répertoire de l'espèce seraient présents, inscrits dans l'organisation structurale du système nerveux. Ces canaux pourraient donc être vus comme de véritables robots, ou modules préprogrammés. Selon l'importance biologique de la réponse, on peut même envisager que certains de ces schémas moteurs soient préconnectés à un mécanisme particulier d'analyse sensorielle. Ainsi Rizzolatti, Camarda, Fogassi, Gentilucci, Luppino et Matelli (1988) supposent-ils établies, dans l'aire 6, des relations privilégiées entre un type de stimulus (la vue d'un aliment) et le programme précâblé correspondant (projection de la main préhension et transport en bouche). Les connexions anatomiques avec les aires visuelles pariétales serviraient de support à de tels «canaux visuomoteurs».

UNE DUALITE DE MECANISMES STRUCTURANTS ET DYNAMIQUES. — Dans cette organisation *fondamentalement parallèle*, constituée de nombreuses familles de canaux moteurs, ou sensorimoteurs, certains d'entre eux doivent être à un moment donné présélectionnés, puis activés, pour la réponse comportementale. Comme il paraît peu probable que ce choix s'opère spontanément (il dépend d'un contexte analysé par les systèmes sensoriels), on doit admettre *la nécessité* d'une influence externe au système moteur. Dans le cadre du Temps de réaction, cette analyse suggère en tous cas un nouveau mode de programmation. Leur permanence anatomique permet en effet aux «canaux de mouvements»

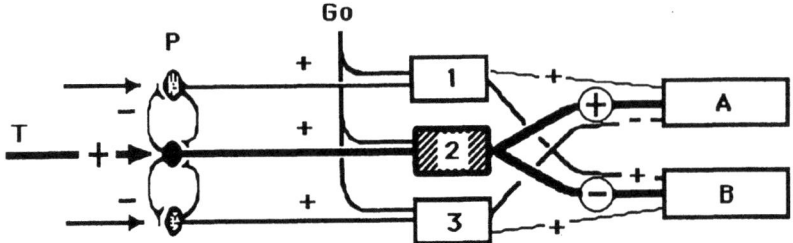

Figure 34. — *Préprogrammation motrice par sélection de «canaux» de mouvement à partir de leur neurone-pilote (P)*. On distingue ici une influence tonique (T), réalisant la sélection d'un canal et une influence phasique (*go*) assurant le déclenchement et la commande dynamique du mouvement. L'activation du canal 2 a pour conséquence l'inhibition des deux autres (compétition par inhibition latérale). Si A et B sont des muscles antagonistes, le canal 1 a pour effet (A +, B +), double contraction et blocage du membre), tandis que les canaux 2 et 3 entraîneront respectivement (A +, B -) et (A -, B +), soit deux mouvements opposés.

d'être sélectionnés dès l'étape préparatoire, par des *influences toniques* facilitant (ou inhibant) leurs neurones-pilotes. Après le signal d'exécution du TR, un ordre *phasique*, distribué à l'ensemble du réseau, actionnerait seulement les éléments choisis (Figure 34).

Cette commande serait d'ailleurs idéalement placée pour fournir simultanément, par un train d'activités d'une intensité et d'une durée bien précise, l'impulsion de départ et les paramètres dynamiques de force et de vitesse. Ainsi, l'hypothèse d'une séparation fonctionnelle entre le choix d'un type de mouvement et le réglage de ses paramètres instantanés semble réaliste. Elle permet de reclasser les données physiologiques et anatomiques en fonction d'un double schéma. Des décharges toniques, reflétées dans l'activité du cortex prémoteur, sélectionneraient une structure de mouvements, composée de «canaux» posturaux (à point de départ extra-pyramidal) et gestuels (pilotés par l'aire 4). Mais par ailleurs, d'autres structures, comme le Striatum et le Neocervelet[2], pourraient déterminer les mécanismes de programmation dynamique par l'intermédiaire des récurrences thalamo-corticales.

Cette division fonctionnelle entre un système de préprogrammation «tonique-précoce-organisant» d'une part et un mécanisme d'activation «phasique-dynamique» de l'autre, recoupe un certain nombre de données obtenues chez l'Homme. Vince et Welford (1967) ont montré par exemple, qu'une modification de dernière minute de la vitesse du mouvement n'entraîne pas une dégradation de performance aussi importante qu'un ordre affectant sa structure. Dans leur expérience, les sujets avaient pour consigne de déclencher le plus rapidement possible un mouvement lent. Juste avant le départ de celui-ci, une instruction d'accélération immédiate pouvait être exécutée sans augmentation notable du TR. Par contre, la situation inverse (consigne de mouvement rapide et ordre de freinage tardif), se traduisait par une forte perturbation de latence. Or dans ce dernier cas, la modification ultime obligeait à programmer et à impulser la contraction du muscle antagoniste. Le freinage de dernière minute s'apparente donc à une inversion de la direction du mouvement, spécialement difficile à inclure dans une commande déjà organisée, à l'inverse des variations de vitesse ou d'amplitude qui relèvent simplement de son dosage. Une autre illustration est donnée par les situations de TR de poursuite «pas-à-pas» (Gibbs, 1965), où le sujet doit réajuster un curseur sur une cible qui saute d'une position à une autre. On voit là aussi (Semjen, 1984), une nette différence entre la reprogrammation immédiate d'un changement de la structure directionnelle du mouvement (très coûteuse) et la modification de sa dynamique (très facile).

UN SCHEMA DU «SET». — Le mécanisme de présélection évoqué sur la Figure 34 pour la programmation motrice suppose l'action d'un processeur exécutif, agissant par une répartition d'influences facilitatrices ou inhibitrices à caractère tonique sur les neurones qui pilotent les schèmes de réponses corticaux. Or cette hypothèse est également vraisemblable sur le versant afférent. Un aspect fondamental — rarement souligné — de l'expérience de Rosenbaum (1980) concerne l'impact des indices préparatoires sur le traitement perceptif. Lorsque le sujet possède toute l'information, il se trouve (par définition) en situation de TR simple, c'est-à-dire dans une épreuve qui n'exige plus d'analyser complètement un stimulus dont il suffit de détecter la présence. De ce fait, les manipulations expérimentales n'affectent pas seulement la construction du programme moteur. Elles entraînent aussi très probablement un remodelage sensoriel. On a vu, au début de cet ouvrage, les difficultés que l'investigation psychologique rencontre pour démontrer l'exclusivité des effets perceptifs de l'attention. Mais les données physiologiques sont éloquentes, lorsqu'elles montrent l'influence de la tâche sur les codages visuels (expérience de Moran et Desimone, 1985, phénomène d'«enhancement», Chapitres 4 et 5). Le rôle de l'attention et du «set» est donc envisagé ici comme une généralisation des mécanismes de présélection «toniques-structurants», dont on a fait l'hypothèse sur le plan moteur.

L'esquisse présentée sur la Figure 35 reprend l'idée du modèle de Shallice (1972, voir Chapitre 2, Figure 4, p. 54), qui constate la nécessité de convertir fonctionnellement une organisation anatomique essentielle-

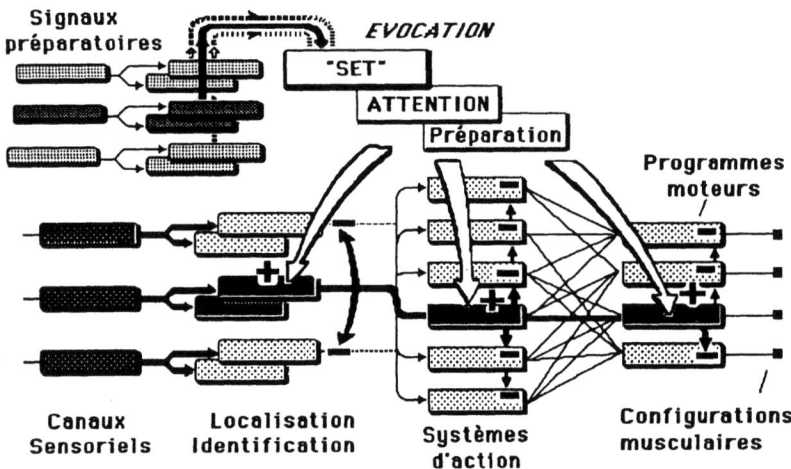

Figure 35. — *Structuration d'un ensemble de «canaux sensoriels» et de «canaux de mouvement», par un processeur central d'attention et de «set» opérant à partir d'une réévocation mnésique initiale déterminée par une consigne ou des indications préparatoires.* Sa fonction est essentiellement de réaliser un «frayage» proactif de l'information sensorimotrice. Le nombre des connexions de contrôle reste modéré si l'on fait massivement appel à des mécanismes d'inhibition latérale permettant à un module actif de bloquer ses concurrents (petites flèches verticales, figurées seulement entre éléments adjacents). Au niveau post-sensoriel, l'information est analysée simultanément en *localisation* et en *identification*, deux fonctions normalement couplées, sur lesquelles l'influence de l'attention se traduirait respectivement par l'«Enhancement» pariétal (voir Chapitre 5) et par l'altération des codages de couleur selon Moran et Desimone (voir Chapitre 4). Sur le versant moteur, le «set» sélectionnerait d'abord une posture et un appareil gestuel adapté à l'épreuve.

ment parallèle en un «système d'action» unique à un moment donné. En supposant que les différents modules de traitement et *leurs interconnexions* préexistent dans le cerveau, le processeur initial pourrait réaliser leur assemblage en séquence, en dosant seulement un équilibre de facilitations ou d'inhibitions réparties localement. Le résultat serait la combinaison cohérente des canaux perceptifs et des canaux de mouvements, dans une logique de traitement utilisable par le signal de réponse. Ainsi serait réalisée la sélection d'un répertoire moteur restreint et sa connexion avec une discrimination sensorielle privilégiée, obtenue par présélection des traits qui répondent aux caractéristiques du signal attendu.

DIMENSION COGNITIVE DU PROBLÈME MOTEUR. «SET», ATTENTION ET PRÉPARATION : LES ANTÉCÉDENTS DU MOUVEMENT VOLONTAIRE

LE NIVEAU «HOLISTIQUE» DE DEFINITION DE LA REPONSE.
— Turvey (1977) et Glencross (1980), suivant en cela les analyses de Bernstein (1967), ont insisté sur l'évidente absence de correspondance entre la fonction et les objectifs de l'action et la forme prise par le mouvement dans sa structure fine. Des différences biomécaniques et musculaires importantes, voire fondamentales entre des gestes de même signification (écrire une lettre au stylo ou sur un tableau, en majuscules ou en minuscules, etc.) prouvent que la programmation du mouvement est un processus *génératif* qui débute par une étape de définition globale. Cette phase «holistique», dont ces auteurs se sont plu à souligner le caractère abstrait («écrire», «accélérer», «freiner»), précéderait le stade opérationnel de la programmation, où les mouvements sont précisés en termes de commande paramétrique. Or un tel processus est bien la première manifestation concrète d'une intention, d'une stratégie. A ce titre, il est profondément illogique d'en faire l'amorce d'un stade de programmation *consécutif* au signal impératif. Il s'inscrit au contraire dans la chronologie préparatoire, antérieurement à n'importe quel stimulus.

LA PREPARATION POSTURALE DU GESTE VOLONTAIRE. — La «posture» est (comme l'attention) une notion du langage courant que tout le monde comprend jusqu'à ce qu'on tente de la définir. Quoi de commun en effet entre l'attitude initiale du sprinter au départ et celle d'un tireur à la carabine, capable d'opérer debout, couché, ou un genou à terre ? La posture n'est pas une configuration particulière du corps et elle ne se définit pas par les muscles impliqués. Le sportif dans ses *starting blocks* contracte la même musculature des membres inférieurs qui lui servira ensuite à courir. La main d'un singe arboricole servira alternativement à assurer sa position ou à attraper un fruit. Dans la plupart des cas, la posture est d'abord immobilité. Mais c'est une immobilité *active ou tonique* qui n'a guère de sens en elle-même et qui se définit surtout par l'action imminente qu'elle annonce. L'antériorité des réactions posturales par rapport aux mouvements distaux est un fait de bon sens, illustré par exemple par l'étude des «réactions de placement» chez le Chat (déplacement d'une patte au contact d'un objet : Bard, 1933). Chez un Quadrupède, il est évident que la mobilisation d'un membre antérieur doit être précédée d'un rééquilibrage du centre de gravité (Massion et Smith, 1974; Gahéry et Nieoullon, 1978). Mais ce principe reste valable chez les Primates[3]. On soulignera surtout que cette relation chronologique, implique une continuité, voire une sorte de lien causal entre la précession posturale et l'organisation d'un mouvement de manipulation plus précis. La première étape — en limitant le nombre de degrés de liberté biomécanique du geste final — présente un aspect organisant, qui en fait le cadre propice des processus de programmation précoce et de définition de l'action. La convergence de cette idée est alors frappante avec le principe de spécification hiérarchique et progressive du mouvement, illustré plus haut par la notion de «protoprogramme» de Rosenbaum.

DEFINITION ATTENTIONNELLE DE L'ACTION. — En soulignant la continuité du processus posture-mouvement, on comprend mieux que la précocité des réactions posturales soit à l'origine d'une concordance si souvent soulignée avec l'attention. On se souvient des formulations de Dashiell (Chapitre 1, p. 30), faisant de l'attention une «attitude», et que Freeman complétait avec l'idée que l'aspect «canalisant» du «set» postural était l'expression d'une activité *tonique* qui sélectionnerait la réponse «phasique». Attention et posture appartiennent à la phase de «set», phase d'organisation initiale, où apparaissent les toutes premières manifestations de l'action volontaire[4]. Ce processus a été envisagé plus haut comme la structuration d'un appareil séquentiel au sein d'un système fondamentalement parallèle de potentialités physiologiques.

Le Temps de réaction illustre bien ce principe. Autrefois considéré comme un tâche mesurant l'attention par Woodrow (1914, 1916) et surtout par Breitwieser (1911) — qui pensait moduler celle-ci par le TR simple à période préparatoire variable — cette épreuve dépend d'une règle d'action («set») acquise avec les consignes et complétée éventuellement par des instructions préparatoires. Elle est impossible sans 1) la réalisation d'une posture compatible avec la biomécanique de la réponse, 2) sans focalisation de l'attention sur les signaux et les indices préparatoires, et enfin 3) sans l'effet de résistance aux distractions qui en résulte. Par tous ces aspects relevant d'un *processus intentionnel*, que démontre l'impossibilité d'aboutir à une automatisation complète, le TR est un prototype d'action volontaire, d'action déterminée par un mobile antérieur au geste lui-même.

Les processus de sélection attentionnelle impliqués ont été examinés au Chapitre 3. En TR simple, qui privilégie la détection focale au détriment de l'identification, le fait de guetter une position précise conditionne le déclenchement de la réponse, comme en témoignent les différences de TR pour les localisations attendues et non attendues, dans les expériences de présignalisation réalisées après Posner, Nissen et Ogden (1978). Ces données montrent avant tout combien cette focalisation préalable est coûteuse si le signal survient en un autre lieu. Dans les conditions normales, le sujet effectue donc un «préréglage» de ses capacités de détection sensorielle *pour les adapter aussi étroitement que possible à la nature du stimulus connu*. Il en résulte habituellement un «set» positionnel, qui peut être défini de façon tridimensionnelle (Downing et Pinker, 1985, voir p. 81). Par ailleurs, cette focalisation de l'attention sur le lieu de présentation des signaux reste indispensable en TR de choix, puisque la réponse dépend de l'identification du stimulus et que cette opération est très difficile sur l'ensemble du champ. L'expérience de Jonides (1981, voir p. 78) montre en tous cas deux types de repérage précoce qui facilitent considérablement le TR en réduisant l'empan perceptif à la seule position du signal. Dans ce cas précis, la focalisation perceptive évite au sujet de parcourir successivement tous les items du panneau (traitement séquentiel), ce qui devient obligatoire en cas d'incertitude, ou d'indication fausse.

Mais la mise en condition initiale des fonctions perceptives par l'attention ne se limite pas aux seules opérations de localisation. Les mécanismes de la reconnaissance y sont certainement sensibles, comme en témoignent les expériences d'amorçage de l'identification de lettres ou de chiffres parmi des «distracteurs» (voir Deutsch, 1977). Le problème est cependant compliqué par la grande variété des objets discriminables et par l'existence de «détecteurs automatiques» capables d'opérer parallèlement sur une certaine région du champ (Treisman et Gelade, 1980, voir Chapitre 2). En définitive, les effets de «set» attentionnel touchent probablement toutes les dimensions perceptives permanentes de l'épreuve, comme celles que les indications préparatoires rendent prévisibles. Au minimum, le sujet doit filtrer tous les événements sensoriels non-pertinents et susceptibles d'exercer une influence distrayante.

Il faut finalement souligner que les deux manifestations posturale et attentionnelle du «set» ne sont pas propres au Temps de réaction, mais à toutes les tâches volontaires. Le TR se distingue seulement par l'exigence d'une réponse accélérée ou balistique, qui suppose (par définition) un processus de préprogrammation, ou d'organisation préalable en mémoire. Cette implication de la préparation motrice prolonge et pousse à l'extrême les effets organisants du «set», puisque le mouvement balistique implique deux conditions fondamentales : *viser la cible et fixer la posture*. Bien que les frontières conceptuelles restent floues et que les termes «set», attention et préparation soient dans une certaine mesure interchangeables, on peut provisoirement considérer le premier comme le principe d'organisation précoce de l'ensemble des processus de traitement d'information. Le «set» est l'expression d'une intention, d'une règle d'action, d'une stratégie. L'attention volontaire est sa traduction perceptive consciente. La préparation motrice peut être considérée comme leur conséquence prémotrice dans la situation spécifique du Temps de réaction.

DISCUSSION CORROLAIRE : PROGRAMME MOTEUR ET «PROBLÈME MOTEUR»

A l'origine, le concept de «programme moteur» est un concept *mnésique* fortement attaché à la logique sérielle des stades de traitement SR. Après l'analyse du signal, la reconnaissance d'une signification permet au système d'adresser la partie de sa mémoire qui contient les commandes de la réponse appropriée. Mais le principal argument est celui du caractère prédéterminé des mouvements balistiques auxquels on assimile d'ailleurs la phase initiale de beaucoup de réactions complexes. Dans les réactions d'orientation de la tête et des yeux (Bizzi, Kalil et Tagliasco, 1971 ; Bizzi, Kalil et Morasso, 1972), dans les mouvements du bras, du poignet et des doigts de la préhension rapide (Jeannerod, 1981), le départ synchrone des différentes composantes suggère l'existence d'une commande globale. La définition donnée par Keele (1968) fait donc référence à la nécessité d'une organisation préalable des ordres moteurs qui implique que les coordinations ne dépendent pas uniquement des servomécanismes mis en jeu par les réafférences sensorielles. Cependant, le mouvement balistique, rigide et invariable, n'est pas la règle absolue, puisque les mouvements les plus rapides restent souvent accessibles «en route» à des ajustements provoqués par des déplacements de leur cible (Megaw, 1972, 1974 ; Semjen, 1984). Mais surtout, les relations entre l'information sensorielle et le programme moteur doivent être précisées, car la présélection des paramètres du mouvement ne peut être totalement indépendante des informations somesthésiques qui localisent les contacts du corps et de l'environnement et la position relative de ses différentes parties (proprioception musculaire et articulaire).

Le problème est remarquablement illustré par une expérience de Polit et Bizzi (1979), évaluant la capacité de singes déafférentés (par *rhizotomie*, ou section des racines dorsales de la moelle) d'exécuter correctement un mouvement monoarticulaire en réponse à une cible visuelle. Ces animaux, dont l'épaule et la main étaient bloquées par l'appareillage, devaient effectuer de simples flexions/extensions de l'avant-bras dans le plan horizontal alors qu'ils avaient perdu toute sensation musculaire, tendineuse et cutanée de leur membre. Après réentraînement, ils retrouvaient cependant un niveau de performance satisfaisant qui démontrait l'existence d'un programme moteur indépendant des réafférences. Les auteurs le formulaient comme l'apprentissage d'un « point d'équilibre » des forces développées par les muscles agoniste et antagoniste (biceps et triceps). Mais lorsqu'ils modifiaient la position de l'épaule par un réglage différent du carcan, ils constataient également *l'incapacité des animaux d'ajuster leur mouvement à ce changement postural*. On peut donc tout aussi bien admirer cette faculté remarquable que possède le système d'enregistrer, de reproduire et de doser avec précision de pures séquences de contractions musculaires en l'absence de toute information périphérique, que faire le constat opposé. *Les gestes normaux n'atteindraient jamais leur but* sans cette connaissance permanente des relations spatiales entre les différentes parties du corps que fournit la somesthésie. En d'autres termes, il faut admettre *à la fois*, la mémorisation de programmes susceptibles d'être « injectés » directement dans le cycle de l'effection motrice, et l'indispensable réajustement des positions à partir des données sensorielles. Or ces deux principes correspondent bien aux deux modèles théoriques fondamentaux du contrôle moteur : *1) le servo-mécanisme*, ou organisation en « boucle fermée » (« *feedback* »), et *2) le processus balistique*, préprogrammé « en boucle ouverte » (« *feedforward* ») (voir Miles et Evarts, 1979). Le premier repose sur l'asservissement du mouvement aux afférences, le second implique une mémoire des paramètres moteurs, utilisés le moment venu sous une forme prédictive. Il est facile de les illustrer par de nombreuses situations concrètes, comme la conduite automobile (ajustement continu du volant à partir des informations visuelles), ou le coup de poing du boxeur.

SERVO-MECANISME ET « CARTES » CEREBRALES. — Le modèle le plus simple est celui du servo-mécanisme de fovéation dans le colliculus supérieur (Chapitre 5, p. 174). Dans ce modèle, l'alignement du regard sur la cible est réalisé par le couplage d'une « carte » sensorielle rétinotopique, localisée dans les couches superficielles, et d'une « carte » prémotrice, située dans les couches profondes. La première est une représentation neuronale des *positions rétiniennes* des événements visuels. La seconde peut être considérée comme un regroupement topologiquement équivalent de « neurones de commande », capables de diriger une saccade oculaire de capture. Les connexions point par point entre ces deux couches cellulaires permettent donc le pilotage continu de l'effection à partir de tous les changements du stimulus. Pour l'essentiel, le mécanisme repose sur *l'isomorphie des cartes sensorielles et motrices*.

« FEEDFORWARD » ET PREPARATION. — Supposons maintenant qu'au lieu de conduire pas à pas le foyer actif dans la carte prémotrice, l'activité de la carte visuelle se limite à l'enregistrement d'une position

transitoire du stimulus et que celle-ci provoque une saccade invariablement dirigée vers cette coordonnée. Ce déclenchement irrépressible, automatique et balistique, à partir de la première détection implique un « programme », c'est-à-dire une commande apprise et choisie initialement au lieu d'être conduite en continu par l'information afférente. Certes, ce mécanisme peut manquer sa cible, mais il introduit une nouvelle flexibilité. On peut imaginer en effet une complication de la commande qui déclenchera désormais une coordination œil-tête et non plus un simple mouvement des yeux. On peut imaginer aussi l'acquisition par la répétition d'une capacité de saccade différente, visant cette fois les coordonnées d'un objet futur, systématiquement associé au premier. Cet aspect mnésique de la commande balistique est excessivement important car si le servo-mécanisme ne peut fonctionner qu'en présence du stimulus, *toute prédiction de son lieu d'apparition de ce dernier permettra l'engagement de la commande préprogrammée*. La préparation, c'est-à-dire l'organisation anticipée du programme moteur devient possible à partir d'un simple indice évocateur. Par comparaison, l'asservissement aux afférences est un dispositif stimulus-réponse précâblé pour un certain type d'effection et incapable d'apprendre (il dépend à chaque fois de la présence physique du stimulus). Or la caractéristique la plus générale de la motricité est certainement sa capacité de construire « habiletés » et automatismes nouveaux.

ANALYSE DU « PROBLEME MOTEUR ». — Servo-mécanisme et programmes ont pourtant en commun un même « problème moteur » : le calcul d'un « vecteur » entre *la position initiale et la position finale* de l'effecteur. Ce problème diffère bien sûr sensiblement pour les déplacements de l'œil et pour les gestes manuels de pointage et de préhension. Dans le premier cas, il est nettement simplifié par l'intégration du capteur à l'organe mobile. L'axe oculaire étant à la fois la position de départ de ce dernier et la coordonnée-origine (le zéro) de la carte rétinotopique qui repère le stimulus, l'information motrice décalque l'information sensorielle. Il n'en est évidemment pas ainsi pour la main dont la destination est repérée par la vision alors que sa position initiale l'est par la somesthésie. Le paramétrage du mouvement implique donc des transformations de codes d'autant plus difficiles à analyser que la complexité biomécanique de l'effecteur est réellement considérable[5].

Bien que le message afférent soit considéré par les théoriciens comme très important pour « sculpter » la commande motrice à tous les niveaux du système nerveux (Hasan et Stuart, 1988; voir aussi Berkinblit, Feldman et Fukson, 1985, pour les performances de la Grenouille spinale), on ignore à peu près totalement comment il s'intègre au codage moteur dans le cortex des Primates. Le fait anatomique majeur est cependant la remarquable interconnexion des organisations motrices et somesthésiques disposées de façon symétrique de part et d'autre du sillon central. En avant de celui-ci, le cortex moteur (aire 4) commande directement les doigts et indirectement l'ensemble de la musculature (sa lésion provoque chez l'Homme une hémiplégie durable). Il est étroitement relié aux «cartes» primaires (la projection somesthésique I) des aires 1, 2, et 3 par des fibres associant les subdivisions homologues de ces deux représentations afférente et efférente (face, main, tronc, etc.). Pour la main, on a même pu vérifier un arrangement point par point des relations entre les deux systèmes (Jones, Coulter et Hendry, 1978). Or par ailleurs, au fur et à mesure que l'on s'éloigne du sillon central — antérieurement vers l'aire 6 et la SMA, et postérieurement vers l'aire 5 pariétale antérieure — le niveau d'intégration augmente sans que les frontières anatomiques et fonctionnelles, avec les aires 4 et 1, 2, 3, soient bien définies (voir Wise, 1985 a,b; Powell et Mountcastle, 1965). Dans ces régions rostrales et caudales du système, on voit apparaître des représentations de gestes entiers (aire 6, SMA) et de postures complexes[6] (aire 5). Répertoires moteurs et composantes du schéma corporel caractérisent donc ces deux aires, également associées entre elles par des connexions longues qui franchissent le sillon central.

Ces particularités anatomiques renforcent l'idée d'une intégration des informations somesthésiques (la position *initiale, ou actuelle*, des segments du corps) à la commande. Pour Kornhuber (1971), l'aire 4 contrôle l'utilisation des informations motrices fournies par le cervelet et le striatum en fonction d'une référence issue des régions somatosensorielles. La déafférentation déprime l'activité unitaire spontanée des aires réceptrices post-centrales (ce qui est logique), *mais aussi du cortex moteur* (Bioulac et Lamarre, 1979). On a même montré chez le Singe que l'activité tonique spontanée de ce dernier et de l'aire 5 variait simultanément en fonction de la position d'une manette articulée, maintenue en différents points d'un périmètre (Georgopoulos, Caminiti et Kalaska, 1984). L'activité spontanée de l'aire 5 peut donc indiquer directement la position des membres aux structures de commande.

L'identification des opérations prémotrices en termes de «vecteur de mouvement» suppose des neurones capables de transcrire la position tridimensionnelle (visuelle) de la cible en une information directement compatible avec le codage somesthésique des positions actuelles. Si ces cellules étaient situées dans les aires somatosensorielles pour piloter la décharge des unités motrices à la façon du servo-mécanisme de fovéation, elles devraient répondre au stimulus visuel par une anticipation de l'activité somesthésique caractéristique de la position finale visée *avant tout déplacement des membres*. Mais si l'on note bien dans l'aire 5 d'importantes minorités d'unités «précoces» (Seal, Gross et Bioulac, 1982; Kalaska, Caminiti et Georgopoulos, 1983), elles le sont nettement moins que l'activité du cortex moteur et traduiraient plutôt une «décharge corollaire» émise par ce dernier (hypothèse du «*feedforward*»). Cette absence de neurones somatosensoriels capables de guider la commande sur le principe de l'asservissement suggère que le principal mode de fonctionnement est celui du programme mémorisé. Cependant de telles cellules directrices pourraient aussi se trouver dans l'aire 7, aire pariétale visuo-spatiale, aire de l'«enhancement», de l'héminégligence et de l'hypothèse de la «commande holistique».

NOTES

[1] Cette sérialité est interne au processus de construction du programme moteur et ne préjuge pas de l'organisation des différentes «stades» dans l'ensemble des opérations SR.
[2] Il est probable que le Neocervelet et l'influence récurrente qu'il exerce sur le cortex moteur sont impliqués dans la programmation des paramètres dynamiques d'étendue ou de force dont dépendent l'ampleur et la vitesse des contractions musculaires. Dans la phase initiale d'un mouvement de projection et de préhension, ces paramètres déterminent un aspect balistique qui est souvent la condition de son efficacité, voire de la simple survie. Cette fonction importante a été modélisée, d'après la structure de l'écorce cérébelleuse (Marr, 1969), en faisant de cette dernière une gigantesque «mémoire de mouvements», permettant l'injection rapide des facilitations nécessaires. Or si l'enregistrement unitaire des noyaux cérébelleux (Thach, 1978; Chapman, Spidalieri et Lamarre, 1985) a donné des résultats en accord avec une hypothèse de programmation motrice (le codage des différents paramètres du mouvement est représenté dans les décharges), les lésions ont fourni des résultats décevants, avec des atteintes mineures de la performance. Ainsi, Beaubaton Trouche et Legallet (1984) ont-ils observé, chez le Babouin, de simples retards (TR) des mouvements de pointage, sans autre perte d'efficience. La fonction du circuit cérébello-thalamo-cortical, invoquée par Allen et Tsukahara (1974) à l'appui d'une hypothèse de programmation «phasique», peut être nuancée de la façon suivante. Si ce circuit joue un rôle d'accélérateur par prédiction de paramètres («*feedforward*»), on comprend qu'il soit essentiel dans la phase balistique *initiale* du mouvement de pointage, mais non pour la partie finale, exécutée en «boucle fermée» (visuellement guidée) pour des raisons de précision. Ce dernier type de mécanisme compenserait donc le déficit cérébelleux en assistant le geste dans sa quasi totalité, sauf pour la vivacité de son départ.
[3] On peut remarquer avec Brown (1987), que l'organisation temporelle de l'action volontaire en général est calquée sur l'évolution phylogénétique des systèmes moteurs. La première phase est une réaction d'orientation très primitive, qui combine réception du stimulus et alignement des récepteurs sensoriels. Puis intervient la musculature axiale sous contrôle extrapyramidal, avec une configuration posturale symétrique qui se «déploie»

dans l'espace corporel immédiat. Ce n'est que dans une troisième phase, plus tardive, que l'action concerne la musculature distale et ses commandes pyramidales, pour des gestes asymétriques, capables d'atteindre un «espace de manipulation» plus lointain. Cette «microgénie» de l'acte volontaire reproduit l'évolution phylogénétique, dans une succession temporelle de schèmes de moins en moins archaïques. En premier lieu apparaissent les mouvements axiaux des Vertébrés inférieurs (Poissons), puis ceux des Quadrupèdes qui accèdent, par leur répertoire postural et locomoteur, à un espace plus large et enfin les mouvements de la main, caractéristiques des Primates et du développement du Néocortex.

[4] Pour Posner (1978/1986, p. 186).. «*le "set" est un processus actif qui émerge de la connaissance qu'ont les sujets de la nature des prochains événements sensoriels. La nature active du "set" est très importante.. Le "set" est uniquement produit par l'orientation délibérée de l'attention vers un événement attendu.*» Sans clarifier ici les relations entre «préparation», «set» et «attention», Posner attribue à celle-ci un rôle déterminant.

[5] Bernstein (1967) fut le premier à relever la difficulté de formaliser la commande d'un dispositif possédant plus de deux segments articulés. Le problème classique des «degrés de liberté», ou «problème de Bernstein» est lié aux interactions successives des angles articulaires : une petite variation à l'épaule, pouvant provoquer d'importantes différences dans la position de la main, doit être *exactement compensée* au niveau du coude et du poignet. Dans la réalité pourtant, de la ceinture scapulaire à la dernière phalange, six segments mobiles entrent en jeu qui sont chacun sources de variations et de corrections. Mais ce mouvement du bras et de la main, déjà fort complexe lorsqu'il se développe dans un même plan, l'est encore davantage du fait que beaucoup d'articulations peuvent jouer dans plusieurs directions. En outre, l'effection manuelle n'intervient *qu'en dernière instance* d'un processus qui positionne et stabilise d'abord l'épaule et l'ensemble du corps. La moindre manipulation implique donc plus ou moins fortement l'ensemble des fonctions motrices. Quel principe d'organisation invoquer pour comprendre la commande d'un tel système? Pour Bernstein, les interactions en chaîne rendent pratiquement imprévisible le comportement mécanique de l'ensemble (de très faibles modifications de l'ampleur ou de la cinétique des contractions musculaires proximales ont d'énormes conséquences aux extrémités). Les ordres moteurs ne peuvent donc avoir d'autre origine qu'une information précise et continue sur la position des membres — information que fournissent d'ailleurs effectivement les propriocepteurs. La solution du servo-mécanisme définit ainsi la commande comme la DIFFÉRENCE entre la «situation désirée» (*sd*) — c'est-à-dire, ici, la position finale du bras et de la main — et la «situation actuelle» (*sa*) que décrivent les capteurs sensoriels. Le mouvement devient alors un déplacement de l'effecteur qui annule cette différence, considérée comme une «erreur motrice». Puisque l'action résultante modifie (*sa*), le dispositif fonctionne bien en rétroaction : la mesure permanente de l'écart (*sa - sd*) entraîne le fait que tout changement de la cible visée provoque une modification proportionnelle de l'ordre moteur. Pourtant, l'expérience de Polit et Bizzi (1979) montre bien la capacité du système de se passer des réafférences, dans le domaine il est vrai très limité de l'éxécution d'un geste rudimentaire (monoarticulaire et coplanaire), toujours identique et massivement surappris.

[6] Ainsi, Duffy et Burchfiel (1971) et Sakata, Takaoka, Kawarasaki et Shibutani (1973) ont trouvé dans l'aire 5 des neurones codant la configuration relative et tridimensionnelle des membres (bras allongé, poignets repliés, etc.).

Chapitre 7
L'attention et le cortex frontal : les mécanismes du «set»

Le schéma du «set» esquissé au Chapitre précédent répondait à la nécessité d'expliquer la structuration d'un traitement d'information spécifique de la tâche dans le cadre des mécanismes préparatoires propres au Temps de réaction. Cette fonction d'organisation précoce implique la mémoire. A l'origine du concept, Müller et Schumann (1889) observaient, dans une expérience psychophysique de jugement de poids (voir p. 32) qu'une longue série de valeurs identiques était suivie d'erreurs à la première valeur nouvelle (un poids léger était estimé beaucoup plus léger qu'il n'était en réalité). Le sujet avait donc appris une norme qu'il utilisait pour prévoir le prochain stimulus. L'«*Einstellung*», ou «set», n'était donc rien d'autre que la démonstration d'une anticipation induite par un *biais de probabilité* (aucune erreur systématique n'aurait été observée si les poids avaient continué d'être donnés au hasard). Avec cette méthode, devenue courante en Psychologie pour amener le sujet à suivre une certaine *stratégie*, l'idée centrale du «set» est bien celle d'une *règle interne* émergeant implicitement d'événements ayant acquis une valeur prédictive par leur fréquence, ou explicitement induite par un objet symbolique ou par une simple consigne verbale. C'est pourquoi les auteurs de la fin du siècle dernier impliquèrent ce type de mécanisme dans l'action volontaire. L'essence de celle-ci est en effet le maintien (sur une durée parfois très longue) d'une intention ou d'un mobile. Dans l'expérience de Külpe (1904), cette attitude contrôlant l'investissement du sujet dans la tâche fut invoquée pour expliquer la sélectivité focale de la perception et la suppression perceptive (l'«Abstraction») des dimensions non-pertinentes du stimulus. Dans les recherches de N. Ach (1905, 1910) et de K. Lewin (1922 a,b), l'effet de «set» dû à une consigne initiale déterminait la force de restitution des relations mémorisées entre paires de syllabes non-sens, force mesurée en Temps de réaction d'association. Sans préciser le mécanisme intime du «set», les auteurs classiques en avaient isolé certaines conséquences essentielles : polarisation de la perception et de l'ensemble des processus de réévocation mnésique.

Si l'action volontaire se caractérise par un certain degré d'initiative du sujet, elle dérive pourtant le plus souvent d'un indice évocateur permettant d'anticiper l'évolution de la situation. Pour William James (1890, voir p. 9), l'attention active comportait justement cet aspect indirect, lié à l'association avec une idée ou un antécédent sensoriel, toujours décisif, bien que parfois discret et lointain. Prédisposition liée à l'interprétation d'un contexte, le «set» se caractérise par une chronologie en trois étapes : a) réévocation mnésique d'une signification par des indices, b) maintien actif d'un mobile et focalisation de l'attention et c) réponse au signal attendu. On rejoint ici l'analyse de Fuster (1980, 1989), faisant des capacités rétrospectives et projectives du cortex préfrontal la raison de son engagement dans l'organisation des «conditionnalités temporelles» (*cross-temporal contingencies*) qui règlent le comportement. Le fait qu'un événement sensoriel prenne valeur de signal dérive d'un premier appel à la mémoire qui déclenche son anticipation active. Sur quelle autre base que l'expérience passée pourrait-on effectuer la prévision ?

Le «set» est un modèle dynamique des fonctions proactives ou préparatoires qui associe étroitement mémoire, activité volontaire et attention. Il s'oppose radicalement à la conception «réflexiste» du comportement qui caractérise les théories SR (stimulus-réponse). Celles-ci ont été promues et formalisées par les Behavioristes, puis acceptées dans leur principe par la Psychologie cognitive des «stades de traitement». Les Behavioristes refusaient la vision classique des associations comme mécanisme primaire de combinaison des sensations dans une perception conçue comme *représentation interne* du monde extérieur. En limitant le fonctionnement des associations au seul cadre des relations sensorimotrices sanctionnées par la production d'une réponse, ils postulaient une correspondance directe entre le signal et sa conséquence comportementale. L'enregistrement d'une nouvelle liaison était donc exclusivement envisagé dans le cadre du conditionnement pavlovien, où l'appariement répété d'un stimulus conditionnel (initialement «neutre») et d'un stimulus inconditionnel était censé imprimer directement une nouvelle signification dans la mémoire. Cette conception fondamentalement passive de la fonction implique par exemple qu'à la notable exception des réponses « implicites », ou *covert*, un événement laissé sans réaction soit jugé non-perçu.

En raison du caractère linéaire de l'enregistrement et de la restitution (le « frayage » réalisé par le premier permet au stimulus d'évoquer directement la réponse), la description behavioriste oscille continuellement entre la réduction au schéma pavlovien et la généralisation abstraite. Pour Watson, «*La mémoire... est un terme général pour exprimer le fait qu'après une période de non-pratique d'une certaine habitude ("habit").. la fonction n'est pas perdue, mais retenue comme une partie de l'organisation individuelle, bien qu'elle ait pu, par le non-usage, souffrir de plus ou moins grandes détériorations*» (1919, p. 304). Dans cette définition très générale le mot «mémoire» n'a évidemment pas la signification d'une image mentale de l'environnement, mais celle de l'enregistrement d'un comportement, d'une «habitude». Elle n'en contient pas moins de remarquables ambiguités en éludant un problème crucial : distinguer le processus de stockage des mécanismes de la réévocation. Si, après une intervention expérimentale perturbatrice (qui peut être, comme le suggère Watson, un simple délai d'oubli), un animal produit une mauvaise performance, comment départager les effets «*rétroactifs*» d'altération des informations utiles, des effets «*proactifs*» liés à une moins bonne capacité d'utiliser celles-ci ? Cette question-clé est particulièrement sensible dans la littérature moderne car la plupart des traitements expérimentaux employés sur l'animal comme «hypomnésiants» ou «promnésiants» possèdent une dimension stressante. Au moment du test, la seule manipulation des animaux réévoque cette situation de peur ou de conflit, dont on imagine bien qu'elle entraînera d'inévitables «détériorations» de la performance. Toute expérience cherchant à mesurer la mémoire résiduelle se heurte ainsi au problème de l'état de l'organisme, qui n'est pas nécessairement le même dans la situation initiale et pendant le test. Dans ce dernier cas, les études sont toujours confrontées à la difficulté majeure de contrôler les facteurs d'interférence, ou de distractibilité, c'est-à-dire en définitive, *les facteurs émotionnels et les facteurs d'attention*.

LE CORTEX FRONTAL ET L'ATTENTION

Les fonctions du lobe frontal sont chargées depuis fort longtemps de connotations sur les «fonctions supérieures», l'«intelligence», la «personnalité» ou «la pensée», qui témoignent de la fascination particulière exercée par cette structure sur les chercheurs. Comme pour beaucoup de notions fonctionnelles, les premières hypothèses sont apparues d'abord en clinique humaine, avec l'interprétation des troubles provoqués par les lésions. Déjà les auteurs du XIXe siècle avaient noté que celles-ci n'avaient pas d'effets sensoriels et moteurs, mais qu'elles entraînaient des perturbations profondes et durables des «attributs mentaux et des facultés». Meynert les qualifiait ainsi, en 1867 : «*diminution de la mémoire, incapacité de concentrer l'attention et perte complète de la puissance de volonté*». Mais pour cet auteur, comme pour Hitzig, Ferrier et Flechsig, le syndrôme frontal était lié à l'intelligence. Von Monakow, dans sa *Gehirnpathologie* (1897), estimait que «*les lésions d'une certaine étendue ne sont jamais observées dans ces régions sans provoquer les déficits intellectuels les plus sérieux*».

On a généralement oublié aujourd'hui que la première théorie du cortex frontal en termes de processus est due à Wundt lui-même. Dès l'édition 1880/1886 de la *Psychologie physiologique*, il en faisait le «centre de l'*Aperception*», c'est-à-dire celui de l'attention et de la conscience[1]. Wundt contestait l'analyse des fonctions préfrontales en termes d'intelligence car il jugeait cette notion trop mal définie. Il cherchait donc un «*mécanisme physiologique élémentaire*» — c'est-à-dire un modèle — capable d'expliquer la sélectivité des contenus mentaux. Ce mécanisme, il le trouvait chez Herbart (voir Chapitre 1, p. 16). C'était un processus inhibiteur, susceptible d'«arrêter» les activités psychiques non congruentes avec le contenu actuel de l'esprit, mais qui restait perméable à celles qui peuvent lui être associées. L'intégration mentale avait donc pour origine le choix des sensations ou des idées susceptibles d'être «aperçues». Dans son schéma, Wundt supposait donc que le cortex frontal était informé par ses afférences des différentes «impressions» sensorielles construites par les voies visuelles, auditives ou les régions du langage, et qu'il possédait, par ses connexions récurrentes avec ces structures, la capacité de régler leur influence sur la motricité. Pour lui, le cortex frontal réalisait donc clairement une gestion active des associations sensorimotrices en dosant l'inhibition des schèmes sensoriels (les représentations), en autorisant leur transit dans des régions «intermédiaires», ou en activant directement les centres moteurs (Wundt, 1902/1910).

A cette époque, la théorie des stades de myélinisation de Flechsig faisait du cortex frontal une structure très haut située dans la hiérarchie des centres nerveux. A partir d'études neuronographiques détaillées, Flechsig (1896) inventoriait les supports anatomiques possibles des fonctions d'association et il distinguait trois types de connexions : a) sensorielles-motrices, b) «locales», ou sensorielles-sensorielles, et enfin c) «générales». Ces dernières étaient supposées réalisées par l'intermédiaire d'une structure tierce, capable de relier entre elles deux aires quelconques. On connaissait alors deux exemples de telles structures : un «centre» postérieur ou *pariétal* et un «centre» antérieur, ou *frontal*. Mais celui-ci possédait la curieuse propriété d'envoyer aux autres régions corticales, des fibres dont la maturation (myélinisation) était particulièrement tardive (elle est à peine achevée à l'adolescence). Notant l'analogie avec le développement continu du lobe frontal dans la phylogénèse, Flechsig (1901, 1920) suggérait alors une relation causale entre ce phénomène et le développement des fonctions cognitives, supposé fondé sur l'accumulation des associations.

Pillsbury reprit plus tard (*L'attention*, 1906, Chapitre 12) une version simplifiée de ces deux théories dont il évacuait cependant les aspects dynamiques au profit d'une simple localisation. «*Les lésions des lobes frontaux écrivait-il, s'accompagnent de troubles de l'attention.*» Ses arguments étaient surtout fondés sur la comparaison des pathologies frontales et pariéto-temporales. Avec la lésion de ces dernières, Pillsbury notait l'apparition de troubles des «*connexions les plus rudimentaires entre les parties de la conscience (perception) plutôt qu'une confusion dans les fonctions supérieures*». Ces perturbations de la reconnaissance des objets signifiaient pour lui que «*les conditions initiales de l'attention*» (le matériel sur lequel elle opère) étaient atteintes, bien plus que la fonction en elle-même. A l'inverse, les malades porteurs de destructions du «centre d'association frontal» manifestaient un trouble de l'initiative, caractérisé par un «*manque d'intérêt aux choses environnantes et un manque général de mémoire, de raison, de spontanéité d'action*». Pour Pillsbury, cette comparaison des atteintes frontales et pariétales (c'est maintenant le cadre de l'«héminégligence», voir Chapitre 5) montrait que «*le contrôle* (par le sujet) *de l'association, reste normal aussi longtemps que les lobes frontaux ne sont pas lésés*». Et il concluait : «*Ces faits, quoique ne démontrant pas d'une façon absolue la correspondance entre cette région et l'attention permettent cependant de présumer très fortement que l'attention correspond au centre d'association antérieur de Flechsig...*» (p. 223); ou même plus brutalement : «*la Psychiatrie prouve donc que les lobes frontaux sont le siège de l'attention*» (p. 222).

Cette affirmation lapidaire trouve-t-elle encore quelque support? Piéron (1923), par exemple, ne croyait guère à la localisation d'une capacité psychique aussi fondamentale qu'il attribuait au fonctionnement de l'ensemble cérébral. Pourtant la littérature moderne associe toujours les aires frontales à des hypothèses concernant l'élaboration des activités intentionnelles, la mémoire et l'attention. En fait, le premier problème n'est pas tant *de localiser* une fonction bien déterminée dans la «boîte noire» d'une structure cérébrale que de *la décrire*. Dans les termes de Wundt et de Flechsig, ces «fonctions supérieures» résultaient surtout d'une organisation des communications *intra-corticales*, ayant pour cible les systèmes perceptifs et dont le contrôle incomberait, au moins partiellement, au «centre d'association antérieur». Or cette démarche se retrouve chez Teuber (1960, 1963, 1965, 1972), qui transposait audacieusement le modèle de la *décharge corollaire* aux fonctions préfrontales.

Ce concept, introduit par Helmholtz au XIXe siècle pour expliquer la stabilité perceptive dans le contexte du mouvement, implique que le système visuel utilise une copie de l'ordre moteur oculaire pour distinguer les changements rétiniens provoqués par les saccades (les *réafférences*) de ceux qui résultent de l'environnement (les *exafférences*). Teuber en fit la manifestation d'un «plan d'action» volontaire, élaboré au niveau frontal, et activant d'abord les systèmes perceptifs pour réaliser une fonction de préparation aux changements prévisibles de la configuration sensorielle. Mettant l'accent principal sur les conséquences immédiates de l'«intention motrice», et tirant parti des tout premiers enregistrements unitaires réalisés par Bizzi dans le *FEF* (1968), Teuber voyait dans les activités préfrontales.. «*des décharges cellulaires qui représentent et décrivent l'acte courant à l'organisme*». Il trouvait là,...«*dans ces décharges corollaires, un signal, une marque physiologique de ce qui est pour ainsi dire volontaire dans le mouvement volontaire*». Le mérite de ces formules était de souligner l'intérêt d'un schéma diamétralement opposé à la conception SR traditionnelle, où le traitement du stimulus précède l'organisation de la réponse, en le complétant par un flux d'informations motrices ou prémotrices vers les régions sensorielles, «*ainsi préparées aux conséquences des mouvements d'origine endogène*» (Teuber, 1972).

LES LÉSIONS DU LOBE FRONTAL

QUELQUES DONNEES DE LA CLINIQUE MODERNE. — Pour Luria (1973, 1966/1980), les lobes frontaux jouent un rôle fondamental dans la construction et le maintien de l'activité consciente chez l'Homme. La phylogénèse appuie ces affirmations puisque leur développement n'apparaît de manière sensible que chez les Primates et qu'il n'est considérable que chez l'Homme, où leur masse représente le quart des hémisphères cérébraux. A l'inverse des destructions sensorielles ou motrices (aux effets immédiatement évidents) comme celles des aires occipitales ou précentrales, les déficits frontaux sont — pour reprendre une expression de Pribram — «silencieux». Ils ne se caractérisent pas en effet, par la perte d'un élément du comportement et exigent des procédures sophistiquées pour être dévoilés. Ils touchent plutôt le caractère de l'action, sa flexibilité, sa pertinence, son aspect intentionnel, adaptatif, voire intelligent. On n'effectuera pas ici une revue complète de la littérature clinique dont l'intérêt serait d'ailleurs limité dans le cadre de cet ouvrage. Lorsque l'étendue des lésions est établie avec précision chez l'Homme, celles-ci ne ne touchent pas nécessairement une structure cérébrale homogène du point de vue fonctionnel. Pour cette raison, les conclusions doivent être étayées par le recoupement d'un grand nombre de cas et l'on comprend, malheureusement, les progrès de la Neuropsychologie après les périodes de guerre. Enfin, l'évaluation des déficits frontaux repose sur une méthodologie et des tests complexes qui soulèvent de difficiles problèmes de validité intrinsèque qu'on n'examinera pas ici.

La «perte de la mémoire récente» a été l'une des premières interprétations des troubles consécutifs à la lobotomie[2], en accord avec les résultats des lésions expérimentales chez le Singe (Jacobsen, 1935, 1936). Bien que cette hypothèse ait été graduellement contestée dans la littérature expérimentale chez l'animal, les manuels de Neurologie affirment encore les effets des atteintes du lobe frontal sur la mémoire à court terme. Dans leur revue, Stuss et Benson (1987) citent également des analyses récentes, suggérant un déficit mnésique après dommage frontal, d'origine traumatique ou vasculaire. Mais ils remarquent aussitôt que si les observations factuelles semblent parfaitement correctes, il n'en est pas de même de leur interprétation. Beaucoup de tests neuropsychologiques n'isolent pas, en effet, les facteurs d'interférence, de sériation temporelle, ou de recherche d'items visuels. Un diagnostic «mnésique» peut donc dépendre typiquement d'une perturbation d'une autre nature. Un exemple très connu : l'«oubli de se souvenir», est rapporté par Hécaen et Albert (1978). Un de leurs patients, soumis au WAIS (*Wechsler Adult Intelligence Scale*), se montrait incapable de localiser le Vatican. Mais plus tard, dans une discussion sur la religion, le malade, catholique, affirma pourtant que le Pape, chef de l'Eglise, résidait au Vatican à Rome. Il n'avait donc pu retrouver cette information sans le secours des indices apportés par le contexte religieux. Les exemples de ce type semblent nombreux. En fait, les tests de «mémoire pure» fournissent généralement des résultats négatifs dans le syndrôme frontal. Stuss, Kaplan, Benson, Weir, Chiuli et Sarazin (1982) ont analysé les déficits de patients atteints au niveau orbito-frontal, grâce à l'épreuve des «triplets de consonnes» de Brown-Peterson, qui impose au sujet d'inhiber une information interférente pour pouvoir restituer correctement le matériel mémorisé. Les sujets lésés, qui avaient subi une lobotomie pourtant suivie d'une récupération très satisfaisante, réussissaient particulièrement mal dans ce test.

Si l'organisation *temporelle* du comportement apparaît touchée par les lésions frontales, l'interprétation mnésique est clairement insuffisante et pose d'autres problèmes que celui du «stockage». D'une manière générale, Luria (1973) estime que les fonctions mnésiques de base sont intactes chez les patients frontaux. Les perturbations concernent plutôt leur capacité d'entretenir une «incitation» durable à se souvenir, de maintenir un effort actif et volontaire en direction du matériel de l'épreuve. Ils réussissent difficilement à suivre une méthode, fluctuent entre les références internes et les indices externes. Leur susceptibilité à la distraction et à l'interférence semble le trait dominant de leur pathologie. Pour Stuss et Benson (1987), celle-ci témoigne d'une façon multiforme de l'existence d'une fonction de commande des lobes frontaux, nécessaire au maintien et à la pertinence de l'attention volontaire. En bref, les études cliniques montrent que les atteintes frontales entraînent une désorganisation comportementale caractérisée par une perte de cohérence, par l'incapacité de suivre le fil conducteur de l'action et dans laquelle il n'est pas facile de dissocier les troubles de la mémoire, de la volition et de l'attention.

DESTRUCTIONS EXPERIMENTALES CHEZ LE SINGE. — Le test principal est la Réponse différée. Son inventeur, Hunter (1913), avait défini une épreuve de choix guidée par un stimulus discriminatif qui n'est plus présent physiquement au moment de la réponse et qui implique, par conséquent, la médiation d'une capacité symbolique ou représentative. Ce test, essayé par l'auteur sur sa propre fille, fut considéré comme le premier outil expérimental adapté à l'étude des «capacités d'ordre supérieur» et il connut un premier succès en Psychologie comparative pour différencier les espèces humaine et animales. La version utilisée couramment chez l'animal repose sur le WGTA («*Wisconsin General Test Apparatus*»), mis au point par Harlow et Bromer (1938) pour standardiser les épreuves sur les Primates. Les éléments essentiels de ce dispositif sont un plateau mobile, avec deux évidements susceptibles de recevoir l'appât, et un écran mobile qui le cache à l'animal pendant le délai d'attente (Figure 36). Avec lui, Jacobsen (1935, 1936) devait montrer chez le Rhesus que la Réponse et l'Alternance différées étaient toutes deux particulièrement sensibles à des lésions bilatérales du lobe frontal et il attribua les déficits à une perte des capacités de «mémoire immédiate». L'essentiel des tentatives ultérieures pour cerner les fonctions préfrontales est lié à la critique de cette hypothèse. Comme le remarque Fletcher (1965), Jacobsen justifiait prudemment son interprétation (en note infrapaginale) par un souci de définition descriptive et opérationnelle. La précaution vaut d'être notée car, comme on le verra plus loin, les mécanismes touchés par ces lésions ne sont guère clarifiés en termes mnésiques.

Les données contradictoires avec l'article de Jacobsen ne tardèrent d'ailleurs pas à apparaître. Finan (1939) montra que des singes opérés, totalement incapables de réussir dans la Réponse différée, pouvaient ce-

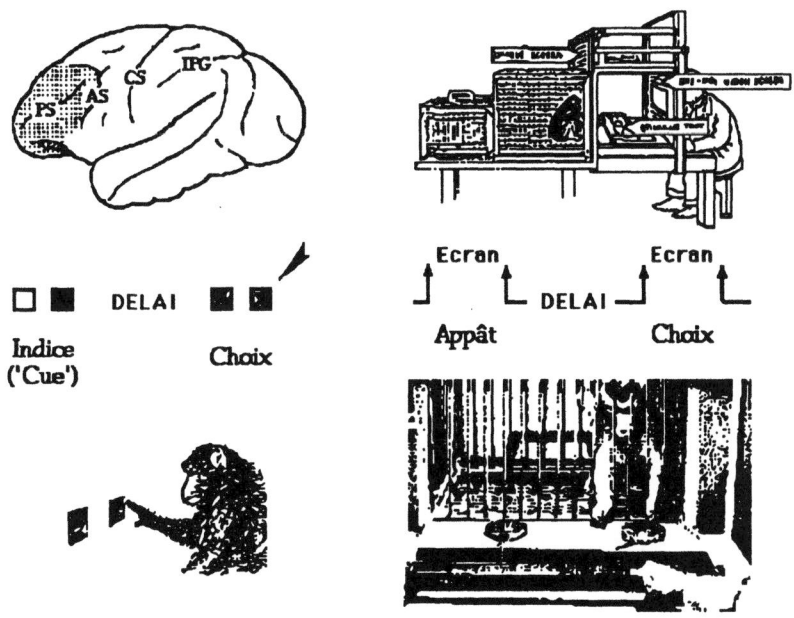

Figure 36. — En haut à gauche : schématisation des aires préfrontales dorsolatérales chez le Macaque *(PS,* sillon principal; *AS,* sillon arqué; *CS,* sillon central; *IPG,* sillon intra-pariétal). *A droite disposition générale du WGTA, montrant (d'après Harlow, 1951) la position de l'expérimentateur et du singe, et les deux éléments essentiels que sont le plateau mobile («*stimulus tray»)*, et l'écran («*opaque screen»)*.* Le décours temporel de la Réponse différée (en dessous) comporte trois phases : on place d'abord l'appât dans le logement choisi, au vu de l'animal mais hors de son atteinte. Après un délai d'attente, écran abaissé, la phase de réponse consiste à pousser vers l'animal le plateau dont les évidements sont recouverts (illustration du bas). La caractéristique essentielle est la variation aléatoire de position qui fait dépendre la bonne réponse de la phase initiale d'observation. Celle-ci est au contraire omise de la variante d'Alternance différée, où le choix concerne toujours le logement non-appâté à l'essai précédent (séquence GDGD, etc.). A gauche (au centre et en bas), la méthode «*indirecte*» de la Réponse différée, utilise deux boutons susceptibles d'être éclairés de l'intérieur. Le Singe appuie sur un levier pour amorcer l'essai, ce qui illumine brièvement l'une des deux cibles (phase indicatrice). C'est celle-ci qu'il devra toucher après le délai d'attente. A l'instant du choix, les deux cibles sont éclairées simultanément pour indiquer la disponibilité du renforcement (une goutte de jus de fruit donnée directement dans la bouche de l'animal). Avec un dispositif semblable, la tâche d'Appariement retardé (*«Delayed Matching-to-sample»*) consiste à indiquer initialement à l'animal — avec un voyant spécial — la couleur ou le motif qui apparaîtra sur la bonne cible au moment de la réponse. Cet «échantillon» contient la seule information utile puisque la position finale est là aussi variée aléatoirement d'essai en essai. Ces règles permettent de concevoir une épreuve purement temporelle en demandant au singe de répondre vite — TR — ou lentement, en fonction de l'indice précoce (*«Go/No-go»* différé).

pendant maîtriser une discrimination visuelle difficile dans un labyrinthe leur imposant de longs délais de réponse. Malmo (1942), observa que la performance des animaux frontaux dans le WGTA était notablement améliorée en faisant l'obscurité pendant la période d'attente. A la suite de ces deux études, l'interprétation du déficit frontal prit en compte progressivement 1) l'inattention des animaux à la présentation des indices visuels dans la phase d'appâtement et 2) leur hyperactivité, distractibilité, ou sensibilité aux sollicitations de leur attention par le moindre stimulus. Typiquement, les singes lésés sont hyperactifs par rapport aux normaux. Il est donc plus difficile à l'expérimentateur de leur montrer la position de l'appât. Mais c'est surtout leur agitation intense pendant le délai qui semble introduire le plus grand facteur de perturbation. Sa réduction par l'obscurité, dans l'expérience de Malmo, ou par des drogues sédatives (Pribram, 1950; Dean et Davis, 1959), améliore les performances. Ce facteur n'est d'ailleurs pas spécifique aux singes frontaux, bien qu'il prenne chez eux un caractère dramatique. Chez les Macaques normaux, les femelles sont, en moyenne, plus calmes et plus attentives que les mâles et leur taux de réussite est plus élevé. Ce n'est pas en elle-même que l'intensité de l'activité motrice est décisive, puisque les animaux lésés unilatéralement sont également hyperactifs sans être perturbés. En fait, les facteurs de dégradation de la performance ne semblent agir que dans la mesure où ils déclenchent des interférences attentionnelles (Blake, Meyer et Meyer, 1966). Deux éléments de la tâche sont à cet égard spécialement importants (et déterminent nettement sa difficulté) : les mouvements de l'écran et la séparation spatiale des boîtes de récompense, qui ne doivent pas être trop proches l'une de l'autre. L'hypothèse de Fletcher (1965) est celle d'une intériorisation de l'orientation initiale vers la cible, en une «chaîne de réponses internes» («*covert responses*») qui amorce le choix final. Sa forme n'est pas constante puisque, chez les espèces moins évoluées que le Rhesus (Singe-écureuil par exemple), la réussite est souvent liée au maintien, pendant le délai, d'une «*posture de remplissage*», c'est-à-dire d'une attitude d'orientation, basée sur la fixation visuelle. Ce comportement est une manière peu économique de conserver l'information nécessaire à la réponse. La chaîne hypothétique, postulée par Fletcher, atteindrait alors sa forme d'abstraction la plus accomplie chez l'Homme, avec le langage. Le fait de donner un nom à l'objet-cible autorise vis-à-vis de n'importe quel délai ou interférence, une performance robuste dont aucun animal n'est capable.

Après le Symposium organisé par Warren et Akert (1964), faisant le bilan des études antérieures sur le Singe et sur d'autres espèces, l'utilisation de nouvelles méthodes d'exclusion temporaire de l'aire dorso-latérale par le froid confirma l'importance de cette structure pour les Réponses différées (Fuster et Bauer, 1974; Bauer et Fuster, 1976). Mais l'intérêt se porta surtout sur les tentatives de subdiviser fonctionnellement le cortex préfrontal, par des résections partielles (aires ventrales et sus-orbitaires, ou au contraire dorso-latérales) testées dans différentes variantes de Réponses et d'Alternances différées. Comme certaines de ces lésions provoquent des comportements persévératifs, l'hypothèse d'une inhibition comportementale des tendances de réponse connut un certain succès (Brutkowski, 1965). Mais le principal objectif de ces tentatives était de déterminer la nature de l'information critique pour une région donnée afin de circonscrire les fonctions de «mémoire spatiale». Après Mishkin (1957), montrant que la seule destruction du *sillon principal* était suffisante pour perturber une Alternance différée, on étudia la mise en jeu différentielle de cette région et de *l'aire préarquée* dans des réponses spécifiques. Goldman et Rosvold (1970), puis Goldman, Rosvold, Vest et Galkin (1971), comparèrent les atteintes de ces deux structures dans des tâches choisies pour opposer, ou combiner, les dimensions spatiale (position gauche-droite) et temporelle (délai). Ainsi testèrent-ils la dimension spatiale-visuelle, en l'absence de délai, avec la Réponse de Position Conditionnelle (le lieu de la récompense étant codé par la présence d'un stimulus), ou au contraire un délai avec une alternance non-spatiale (le «*Go/No-go*» différé), ou enfin les deux épreuves combinant la contrainte d'attente avec une règle spatiale-visuelle (Réponse différée), ou spatiale-kinesthésique (Alternance différée). Les deux premières tâches étaient sélectivement sensibles aux lésions préarquées, tandis que les deux dernières, basées sur la rétention d'une information gauche-droite, étaient les seules affectées par la destruction du sillon principal. Les auteurs ont donc accordé à ce «foyer» une fonction mnésique «modale», spécifique de la «dimension spatiale». Cette spécialisation du sillon principal a semblé d'abord confirmée par d'autres études (voir Pribram, 1987) avant d'être contestée par Fuster. En utilisant l'élégante méthode d'exclusion temporaire par le froid, Bauer et Fuster (1976) ont en effet montré que *l'Appariement retardé* est également sensible à l'inactivation du sillon principal. Cette tâche est une variante des Réponses différées où l'indication initiale permettant d'identifier la clé de réponse est une couleur, ou la forme d'un motif, et *non sa localisation*. Il paraît donc probable que les fonctions préfrontales ne se limitent pas à la réévocation temporaire et à l'anticipation des positions.

Mais la nature de cette «information spatiale» n'est pas aussi évidente qu'il le semble intuitivement : en Réponse différée, le codage est visuel et il doit être converti en fin d'essai en un geste de la main. Mais en

Alternance différée, la vision fournit moins d'indications que le message kinesthésique lui-même, puisque l'animal doit répondre sur la base de l'essai précédent. Konorski (1967) suggérait que les aires frontales sont nécessaires à l'intégration kinesthésique des relations spatiales («*spatio-kinesthetic image*»). Cette notion générale évoque en fait toute forme de représentation centrale des mouvements ou des postures (celles de «remplissage» également), supposées codées par une intégration des afférences sensorielles proprioceptives, et conforme à l'idée d'un «schéma corporel de l'action».

Pour traduire plus concrètement ces définitions peu précises, Stamm (1970) supposa que, par rapport à la méthode du WGTA, une réponse locomotrice, très dépendante de ces schémas internes, devrait permettre 1) une amélioration de la performance des animaux normaux et 2) une dégradation plus importante de celle des frontaux. Son expérience était basée sur des réponses locomotrices dans un labyrinthe en «T» muni de deux couloirs de retour au compartiment de départ, dans lequel était imposé le délai d'attente (inter-essai). Stamm entraîna deux groupes de singes, l'un dans le WGTA, selon la procédure standard, l'autre dans son labyrinthe, jusqu'au critère de 90 % de réussite, puis la moitié de chaque groupe fut opérée et testée immédiatement ou après réentraînement massif. Il obtint les résultats suivants.

	NORMAUX à 90 %	*1/2 Groupe FRONTAL*	*Après 840 essais*
WGTA	725 essais	48 % Rép. correctes	65 % Rép. correctes
LABYRINTHE	150 essais	36 % Rép. correctes	52 % Rép. correctes

Ainsi, en accord avec l'idée de Konorski, l'utilisation d'une réponse locomotrice, maximisant l'importance des «indices kinesthésiques», permettait un apprentissage initial presque cinq fois plus rapide que la technique habituelle tout en augmentant l'effet des lésions frontales. Les animaux opérés montraient un comportement persévératif irréductible (par exemple, une session entière de 40 essais avec un choix identique du même côté). Stamm les réentraîna ensuite toutes portes ouvertes (absence de délai) et ils recommencèrent à alterner normalement. Mais l'introduction d'un «délai» d'une *demi-seconde*, dans le compartiment de départ suffit alors à réinstaller une performance au hasard. Pour l'auteur, cette observation contredit l'interprétation mnésique de Goldman et Rosvold (1970) : ce délai ultra-court est plutôt une rupture de la continuité du comportement moteur qui introduit une surprise, une interférence attentionnelle. Stamm (1987) insiste surtout sur le fait que l'interprétation mnésique, en raison de son globalisme (réévocation d'un comportement) ne débouche sur aucune hypothèse explicative.

Après Goldman et Rosvold, la dissociation fonctionnelle des aires dorsolatérales a également visé les propriétés du deuxième «foyer», c'est-à-dire de l'aire préarquée. Différentes variantes de la Réponse de Position Conditionnelle ont été employées. Dans ces épreuves, le choix spatial de l'animal est guidé par la présence d'un objet ou d'un stimulus annexe, visuel ou auditif. Stepien et Stamm (1970 a,b), ont cherché sans succès, à préciser les interactions entre les facteurs spatiaux et kinesthésiques. Milner et Petrides (1984), Petrides (1982, voir aussi Petrides, 1987) par contre, ont pu différencier deux zones dans cette partie postérieure du cortex préfrontal. La courbure ventro-latérale du sillon arqué serait critique pour l'utilisation des indications visuelles, tandis que la région avoisinant sa branche dorso-latérale, serait nécessaire avec les signaux auditifs. Entre ces deux structures, les résections incluent toujours plus ou moins complètement le FEF, ou «champ oculaire frontal», dont les études analysées au Chapitre 5 ont montré l'importance pour la dimension prédictive des mouvements oculaires d'orientation et d'exploration volontaire. Le rôle de ces régions semble décisif, aussi bien pour l'enregistrement de l'information directrice (conditionnelle) que pour la coordination visuo-manuelle de la réponse. Les variantes du déficit «arqué» s'apparenteraient donc à une «héminégligence» frontale pour les signaux visuels ou auditifs qui contrôlent ce mécanisme d'orientation par leur présence directe. Dans ce cas, la lésion du sillon principal a peu d'incidence.

DONNEES ELECTROPHYSIOLOGIQUES GLOBALES. — Le premier corrélat de l'activité frontale est l'onde «d'expectative», décrite chez l'Homme et appelée «*Contingent Negative Variation*» (CNV) par Walter (1964). La CNV est une négativité lente de la composante continue de l'électroencéphalogramme qui se développe pendant l'intervalle entre n'importe quel stimulus avertisseur et un signal de réponse. Comme elle est noyée dans les ondes cérébrales, sa mise en évidence repose sur le moyennage synchronisé d'épisodes comparables. La CNV a suscité une importante littérature basée des épreuves de Psychologie expérimentale comportant un délai préparatoire (Temps de réaction). Mais la typologie des variations, les incertitudes de l'électrogénèse corticale et les facteurs cognitifs, d'attention, de motivation ou de préparation motrice mis en jeu rendent les interprétations difficiles. Toutefois, la dépendance évidente de la CNV vis-à-vis des situations d'anticipation — qui présentent une similitude évidente avec les tâches de délai utilisées chez l'animal — n'a pas échappé aux chercheurs. On a donc cherché, avec ce type d'enregistrement global du potentiel électrocortical, des précisions sur la cinétique des activations préfrontales régionales dans la Réponse différée. Comme de telles expériences exigent un contrôle temporel strict des événements de la tâche, Stamm et Rosen (1969) ont utilisé la méthode «indirecte» et non celle du WGTA (Figure 36). Ils ont d'abord observé des potentiels lents négatifs, très semblables à la CNV, mais largement distribués à la surface du cortex. Par contre ils obtenaient des effets fonctionnels localisés (perturbation de la Réponse différée) en stimulant électriquement le sillon principal. L'exploration du décours temporel de l'essai montrait une chute de performances pour les seules stimulations données à la fin de la phase indicatrice («*cueing*») et au début du délai d'attente (Stamm et Rosen, 1969, 1972). La mise en jeu du sillon principal serait donc une étape décisive, au sein d'une chaîne de traitements d'informations impliquant d'autres structures.

En perfectionnant leur technique d'enregistrement (potentiel continu transcortical obtenu avec des électrodes impolarisables), Stamm et Rosen (1972) ont observé des changements différentiellement liés à la performance en Réponse différée. Une première onde surface-positive rapide survient au moment où est donnée l'information initiale de position. Son amplitude semble signaler le côté indiqué à l'animal : si le bouton gauche s'allume, l'onde positive est plus grande sur le cortex droit. Il lui succède ensuite une variation surface-négative plus lente, qui atteint son maximum au début du délai d'attente, pour décroître ensuite. Ces phénomènes renforcent l'idée d'un moment d'activation critique du sillon principal, au début du délai. En fin d'apprentissage, les auteurs ont pu établir une corrélation entre un indice quantitatif de la déflection surface-négative et le taux de réussite. Forts de ces observations, Stamm et ses collaborateurs ont supposé que l'onde lente surface-négative traduisait un état d'activité favorable à l'utilisation des indicateurs précoces par l'animal. Ils ont donc imaginé une expérience où l'essai était déclenché par ordinateur, en fonction du niveau de potentiel continu enregistré sur le sillon principal (Sandrew, Stamm et Rosen, 1977; Stamm et Gillespie, 1980). Pour le groupe de singes testant directement cette hypothèse (groupe appelé «*FN*»), l'essai était donné seulement en présence d'une activation de cette région frontale (augmentation surface-négative). Les résultats ont montré une nette supériorité des singes «*FN*» sur ceux des autres groupes dans l'apprentissage de la Réponse différée et dans celui-ci seulement (l'expérience permettait une comparaison avec une tâche d'Appariement retardé). Aucun recouvrement des performances avec les animaux-contrôles n'était observé et le meilleur apprenti «*FN*» maîtrisait la tâche en une seule session. Ces données sont très suggestives d'un état particulier d'attention que l'enregistrement électrophysiologique aurait pisté avec précision, permettant à l'ordinateur de fournir au singe l'indice initial au bon moment.

En conclusion, les données obtenues sur le Singe par la méthode des lésions, par stimulation perturbatrice, ou par électroencéphalographie globale font clairement des différentes versions de la Réponse différée un révélateur exceptionnel des fonctions préfrontales. Cette tâche est un véritable paradigme, car il est rare de trouver dans la littérature une aussi bonne adéquation entre les capacités qu'exige un test comportemental et les opérations réalisées par une structure cérébrale.

Toutes les tâches différées ont une même logique. La signification de l'ordre final (tirer une manette, prendre la récompense à gauche, appuyer sur le bouton rouge) dépend d'une instruction initiale, c'est-à-dire d'une règle qui doit être intériorisée et maintenue grâce à la capacité de l'animal de s'abstraire des sollicitations externes (distractions). Ces épreuves sont donc assez mal définies comme des tests de « mémoire immédiate » (stockage temporaire d'un comportement). Avec elles et la discussion des fonctions préfrontales, on retrouve toutes les composantes du «set» : règles et stratégies, attention et mémoire projective, résistance aux interférences et attente de l'événement final. L'enregistrement des activités neuroniques déclenchées par l'indication précoce devrait donc préciser l'organisation des mécanismes critiques.

L'EXPLORATION PAR LES ENREGISTREMENTS UNITAIRES

Ces études ont mis en évidence des neurones dont *l'intensité de l'activité tonique*, pendant l'attente des signaux de réponse, est liée à la nature de la réponse qui va suivre. Cette activité *différentielle* et prédictive est particulièrement spectaculaire lorsqu'elle annonce à l'expérimentateur une erreur de l'animal et elle suggère la possibilité d'observer directement un processus interne, lié à la rétention des indications initiales, à l'orientation attentive de l'animal, ou à une préparation de sa réponse comportementale. Ces trois hypothèses sont réunies dans la formule de Fuster (1980, 1987) d'une fonction « rétrospective-projective » du cortex frontal, qui participerait à l'élaboration d'une anticipation directrice sur la base de l'expérience antérieure.

PREMIERES DESCRIPTIONS. — Les pionniers ont été simultanément Fuster et Alexander (1971) et Kubota et Niki (1971). Ces derniers décrivaient les réponses de 49 cellules, enregistrées sur 11 singes dans *l'Alternance différée*. (On imagine à quel point la mise au point des premières techniques fut laborieuse). Avec cette même tâche, Niki, Sakai et Kubota (1972) exploraient ensuite la tête du noyau caudé et le cortex frontal sus-orbitaire, puis les aires dorsolatérales (Niki, 1974 a,b). Cette dernière étude fut complétée d'abord en *Réponse différée* (Kubota, Iwamoto et Suzuki, 1974) puis par une comparaison des deux épreuves (Kubota, 1975). Mais la première typologie des réponses cellulaires établie sur un échantillon important, fut réalisée par Fuster dans la Réponse différée, d'abord chez le Rhesus (1973), puis sur le Singe-écureuil (Goldberg, Fuster et Alvarez-Pelaez, 1980). Dans ces deux inventaires, Fuster a utilisé la procédure classique du WGTA, avec réponse finale de préhension de la nourriture, tandis que Kubota et ses associés apprenaient à leurs singes la variante «indirecte» (employée par Stamm et Rosen), avec des stimulus lumineux, une réponse discriminative d'appui et un renforcement liquide. Malgré ces différences, les données restent comparables globalement. Ces travaux sont d'ailleurs peu analytiques. Les unités n'ont jamais été étudiées très longtemps : 5 à 10 essais en moyenne, chez Fuster (1973), avec un «record» de 35 essais dans l'article de Kubota et Niki (1971). Ce sont des classifications qualitatives, sans quantification des décharges, ni corrélation avec des variables motrices ou de performance.

L'étude de Fuster (1973) porte sur 328 unités préfrontales, dont la typologie est exclusivement basée sur *le décours temporel des décharges* par rapport aux événements successifs de l'essai (Figure 37). Fuster établit six catégories. Les deux principales concernent, d'une part les cellules de type A et B, particulièrement sensibles à la *présentation initiale* de l'appât et celles qui, d'autre part (C et D), sans réagir toujours immédiatement à cette phase précoce, développent ensuite pour la durée de la période d'attente (écran abaissé), *une activité tonique* qui suggère le maintien actif d'une information nécessaire à l'animal. Cette activité, qui cesse avec la réponse, est facilement affectée par différentes interventions. Occasionnellement, Fuster omet le morceau de nourriture pendant la phase d'observation. Dans d'autres essais-pièges, il donne des stimulus distrayants pendant le délai (cris de singes). Il remarque alors que, si les réponses «sensorielles» A et B sont maintenues, les modifications toniques des décharges (C, D et CD-I) disparaissent du délai. Ces observations sont corroborées par 102 enregistrements supplémentaires collectés sur deux singes non-entraînés et soumis «passivement» aux événements successifs de l'essai de la Réponse différée. Il trouve une proportion sensiblement voisine de décharges des types A et B (sensibles à la phase initiale), mais non les activités toniques caractéristiques des animaux entraînés. Ces décharges sont donc, dès l'origine, un élément saillant des explorations microphysiologiques du cortex frontal. Fuster y voit une illustration *privilégiée d'un mécanisme d'attention visuelle, qui permettrait l'expression des fonctions mnésiques à court terme.* Cette interprétation nuancée a été ensuite largement oubliée au profit d'une schématisation rapide, d'ailleurs suggérée par le titre de l'article : «...*Neuronal correlates of transient memory*».

LES ACTIVITES DIFFERENTIELLES A CARACTERE PREDICTIF.
— Rapidement mentionnées dans les premières descriptions, ces activités ont été ensuite analysées par les auteurs japonais avec des protocoles de plus en plus élaborés. Niki (1974a) a d'abord utilisé *l'Alternance Différée* avec un dispositif à deux boutons, placés au-dessus d'un poussoir lumineux que le singe devait presser pendant cinq seconde pour obtenir simultanément son extinction et l'illumination de la paire de cibles. Avec cette règle particulièrement simple (délai-G, délai-D, délai-G, etc.), il trouve, dans la région du sillon principal, 20 % d'unités montrant, pendant le délai ou la phase de réponse, une activité différentielle dont

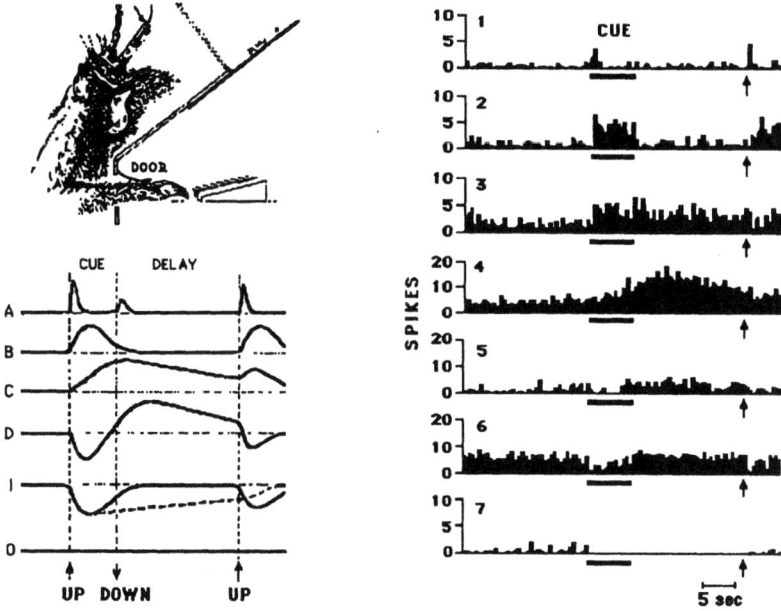

Figure 37. — Typologie des décharges unitaires préfrontales dans la Réponse différée (WGTA), redessinée d'après Fuster (1973). Le dispositif est figuré en haut à gauche et le décours de l'essai est typiquement celui de la figure précédente. A droite, sept exemples de décharges cellulaires représentatives des cinq catégories schématisées à gauche. Les deux principales regroupent les cellules «phasiques» (types A et B, ou 1 et 2; 18% de l'échantillon total), qui déchargent avec les mouvements de l'écran («*on*», ou «*on-off*») ou pendant toute la phase d'observation («*cue*») et les unités «toniques» (types C et D, ou 3, 4, 5 et 6; environ 50% de l'effectif) qui s'y montrent ou non sensibles, mais qui restent actives jusqu'à la fin de l'essai. A ces deux groupes correspondent 12,2% d'unités inhibées, soit pendant l'observation seule (D et I-trait plein, ou 5 et 6), soit pendant l'observation et le délai (I-pointillés, ou 7). Notons également 19.5% d'unités non-réactives, ce qui est relativement peu dans ce genre d'exploration.

l'intensité est caractéristique du côté choisi ensuite par l'animal. Dans cette tâche binaire, les plus précoces sont par conséquent prédictives de la réponse. Au cours d'une série-test, le bouton qui fournit le renforcement est signalé en fin d'essai par une lumière qui évite au singe de se souvenir de sa réponse précédente. La disparition des activités différentielles du délai vérifie alors leur relation étroite avec la règle de l'épreuve. Ces activités spécialement intéressantes sont toutefois peu nombreuses (seulement 3% de l'échantillon total, soit 15% des différentielles). Mais Niki n'en cherche pas moins ensuite (1974b) à identifier plus précisément l'information codée, en distinguant la position physique, ou absolue, de la cible de son *côté relatif* dans une paire. (Existe-t-il des unités «gauchères» ou «droitières»?) Avec quatre boutons-réponse, disposés horizontalement au-dessus du poussoir d'attente, et des blocs de 50 essais effectués chacun sur une paire particulière (1-4, 2-3, 1-2, ou 3-4), l'auteur trouve une majorité d'unités directionnelles liées à la *position spatiale absolue*. Quelques rares neurones sont cependant gauchers ou droitiers (*latéralité relative*) et beaucoup possèdent des caractéristiques intermédiaires.

L'Alternance différée est une tâche simple, mais peu analytique, puisque les facteurs moteurs et sensoriels sont mélangés dans une «mémoire kinesthésique» de la réponse précédente. Il suffit pourtant d'y ajouter une phase indicatrice initiale pour en faire une Réponse différée. En étendant ses observations à celle-ci, Niki (1974c) trouve (sur 272 unités) 35 % de neurones dont l'activité manifeste, dans une phase quelconque de l'essai, une «préférence» à gauche ou à droite en fonction du choix final. Les unités toniques-différentielles sont cependant peu nombreuses pendant le délai (6 %) mais cette petite population reste toujours très sensible aux essais-pièges où l'indication de côté est omise. La spécificité des décharges pour le côté de la réponse confirme donc l'existence de ces codages kinesthésiques, ou «spatiaux» à caractère prédictif. Niki et Watanabe (1976) cherchent donc ensuite à préciser leur origine et leur nature. L'idée des auteurs japonais est maintenant de tester chaque cellule dans trois tâches successives (réparties sur trois blocs d'essais différents), où la règle de réponse change *indépendamment* des indices initiaux qui la déterminent. L'expérience repose sur un dispositif à quatre boutons-cibles placés en losange, où l'animal utilise d'abord — en Réponse différée standard — la paire horizontale (première série), puis la paire verticale (deuxième série). Dans la troisième tâche, la correspondance habituelle de position entre l'indicateur et la cible est remplacée par une relation conditionnelle : le bouton du haut indique une réponse à droite, celui du bas une réponse à gauche. Parmi les unités réactives (n = 228), 19 % présentent une activité plus ou moins tonique pendant le délai, qui semble dépendre de l'indice initial (type I, 78 %, illustré sur la Figure 38), ou de la position de la cible (type II, 22 %). Le premier groupe retiendrait l'information sensorielle utile, tandis que le second correspondrait à l'établissement d'un «set» préparatoire. Les auteurs font l'hypothèse d'une communication I → II, par laquelle, «*l'information spatiale est transformée en une trace mnémonique finale*».

CODAGES SYMBOLIQUES ET SIGNIFICATION. — Beaucoup de données suggèrent que les neurones préfrontaux qui répondent phasique-

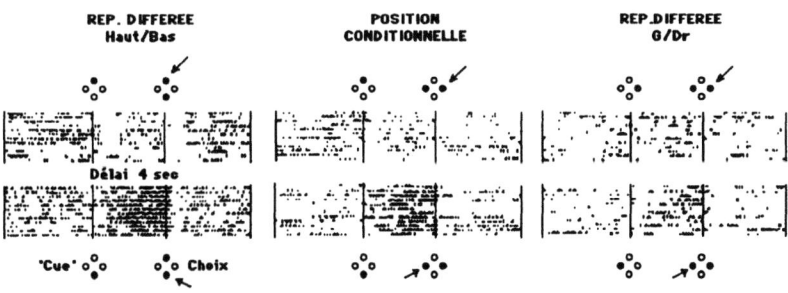

Figure 38. — Analyse d'une activité unitaire préfrontale, d'après Niki et Watanabe (1976) dans trois tâches successives : Réponses différées Haut-Bas (à gauche), ou Gauche-Droite (à droite) et avec codage Haut-Droite/Bas-Gauche. Les données ont été redessinées horizontalement pour figurer la disposition de l'indication initiale et des signaux de réponse en haut et en bas de chaque type d'essai. Les «rasters» (un point par «spike», une ligne par essai) montrent que cette cellule marque les indications «Bas» pendant le délai d'attente, mais plus vigoureusement lorsque la réponse manuelle est donnée au même point. Cette activité prédictive de la réponse (délai) ne peut être interprétée uniquement en termes de position spatiale absolue.

ment aux stimulus présentés à l'animal n'en traduisent pas les caractéristiques sensorielles. Ces cellules sont souvent peu réactives aux stimulus visuels dépourvus de signification, ou testés sur l'animal anesthésié (voir Schecter et Murphy, 1975 ; Pigarev, Rizzolatti et Scandolara, 1979). Mais lorsque le singe est engagé dans une tâche comparable à la situation de base de l'«*enhancement*» (fixation), il est cependant possible de tracer leur champ récepteur avec un second stimulus tandis que l'animal se concentre sur le point de fixation fovéal. Suzuki et Azuma (1983) ont ainsi montré un gradient régional de taille et d'excentricité des champs récepteurs où le «grain» de la représentation visuelle préfrontale était plus fin (et plus fovéal) dans la zone oculomotrice du FEF. Pour connaître les propriétés strictement sensorielles de ces neurones, Mikami, Ito et Kubota (1982a) ont présenté des barrettes lumineuses en diverses positions du champ pendant que le singe guettait le point central pour répondre. Bien qu'une importante proportion d'unités (69%) fût activée par ces sondes, l'absence de sensibilité aux orientations montrait que leur décharge ne décrivait pas les propriétés *physiques* du stimulus (4% possédaient toutefois une sélectivité directionnelle au mouvement). Ces neurones ne sont donc pas sensoriels : *ils n'analysent pas l'événement visuel* et se contentent de «marquer» sa présence dans un code directionnel dont la précision dépend de la taille du champ récepteur.

Kubota, Tonoike et Mikami (1980) n'ont pratiquement pas trouvé de codage spécifique de la couleur dans le cortex préfrontal (9 % d'unités seulement). Leurs singes devaient utiliser deux pédales distinctes selon que deux stimulus séparés par un délai (S1 → D → S2) étaient *identiques* ou *différents* (*vert-rouge* et *rouge-vert*, ou au contraire *vert-vert* et *rouge-rouge*). Beaucoup d'unités (60 %) répondaient à ces deux signaux, mais d'une façon systématiquement modulée par l'ordre séquentiel, de telle sorte que celui-ci apparaissait plus important que la couleur. Komatsu (1982) a observé un phénomène similaire dans une tâche non spatiale (« *Go/No-go* »), où l'animal devait répondre rapidement lorsque le signal était précédé d'une lumière rouge et plus lentement si celle-ci était verte. D'après la cinétique temporelle des réponses (phasiques, toniques, ou mixtes), il concluait à leur indépendance vis-à-vis de la couleur. Ces décharges traduiraient l'événement sensoriel ou sa position ordinale dans le décours de l'essai. En d'autres termes, les neurones reconnaîtraient S1 ou S2, et non l'une de leurs caractéristiques visuelles. Les données de Fuster et de ses associés semblent contradictoires avec ce principe, mais en fait, elles le confirment. Fuster, Bauer et Jervey (1982) ont comparé les mêmes activités unitaires en Réponse différée et en Appariement retardé (DMS, ou « *Delayed Matching to Sample* », où le singe doit retenir la teinte de l'échantillon indicateur pour identifier le bouton-réponse). Dans cette expérience, comme ensuite dans celle de Quintana, Yajeya et Fuster (1988), utilisant un DMS et un Codage Différé de la position de réponse (si rouge → droite), la couleur portait toute l'information utile. Beaucoup de neurones préfrontaux y étaient donc sélectivement sensibles (43 % à opposer aux 9 % de Mikami, Ito et Kubota, cités plus haut). Mais il est significatif que dans ces deux études portant sur 232 et 294 cellules, les auteurs n'aient trouvé qu'un ou deux neurones *répondant de manière identique à la même couleur dans les deux tâches successives*. Si ces unités étaient sensorielles, leur réponse au même stimulus devrait être constante. Toutes ces observations s'interprètent donc par l'idée que les cellules préfrontales réagissent aux indices initiaux comme à des événements, ou à de simple *éléments significatifs*, qu'ils traduisent dans *un langage logique (présence ou absence)* permettant de reconstituer ensuite la signification globale (comportementale). La chaîne d'opérations aboutirait aux décharges toniques, différentielles et prédictives, puis à des activités préparatoires, liées à une réponse spécifique.

UN CODAGE DES ASSOCIATIONS ? — Si les cellules préfrontales ont une fonction mnésique de rétention de l'« information comportementale » au cours du délai (la « signification » des signaux est synonyme de critère de choix de la réponse), cette information n'est pas une entité globale *acquise* et conservée en bloc. Les données suggèrent au contraire l'existence de codages événementiels, élémentaires et spécifiques, ou si l'on préfère de *mémoires partielles*. Pour les auteurs japonais, la «trace mnémonique» est le résultat du traitement préfrontal, c'est-à-dire de l'addition convergente d'informations véhiculées par des neurones spécialisés. Il s'agit donc d'une représentation *symbolique ou abstraite* de la cible finale qui émerge d'un processus associatif (combinatoire). Le mécanisme le plus probable est celui d'une chaîne de conjonctions logiques : la présence de (a) ET de (b), déclenche l'attente de (c).

Les trois études de Watanabe (1981, 1986 a,b) tentent de préciser cette hypothèse. Elles reposent sur des protocoles très difficiles, inventés à l'origine par Konorski (1959), et qui exigent jusqu'à 9 mois d'apprentissage. Chaque unité doit être testée dans plusieurs tâches successives, qui comportent une même règle de réponse : un choix gauche-droite (Watanabe, 1981), ou rapide-lent («*Go/No-go*», Watanabe, 1986). Mais l'information discriminative (donnée dans la Réponse différée en montrant directement la cible) est décomposée ici *en deux périodes d'observation séparées* par un premier délai. La réponse dépend alors de l'appariement entre les deux indices successifs, appelés respectivement l'«*Instruction*», ou *IC*, (Rouge, ou Vert) et le «*Stimulus Discriminatif*», ou *DC*, (l'un des quatre motifs : M1, M2, M3, M4). Ainsi, la première épreuve suit la règle Rouge-M1 / Vert-M2 (la *position* de M1 indique le bouton-réponse avec l'«instruction» Rouge, celle de M2 avec l'«instruction» Verte). La deuxième tâche est identique, mais avec M3 et M4. La troisième obéit à la même règle mais M1 et M2 remplacent Rouge et Vert, en désignant respectivement M3 ou M4. Avec ce protocole, Watanabe espérait décoder les décharges liées à l'«Instruction» indépendamment de son aspect sensoriel (si la cellule répond au *même événement* dans les trois tâches), ou au «Stimulus Discriminatif», quelle que soit sa nature ou sa position. Mais il était également possible d'identifier des cellules reconnaissant une association particulière entre deux signaux spécifiques et de les distinguer d'un codage différentiel-prédictif, lié à la réponse dans le délai d'attente final (Figure 39).

Parmi les 424 unités enregistrées, Watanabe n'a malheureusement pu en étudier que 47 dans les trois tâches et aucune n'était spécifiquement liée à IC ou à DC. L'expérience ne peut donc prouver *formellement* que les neurones répondent sur la base d'une *catégorisation symbolique des signaux de même valeur* et non d'après leurs caractéristiques physiques. Cette notion reste encore à l'état d'hypothèse. Mais les données fournissent des illustrations remarquables du principe d'association. 169 cellules (40%) correspondent à la grille d'analyse de la Figure 39. Le principal contingent est celui des cellules différentielles-prédictives, dont l'activité pendant le délai final annonce la réponse (y compris en cas d'erreur). Pour ces neurones, l'information spatiale est prédominante. Elles sont liées à l'identification du geste ou à sa préparation et la combinaison des événements indicateurs précoces leur est indifférente. Mais les unités les plus intéressantes sont celles («IC-DC», dans la figure) qui traduisent l'association, ou la relation conditionnelle entre les deux signaux précoces particuliers.

Dans sa deuxième expérience (1986 a,b), Watanabe confirme ces résultats d'une manière tout aussi détaillée, avec trois épreuves de «*Go/no-go*» dépourvues de toute dimension spatiale. Un seul stimulus est présenté cette fois comme «Instruction» (IC) ou «Information discriminative» (DC). Le singe doit par exemple répondre *en Temps de réaction* («*Go*») à l'apparition d'une lumière, si celle-ci a été précédée de (IC-rouge et de DC-Motif 1) ou de (IC-vert et de DC-Motif 2), mais lentement («*No-go*») aux deux

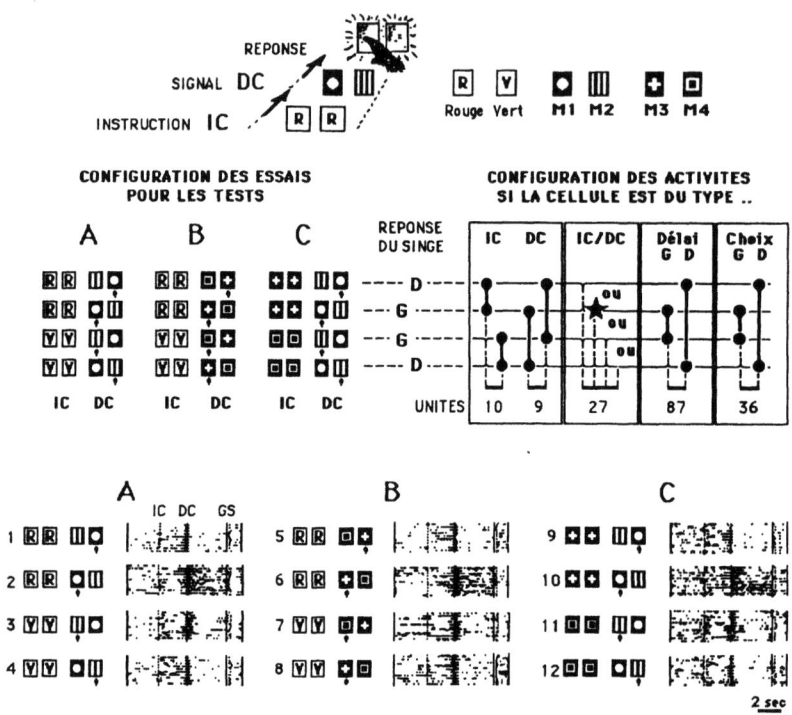

Figure 39. — Expérience de Watanabe (1981) permettant d'attribuer l'activité d'une cellule à l'effet de *l'instruction initiale*, du *stimulus discriminatif*, de la *relation entre les deux* (un certain côté, pour une certaine configuration de ces deux indices) ou à la *préparation* (un côté pour toutes les configurations équivalentes). En haut, le décours d'un essai, puis le plan d'expérience où sont répertoriés les quatre types d'essais de chacune des trois tâches A, B, C. Dans leur prolongement, au centre, on a indiqué la bonne réponse correspondante («Réponse du Singe»), puis, à droite, les quatre configurations successives des changements typiques de la décharge unitaire qui permettent de reconnaître l'information qu'elle code (effectifs cellulaires donnés en dessous). En bas de la figure, on a redessiné horizontalement les données publiées (verticalement) par l'auteur pour illustrer un neurone traduisant l'association IC-DC. Cette disposition correspond à la deuxième ligne du plan d'expérience. La cellule répond (décharge augmentée après «DC») pour les essais A GAUCHE précédés d'une certaine succession de signaux (essais 2, 6 et 10). Elle ignore les autres essais à gauche (3, 7 et 11), et les autres présentations du même motif de ce côté (essais 4, 8 et 12).

autres combinaisons. Dans la suite de l'expérience, ces deux réponses sont déterminées par un principe «même-différent», pour deux couleurs (tâche 2) ou deux motifs (tâche 3). Les résultats sont très similaires à ceux de l'étude précédente. Là encore, l'auteur n'a pas réussi, en dépit d'un grand nombre d'enregistrements (512) à conserver beaucoup d'unités pendant les trois épreuves (14). Mais 172 cellules (34 %) montrent des décharges liées à IC, à DC, à l'association des deux, ou à la prédiction de la réponse. Cette expérience est importante car elle étend les conclusions précédentes à une règle non-spatiale, dans *laquelle le TR et sa préparation deviennent l'un des termes de l'alternative.*

LES DECHARGES DE LA FIXATION FOVEALE ATTENTIVE. — Dans l'étude de Mikami, Ito et Kubota (1982a) citée plus haut et consacrée aux champs récepteurs des cellules préfontales, l'animal déclenchait l'essai et le point de fixation central n'apparaissait qu'ensuite avec un délai variable. Les auteurs avaient alors noté une importante proportion de réponses toniques (26 %) — mais aussi phasiques (16 %), ou mixtes (4 %) — à ce stimulus qui était, rappelons-le, le seul utile à l'animal. Ce type de décharges, liées à *la fixation attentive*, avait déjà été décrit par Suzuki et Azuma (1977), dans la même tâche, très simple, de TR manuel à l'affaiblissement d'intensité du stimulus central. En explorant avec précision la région du sillon principal, ces auteurs avaient vu 68 % d'unités le plus souvent toniques, qu'ils avaient appelées «cellules du regard» («*Gaze cells*», Figure 40). Elles semblaient en effet traduire la concentration de l'animal sur le signal critique, puisqu'en cas de réponse trop lente, l'erreur était annoncée par une décharge moins intense pendant la période d'attente. Ce facteur interne de l'activité cellulaire semblait en tous cas plus important que les changements de position et d'intensité du stimulus. Même avec l'extinction momentanée (1 à 4 secondes) de celui-ci, Suzuki, Azuma et Yumiya (1979) voyaient certains de ces neurones maintenir leur activité tonique pendant l'attente de sa réapparition. La signification d'un stimulus simple, mais utile à l'animal, semble donc ici nettement primer sur les caractéristiques proprement visuelles d'un signal dont la permanence n'est même pas indispensable.

Cet effet de signification a été étudié par Kojima (1980), avec une variante simplifiée du protocole d'«enhancement». Les réponses unitaires à un point lumineux périphérique étaient nettement plus importantes lorsque celui-ci remplaçait le point de fixation comme vecteur du signal de réponse (changement de couleur) que lorsqu'il devait être ignoré. Mais Mikami, Ito et Kubota (1982b) ont clairement relié ce type de phénomène aux modalités de l'attention visuelle, en testant leurs décharges dans deux types d'essais différents, reconnus par un signal sonore. Dans le premier, la réponse manuelle devait être donnée au changement lumineux du point de fixation et il fallait ignorer l'apparition momentanée d'une barrette en périphérie. Dans le second, le singe devait appuyer sur un levier différent si cette barrette était apparue. Les décharges étaient donc évaluées dans deux situations comportementales, où l'animal devait concentrer son attention en fovéa ou au contraire surveiller le champ latéral. Selon leur caractère, phasique ou tonique, les ré-

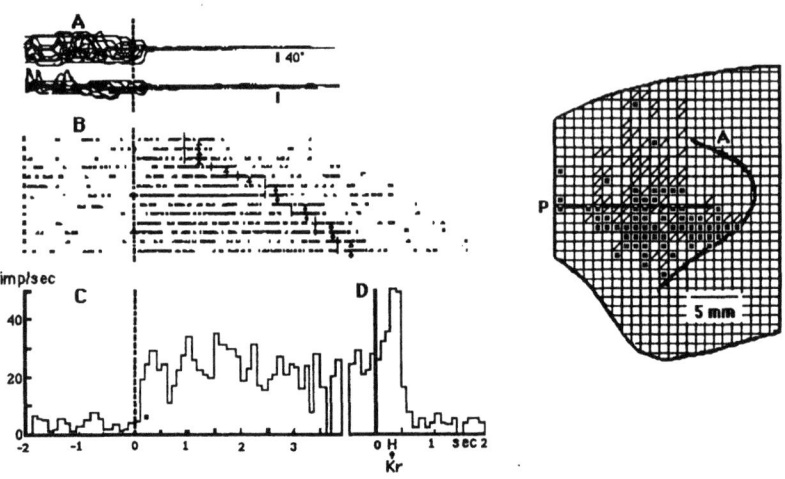

Figure 40. — Activité tonique d'une «cellule du regard» de Suzuki et Azuma (1977). La superposition des tracés oculographiques (A) montre la fixation visuelle à laquelle correspond la décharge cellulaire, présentée sous forme «raster» (B, une ligne par essai, avec une durée croissante de haut en bas), ou histogramme (C). Les données sont synchronisées sur l'apparition du point de fixation (ligne pointillée verticale à gauche). La fin de chaque essai est repérée sur chaque ligne du «raster» et donne lieu à un histogramme séparé, aligné sur le signal de réponse (D). A droite, l'inventaire localisant les cellules de ce type (points noirs) dans une région latérale au sillon principal.

ponses neuronales réagissaient différemment au changement de tâche : les réponses phasiques étaient beaucoup moins affectées par la signification de la barrette que les réactions toniques qui s'inhibaient ou augmentaient. Pour les auteurs, les premières étaient de simples marqueurs d'événements tandis que les secondes pouvaient être liées au contrôle de la focalisation visuelle. L'arrêt d'une activité tonique lorsque la tâche implique soudainement la surveillance du champ périphérique suggère un mécanisme de suppression de l'attention fovéale permettant au singe de guetter latéralement l'apparition éventuelle du deuxième stimulus. Prises globalement, ces études suggèrent que certaines cellules préfrontales traduiraient le degré d'attention porté par l'animal à un stimulus central servant de vecteur au signal de réponse.

ASSOCIATIONS SENSORI-MOTRICES, OU «SET» PRE-MOTEUR?
— Plutôt qu'une relation entre attention et réévocation mnésique, Kubota et ses associés ont cherché à décrire les activités préfrontales comme une combinaison de processus attentionnels et prémoteurs. L'hypothèse était en germe dans un travail de Sakai (1974), décrivant les décharges neu-

roniques de la région du sillon principal dans une tâche de choix où quatre leviers étaient simplement signalés par des lumières. L'auteur trouvait des réponses plus importantes lorsque l'animal répondait manuellement au stimulus que lorsqu'il recevait passivement la récompense en même temps que le signal. Mais comme les neurones restaient silencieux pendant l'appui spontané (sans signal discriminatif), leur activité précédente reflétaient sans doute certaines conditions sensorielles de la commande motrice.

> Poursuivant cette idée, Kubota et Funahashi (1982) ont analysé les décharges toniques anticipatrices du cortex préfrontal dans une situation de préparation motrice. Le Singe exécutait alternativement un *Temps de réaction différé* avec indication précoce de la cible, ou un *TR de choix standard* en situation d'incertitude. Dans le premier cas, l'animal alignait d'abord une poignée au centre et l'essai commençait par l'illumination brève d'une cible, à gauche ou à droite. Après un délai, le changement de couleur du point central donnait l'ordre d'atteindre rapidement cette position latérale. Dans l'autre tâche, la position de la cible était donnée tardivement par le signal impératif. A cause de la biomécanique de la réponse (flexion ou extension du poignet), la comparaison d'activités préfrontales (102 neurones) et d'unités pyramidales (49 PTNs) du cortex moteur (très liées au mouvement) devait fournir des indications sur les potentialités prémotrices des aires antérieures. Lorsque la cible était repérée à l'avance (tâche différée), une importante proportion de cellules préfrontales maintenait un taux d'activité typique de la direction du mouvement pendant la phase d'attente. Comme on pouvait s'y attendre, cet aspect différentiel et prédictif des décharges disparaissait en TR de choix. Mais il s'observait aussi très nettement (plus nettement) *dans l'activité anticipée des PTNs* qui perdaient également leur activité préparatoire en situation d'incertitude. L'expérience n'était donc guère concluante et les auteurs estimaient que le cortex préfrontal contribue, parmi d'autres régions corticales, à organiser l'action en termes d'«attention tonique» (*expectancy*), moins spécifique que la définition des paramètres moteurs.

Mais si la programmation motrice fait partie des fonctions préfrontales, les épreuves manuelles n'en sont peut-être pas le meilleur révélateur. Le FEF (aire 8, voir Chapitre 5) étant l'un des systèmes de «sortie» des régions corticales antérieures (voir plus loin, Figure 43), Jean-Paul Joseph et P. Barone ont fait l'hypothèse que ces processus *d'organisation temporelle des séquences motrices concernaient d'abord les mouvements oculaires*. Dans les Réponses différées, la plupart des auteurs avaient déjà noté l'absence de relation entre les décharges frontales et les saccades spontanées pendant le délai. Mais Joseph et Barone (1987) ont montré que la situation est profondément différente lorsque la tâche contraint les réponses oculomotrices.

> Joseph et Barone ont utilisé le principe de mise en évidence de l'«enhancement» (voir Chapitre 5) qui oblige le Singe à répondre pendant la brève durée d'affaiblissement d'un signal critique, central ou périphérique. Dans ce dernier cas, l'animal (dont le regard est initialement dans l'axe) doit d'abord effectuer une saccade de capture pour pouvoir guetter la variation d'intensité à laquelle il réagit en projetant le bras pour toucher le stimulus. Comme les auteurs présentaient deux cibles latérales (gauche et

droite), un signal sonore indiquait en début d'essai laquelle allait être utilisée. Cette caractéristique essentielle des Réponses différées leur permettait alors d'observer des neurones toniques, différentiellement sélectifs, «marquant» cette position par une décharge continue jusqu'au mouvement oculaire associé au pointage. De telles activités étaient donc déclenchées par l'information précoce et arrêtées par le mouvement des yeux (comme si elles servaient de mémoire à celui-ci). Mais d'autres unités (35 %) déchargeaient seulement *à partir de cet instant* (c'est-à-dire avec la fixation de la cible), et annonçaient cette fois la nature précise de la réponse manuelle, en termes de direction, ou même de compatibilité SR (pointer à droite avec la main droite, ou avec la main gauche).

Dans la suite de leurs travaux, Barone et Joseph (1989) modifiaient leur protocole pour obliger l'animal à effectuer *une série de trois captures-pointages successives*. L'information indispensable lui était donnée par la séquence d'illumination des trois cibles en début d'essai. Ils retrouvaient des activités toniques (pendant le délai), déclenchées sélectivement par l'un des stimulus, mais aussi par un certain ordre d'apparition de celui-ci (son rang dans la séquence indicatrice). De la même façon, un deuxième groupe d'unités déchargeait pendant la phase de réponse, avec la fixation d'une cible bien précise, mais en fonction de sa position temporelle dans la succession de fovéations et de pointages. En d'autres termes, ces unités reconnaissaient «leur» cible, seulement si elle était la première (ou la seconde, etc.) de la série, et même, pour certaines d'entre elles, à condition qu'elle ait été précédée de réponses bien déterminées. L'expérience révélaient donc de nouvelles aptitudes des unités préfrontales en matière d'organisation temporelle des mouvements oculaires intentionnels. Ces données ajoutent à la notion de «mémoires de position», observées en réponses saccadiques différées par Bruce et Goldberg (1985, voir Chapitre 5), l'idée d'un *plan oculomoteur*, à la fois spatial et temporel, ou même d'un programme séquentiel visuo-manuel.

FONCTION DES DÉCHARGES TONIQUES

L'interprétation mnésique des premiers enregistrements unitaires, trivialement justifiée par le délai des tâches différées, était cependant nuancée d'une hypothèse attentionnelle. Chez Fuster (1973), ou chez Niki et Watanabe (1976), l'attention favorisait le mécanisme de réévocation ou de reconstitution d'une «trace». Les typologies cellulaires et des données de Watanabe (1981) précisent cette idée en suggérant que les décharges toniques préfrontales sont la résultante finale d'un processus d'appariement ou de combinaison associative des informations spécifiques initiales (indices évocateurs). Les différents neurones phasiques semblent en effet traduire la logique des événements significatifs et non des stimulus ou des objets physiques. La réévocation mnésique s'effectuerait alors par des opérations de conjonction («ET»), dirigées vers les unités toniques qui formeraient l'étage de sortie du système. A ce point, si l'on admet que ces neurones maintiennent activement l'information comportementale pendant le délai d'attente, (en raison du caractère prédictif de leur décharge) l'interprétation la plus simple est d'y voir un codage de la règle de réponse. Les spéculations en termes de « mémoire spatiale » (Kojima et Goldman-Rakic, 1984), ou « kinesthésique » ont en effet un aspect *ad hoc*, puisque les activités différentielles caractérisent aussi bien la Réponse différée classique (où l'information proactive est liée à la latéralisation gauche-droite de la cible) que le *Go/No-go* différé (Watanabe, 1986 a,b), où le contrôle de la préparation motrice est le principal déterminant de la bonne réponse. Par contre, s'il s'avérait que la *distribution spatiale* des unités préfrontales actives diffère spécifiquement de tâche en tâche, on pourrait peut-être avancer l'idée que leur configuration représente la stratégie ou l'intention de l'animal.

Il est très significatif d'observer l'altération ou la disparition de ces décharges *dans tous les cas* de rupture de l'anticipation active (défaut d'entraînement, erreurs, ou signalisation supplémentaire qui la rend momentanément superflue). Mais les agents perturbateurs les plus efficaces sont toujours liés *à la distraction et à l'interférence*, qui sont des facteurs justifiant une qualification attentionnelle de la fonction préfrontale. Les données de Mikami, Ito et Kubota (1982) et de Suzuki et Azuma (1977) y ajoutent le support d'observations expérimentales concernant le contrôle de la fixation visuelle. Or cette perspective conduit à des interprétations très cohérentes. Les données de la clinique humaine, comme celles obtenues chez le Singe, associent aux destructions une susceptibilité particulière aux événements externes qui correspond typiquement à la perte de cette « faculté de concentration » que le dictionnaire donne comme synonyme de l'attention. Un bon exemple est fourni chez l'animal (*en l'absence de délai*) par les perturbations obtenues par Stamm (1970) dans le labyrinthe d'Alternance différée (Cf. p. 238). Ces troubles sont une incapacité de maintenir une orientation interne (une « abstraction » de la première réaction d'orientation pour Fletcher, 1965) qui ressemble à la perte du « mobile cohérent » chez les sujets humains frontaux.

Si les activités toniques sont le mécanisme causal des processus actifs du « set », et non un simple corrélat, elles doivent déterminer la suite de l'action en accédant d'une part à des structures qui modulent la sélection d'un objet perceptif comme cible (l'aspect exclusif de l'attention) et d'autre part à des régions liées aux commandes effectrices. Cette question s'adresse donc à l'anatomie des *projections efférentes du cortex préfrontal*, car ces connexions permettent de reconstituer en partie le processus du traitement de l'information en aval de cette structure.

CONNECTIVITÉ FONCTIONNELLE DES AIRES FRONTALES

Le tableau des relations anatomiques du cortex préfrontal est un tableau complexe qu'on peut schématiser grossièrement en distinguant quatre groupes de structures cérébrales : a) les autres *aires corticales*, b) les *régions limbiques*, c) le *Striatum* et le *Thalamus* et d) le *Tronc cérébral*. La division traditionnelle en afférences et efférences est moins significative, car beaucoup de ces connexions sont réciproques et cette organisation systématiquement récurrente pose un problème d'interprétation. De la même façon, la séparation des relations sensorielles ou motrices n'est pas toujours aisée. On a par exemple cherché à définir les aires préfrontales comme la zone de projection du noyau thalamique *Dorsomédian* (ce qui permet de les localiser chez les espèces lissencéphales). Or ce dernier sert de relai à un vaste système d'afférences topologiquement organisées (Formation réticulaire du Tronc cérébral, Amygdale, cortex prépiriforme, cortex inférotemporal, noyau Ventral antérieur du thalamus), qu'il faut partager en sous-ensembles différents et dont le décryptage n'est peut-être pas achevé.

En revanche, les relations avec le reste du cortex semblent plus facilement interprétables. Il s'en dégage en effet quelques principes d'organisation qui placent le cortex frontal dans une position unique, au sommet de la hiérarchie des centres nerveux. Par ailleurs, deux systèmes de connexions sont particulièrement significatifs sur le plan fonctionnel. Tout d'abord, les interrelations cortico-corticales « longues » avec les régions associatives postérieures à vocation perceptive suggère une fonction de régulation et de contrôle des systèmes sensoriels. D'autre part, les aires préfrontales possèdent des « sorties motrices » spécifiques qu'on peut raisonnablement impliquer dans les commandes de l'orientation visuelle et posturale. Mais l'objectif étant ici de souligner particulièrement les aspects relatifs aux opérations du « set », le lecteur est renvoyé aux revues de Fuster (1980, 1989) et de Pandya et Barnes (1987) pour une description plus approfondie.

L'ORGANISATION GENERALE DE L'ECORCE CEREBRALE repose sur l'ancienne idée d'une dichotomie entre régions frontales et postérieures avancée par Vladimir Betz en 1874. Celui-ci pensait que le sillon central partage l'écorce cérébrale en un ensemble antérieur consacré à l'action et un ensemble postérieur chargé des fonctions perceptives. L'anatomie moderne a largement justifié cette intuition : en avant de cette scissure, toutes les grandes subdivisions rostrales possèdent *des sorties motrices spécifiques*, tandis que, dans la direction caudale, les différentes aires, primaires ou associatives, *sont liées à des modalités sensorielles particulières*. Mais l'inventaire des connexions, région par région[3], ajoute à cette notion la démonstration d'un double gradient hiérarchique, conforme au schéma de Jones et Powell (1970) et résumé par trois principes : *a*) le niveau d'intégration augmente au fur et à mesure qu'on s'éloigne du sillon central; *b*) les relations locales («courtes») associent de proche en proche les régions adjacentes, et *c*) les structures motrices et sensorielles de niveau intégratif équivalent sont réunies par des connexions «longues» qui enjambent le sillon central. Ces critères permettent alors de distinguer deux grands étages fonctionnels (Figure 41).

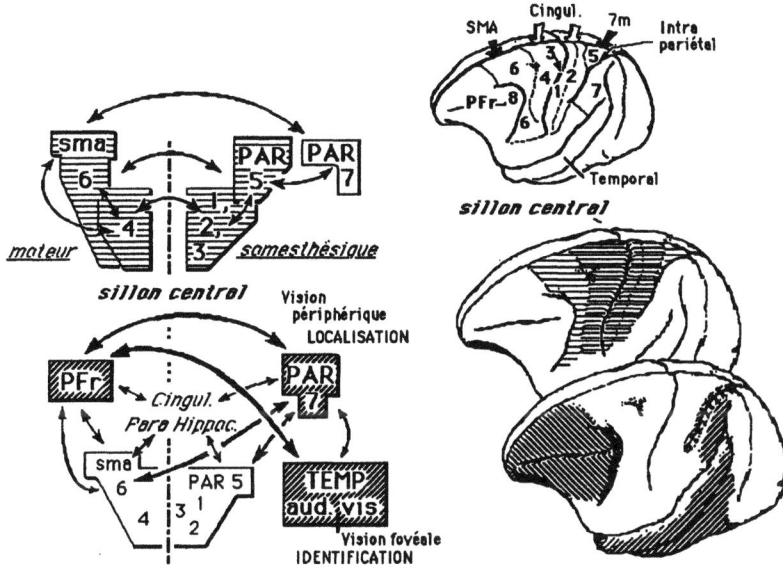

Figure 41. — Hiérarchisation des aires corticales conforme à l'idée de Betz (1874) et aux données anatomiques obtenues après Jones et Powell (1970). Ces données ne justifient pas l'idée d'une circulation linéaire de l'information en trois phases sensorielle, associative et motrice et il faut comprendre le rôle des connexions «longues», bidirectionnelles, qui franchissent le sillon central. On suppose que les communications antéropostérieures sont essentiellement préparatoires et sélectives et que, dans l'autre sens, les régions postérieures fournissent aux structures rostrales les informations spatiales nécessaires au paramétrage des mouvements. (cible, schéma corporel, position relative des segments du corps). On distingue ensuite deux systèmes centrés sur le sillon central. Au plus près de celui-ci (*hachures horizontales*), un complexe «exécutif-somatique» associerait étroitement les différents étages de l'intégration somatosensorielle aux aires motrices (4) et prémotrices (6) dans des mécanismes de programmation à court terme et de commande (effecteur principal : la main). Au niveau supérieur (*foncé*), les aires préfrontales et les régions associatives somesthésiques, auditives et visuelles formeraient un ensemble «intentionnel-perceptif» opérant à plus long terme et au niveau des objets externes (effecteur principal : l'œil).

Au voisinage du sillon central, c'est-à-dire *à l'intérieur* des limites formées par le sillon arqué (vers l'avant) et les sillons intrapariétal et latéral (vers l'arrière), on trouve le système décrit à la fin Chapitre précédent, qui associe le complexe des aires motrices (6 et 4) aux aires somatosensorielles. Les zones somesthésiques primaires (1, 2 et 3), connectées au cortex moteur (4), se prolongent par l'aire pariétale antérieure (5), où la représentation neuronale des positions globales et des postures (qui évoque la notion de schéma corporel), est reliée aux aires antérieures prémotrices (6 et S.M.A.) susceptibles de commander les gestes intégrés. Ces interactions anatomiques fournissent aux commandes effectrices les informations tactiles, proprioceptives et kinesthésiques indispensables, puisque la position relative des différentes parties du corps est nécessaire au paramétrage des mouvements. Ce premier ensemble d'aires corticales semble donc surtout chargé de *l'organisation immédiate* (à court terme) de l'action.

Le niveau supérieur implique les sensibilités à distance (vision et audition), qui, à l'inverse de la somesthésie (dont tous les pas d'intégration sont connectés aux structures motrices), doivent franchir toutes les étapes de l'analyse sensorielle et perceptive avant d'atteindre les régions antérieures. Ainsi les connexions longues associent-elles le cortex préfrontal à une ceinture de régions associatives caudales, composée des aires enfouies dans les sillons pariétaux et temporaux, du lobule pariétal inférieur et de vastes aires antéro et inféro-temporales. Toutes ces structures sont extérieures au système précédent. Les données et les hypothèses examinées précédemment (décharges toniques préfrontales en Réponse différée, anticipation des paramètres du mouvement oculaire dans le FEF comme dans l'aire intrapariétale, modulation attentionnelle des activités de V4 et de l'aire 7, «*Enhancement*») suggèrent que cet étage de l'architecture corticale concerne le contrôle des *préliminaires de l'action et son organisation prévisionnelle*.

1) LES BOUCLES CORTICALES «LONGUES» : LES AIRES PREFRONTALES, DERNIERE ETAPE DE L'ANALYSE SENSORIELLE. — Les messages visuels, auditifs et somesthésiques qui parviennent aux aires préfrontales justifient l'ancienne notion de convergence associative qui lui reste attachée (voir Bignall et Imbert, 1969). Ces informations, qui proviennent des régions *inférotemporales* (vision), *supérieures temporales* (audition) et *pariétales* (intégrations somesthésiques et localisation visuelle) (Figure 42A), ne sont pas des codages élémentaires. Les phénomènes de constance de couleur observés dans V4 et les capacités d'identification d'objets attribuées aux aires inférotemporales suggèrent des fonctions de description symbolique de l'environnement visuel et

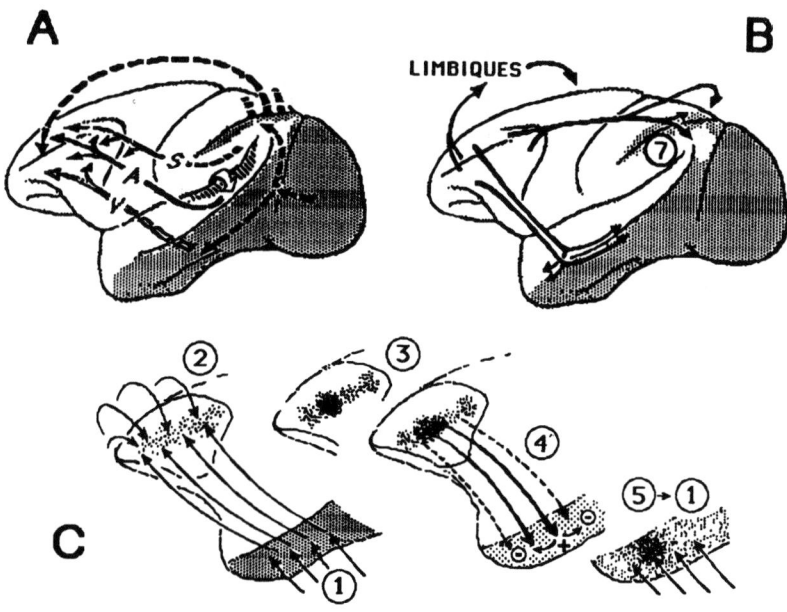

Figure 42. — Connexions intracorticales longues qui relient «en boucle» les aires préfrontales et les aires postérieures liées aux fonctions perceptives. (D'après Pandya et Kuypers, 1969; Chavis et Pandya, 1976 et Pandya et Barnes, 1987; l'ensemble des régions concernées par la vision est en grisé). En (A), les *afférences* auditives A, visuelles V, et somesthésiques S, proviennent des aires supéro- et inférotemporales et du cortex pariétal (7 latéral). La voie figurée en haut (pointillés) relie le sillon intrapariétal — où parviennent d'importantes informations visuelles liées aux localisations — au sillon principal. Les aires auditives primaires sont enfouies dans le sillon latéral. En (B), ont été figurées les *récurrences* : les aires dorsolatérales renvoient aux régions d'origine de leurs afférences sensorielles des projections susceptibles d'en moduler le traitement. En (C), un schéma possible de cette focalisation perceptive par les récurrences fronto-postérieures. Après l'activation de colonies cellulaires spécifiques de l'aire inférotemporale, prise comme exemple (1), l'appariement avec des informations motivationnelles (2) provoquerait l'apparition de foyers d'activités toniques (3) capables de susciter, en retour, une sélection perceptive régionale, avec l'aide d'inhibitions latérales (4 et 5). La répétition du processus augmenterait le contraste entre neurones facilités et inhibés.

sonore. On peut donc concevoir que les neurones préfrontaux réalisent un pas d'abstraction supplémentaire en signalant la présence des événements signifiants. Les *afférences limbiques* qui arrivent à ce niveau sont sans doute importantes pour informer le cortex préfrontal des besoins internes de l'organisme et de la valeur motivationnelle de certains signaux. (Les projections de l'Hippocampe sont réputées diffuses et atteignent plutôt les régions dorsolatérales, tandis que celles provenant de l'Amygdale atteignent les aires orbitofrontales.) Le cortex préfrontal est donc en position d'établir des conjonctions significatives entre événements de diverses origines. Mais ce mécanisme ne semble pas correspondre à l'ancienne idée d'une intégration par convergence additive (sommation) qui «fusionnerait» des messages élémentaires distincts. L'analyse anatomique détaillée montre en effet que les afférences sensorielles («longues») touchent des territoires préfrontaux similaires, au sein desquels les informations sont disposées en *colonnes* contigües et gardent leur individualité neuronique. Les reconnaissances s'effectueraient donc par interaction latérale et comparaison des co-occurrences.

FOCALISATION PERCEPTIVE ET ATTENTIONNELLE PAR LES RECURRENCES. — Les récurrences du cortex préfrontal vers les aires «associatives» visuelles, auditives et somesthésiques (Figure 42B) sont certainement capables d'interférer avec l'intégration sensorielle et perceptive. Les fibres qui parviennent aux aires temporales (les stations terminales de l'analyse visuelle et auditive) se terminent le plus souvent dans les couches superficielles et profondes du tissu cortical (voir Goldman-Rakic, 1988), une configuration considérée comme typique d'un retour régulateur («*feedback*») pour le classement hiérarchique des aires visuelles (Chapitre 4). On peut imaginer que cette disposition permette à la structure terminale de filtrer temporairement le message afférent pour laisser à ses propres circuits le temps d'analyse nécessaire. La transmission d'un changement sensoriel prendrait alors un aspect pulsatile, ou discontinu, essentiellement lié à la constante de temps du système récepteur. Mais cette spéculation n'a guère de sens lorsque le signal externe *n'est pas encore donné*. Dans les situations de ce type, où la prévision émerge de la signification d'un contexte initial, ces récurrences anatomiques ne peuvent avoir qu'une seule fonction : *préparer l'étage sensoriel* à une meilleure discrimination du stimulus attendu.

Cet argument préparatoire revient à supposer qu'au sein de ces boucles sensorielles, les informations ne circulent pas *simultanément* dans les deux sens. Pour la vision, puisque nos yeux bougent deux à cinq fois par seconde, il est évident que la notion d'«image visuelle» recouvre un phénomène central et mnésique et non une donnée rétinienne. Il est alors raisonnable de supposer que chaque instantané laisse une trace utilisée pour recevoir la visée oculaire suivante. Les récurrences anatomiques entre les étages du système pourraient véhiculer ce type d'influence proactive, qui réglerait le niveau *n-1* en fonction de l'état actuel du niveau *n*. Or si l'on considère les aires frontales comme le lieu de convergence final des systèmes sensoriels, le même raisonnement peut leur être appliqué. Il leur parvient des informations présymboliques relatives à la nature et à la position des objets. A ce point serait effectué un appariement avec des informations motivationnelles, véhiculées par les afférences limbiques, qui déclencherait (par un mécanisme bistable) une activité tonique persistante. Les feedbacks fronto-temporaux et fronto-pariétaux reporteraient ensuite cette activité vers les régions postérieures pour prérégler la perception future en fonction de la signification et de l'utilité des objets présents (Figure 42C).

Mais la principale différence entre les phénomènes de « micro-presetting » dans la voie sensorielle et les réglages symboliques d'origine frontale est d'ordre temporel. Si le processus sensoriel est largement inférieur à la seconde, le « set » intervient sur une échelle de temps plus longue. Il en résulte un risque d'interférence avec les événements non-pertinents qui doit être limité; faute de quoi, la configuration des activités frontales pourrait être altérée. Cette fonction de filtrage de l'attention (si importante par exemple dans le délai des réponses différées) peut donc être associée simultanément à *la notion d'effort volontaire et à l'hypothèse d'un mécanisme inhibiteur d'intensité proportionnelle à la probabilité ou à la gravité des distractions.* Malgré la parcimonie des données de la littérature à ce sujet, on notera cependant, avec Moran et Desimone (1985), l'existence d'une atténuation des réponses cellulaires de V4, lorsque le stimulus utilisé par l'animal ne correspond plus à celui normalement codé par les neurones. Notons finalement que cette hypothèse de l'attention volontaire comme un « set » d'origine frontale, qui implique une fonction inhibitrice des activités toniques observées dans les aires antérieures, rejoint les intuitions de Wundt (1886).

2) LES MECANISMES PREMOTEURS : ORIENTATION OCULAIRE ET POSTURALE. — Une partie des connexions internes aux aires dorso-latérales semble converger vers le FEF, que ses efférences et ses particularités physiologiques (voir Chapitre 5) désigne comme l'étage cortical des commandes prédictives de l'oculomotricité. Sa destruction provoque une « héminégligence », caractérisée chez l'Homme comme un défaut de planification de l'exploration visuelle. Chez le Singe, il est remarquable que l'activation tonique des neurones du FEF n'implique pas nécessairement l'exécution immédiate d'un mouvement oculaire (Bruce et Goldberg, 1985). Ces cellules se comportent comme des mémoires de la position future du stimulus, ce qui peut expliquer l'absence de corrélation immédiate, notée entre les activités préfontales et l'oculogramme dans la Réponse différée standard. Mais les neurones préfrontaux situés en amont du FEF révèlent cette relation lorsque la tâche impose un parcours programmé (Barone et Joseph, 1989) du champ visuel[4]. L'anatomie montre (Figure 43A) que le FEF et *les régions adjacentes du sillon principal* envoient des projections directes aux couches profondes du colliculus supérieur et aux régions tegmentales ventrales et latérales (Leichnetz, Spencer, Hardy et Astruc, 1981). (Une influence indirecte transiste par le noyau caudé et la substantia nigra). Ces voies n'évoquent pas seulement une commande des mouvements oculaires, puisque les connexions vers les noyaux oculomoteurs du tronc cérébral sont plus incertaines (voir Künzle et Akert, 1977, et Leichnetz, 1980a). Les structures destinataires dans le tronc cérébral sont en fait capables de coordonner les mouvements de la tête et des yeux, voire des configurations plus complexes, c'est-à-dire l'ensemble des composantes motrices posturales (*«overt»*) de l'attention visuelle.

La deuxième composante — prémotrice — des projections préfrontales touche les systèmes extrapyramidaux regroupés dans les «noyaux gris de la base» (noyau caudé, putamen, pallidum) et sous-thalamiques (la substantia nigra). Les connexions avec le noyau caudé sont prédominantes et leur organisation topologique a fait l'objet d'un intérêt particulier (Johnson, Rosvold et Mishkin, 1968; Selemon et Goldman-Rakic, 1985). Des activités unitaires à dominante préparatoire ont été observées dans cette structure (Neafsey, Hull et Buchwald, 1978), comme dans le putamen (Alexander, 1987). Mais l'intervention du striatum dans la motricité en général et dans le processus de programmation en particulier reste mal comprise malgré l'abondance de données récentes. Brodal (1969) considérait à peine quelques projections vers le noyau rouge et le tegmentum mésencéphalique et estimait que les noyaux gris de la base étaient avant tout consacrés «à la collaboration du cortex et du thalamus». Les spéculations d'Allen et Tsukahara (1974) et d'Evarts et Tach (1969) faisaient du striatum une étape équivalente au cervelet dans une chaîne séquentielle de spécification progressive de l'action, partant des aires associatives et aboutissant au cortex moteur. Mais ce circuit général d'intégration et de convergence, qualifié d'hypothèse de l'«entonnoir», est contesté par Alexander, De Long et Strick (1986) qui estiment les données anatomiques suffisantes pour le décomposer en *cinq systèmes parallèles*, affiliés individuellement à une aire corticale prémotrice (1. cortex cingulaire antérieur, 2. cortex orbitofrontal, 3. cortex préfrontal dorso-latéral, 4. FEF, et 5. aire motrice supplémentaire, SMA; *la Figure 43B représente deux de ces appareils*). Les noyaux gris de la base seraient donc fonctionnellement cloisonnés en appareils de spécification propres à des régions corticales particulières, formant cinq «grands canaux» responsables chacun d'un aspect particulier du comportement moteur. Parmi ceux-ci, on a déjà évoqué le canal oculomoteur dirigé à partir

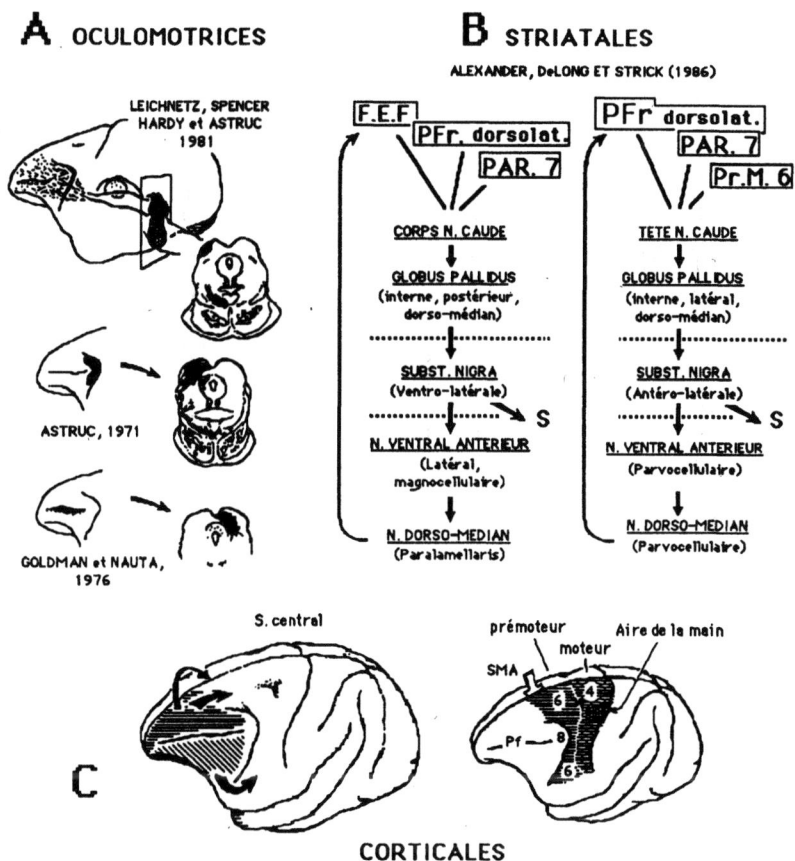

Figure 43. — Efférences prémotrices des aires dorsolatérales. (A), trois démonstrations des voies qui contrôlent *l'oculomotricité*. Leichnetz, Spencer, Hardy et Astruc (1981) ont injecté un traceur dans le colliculus supérieur. Le marquage schématisé ici concerne l'ensemble des aires dorsolatérales. Les auteurs distinguent deux voies, intra-thalamique et ventrale. En dessous, Astruc (1971) a placé des lésions dans le FEF et il observe des dégénérescences neuroniques au niveau du colliculus, mais aussi des noyaux pontiques. En bas, Goldman et Nauta (1976) ont injecté un traceur dans la région du sillon principal qui apparaît lié lui aussi au colliculus. En (B) on a représenté deux des cinq systèmes de connexions entre les aires corticales et les *noyaux gris de la base*, d'après Alexander, De Long et Strick (1986). Le diagramme de gauche explique les influences préfrontales sur la substantia nigra qui contrôle l'«enhancement» colliculaire (Hikosaka et Wurtz, 1983; voir Chapitre 5, p. 162, p. 175 et Figure 24, p. 168). Les deux lignes en pointillé séparent le niveau des noyaux gris de la base, le niveau sous-thalamique (Substantia Nigra) et le niveau du relai thalamique qui «reboucle» chaque système. «S» représente la sortie motrice vers le colliculus supérieur et le tronc cérébral. PFr, aires préfrontales; PAR7, aire pariétale 7; PréM.6, cortex prémoteur, aire 6. En (C), les connexions *intracorticales* tracées par Künzle (1978) associent les aires dorsolatérales au cortex prémoteur (SMA, aire 6 médiane et aire 6 latérale).

du FEF et étudié au niveau de la substantia nigra. Mais les fonctions motrices posturales qui incomberaient au cortex préfrontal, par l'intermédiaire du noyau caudé, du pallidum et de la substantia nigra, sont encore difficiles à préciser.

EN CONCLUSION. — L'analyse des efférences du cortex préfrontal semble cohérente avec le raisonnement du «set» où un premier stimulus, jouant le rôle d'un contexte indicateur signifiant — et non de signal de réponse — évoque l'anticipation des prochains événements. Celle-ci se traduit simultanément *a)* sur le plan perceptif (*focalisation*), *b)* sur le plan de *l'orientation oculaire* et *c)* sur le plan prémoteur (*préparation posturale*). Les projections préfrontales touchent en effet des structures capables d'identifier le stimulus attendu (*cortex inférotemporal*), de le localiser dans l'espace environnant (*cortex pariétal*), de commander directement les déplacements du regard (*colliculus et tronc cérébral*) et d'agir sur la motricité extra-pyramidale (*noyaux gris de la base*).

L'ATTENTION ET LE «SET» COMME COMMANDE «HOLISTIQUE»

L'architecture du système d'action cortical souligne l'importance des mécanismes précurseurs, dans les aires préfrontales et les régions pariétales et temporales, et les distingue des processus sensorimoteurs plus tardifs qui associent plus étroitement motricité et somesthésie. L'étape précoce est celle de l'orientation oculaire, de la focalisation perceptive, et de la préparation posturale. C'est celle du «set», de l'élaboration des règles d'action (intention), de l'attention, de la spécification de la cible. C'est un niveau «holistique» où le programme moteur est encore purement symbolique («*covert*», ou «implicite»). Le mécanisme sélectionne d'abord un objet perceptif dans un système de représentation de l'environnement visuel où les codages spatiaux permettront ensuite le calcul des paramètres de mouvement. La dépendance de l'action ultérieure, vis-à-vis de ces informations est démontrée par les «héminégligences» et les «ataxies» qui résultent des atteintes frontales et pariétales. Aucune capacité motrice n'est à proprement parler touchée dans ces syndrômes, mais leur initialisation est gravement perturbée par l'atteinte des fonctions de localisation tridimensionnelle et du schéma corporel.

Sur la base de ces données cliniques, et constatant que les décharges unitaires des aires pariétales précédaient les mouvements manuels et oculaires, sans être profondément affectées par les «détails», ou les variations biomécaniques mineures de leur exécution, Mountcastle et ses collègues (Mountcastle, Lynch, Georgopoulos, Sakata et Acuna, 1975 ; Lynch, Mountcastle, Talbot et Yin, 1977) ont avancé l'idée d'une commande « holistique », ou globale (une « intention motrice »), localisée dans ces régions (Cf. Chapitre 5, p. 180). Mais cette hypothèse partait d'une conception étroite de la relation structure-fonction qu'il était facile à Robinson, Goldberg et Stanton (1978) d'attaquer. Ces auteurs montraient d'abord le caractère spécifiquement sensoriel des décharges pariétales — synchronisées temporellement sur le stimulus et non sur le mouvement-réponse — puis surtout leur capacité d'« enhancement » indépendante de la nature de la réponse motrice (oculaire ou manuelle). Ils concluaient donc à l'existence d'un mécanisme pariétal sélectif-attentionnel *qu'ils opposaient* à une éventuelle commande globale (susceptible de définir un type d'action) parce qu'ils concevaient le *primum movens* comme nécessairement prémoteur et non sensoriel. Or cette stricte dichotomie d'apparence raisonnable est malgré tout très peu réaliste car elle ignore totalement le problème crucial du paramétrage (la spécification des « vecteurs » spatiaux de mouvement). Bien au contraire, les mécanismes de définition *sensorielle* de l'objectif — l'indispensable référence positionnelle — doivent être conçus comme une composante essentielle de la commande. Mais à l'étage supérieur de la hiérarchie corticale, ce mécanisme symbolique, logique et perceptif (identification et localisation), n'est certainement pas localisé exclusivement dans l'aire 7 ou dans les régions préfrontales. *Il résulte de leur interaction*[5].

En fait, il n'est guère difficile d'admettre que l'attention soit une condition indispensable de l'action dirigée. Mais son caractère optionnel la distingue du processus moteur : si l'attention se fixe sur un nouvel objet, l'action possible changera en conséquence. Si l'on excepte les mécanismes d'orientation posturale et leur influence « canalisante » sur le comportement ultérieur, l'étape attentionnelle n'est pas motrice (c'est-à-dire effectrice), mais organisatrice et prévisionnelle. Indiquons alors la parenté de cette interprétation avec le courant des théories « idéo-motrices », représenté par Wachholder (1928), Bernstein (1967), Greenwald (1970), Pribram (1971) et Powers (1973), pour lequel l'organisme anticipe les conséquences de son action et non des gestes précis. Avec l'idée d'un processus de « *modélisation* (représentation) *du futur désirable* », Bernstein par exemple a cherché à rendre compte du mouvement volontaire en appliquant le schéma général du servo-mécanisme à l'ensemble du comportement. Puisque le cerveau forme continuellement une image de la situation sensorielle présente, il lui attribue la capacité d'extrapoler celle-ci sur la base des « probabilités conditionnelles » de l'expérience passée. Ainsi serait définie (en termes certes très généraux) une « configuration désirée» dont la différence avec la «situation actuelle» fournirait au système moteur les données nécessaires au calcul de la commande.

Mais le mot de la fin revient à William James (1890/1929, Chapitre La volonté), qui fut le premier à formuler un principe d'organisation de l'activité volontaire centré sur l'attention. Pour lui, l'état de conscience qui fixe l'attention a valeur d'impulsion (ou d'inhibition) déterminante de l'action dirigée. Celle-ci répond en effet à un seul critère : elle doit être précédée d'une *représentation*. Par ce terme, James déclare explicitement qu'il n'entend pas la réévocation mnésique d'un programme moteur, ou d'un modèle central de la commande («de l'innervation»), mais bien *«la représentation anticipée de ses propres effets sensibles, tant locaux qu'éloignés, et souvent bien éloignés en effet»*... Autrement dit, l'organisme n'anticipe pas des mouvements, mais leur conséquence en termes de but. Quel est le mécanisme de cette prospective? «*Quel est le processus qui assure à la représentation d'une action quelconque une prépondérance stable dans la conscience?*» se demande James. En constatant que cette facilitation d'une image interne est la conséquence d'un effort d'attention, il répond en identifiant complètement celle-ci à l'émergence de l'intention (volition). «*Toute la volition sous toutes ses formes, le vouloir le plus volontaire qui soit se trouve essentiellement réalisé dans l'attention que nous donnons à une représentation difficile pour la maintenir énergiquement... L'effort d'attention est donc l'acte essentiel de la volonté*»... Mais ce processus n'est ni contemplatif ni gratuit : il est tourné vers une pratique : «... *et avec la conscience, l'action change ; car l'idée nouvelle ne manque pas de produire tous ses effets moteurs, sitôt qu'elle est la maîtresse incontestée du champ mental*».

RÉSUMÉ DE LA TROISIÈME PARTIE

La différence d'une centaine de milliseconde entre le TR simple et le TR de choix est l'un des premiers résultats fondamentaux de la Psychologie scientifique à partir duquel les auteurs classiques tentèrent de décomposer les opérations mentales entre le stimulus et la réponse. Oubliée pendant la période behavioriste, cette entreprise a été réactualisée par la Psychologie cognitive contemporaine pour définir les traitements d'information liés à l'analyse du stimulus, à la décision motrice et à l'organisation du «programme moteur». Mais comme le TR est impossible sans préparation, l'interaction entre ce processus et les stades de traitement sensorimoteurs doit être précisée par la théorie. Une première possibilité consiste à faire de la préparation un réglage de l'efficacité (et de la vitesse) des opérations déclenchées par le signal de réponse. Toutefois, puisqu'on a montré que les indications préparatoires pouvaient changer le mode de fonctionnement du sujet, et transformer dans la même session une règle de TR de choix en règle de TR simple, il faut admettre que la préparation conditionne la nature même des traitements ultérieurs. Traduite en termes de « set », cette proposition est cohérente avec les données physiologiques définissant les cartes motrices du cortex comme des répertoires de canaux de mouvements. Dans cette organisation massivement parallèle, l'existence de neurones préparatoires (dont la décharge augmente avant le stimulus et en relation avec la performance ultérieure) rend concevable la présélection d'un schème de réponse particulier. Celui-ci devra évidemment rester compatible avec les informations somesthésiques et visuelles qui définissent les relations spatiales entre la cible et l'effecteur.

Cependant, la prédétermination de la réponse à partir d'opérations préparatoires ayant valeur de préprogrammation n'est qu'un aspect du « set ». L'examen d'une hypothèse plus générale, associant dans un même mécanisme les anticipations sensorielles qui caractérisent l'attention volontaire et la réévocation globale d'un comportement dirigé implique les fonctions du cortex préfrontal et les Réponses différées. Dans ces tâches prototypiques, la signification du signal de réponse dépend totalement d'une information initiale servant de consigne et que le sujet (humain ou animal) doit retenir, non comme un simple événement, mais comme déclencheur d'une activité intentionnelle. Comme le suggèrent les données cliniques, les déficits provoqués par les lésions frontales chez le Singe, souvent interprétés en termes de « mémoire immédiate » à cause de la présence d'un délai, pourraient tout aussi correctement être attribués à la distractibilité, à la sensibilité aux interférences, bref à des facteur d'inattention qui perturbent le maintien d'un code directeur, d'un mobile de l'action.

Dans les différentes tâches différées, les enregistrements unitaires montrent des décharges toniques différentielles prédictives de la réponse (même en cas d'erreur) en termes spatiaux (gauche-droite), de critère d'identification du stimulus (la couleur, dans le *Matching-to-Sample*), ou de dynamique du mouvement (*Go/No-Go*). Ces activités sont précédées de bouffées phasiques, émises par des neurones marquant les événements significatifs, et dont la conjonction pourrait être déterminante. Mais d'autres décharges toniques ont été également observées en relation avec la fixation visuelle (équilibre de l'attention entre fovea et périphérie), ou comme un véritable codage des séquences spécifiques de mouvements oculaires.

La composante attentionnelle du «set» est alors interprétable par l'idée que ces différentes activités toniques sont l'agent causal d'une focalisation *proactive* de la perception. L'anatomie des efférences préfrontales montre en effet que les connexions fronto-pariétales et fronto-temporales peuvent les répercuter vers les étages associatifs des voies sensorielles. Mais d'autres systèmes de projection frontale peuvent également médiatiser les aspects complémentaires de l'anticipation attentionnelle : *a*) l'orientation visuelle et posturale, par l'intermédiaire des connexions prémotrices du FEF avec le tronc cérébral, et *b*) la présélection globale, ou «holistique» du programme moteur, par les relations avec le Striatum et par les projections locales vers le cortex prémoteur. Le principe du «set», selon lequel un événement précurseur (évocation contextuelle), déclencherait simultanément une orientation volontaire de l'attention sensorielle et l'élaboration progressive de la réponse (posture, cible, mouvement) semble donc explicable à partir des fonctions préfrontales.

NOTES

[1] Cette terminologie d'époque, où le mot «centre» est le corollaire obligatoire de la définition fonctionnelle, n'a rien d'une «phrénologie» des facultés mentales. Wundt s'explique ailleurs très clairement sur la localisation des fonctions qu'il considère en termes de pôles, ou de gradients fonctionnels.
[2] La *lobotomie* est une «exclusion» du lobe frontal, par une section verticale, effectuée le plus souvent en introduisant l'instrument chirurgical par le toit de l'orbite et en «déconnectant» le pôle antérieur du cerveau par un mouvement d'«essuie-glace». La relative facilité de cette intervention explique qu'elle fut largement (et abusivement) pratiquée dans les années 30 pour des cas d'épilepsie frontales incurables, ou même pour de simples migraines résistant à tout traitement. Les dommages psychiques causés aux patients ne seront jamais assez soulignés.
[3] Kuypers, Szwarcbart, Mishkin et Rosvold, 1965; Jones, 1969; Jones et Powell, 1969; Jones et Powell, 1970; Pandya et Kuypers, 1969; Vogt et Pandya, 1978; Jones, Coulter et Hendry, 1978; Künzle, 1978; Strick et Kim, 1978; Muakkassa et Strick, 1979; Leichnetz, 1980b; Bowker et Coulter, 1981; Godschalk, Lemon, Kuypers et Ronday, 1984; voir aussi Pandya et Yeterian, 1985; Pandya et Barnes, 1987.
[4] On notera en passant que le mécanisme précédent, s'il transmet des activités toniques liées à l'anticipation d'un mouvement oculaire vers l'aire intra-pariétale par les voies décrites (par exemple) par Andersen, Asanuma et Cowan (1985) et Asanuma, Andersen et

Cowan (1985), donnerait une substance relative à l'hypothèse de Teuber (1972) d'une «décharge corollaire» prévenant le système d'analyse visuelle. Mais l'interprétation proposée ici s'en écarte nettement car l'activité préfrontale n'est pas la «copie» d'une activité motrice indéfinie, mais la base même de la définition des objectifs de l'action à travers les processus sélectifs de focalisation de l'attention.

[5] Pour cette raison, certains auteurs semblent négliger la spécificité fonctionnelle des aires anatomiques et reportent leur intérêt sur les typologies neuroniques. Ainsi, Goldman-Rakic (1988) tire-t-elle argument des connectivités intracorticales ramifiées et de l'observation par Batuev, Shaefer et Orlov (1985) de cellules pariétales de délai, très similaires aux unités toniques préfrontales, pour imaginer un «réseau parallèle» fronto-pariéto-temporo-cingulaire qui rendrait compte des codages mnésiques spatiaux.

En conclusion

Au terme de notre enquête, il faut souligner l'importance d'une conception cohérente de l'action volontaire, action dont la première caractéristique est d'être impossible à l'improviste. La «réaction d'orientation», réaction stéréotypée d'un sujet ou d'un animal surpris par un stimulus inattendu, n'est pas une action. C'est le préalable d'un *éventuel* changement comportemental ou l'attraction automatique de l'attention par l'objet insolite permet d'évaluer la situation pour décider d'une nouvelle conduite. Mais cette rupture de l'activité courante reste l'exception et notre comportement perdrait toute cohérence s'il dépendait d'une imprévisible succession de sollicitations externes. La règle commune est celle de tous les préalables du processus intentionnel : mobile, activité *mentale* (cachée), définition d'un but (cible) sur lequel se concentre l'attention. En conséquence, l'événement significatif plus tardif pourra prendre une valeur de signal bien qu'il soit souvent fort peu saillant. En d'autres termes, il n'existe pas de composante «réflexe» du comportement et le raisonnement stimulus-réponse (SR) néglige toujours des événements antécédents sans lesquels les effets du signal seraient nuls ou différents. En isolant les seuls processus de l'intervalle stimulus-réponse, il suppose l'organisation motrice et la programmation du mouvement *sous la dépendance* des derniers messages sensoriels. Mais comme ceux-ci doivent être triés d'après leur pertinence, la recherche du mécanisme sélectif nous enferme dans l'insoluble dilemme du «filtrage précoce» (perceptif) ou

« tardif » (mnésique) qui caractérise le débat des quarante dernières années sur l'attention.

A l'inverse, la conception proactive du « set » fait dépendre *simultanément* la sélectivité sensorielle et les fonctions motrices (préparation, posture, programme) d'une même activité interne, déclenchée précocément par un indice évocateur. Ce schéma est celui de l'attention volontaire de William James *qui « dérive »*, par association, d'un événement précurseur permettant l'anticipation des signaux et des réponses. Selon les tâches, les conséquences perceptives ou réactionnelles seront différentes, mais le sujet n'attend jamais passivement le stimulus et le processus SR est la dernière étape d'un enchaînement dynamique. Depuis *l'« Einstellung »* de Müller et Schuman, jusqu'aux expériences de Posner et de Rosenbaum, en passant par Ach, Lewin et Mowrer, la littérature psychologique contient de nombreuses démonstrations de l'influence déterminante d'un contexte préparatoire explicite (consignes) ou implicite (biais de probabilités) sur les réponses au stimulus. Pourtant, la théorie formelle du « set » est encore à venir et les modèles SR du traitement de l'information occupent toujours le devant de la scène.

Ici les Neurosciences apportent d'importants éléments de renouvellement du débat. La physiologie de l'intégration visuelle chez les Primates montre en effet comment la ségrégation des codages élémentaires aboutit finalement, dans les aires corticales associatives, à la construction de véritables attributs perceptifs. Or cette représentation neuronale du monde extérieur semble dynamique : *elle est affectée par la tâche*. Cette modulation de l'activité afférente s'observe toujours dans des situations où l'animal peut prévoir une dimension essentielle du stimulus (couleur ou position spatiale), situations qui provoquent également des décharges toniques dans de nombreuses structures, et tout particulièrement dans les aires préfrontales pendant le délai des *réponses différées*. Dans ces tâches caractérisées par une prédétermination précoce de l'action, il est possible que les activités préfrontales représentent le mobile interne et exercent une influence récurrente sur les aires perceptives postérieures. Si le processus empêche la distraction, il peut être l'agent de cette « concentration mentale sur un object déterminé » qui est l'essence de l'attention. Les données relatives au cortex frontal impliquent des fonctions *1)* de résistance aux interférences, *2)* de programmation des mouvements oculaires, *3)* de contrôle probable des systèmes sensoriels pariétaux et temporaux et *4)* de modulation de la motricité extrapyramidale. Ces fonctions semblent liées aux trois aspects les plus fondamentaux de l'attention : la focalisation, les commandes du regard et la posture. L'intuition prémonitoire de Wundt, faisant du cortex frontal le « centre » de l'*« Apercep-*

tion», trouve donc un écho remarquable dans les résultats expérimentaux les plus récents.

Le concept de «set» implique à la fois une Psychologie et une Neurophysiologie de l'intention, de l'action motivée qui répond au très ancien problème du *mentalisme*. Si le phénomène mental reste inobservable sur le moment, (son seul témoin direct, l'enregistrement cérébral, est une variable intermédiaire qu'il faut interpréter ensuite), la détermination volontaire fournit certainement le meilleur cadre d'une relation causale avec un comportement mesurable. Activité «covert», mobile interne, focalisation de l'attention deviennent alors facilement accessibles à des manipulations préparatoires.

D'un point de vue historique cependant, le mentalisme implique la notion de conscience, pierre angulaire de la Psychologie classique et modèle de l'attention («*Aperception*»). En la récusant avec l'introspection, le Behaviorisme a peut-être jeté le bébé avec l'eau du bain. La conscience est devenue une idée coupable sur la base de postulats discutables (on lui a opposé une notion du «comportement» qui n'est ni plus analytique ni plus claire), alors que la distinction entre activités conscientes et inconscientes (automatiques) est restée expérimentalement pertinente. Cette distinction place les premières dans le cadre de la *perception*. Elle souligne que perception et action interviennent sur des plans différents. La perception est continue tandis que l'action est occasionnelle et contingente. La fonction perceptive n'a pas pour vocation de guider l'action immédiate mais de permettre l'évaluation du monde. Elle implique une familiarité avec les objets qui conditionne leur reconnaissance et fait d'un certain nombre d'entre eux des *cibles potentielles*. Leur aspect latent est incompréhensible si l'on ne postule pas de nombreux systèmes de représentation interne, référentiels, ou «bases de données», constitués par des phénomènes de mémoire et d'association.

Bibliographie

ACH N., *Uber die Willenstätigkeit und das Denken.* Göttingen, Vandenhoeck und Ruprecht, 1905.
ACH N., *Uber den Willensakt und der Temperament.* Leipzig, Quelle und Meyer, 1910.
ADAMUK E., Uber die Innervation der Augenbewegungen. *Zbl. Med. Wiss.*, *8*, 65-67, 1870.
ALBANO J.E., MISHKIN M., WESTBROOK L.E. and WURTZ R.H., Visuomotor deficits following ablation of monkey superior colliculus. *J. Neurophysiol.*, *48*, 338-351, 1982.
ALBANO J.E. and WURTZ R.H., Deficits in eye position following ablation of monkey superior colliculus, pretectum and posterior-medial thalamus. *J. Neurophysiol.*, *48*, 318-337, 1982.
ALBRIGHT T.D., DESIMONE R. and GROSS C.G., Columnar organization of directionally selective cells in visual area MT of the macaque. *J. Neurophysiol.*, *51*, 16-31, 1984.
ALEXANDER G.E., Selective neuronal discharge in monkey putamen reflects intended direction of planned limb movements. *Exp. Brain Res.*, *67*, 623-634, 1987.
ALEXANDER G.E., DELONG M.R. and STRICK P.L., Parallel organization of functionally segregated circuits linking basal ganglia and cortex. *Ann. Rev. Neurosci.*, *9*, 357-381, 1986.
ALLEN G.I. and TSUKAHARA N., Cerebrocerebellar communication systems. *Physiol. Rev.*, *54*, 957-1006, 1974.
ALLMAN J.M., BAKER J.F., NEWSOME W.T. and PETERSEN S.E., Visual topography and function : Cortical visual areas in the owl monkey. *In* : Woolsey C.N. (ed.), *Cortical sensory integration*, vol. 2, Multiple visual areas, 171-185, Clifton NJ, Humana Press, 1981.
ALLMAN J.M. and KAAS J.H., A representation of the visual field in the caudal third of the middle temporal gyrus of the Owl Monkey (Aotus trivirgatus). *Brain Res.*, *31*, 85-105, 1971a.
ALLMAN J.M. and KAAS J.H., Representation of the visual field in striate and adjoining cortex of the Owl Monkey (Aotus trivirgatus). *Brain Res.*, *35*, 89-106, 1971b.
ALLMAN J.M. and KAAS J.H., Representation of the visual field on the medial wall of occipital-parietal cortex in the Owl Monkey. *Science*, *191*, 572-575, 1976.

ALLMAN J., MIEZIN F. and McGUINNESS E., Stimulus specific responses from beyond the classical receptive field : Neurophysiological mechanisms for local-global comparisons in visual neurons. *Ann. Rev. Neurosci.*, *8*, 407-430, 1985.
ALLPORT D.A., On knowing the meaning of words we are unable to report : The effects of visual masking. *In* : Dornic S. (ed.), *Attention and Performance VI*, 505-533, Hillsdale NJ, Lawrence Erlbaum, 1977.
ALLPORT D.A., TIPPER S.P. and CHMIEL N.R.J., Perceptual integration and postcategorical filtering. *In* : Posner M.I. and Marin O.S.M. (eds), *Attention and performance XI*, 107-132, Hillsdale NJ, Lawrence Erlbaum, 1985.
ANDERSEN R.A., Visual and eye movement functions of the posterior parietal cortex. *Ann. Rev. Neurosci.*, *12*, 377-403, 1989.
ANDERSEN R.A., ASANUMA C. and COWAN W.M., Callosal and prefrontal associational projecting cell populations in area 7A of the macaque monkey : A study using retrogradely transported fluorescent dyes. *J. Comp. Neurol.*, *232*, 443-455, 1985.
ANDERSEN R.A., ESSICK G.K.and SIEGEL R.M., Encoding of spatial location by posterior parietal neurons. *Science*, *230*, 456-458, 1985.
ANDERSEN R.A., ESSICK G.K. and SIEGEL R.M., Neurons of area 7 activated by both visual stimuli and oculomotor behavior. *Exp. Brain Res.*, *67*, 316-322, 1987.
ASANUMA C., ANDERSEN R.A. and COWAN W.M., The thalamic relations of the caudal inferior parietal lobule and the lateral prefrontal cortex in monkeys : divergent cortical projections from cell clusters in the medial pulvinar nucleus. *J. Comp. Neurol.*, *241*, 357-381, 1985.
ASTRUC J., Corticofugal connections of area 8 (frontal eye field) in macaca mulatta. *Brain Res.*, *33*, 241-256, 1971.
ATTNEAVE F., In defense of homonculi. *In* : Rosenblith W. (ed.), *Sensory communication*, Cambridge Mass., MIT Press, 1960.
BAIN A., *The senses and the intellect*. London, Parker, 1855, 1864.
BAIN A., *The emotions and the will*. London, Parker, 1859.
BALLARD D.H. and BROWN C.M., *Computer vision*. Englewood-Cliffs, NJ, Prentice-Hall, 1982.
BALLARD D.H., HINTON G.E. and SEJNOWSKI T.J., Parallel visual computation. *Nature*, *306*, 21-26, 1983.
BARD P., Localized control of placing and hopping reactions in the cat and their normal management by small cortical remnants. *Arch. Neurol. Psychiat.* (Chicago), *30*, 40-74, 1933.
BARONE P. and JOSEPH J.P., Prefrontal cortex and spatial sequencing in macaque monkey. *Exp. Brain Res.*, *78*, 447-464, 1989.
BASHINSKI H.S. and BACHARACH V.R., Enhancement of perceptual sensitivity as the result of selectively attending to spatial locations. *Percept. Psychophys.*, *28*, 241-248, 1980.
BASTIAN C., Attention et volition. *Revue Philosophique*, *I*, 357, 1892.
BATUEV A.S., SCHAEFER V.I. and ORLOV A.A., Comparative characteristics of unit activity in the prefrontal and parietal areas during delayed performance in monkeys. *Behav. Brain res.*, *16*, 57-70, 1985.
BAUER R.H. and FUSTER J.M., Delayed-matching and delayed-response deficit from cooling dorsolateral prefrontal cortex in monkeys. *J. Comp. Physiol. Psychol.*, *90*, 293-302, 1976.
BEAUBATON D., TROUCHE E. and LEGALLET E., Neocerebellum and motor programming : Evidence from Reaction-time studies in monkeys with dentate nucleus lesions. *In* : Kornblum S. and Requin J. (eds), *Preparatory states and Processes*, 303-320, Hillsdale NJ, Lawrence Erlbaum Associates, 1984.
BECKER W. and JURGENS R., An analysis of the saccadic system by means of double-step stimuli. *Vision Res.*, *19*, 967-983, 1979.
BENDER D.B., Retinotopic organization of macaque pulvinar. *J. Neurophysiol.*, *46*, 672-693, 1981.
BENDER D.B., Receptive field properties of neurons in the macaque inferior pulvinar. *J. Neurophysiol.*, *48*, 1-17, 1982.
BENDER D.B., Visual activation of neurons in the primate pulvinar depends on cortex but not on colliculus. *Brain Res.*, *279*, 258-261, 1983.

BENDER D.B. and BUTTER C.M., Comparison of the effect of superior colliculus and pulvinar lesions on visual search and tachistoscopic pattern discrimination in monkeys. *Exp. Brain Res.*, 69, 140-154, 1987.
BENDER M.B., Extinction and precipitation of cutaneous sensations. *Arch. Neurol. Psychiat.* (Chicago), 54, 1-9, 1945.
BENDER M.B., Brain control of conjugate horizontal and vertical eye movements, a survey of the structural and functional correlates. *Brain*, 103, 23-69, 1980.
BENDER M.B. and SHANZER S., Oculomotor pathways defined by electric stimulation and lesions in the brainstem of monkeys. *In* : Bender M.B. (ed.), *The oculomotor system*, 81-140, New York, Harper, 1964.
BENTLEY M.B., *The field of Psychology*. New York, Appleton and Co, 1925.
BERGER G.O., Uber der Einfluss der Reizstärke auf die Dauer einfacher psychischer Vorgänge mit besondere Rücksicht auf Lichtreize. *Philosophische Studien*, 3, 38-93, 1886.
BERKELEY G., An essay towards a new theory of vision. 1709, London, Fr. transl. *In* : *Œuvres choisies de G. Berkeley*, vol.1, pp. 155-167, Paris, Aubier Montaigne, 1960.
BERKELEY G., An essay towards a new theory of vision. *In* : Luce A.A. and Jessop T.E. (eds), *The works of George Berkeley, bishop of Cloyne*, (originally published : 1709), London, Thomas Nelson, 1948.
BERKINBLIT M.B., FELDMAN A.G. and FUKSON O.I., Adaptability of innate motor patterns and motor control mechanisms. *Behav. Brain Sci.*, 9, 585-638, 1986.
BERLUCCHI G., SPRAGUE J.M., LEVY J. and DI BERNARDINO A.C., Pretectum and superior colliculus in visually guided behavior and in flux and form discrimination in the cat. *J. Comp. Physiol. Psychol.*, 78, 123-172, 1972.
BERLYNE D.E., Attention to change. *Brit. J. Psychol.*, 42, 269-278, 1951.
BERLYNE D.E., *Conflict, arousal and curiosity*. New York, McGraw-Hill, 1960.
BERLYNE D.E., Attention as a problem in behavior theory. *In* : Mostofsky D.E. (Ed.), *Attention : Contemporary theory and analysis*, New York, Appleton-Century-Crofts, 1970.
BERNSTEIN N., *The co-ordination and regulation of movements*. Oxford, Pergamon Press, 1967.
BERTELSON P., The refractory period of choice reactions with regular and irregular interstimulus intervals. *Acta Psychol.*, 27, 45-56, 1967a.
BERTELSON P., The time course of preparation. *Quart. J. Exp. Psychol.*, 19, 272-279, 1967b.
BERTELSON P. and BARZEELE J., Interaction of time uncertainty and relative signal frequency in determining choice reaction-time. *J. Exp. Psychol.*, 70, 448-451, 1965.
BERTELSON P. and TISSEYRE F., The time course of preparation with regular and irregular foreperiods. *Quart. J. Exp. Psychol.*, 20, 297-300, 1967.
BETZ V., Anatomischer Nachweis zweier Gehirncentra. *Centralblatt f. d. medizinische Wissenschaft*, 12, 578-580, 595-599, 1874.
BIGNALL K.E. and IMBERT M., Polysensory and cortico-cortical projections to frontal lobe of squirrel and Rhesus monkeys. *Electroenceph. Clin. Neurophysiol.*, 26, 206-215, 1969.
BIGUER B., JEANNEROD M. and PRABLANC C., The coordination of eye-head and arm movements during reaching at a single visual target. *Exp. Brain Res.*, 46, 301-304, 1982.
BINDRA D., *Motivation : a systematic reinterpretation*. New York, Ronald Press, 1959.
BIOULAC B. and LAMARRE Y., Activity of postcentral cortical neurons of the monkey during conditioned movements of a deafferented limb. *Brain Res.*, 172, 427-437, 1979.
BISIACH E., CORNACCHIA L., STERZI R. and VALLAR G., Disorders of perceived auditory lateralization after lesions of the right hemisphere. *Brain*, 107, 37-52, 1984.
BIZZI E., Discharge of frontal eye field neurons during saccadic and following eye movements in unanesthetized monkeys. *Exp. Brain Res.*, 6, 69-80, 1968.
BIZZI E., KALIL R.E. and TAGLIASCO V., Eye-head coordination in monkeys : evidence for centrally patterned organization. *Science*, 173, 452-454, 1971.
BIZZI E., KALIL R.E. and MORASSO P., Two modes of active eye-head coordination in monkeys. *Brain Res.*, 40, 45-48, 1972.
BIZZI E. and SCHILLER P.H., Single unit activity in the frontal eye-fields of unanesthetized monkeys during eye and head movements. *Exp. Brain Res.*, 10, 151-158, 1970.

BLAKE M., MEYER D.R. and MEYER P.M., Enforced observation in delayed response learning by frontal monkeys. *J. Comp. Physiol. Psychol.*, *61*, 374-379, 1966.
BLUM B., Enhancement of visual responses of area 7 neurons by electrical pre-conditioning stimulation of LP-pulvinar nuclei of the monkey. *Exp. Brain Res.*, *59*, 434-440, 1985.
BON L. and LUCCHETTI C., The motor programs of monkey's saccades : An attentional hypothesis. *Exp. Brain Res.*, *71*, 199-207, 1988.
BONNET M., REQUIN J. and STELMACH G.E., Specification of direction and extent in motor programming. *Bull. Psychonom. Soc.*, *19*, 31-34, 1982.
BORING E.G., Attribute and sensation. (Notes : the Yokoyama experiment). *Amer. J. Psychol.*, *35*, 301-304, 1924.
BORING E.G., *A history of experimental psychology*. New York, Appleton-Century Co, 1929.
BORING E.G., *Sensation and perception in the history of experimental psychology*. New York, Appleton-Century, 1942.
BOWER G.H., A selective review of organizational factors in memory. *In* : Tulving E. and Donaldsen W. (Eds), *Organization of memory* London, New York, Academic Press, 1972.
BOWKER R.M. and COULTER J.D., Intracortical connectivities of somatosensory and motor areas. Multiple cortical pathways in monkey. *In* : Woolsey C.N. (Ed.), *Cortical sensory organization*, vol. 1, Multiple somatic areas, 205-242, Clifton NJ, Humana Press, 1981.
BOWMAN A.M., Size vs intensity as a determinant of attention. *Amer. J. Psychol.*, *31*, 87-90, 1920.
BRAIN W.R., Visual disorientation with special reference to lesions of the right cerebral hemisphere. *Brain*, *64*, 244-272, 1941.
BREITMEYER B.G. and GANZ L., Implications of sustained and transient channels for theories of visual pattern masking, saccadic suppression, and information processing. *Psychol. Rev.*, *83*, 1-36, 1976.
BREITWIESER J.W., Attention and movement in reaction time. *Arch. Psychol.* (New York), *2*, 1-49, 1911.
BROADBENT D.E., *Perception and communication*. London, Pergamon Press, 1958.
BROADBENT D.E., The magic number seven after fifteen years. *In* : Kennedy A. and Wilkes A. (eds), *Studies in long-term memory*, New York, Wiley, 1975.
BROADBENT D.E. and GREGORY M., On the interaction of S-r compatibility with other variables affecting reaction time. *Brit. J. Psychol.*, *56*, 61-67, 1965.
BRODAL A., *Neurological anatomy in relation to clinical medicine*. London, Oxford University Press, 1969.
BRODMANN K., Vergleichende Lokalisationslehre der Grosshirnrinde in ihren Prinzipien dargestellt auf Grund des Zellenbaues. Leipzig, 1909, 324 p.
BROWN C.M., Computer vision and natural constraints. *Science*, *224*, 1299-1305, 1984.
BROWN I.D., Measuring the spare mental capacity of drivers by subsidiary tasks. *Ergonomics*, *5*, 247-250, 1962.
BROWN J.W., The microstructure of action. *In* : Perecman E. (Ed.), *The frontal lobes revisited*, 251-272, New York, The IRBN Press, 1987.
BROWN T., Lectures on the philosophy of the human mind. London, 1820.
BRUCE C.J. and GOLDBERG M.E., Primate frontal eye-fields. I. Single neurons discharging before saccades. *J. Neurophysiol.*, *53*, 603-635, 1985.
BRUCE C.J., GOLDBERG M.E., BUSHNELL M.C. and STANTON G.B., Primate frontal eye fields. II. Physiological and anatomical correlates of electrically evoked eye movements. *J. Neurophysiol.*, *54*, 714-734, 1985.
BRUTKOWSKI S., Functions of prefrontal cortex in animals. *Physiol. Rev.*, *45*, 721-746, 1965.
BULLIER J., Les cartes du cerveau. *La Recherche*, *14*, 1202-1214, 1983.
BUSHNELL M.C., GOLDBERG M.E. and ROBINSON D.L., Behavioral enhancement of visual responses in monkey cerebral cortex. I. Modulation in posterior parietal cortex related to selective visual attention. *J. Neurophysiol.*, *46*, 755-772, 1981.
BUTTER C.M., Effect of superior colliculus, striate, and prestriate lesions on visual sampling in rhesus monkeys. *J. Comp. Physiol. Psychol.*, *87*, 905-917, 1974.

BUTTER C.M., Contrasting effects of lateral striate and superior colliculus lesions on visual discrimination performance in rhesus monkey. *J. Comp. Physiol. Psychol.*, 93, 522-537, 1979.

BUTTER C.M., WEINSTEIN C., BENDER D.B. and GROSS C.G., Localization and detection of visual stimuli following superior colliculus lesions in rhesus monkeys. *Brain Res.*, 156, 33-49, 1978.

BUTTERS N. and BARTON M., Effect of parietal lobe damage on the performance of reversible operations in space. *Neuropsychologia*, 8, 205-214, 1970.

BUTTERS N., SOELDNER C. and FEDIO P., Comparison of parietal and frontal lobe spatial deficits in man : extrapersonal vs. Personal (egocentric) space. *Percept. Mot. Skills*, 34, 27-34, 1972.

CAVANAGH P., TYLER C.W. and FAVREAU O.E., Perceived velocity of moving chromatic gratings. *J. Opt. Soc. Amer.*, (A. Op. Image Sci. Ser.), 1, 893-899, 1984.

CHAIN F., CHEDRU F., LEBLANC M. et LHERMITTE F., Renseignements fournis par l'enregistrement du regard dans les pseudo-hemianopsies d'origine frontale chez l'homme. *Rev. EEG Neurophysiol.*, 2, 223-231, 1972.

CHAPMAN C.E., SPIDALIERI G. and LAMARRE Y., Activity of dentate neurons during arm movements triggered by visual, auditory, and somesthetic stimuli in the monkey. *J. Neurophysiol.*, 55, 203-226, 1985.

CHAPMAN D.W., Relative effects of determinate and undeterminate Aufgaben. *Amer. J. Psychol.*, 44, 163-174, 1932.

CHAVIS D.A. and PANDYA D.N., Further observation on corticofrontal connections in the rhesus monkey. *Brain Res.*, 117, 369-386, 1976.

CHEDRU F., LEBLANC M. and LHERMITTE F., Visual searching in normal and brain-damaged subjects (contribution to the study of unilateral inattention). *Cortex*, 9, 94-111, 1973.

CHERRY E.C., Some experiments on the recognition of speech with one and two ears. *J. Acoust. Soc. Amer.*, 23, 915-919, 1953.

CHERRY E.C. and TAYLOR W.K., Some further experiments on the recognition of speech with one and two ears. *J. Acoust. Soc. Amer.*, 26, 554-559, 1954.

CHEVALIER G., DENIAU J.M., THIERRY A.M. and FEGER J., The nigro-tectal pathway. An electrophysiological reinvestigation in the rat. *Brain Res.*, 213, 253-263, 1981.

CHEVALIER G., THIERRY A.M., SHIBAZAKI T. and FEGER J., Evidence for a GABAergic inhibitory nigrotectal pathway in the rat. *Neurosci. Lett.*, 21, 67-70, 1981.

CLEMENT D.E. and VARNADOE K.W., Pattern uncertainty and the discrimination of visual patterns. *Percept. Psychophys.*, 2, 427-431, 1967.

COLTHEART M. (ed.), *The Psychology of reading. Attention and Performance* XII. Hillsdale NJ, Lawrence Erlbaum Associates, 1987.

CORTEEN R.S. and DUNN D., Shock-associated words in a nonattended message : A test for momentary awareness. *J. Exp. Psychol.*, 102, 1143-1144, 1974.

CORTEEN R.S. and WOOD B., Autonomic responses for shock-associated words in an unattended channel. *J. Exp. Psychol.*, 94, 308-313, 1972.

COWEY A., Why are there so many visual areas? *In* : Schmitt F.O., Worden F.G.W., Adelman G. and Dennis S.G. (Eds), *The organization of the cerebral cortex*, 395-413, Cambridge Mass., MIT Press, 1981.

COWEY A., Aspects of cortical organization related to selective attention and selective impairments of visual perception : a Tutorial Review. *In* : Posner M.I. and Marin O.S.M. (eds), *Attention and Performance XI*, 41-62, Hillsdale NJ, Lawrence Erlbaum Associates, 1985a.

COWEY A., Disturbances of stereopsis by brain damage. *In* : Ingle D. (ed.), *Brain mechanisms and spatial vision*, NATO advanced study Institute Series, The Hague, Martinas Nijhoff, 1985b.

CRAGG B.G. and AINSWORTH A., The topography of the afferent projections in the circumstriate visual cortex of the monkey studied by the Nauta method. *Vision Res.*, 9, 733-747, 1969.

CRITCHLEY M., *The parietal lobes*. London, Arnold, 1953.

CROSBY E.C., YOSS R.E. and HENDERSON J.W., The mammalian midbrain and isthmus regions. Part II. The fiber connections. *J. Comp. Neurol.*, 97, 357-383, 1952.

CROWNE D.P., The frontal eye field and attention. *Psychol. Bull.*, 93, 232-260, 1983.

DALLENBACH K.M., Position vs intensity as a determinant of clearness. *Amer. J. Psychol.*, 34, 282-286, 1923.
DALLENBACH K.M., Attention. *Psychol. Bull.*, 25, 493-501, 1928.
DASHIELL J.F., *Fundamentals of objective Psychology*. Boston, Houghton-Mifflin, 1928.
DASHIELL J.F., A neglected fourth dimension to psychological research. *Psychol. Rev.*, 47, 289-305, 1940.
DEAN P., Effects of inferotemporal lesions on the behavior of monkeys. *Psychol. Bull.*, 83, 41-71, 1976.
DEAN P. and REDGRAVE P., The superior colliculus and visual neglect in Rat and Hamster. I. Behavioural evidence. *Brain Res. Rev.*, 8, 129-141, 1984a.
DEAN P. and P. REDGRAVE P., The superior Colliculus and visual neglect in Rat and Hamster. II. Possible mechanisms. *Brain Res. Rev.*, 8, 143-153, 1984b.
DEAN P. and REDGRAVE P., Superior colliculus and visual neglect in Rat and Hamster. III. Functional implications. *Brain Res. Rev.*, 8, 155-163, 1984c.
DEAN P., REDGRAVE P. and WESTBY W.M., Event or emergency? Two response systems in the mammalian superior colliculus. *Trends Neurosci.*, 12, 137-147, 1989.
DEAN W.H. and DAVIS G.D., Behavior changes following caudate lesions in rhesus monkey. *J. Neurophysiol.*, 22, 524, 1959.
DE GONZAGA-GAWRYSZEWSKI L., RIGGIO L., RIZZOLATTI G. and UMILTA C., Movements of attention in the three spatial dimensions and the meaning of «neutral» cues. *Neuropsychol.*, 25, 19-29, 1987.
DENIAU J.M., HAMMOND C., RISZIK A. and J. FEGER J., Electrophysiological properties of identified output neurons of the rat substantia nigra (pars compacta and pars reticulata) : Evidences for the existence of branched neurones. *Exp. Brain Res.*, 32, 409-442, 1978.
DENNY-BROWN D. and BANKER B.Q., Amorphosynthesis from left parietal lesion. *Arch. Neurol. Psychiat.* (Chicago), 71, 302-313, 1954.
DENNY-BROWN D. and CHAMBERS R.A., The parietal lobe and behavior. *In* : Solomon H.C., Cobb S. and Penfield W. (Eds), The brain and human behavior, *Res. Publ. Assoc. Res. Nerv. Ment. Dis.*, 36, 35-117, Baltimore (Md), Williams and Wilkins, 1958.
DESCARTES R., *Méditations III.* (Texte original latin, 1641), Trad. fr. (de Luynes), 1647, Réédition G. Paris, Rodis-Lewis, Paris, Vrin, 1978.
DESIMONE R., ALBRIGHT T.D., GROSS C.G. and BRUCE C.J., Stimulus selective properties of inferior temporal neurons in the macaque. *J. Neurosci.*, 4, 2051-2062, 1984.
DESIMONE R. and GROSS C.G., Visual areas in the temporal cortex of the macaque. *Brain Res.*, 178, 363-380, 1979.
DEUTSCH J.A., On the category effect in visual search. *Percept. Psychophys.*, 21, 590-592, 1977.
DEUTSCH J.A. and DEUTSCH D., Attention : some theoretical considerations. *Psychol. Rev.*, 70, 80-90, 1963.
DEYOE E.A. and VAN ESSEN D.C., Segregation of efferent connections and receptive field properties in visual area V2 of the macaque. *Nature*, 317, 58-61, 1985.
DEYOE E.A. and VAN ESSEN D.C., Concurrent processing streams in monkey visual cortex. *Trends Neurosci.*, 11, 219-226, 1988.
DODGE R., An experimental study of visual fixation. *Psychol. Rev.*, (Monograph supplt), 35, 1-95, 1907.
DONDERS F.C., Die Schnelligkeit psychischer Prozesse. *Archive f. Anat. u. Physiol.*, 657-681, 1868.
DONDERS F.C., Twee werktuigingen tot bepaling van den tijd, voor psychische processen benoodigt. *In* : *Onderzoekingen gedaan in het Physiologisch Laboratorium der Utrechtse Hoogeschool*, Tweede Reeks, 1, 21-23, 1867-1868. (Published also *In* : *Nederlandsch Archief voor Gennes- en Natuurkunde*, 3, 105-109, 1968). Engl. transl. W.G. Koster, *In* : Koster W.G. (Ed.), *Attention and Performance II, Acta Psychol.*, 30, 432-435, 1969a.
DONDERS F.C., Over de snelheid van psychische processen. *In* : *Onderzoekingen gedaan in het Physiologisch Laboratorium der Utrechtse Hoogeschool*, Tweede Reeks, 2, 92-120, 1868-1869. (Published also *In* : *Nederlandsch Archief voor Gennes- en Natuurkunde*, 4, 117-145, 1869). Engl. transl. W.G. Koster, *In* : Koster W.G. (Ed.), *Attention and Performance II, Acta Psychol.*, 30, 412-431, 1969b.

DOWNING C.J., Expectancy and visual-spatial attention : Effects on perceptual quality. *J. Exp. Psychol.* (Human Percept. Perform.), *14*, 188-202, 1988.
DOWNING C. and PINKER S., The spatial structure of visual attention. *In* : Posner M.I. and Marin O.S.M. (Eds), *Attention and Performance XI*, 171-187, Hillsdale NJ, Lawrence Erlbaum, 1985.
DUFFY E., The concept of energy mobilization. *Psychol. Rev.*, *58*, 30-40, 1951.
DUFFY E., The psychological significance of the concept of «arousal» or «activation». *Psychol. Rev.*, *64*, 265-275, 1957.
DUFFY E., *Activation and behavior*. New York, Wiley and sons, 1962.
DUFFY F.H. and BURCHFIEL J.L., Somatosensory system : organizational hierarchy from single units in monkey area 5. *Science*, *172*, 273-275, 1971.
DUNCAN J., The locus of interference in the perception of simultaneous stimuli. *Psychol. Rev.*, *87*, 272-300, 1980.
DUNCAN J., Visual search and visual attention. *In* : Posner M.I. and Marin O.S.M. (eds), *Attention and performance* XI, 85-106, Hillsdale NJ, Lawrence Erlbaum, 1985.
DYER F.N., The Stroop phenomenon and its use in the study of perceptual, cognitive and response processes. Memory and *Cognition*, *1*, 106-120, 1973.
EASTERBROOK J.A., The effect of emotion on cue utilisation and the organisation of behavior. *Psychol. Rev.*, *66*, 183-201, 1959.
EDWARDS S.B., Deep cell layers of the superior colliculus : Their reticular characteristics and structural organization. *In* : Hobson J.A. and Brazier M.A.B. (Eds), IBRO Monograph series, vol. 6, The reticular formation revisited, 193-209, New York, Raven Press, 1980.
EGAN J.P., *Signal detection theory and ROC analysis*. New York, Academic Press, 1975.
EGETH H., JONIDES J. and WALL S., Parallel processing of multielement displays. *Cognitive Psychol.*, *3*, 674-698, 1972.
EIDELBERG E. and SCHWARTZ A.S., Experimental analysis of the extinction phenomenon in monkeys. *Brain*, *94*, 91-108, 1971.
ENGEL F.L., Visual conspicuity, directed attention and retinal locus. *Vision Res.*, *11*, 563-576, 1971.
ENGEL F.L., Visual conspicuity as an external determinant of eye movements and selective attention. Doctoral Dissertation, (Eindhoven Technical Highschool, Univ. press), 1977.
ESTES W.K., An associative basis for coding and organization in memory. *In* : Melton A.W. and Martin E. (eds), *Coding processes in human memory*, New York, Washington, Winston Wiley, 1972.
ETTLINGER G. and KALSBECK J.E., Changes in tactile discrimination and in visual reaching after successive and simultaneous bilateral posterior parietal ablations in the monkey. *J. Neurol. Neurosurg. Psychiat.*, *25*, 256-268, 1962.
EVARTS E.V., Relation of pyramidal tract activity to force exerted during voluntary movement. *J. Neurophysiol.*, *31*, 14-27, 1968.
EVARTS E.V., Motor cortex reflexes associated with learned movement. *Science*, *179*, 501-503, 1973.
EVARTS E.V., Neurophysiological approaches to brain mechanisms for preparatory set. *In* : Kornblum S. and Requin J. (Eds), *Preparatory states and Processes*, 137-153, Hillsdale NJ, Lawrence Erlbaum Associates, 1984.
EVARTS E.V. and TANJI J., Gating of motor cortex reflexes by prior instruction. *Brain Res.*, *71*, 479-494, 1974.
EVARTS E.V. and THACH W.T., Motor mechanisms of the CNS : cerebrocerebellar interrelations. *Ann. Rev. Physiol.*, *31*, 451-498, 1969.
EXNER S., (cité par Woodworth, 1938/ 1945). *Arch. ges. Physiol.*, *7*, 601-660, 1873.
EXNER S., (cité par Woodworth, 1938/ 1945). *Arch. ges. Physiol.*, *8*, 526-537, 1874.
EXNER S., *Entwurf zu einer physiologischen Erklärung der Psychischen Erscheinungen*. Leipzig, Wien, F. Denticke, 1894.
FECHNER G.T., *Elemente der Psychophysik*. (1860), 2te univer. Aufl., Leipzig, Breitkopf und Hartel, 1889.
FELDMAN J.A., Four frames suffice : A provisional model of vision and space. *Behav. Brain Sci.*, *8*, 265-289, 1985.

FELDMAN M.L., Morphology of the neocortical pyramidal neuron. *In* : Peters A. and Jones E.G. (eds), *Cerebral cortex*, vol. 1, Cellular components of the cerebral cortex, 123-200, New York, Plenum Press, 1984.
FERRIER D., THe localization of function in the brain. *Proc. R. Soc.* (London), *B22*, 229-232, 1874.
FERRIER D., Experiments on the brain of monkeys. *Proc. R. Soc.* (London), *23*, 409-430, 1875a.
FERRIER D., Experiments on the brain of monkeys. *Philos. Trans.* (London), (Croonian lect.), *165*, 433-488, 1875b.
FERRIER D., *Les fonctions du cerveau* (trad. fr.). 1876 (1re éd. angl.), 1886 (2e éd., Smith, Elder, London), Trad. fr. H.C. de Varigny, Paris, Germer Baillière et Cie, 1878.
FINAN J.L., Effects of frontal lobe lesions on temporally organized behavior in monkeys. *J. Neurophysiol.*, *2*, 208-226, 1939.
FINDLAY J.M., Global visual processing for saccadic eye movements. *Vision Res.*, *22*, 1033-1045, 1982.
FISCHER B. and BOCH R., Enhanced activation of neurons in prelunate cortex before visually guided saccades of trained rhesus monkeys. *Exp. Brain Res.*, *44*, 129-137, 1981a.
FISCHER B. and BOCH R., Selection of visual targets activates prelunate cortical cells in trained rhesus monkeys. *Exp. Brain Res.*, *41*, 431-433, 1981b.
FISCHER B. and BOCH R., Peripheral attention versus central fixation : modulation of the visual activity of prelunate cortical cells of the rhesus monkey. *Brain Res.*, *345*, 111-123, 1985.
FISCHER B., BOCH R. and RAMSPERGER E., Express-saccades of the monkey : effects of daily training on probability of occurrence and reaction time. *Exp. Brain Res.*, *55*, 232-242, 1984.
FISCHER B. and BREITMEYER B., Mechanisms of visual attention revealed by saccadic eye movements. *Neuropsychol.*, *25*, 73-83, 1987.
FISCHER B. and RAMSPERGER E., Human express-saccades : effects of daily practice and randomization. *Exp. Brain Res.*, *64*, 569-578, 1986.
FITTS P. and DEININGER R., S-R compatibility : correspondence among paired elements within stimulus and response codes. *J. Exp. Psychol.*, *48*, 483-492, 1954.
FLECHSIG P., *Die Localisation der geistigen Vorgange*. Leipzig, 1896.
FLECHSIG P., Developmental (myelogenetic) localisation of the cerebral cortex in the human subject. *Lancet*, *2*, 1027-1029, 1901.
FLECHSIG P., *Anatomie des menschlichen Gehirns und Rückenmarks auf myelogenetischer Grundlage*. Leipzig, Thieme, 1920.
FLETCHER H.J., The delayed-response problem. *In* : Schrier M., Harlow H.F. and Stollnitz F. (eds), *Behavior of nonhuman primates*, vol. 1, 129-165, New York, London, Academic Press, 1965.
FORD A., Attention-automatization : An investigation of the transitional nature of mind. *Amer. J. Psychol.*, *41*, 1-32, 1929.
FOREMAN N. and STEVENS R., Relationships between the superior colliculus and hippocampus : Neural and behavioral considerations. *Behav. Brain Sci.*, *10*, 101-152, 1987.
FOVILLE A.L., Note sur une paralysie peu connue de certains muscles de l'oeil et sa liaison avec quelques points de l'anatomie et la physiologie de la protubérance annulaire. *Bull. Soc. Anat.* (Paris), 2e série, *33*, 373-405, 1858.
FRANCOLINI C.M. and EGETH H.E., Perceptual selectivity is task-dependent the pop-out effect poops out. *Percept. Psychophys.*, *25*, 99-110, 1979.
FREEMAN G.L., The problem of set. *Amer. J. Psychol.*, *52*, 16-30, 1939.
FREEMAN G.L., Discussion : «central» vs «peripheral» locus of set : a critique of Mowrer, Rayman and Bliss demonstration. *J. Exp. Psychol.*, *26*, 622-628, 1940.
FREEMAN G.L., *The energetics of human behavior*. Ithaca, Cornell University Press, 1948.
FREGNAC Y. and IMBERT M., Development of neuronal selectivity in primary visual cortex of cat. *Physiol. Rev.*, *64*, 325-434, 1984.
FRIEDLINE M. and DALLENBACH K.M., Distance from point of fixation vs intensity as a determiner of attention. *Amer. J. Psychol.*, *41*, 464, 1929.

FRIEDLAND R.P. and WEINSTEIN E.A., Hemi-inattention and hemisphere specialization : Introduction and historical review. *In* : Weinstein E.A. and Friedland R.P. (Eds), *Hemi-inattention and hemisphere specialization, Advances in Neurology.*, vol. 18, 1-31, New York, Raven Press, 1977.
FRITSCH G. und HITZIG E., Uber die elektrische Erregbarkeit des Grosshirns. *Archiv f. Anat. Physiol. u. wissensch. Medizin* (Leipzig), *37*, 300-332, 1870. Trad. G. von Bonin, *In* : *The cerebral cortex*, pp. 73-96, Springfield, Thomas, 1960.
FUCHS A.F., KANEDO C.R.S. and SCUDDER C.A., Brainstem control of saccadic eye movements. *Ann. Rev. Neurosci.*, *8*, 307-337, 1985.
FULTON J.F., Definition of the motor and premotor areas. *Brain*, *58*, 311-316, 1935.
FUSTER J.M., Unit activity in prefrontal cortex during delayed-response performance : neuronal correlates of transient memory. *J. Neurophysiol.*, *36*, 61-78, 1973.
FUSTER J.M., *The prefrontal cortex*. (1st edition), New York, Raven Press, 1980.
FUSTER J.M., Single-unit studies of the prefrontal cortex. *In* : Perecman E. (ed.), *The frontal lobe revisited*, 109-120, New York, The IRBN Press, 1987.
FUSTER J.M., The prefrontal cortex. Anatomy, Physiology and Neuropsychology of the frontal lobe. (2nd edition), New York, Raven Press, 1989.
FUSTER J.M. and ALEXANDER G.E., Neuron activity related to short-term memory. *Science*, *173*, 652-654, 1971.
FUSTER J.M. and BAUER R.M., Visual short-term memory deficit from hypothermia of frontal cortex. *Brain Res.*, *81*, 393-400, 1974.
FUSTER J.M., BAUER R.H. and JERVEY J.P., Cellular discharge in the dorsolateral prefrontal cortex of the monkey in cognitive tasks. *Exp. Neurol.*, *77*, 679-694, 1982.
GAHERY Y. and NIEOULLON A., Postural and kinetic coordination following cortical stimuli which induce flexion movements in the cat's limb. *Brain Res.*, *149*, 25-37, 1978.
GAINOTTI G., L'héminégligence. *La Recherche*, *18*, 476-482, 1987.
GAINOTTI G., D'ERME P., MONTELEON D. and SILVERI M.C., Mechanisms of unilateral spatial neglect in relation to laterality of cerebral lesions. *Brain*, *109*, 599-612, 1986.
GARNER W.R., *The processing of information and structure*. Potomac (Md), Lawrence Erlbaum Ass., 1974.
GARNER W.R., Association lecture : Functional aspects of information processing. *In* : Nickerson R. (ed.), *Attention and Performance* VIII, 1-26, Hillsdale NJ, Lawrence Erlbaum Associates, 1978.
GATTASS R., SOUSA A.P.B. and COVEY E., Cortical visual areas of the macaque : possible substrates for pattern recognition mechanisms. *Exp. Brain Res.*, Suppl 11, 1-20, 1985.
GENTILUCCI M., FOGASSI L., LUPPINO G., MATELLI M., CAMARDA R. and RIZZOLATTI G., Functional organization of inferior area 6 in the macaque monkey. *Exp. Brain Res.*, *71*, 475-490, 1988.
GEORGOPOULOS A.P., CAMINITI R. and KALASKA J.F., Static spatial effects in motor cortex and area 5 : Quantitative relations in a two-dimensional space. *Exp. Brain Res.*, *54*, 446-454, 1984.
GIBBS C.B., Probability learning in step-input tracking. *Brit. J. Psychol.*, *56*, 223-242, 1965.
GIBSON E.J., Perceptual learning and the theory of word perception. *Cognitive Psychol.*, *2*, 351-368, 1971.
GIBSON J.J., A critical review of the concept of set in contemporary experimental psychology. *Psychol. Bull.*, *38*, 781-817, 1941.
GIBSON J.J., *The perception of the visual world*. Boston, Houghton-Mifflin, 1950.
GIBSON J.J., *The senses considered as perceptual systems*. Boston, Houghton-Mifflin, 1966.
GILCHRIST A.L., Perceived lightness depends on perceived spatial arrangement. *Science*, *195*, No. 4274, 185-187, 1977.
GLANVILLE A.D. and DALLENBACH K.M., The range of attention. *Amer. J. Psychol.*, *41*, 207-236, 1929.
GLEITMAN H. and JONIDES J., The cost of categorization in visual search : Incomplete processing of target and field items. *Percept. Psychophys.*, *20*, 281-288, 1976.
GLEITMAN H. and JONIDES J., The effect of set on categorization in visual search. *Percept. Psychophys.*, *24*, 361-368, 1978.

GLENCROSS D.J., Levels and strategies of response organization. *In* : Stelmach G.E. and Requin J. (Eds), *Tutorials in Motor Behavior*, 551-566, Amsterdam, North-Holland, 1980.
GLICKSTEIN M., La découverte du cortex visuel. *Pour la Science*, *133*, 90-97, 1988.
GNADT J.W. and ANDERSEN R.A., Memory related motor planning activity in posterior parietal cortex of macaque. *Exp. Brain Res.*, *70*, 216-220, 1988.
GODSCHALK M., LEMON R.N., KUYPERS H.G.J.M. and RONDAY H.K., Cortical afferents and efferents of monkey postarcuate area : an antomical and electrophysiological study. *Exp. Brain Res.*, *56*, 410-424, 1984.
GODSCHALK M., LEMON R.N., KUYPERS H.G.J.M. and VAN DER STEEN J., The involvement of monkey premotor cortex neurones in preparation of visually cued arm movements. *Behav. Brain Res.*, *18*, 143-157, 1985.
GOLDBERG M.E. and BUSHNELL M.C., Behavioral enhancement of visual responses in monkey cerebral cortex. II. Modulation in frontal eye fields specifically related to saccades. *J. Neurophysiol.*, *46*, 773-787, 1981.
GOLDBERG M.E., BUSHNELL M.C. and BRUCE C.J., The effect of attentive fixation on eye movement evoked by electrical stimulation of the frontal eye fields. *Exp. Brain Res.*, *61*, 579-584, 1986.
GOLDBERG M.E. and WURTZ R.H., Activity of superior colliculus in behaving monkey. I. Visual receptive fields of single neurons. *J. Neurophysiol.*, *35*, 542-559, 1972a.
GOLDBERG M.E. and WURTZ R.H., Activity of superior colliculus in behaving monkey. II. Effect of attention on neuronal responses. *J. Neurophysiol.*, *35*, 560-574, 1972b.
GOLDBERG R.B., FUSTER J.M. and ALVAREZ-PELAEZ R., Frontal cell activity during delayed response performance in squirrel monkey (saimiri sciureus). *Physiol. Behav.*, *25*, 425-432, 1980.
GOLDMAN RAKIC P.S., Topography of cognition : Parallel distributed networks in primate association cortex. *Ann. Rev. Neurosci.*, *11*, 137-156, 1988.
GOLDMAN P.S. and NAUTA W.J., Autoradiographic demonstration of a projection from prefrontal association cortex to the superior colliculus in the rhesus monkey. *Brain Res.*, *116*, 145-149, 1976.
GOLDMAN P.S. and ROSVOLD H.E., Localization of function within the dorsolateral prefrontal cortex of the rhesus monkey. *Exp. Neurol.*, *27*, 291-304, 1970.
GOLDMAN P.S., ROSVOLD H.E., VEST B. and GALKIN T.W., Analysis of the delayed alternation deficit produced by dorsolateral prefrontal lesions in the rhesus monkey. *J. Comp. Physiol. Psychol.*, *77*, 212-220, 1971.
GOLDWATER B.C., Psychological significance of pupillary movements. *Psychol. Bull.*, *77*, 340-355, 1972.
GOTTSDANKER R., The ubiquitous role of preparation. *In* : Stelmach G.E. and Requin J. (Eds), *Tutorials in motor behavior*, 355-371, Amsterdam, North-Holland, 1980.
GRAY J.A. and WEDERBURN A.A.I., Grouping strategies with simultaneous stimuli. *Quart. J. Exp. Psychol.*, *12*, 180-184, 1960.
GRAYBIEL A.M., Organization of the nigrotectal connection : an experimental tracer study in the cat. *Brain Res.*, *143*, 339-348, 1978.
GREENWALD A.G., Sensory feedback mechanisms in performance control : with special reference to the ideo-motor mechanism. *Psychol. Rev.*, *77*, 73-99, 1970.
GREEN D.M. and SWETS J.A., *Signal detection theory and psychophysics*. New York, Wiley and sons, 1966.
GRINDLEY C.G. and TOWNSEND V., Voluntary attention in peripheral vision and its effects on acuity and differential thesholds. *Quart. J. Exp. Psychol.*, *20*, 11-19, 1968.
GROSS C.G., ROCHA-MIRANDA C.E. and BENDER D.B., Visual properties of neurons in inferotemporal cortex of the macaque. *J. Neurophysiol.*, *35*, 96-11, 1972.
HALLE M. and STEVENS K.N., Analysis by synthesis. *In* : Wathen-Dunn W. and Woods L.E. (Eds), *Proceedings of the Seminar on Speech Compression and Processing*, Bedfo.d (Mass.), A.F. Cambridge Research Lab., 1959.
HALLE M. and STEVENS K.N., Speech recognition : a model and a program for research. *In* : Fodor J.A. and Katz J.J. (Eds), *The structure of language : Readings in the philosophy of language*, Englewood Cliffs NJ, Prentice-Hall, 1964.

HARLOW H.F., Primate learning. *In* : Stone C.P. (Ed.), *Comparative Psychology* (3d edition), 183-238, New York, Prentice-Hall, 1951.
HARLOW H.F. and BROMER J.A., Comparative behavior of primates. VIII. The capacity of platyrrhine monkeys to solve delayed reaction tests. *J. Comp. Psychol.*, 28, 299-, 1939.
HARTLEY D., *Observations of man : his frame, his duty and his expectations*. London, Leake, Frederick, Hitch and Austen, 1749; Fr. transl., *Explication physique des sens, des idées et des mouvements*, Paris, 1755.
HASAN Z. and STUART D.G., Animal solutions to problems of movement control : The role of proprioceptors. *Ann. Rev. Neurosci.*, 11, 199-223, 1988.
HEBB D.O., *The organization of behavior*. New York, Wiley and sons, 1949.
HEBB D.O., Drives and the c.n.s. (conceptual nervous system). *Psychol. Rev.*, 62, 243-254, 1955.
HECAEN H., The neuropsychology of face recognition. *In* : Davies G., Ellis H. and Shepherd J. (Eds), *Perceiving and remembering faces*, 39-54, New York, Academic Press, 1981.
HECAEN H. et ALBERT M., *Human neuropsychology*. New York, Wiley, 1978.
HECAEN H. and DE AJURIAGUERRA J., Balint's syndrome (psychic paralysis of visual fixation) and its minor forms. *Brain*, 77, 373-400, 1954.
HEILMAN K.M., PANDYA D.N., KAROL E.A. and GESCHWIND N., Auditory inattention. *Arch. Neurol.*, 24, 323-325, 1971.
HEILMAN K.M. and WATSON R.T., Mechanisms underlying the unilateral neglect syndrome. *In* : Weinstein E.A. and Friedland R.P. (Eds), Hemi-inattention and hemisphere specialization, Adv. Neurol. No. 18, 93-106, New York, Raven Press, 1977.
HEILMAN K.M. and WATSON R.T., The neglect syndrome - a unilateral defect of the orienting response. *In* : Harnad S. (Ed.) *Lateralization in the nervous system*, 285-302, New York, Academic, 1977.
HENDRICKSON A.E., Dots, stripes and columns in monkey visual cortex. *Trends Neurosci.*, 8, 406-410, 1985.
HENN V., LANG W., HEPP K. and REISINE H., Experimental gaze palsies in monkeys and their relation to human pathology. *Brain*, 107, 619-636, 1984.
HERBART J.F., *Psychologie als Wissenschaft, neu gegrundet auf Erfuhrung, Metaphysik und Mathematik*, I-II. Königsberg, Unzer, 1825 (Amsterdam, Réédition Bonset, 1968).
HERING E., Die Lehre vom binocularen Sehen. Leipzig, Engelmann, 1868; Engl. transl., *The theory of binocular vision*. New York, Plenum, 1977.
HERNANDEZ-PEON R., Physiological mechanisms in attention. *In* : Russell R.W. (Ed.), *Frontiers in physiological Psychology*, 121-147, New York, Academic Press, 1966.
HERNANDEZ-PEON R., SCHERRER H. and JOUVET M., Modification of electric activity in cochlear nucleus during «attention» in unanesthetized cats. *Science*, 123, 331-332, 1956.
HESS W.R., BURGI S. und BUCHER V., Motorische funktion des tektal und tegmentalgebeites. *Monatsschr. Psychiat. Neurol.*, 112, 1-52, 1946.
HIKOSAKA O. and WURTZ R.H., Visual and oculomotor functions of monkey Substantia Nigra pars reticulata. I. Relation of visual and auditory responses to saccades. *J. Neurophysiol.*, 49, 1230-1253, 1983a.
HIKOSAKA O. and WURTZ R.H., Visual and oculomotor functions of monkey Substantia Nigra pars reticulata. II. Visual responses related to fixation of gaze. *J. Neurophysiol.*, 49, 1254-1267, 1983b.
HIKOSAKA O. and WURTZ R.H., Visual and oculomotor functions of monkey Substantia Nigra pars reticulata. III. Memory-contigent visual and saccade responses. *J. Neurophysiol.*, 49, 1268-1284, 1983c.
HIKOSAKA O. and WURTZ R.H., Visual and oculomotor functions of Substantia Nigra pars reticulata. IV. Relation of Substantia Nigra to Superior Colliculus. *J. Neurophysiol.*, 49, 1284-1301, 1983d.
HIKOSAKA O.and WURTZ R.H., Modification of saccadic eye movements by GABA-related substances. I. Effect of muscimol and bicuculline in monkey superior colliculus. *J. Neurophysiol.*, 53, 266-291, 1985a.

HIKOSAKA O. and WURTZ R.H., Modification of saccadic eye movements by GABA-related substances. II. Effects of muscimol in monkey substantia nigra pars reticulata. *J. Neurophysiol.*, 53, 292-308, 1985b.
HINTON G.E. and ANDERSON J.A. (eds), *Parallel models of associative memory*. Hillsdale NJ, Lawrence Erlbaum Associates, 1981.
HOBBES T., *Léviathan* (trad. fr.). 1651 (texte original), Trad. fr. F. Tricaud, Paris, Sirey, 1971.
HOBBES T., *English works* (11 vol.). *Opera latina* (7 vol.). London, W. Molesworth (Ed.), 1839-1845. Trad. fr. partielle : De la nature humaine (Human nature, texte original : 1650, trad. angl. Ph.D. d'Holbach : 1772), rééd. fr. avec introduction (E. Naert) : Paris, Vrin, 1971.
HOBSON J.A. and BRAZIER M.A.B. (eds), *The reticular formation revisited. Specifying function for a non specific system*. International Brain Research Organization, IBRO Monograph Series, vol. 6, New York, Raven Press, 1980.
HOLENDER D. and BERTELSON P., Selective preparation and time uncertainty. *Acta Psychol.*, 39, 193-203, 1975.
HOLMES G., Disturbances of vision by cerebral lesions. *Brit. J. Opht.*, 2, 253-384, 1918.
HOLMES G., The cerebral integration of the ocular movements. *Brit. Med.*, J2, 107-112, 1938.
HORTON J.C. and HUBEL D.H., Regular patchy distribution of cytochrome oxidase staining in primary visual cortex of macaque monkey. *Nature*, 292, 762-764, 1981.
HOUGH P.V.C., (see Ballard, Hinton & Sejnovski, 1983, or Brown, 1984). US Patent 3,069,654, 1962.
HUBEL D.H. and LIVINGSTONE M.S., Segregation of form, color, and stereopsis in primate area 18. *J. Neurosci.*, 7, 3378-3415, 1987.
HUBEL D.H. and WIESEL T.N., Receptive fields, binocular interaction and functional architecture in the cat's visual cortex. *J. Physiol.* (London), 160, 106-154, 1962.
HUBEL D.H. and WIESEL T.N., Receptive fields and functional architecture of monkey striate cortex. *J. Physiol.* (London), 195, 215-243, 1968.
HUBEL D.H. and WIESEL T.N., Laminar and columnar distribution of geniculo-cortical fibers in the macaque monkey. *J. Comp. Neurol.*, 146, 421-450, 1972.
HUBEL D.H. and WIESEL T.N., Ferrier lecture. Functional architecture of macaque monkey visual cortex. *Proc. R. Soc.* (London), B198, 1-59, 1977.
HUERTA M.F. and HARTING J.K., The mammalian superior colliculus : Studies of its morphology and connections. *In* : Vanegas H. (Ed.), *Comparative neurology of the optic tectum*, 687-773, New York, Plenum, 1984.
HUGHES H.C. and ZIMBA L.D., Spatial maps of directed visual attention. *J. Exp. Psychol.* (Human Percept. Perform.), 11, 409-430, 1985.
HUGHES H.C. and ZIMBA L.D., Natural boundaries for the spread of directed visual attention. *Neuropsychol.*, 25, 5-18, 1987.
HULL C.L., *Principles of behavior*. New York, Appleton Century-Crofts, 1943.
HUME D., *A Treatise of Human Nature*. London, 1739 (I-II), 1740 (III); Selby-Bigge L.A. (Ed.), Oxford, Clarendon, 1888; Fr transl. Traité de la nature humaine, Paris, Aubier Montaigne, 1946.
HUMPHREY A.L. and HENDRICKSON A.E., Background and stimulus induced patterns of high metabolic activity in the visual cortex (area 17) of the squirrel and macaque monkey. *J. Neurosci.*, 3, 345-358, 1983.
HUMPHREY D.R., Representation of movements and muscles within the primate precentral motor cortex : Historical and current perspectives. *Fed. Proc.*, 45, 2687-2699, 1986.
HUNTER W.S., The delayed reaction in animals and children. *Behav. Monogr.*, 2, s-6, 1913.
HYMAN R., Stimulus information as determinant in reaction time. *J. Exp. Psychol.*, 45, 186-196, 1953.
HYVARINEN J., Function of parietal associative area 7. Proc. 27th intern. Congr. physiol. Sci. (Paris), 1977.
HYVARINEN J., Posterior parietal lobe of the primate brain. *Physiol. Rev.*, 62, 1060-1129, 1982a.
HYVARINEN J., *The parietal cortex of monkey and man*. Studies of brain function 8, Berlin, Springer Verlag, 1982b.

HYVARINEN J. and PORANEN A., Function of the parietal associative area 7 as revealed from cellular discharges in alert monkeys. *Brain*, 97, 673-692, 1974.
HYVARINEN J. and SHELEPIN Y., Distribution of visual and somatic functions in the parietal associative area 7 of the monkey. *Brain Res.*, 169, 561-564, 1979.
INGLE D., Two visual mechanisms underlying the behavior of fish. *Psychol. Forsch.*, 31, 44-51, 1967.
INGRAM W.R., RANSON S.W., HANNETT F.I., ZEISS F.R. and TERWILLIGER E.H., Results of stimulation of the tegmentum with the horsley-clark stereotaxic apparatus. *Arch. Neurol. Psychiat.* (Chicago), 28, 513-541, 1932.
INOUYE T., (en jap.), 1909. Voir Glickstein, 1988.
JACOBSEN C.F., Functions of the frontal association area in primates. *Arch. Neurol. Psychiat.* (Chicago), 33, 558-569, 1935.
JACOBSEN C.F., Studies of cerebral function in primates : I. The functions of the frontal association areas in monkeys. *Comp. Psychol. Monogr.*, 13, 3-60, 1936.
JAMES W., *The principles of psychology*. New York, Holt and Co, 1890.
JAMES W., *Précis de Psychologie*. (Trad. fr. Baudin/ Berthier), Paris, M. Rivière, 1929.
JANET P., La tension psychologique et ses oscillations. *In* : Dumas G. (Ed.), *Traité de Psychologie*, Paris, Alcan, 1923.
JEANNEROD M., Intersegmental coordination during reaching at natural visual objects. *In* : Long J. and Baddeley A. (Eds), *Attention and Performance* IX, 153-169, Hillsdale NJ, Lawrence Erlbaum Associates, 1981.
JOHNSON T.N., ROSVOLD H.E. and MISHKIN M., Projections from behaviorally-defined sectors of the prefrontal cortex to the basal ganglia, septum, and diencephalon of the monkey. *Exp. Neurol.*, 21, 20-34, 1968.
JOHNSTON W.A. and DARK V.J., In defence of intraperceptual theories of attention. *J. Exp. Psychol.* (Human Percept. Perform.), 8, 407-421, 1982.
JOHNSTON W.A and DARK V.J., Selective attention. *Ann. Rev. Psychol.*, 37, 43-75, 1986.
JOHNSTON W.A., WAGSTAFF R.R. and GRIFFITH D., Information processing analysis of verbal learning. *J. Exp. Psychol.*, 96, 307-314, 1972.
JONES E.G., Interrelationships of parieto-temporal and frontal cortex in the rhesus monkey. *Brain Res.*, 13, 412-415, 1969.
JONES E.G., COULTER J.D. and HENDRY S.H.C., Intracortical connectivity of architectonic fields in the somatic sensory, motor and parietal cortex of monkeys. *J. Comp. Neurol.*, 181, 291-348, 1978.
JONES E.G. and POWELL T.P.S., Connexions of the somatic sensory cortex of the rhesus monkey. *Brain*, 92, 477-502, 1969.
JONES E.G. and POWELL T.P.S., An anatomical study of converging sensory pathways within the cerebral cortex of the monkey. *Brain*, 93, 793-820, 1970.
JONIDES J., Voluntary versus reflexive control of the mind's eye's movement. Paper presented at the Psychonomic Society, St Louis, 1976.
JONIDES J., Voluntary vs automatic control over the mind's eye's movement. *In* : Long J.B. and Baddeley A.D. (Eds), *Attention and performance* IX, 187-203, Hillsdale NJ, Lawrence Erlbaum, 1981.
JONIDES J., Further toward a model of the mind's eye's movement. *Bull. Psychonom. Sci.*, 21, 247-250, 1983.
JONIDES J. and MACK R., On the cost and benefit of cost and benefit. *Psychol. Bull.*, 96, 29-44, 1984.
JOSEPH J.P. and BARONE P., Prefrontal unit activity during a delayed oculomotor task in the monkey. *Exp. Brain Res.*, 67, 460-468, 1987.
JULESZ B., *Foundations of cyclopean perception*. Chicago, University of Chicago Press, 1971.
JULESZ B., Spatial nonlinearities in the instantaneous perception of textures with identical power spectra. *In* : Longuet-Higgins C. and Sutherland N.S., The Psychology of vision, *Philos. Trans. R. Soc.* (London), 290, 83-94, 1980.
JULESZ B., Textons, the elements of texture perception, and their interactions. *Nature*, 290, 91-97, 1981a.
JULESZ B., A theory of preattentive texture discrimination based on first-order statistics of textons. *Biol. Cybernetics*, 41, 131-138, 1981b.

JULESZ B., Preconscious and conscious processes in vision. *Exp. Brain Res.*, Suppl. 11, 333-359, 1985.
JULESZ B. and BERGEN J.R., Textons, the fundamental elements in preattentive vision and perception of textures. *Bell Syst. Tech. J.*, *62*, 1619-1645, 1983.
JULESZ B. and SCHUMER R.A., Early visual perception. *Ann. Rev. Psychol.*, *32*, 575-627, 1981.
JUST M.A. and CARPENTER P.A., A theory of reading : from eye fixations to comprehension. *Psychol. Rev.*, *87*, 329-354, 1980.
KAHNEMAN D., Attention and effort. Englewood Cliffs NJ, Prentice-Hall, 1973.
KAHNEMAN D. and CHAJCZYK D., Tests of the automaticity of reading : Dilution of Stroop effects by color-irrelevant stimuli. *J. Exp. Psychol.* (Human Percept. Perform.), *9*, 497-509, 1983.
KAHNEMAN D. and HENIK A., Effects of visual grouping on immediate recall and selective attention. *In* : Dornic S. (Ed.), *Attention and performance VI*, 307-332, Hillsdale NJ, Erlbaum, 1977.
KAHNEMAN D. and HENIK A., Perceptual organization and attention. *In* : Kubovy M. and Pomerantz J.R. (Eds), Perceptual organization, Hillsdale NJ, Erlbaum, 1981.
KAHNEMAN D. and TREISMAN A., Changing views of attention and automaticity. *In* : Parasuraman R. and Davies D.R. (Eds), *Varieties of Attention*, 29-61, London, New York, Academic Press, 1984.
KAHNEMAN D., TREISMAN A. and BURKELL J., The cost of visual filtering. *J. Exp. Psychol.* (Human Percept. Perform.), *9*, 510-522, 1983.
KALASKA J.F., CAMINITI R. and GEORGOPOULOS A.P., Cortical mechanisms related to the direction of two-dimensional arm movements : Relations in parietal area 5 and comparison with motor cortex. *Exp. Brain Res.*, *51*, 247-260, 1983.
KANT E., Kritik den reinen Vernunft (Critique de la raison pure). 1781 1re éd., 1787 2e éd. remaniée; 1905, Trad. fr. : A. Trémesaygues et B. Pacaud, Paris, PUF, 1965 rééd.
KANT E., Metaphysische Anfangsgründe der Naturwissenschaft. (Premiers principes métaphysiques de la science de la nature). 1786 1re éd., Trad. fr. J. Gibelin, Paris, Vrin, 1952.
KARPOV B.A., LURIA A.R. and YARBUS A.L., Disturbances of the structure of active perception in lesions of posterior and anterior regions of the brain. *Neuropsychologia*, *6*, 157-166, 1968.
, KEATING E.G. and GOOLEY S., Disconnection of parietal and occipital access to the saccadic oculomotor system. *Exp. Brain Res.*, *70, 385-398, 1988*.
KEATING E.G., KENNEY D.V., GOOLEY S.G., PRATT S.E. and MC GILLIS S.L.B., Targeting errors and reduced oculomotor range following ablations of the superior colliculus or pretectum/ thalamus. *Behav. Brain Res.*, *22*, 191-210, 1986.
KEELE S.W., Movement control in skilled motor performance. *Psychol. Bull.*, *70*, 387-404, 1968.
KEELE S.W., *Attention and Human performance*. Pacific Palisades Cal., Goodyear Publish. Co, 1973.
KEELE S.W. and NEILL W.T. Mechanisms of attention. *In* : Carterette C. and Friedman M.P. (Eds), Handbook of Perception, vol. 9, New York, Academic Press, 1978.
KENNARD M.A., Alterations in responses to visual stimuli following lesions of frontal lobes in monkeys. *Arch. Neurol. Psychiat.* (Chicago), *41*, 1153-1165, 1939.
KNOWLES W.B., Operator loading tasks. *Human factors*, *5*, 151-161, 1963.
KOFFKA K., *Principles of Gestalt Psychology*. New York, Harcourt Brace and Co, 1935.
KOHLER W., *The mentality of apes*. Berlin, Springer, 1917 (1st ed. in german), Engl. transl. E. Winter : New York, Harcourt, Brace, World, 1925.
KOHLER W., *Gestalt Psychology. An introduction to new concepts*. New York, New American Library, 1947.
KOJIMA S., Prefrontal unit activity in the monkey : relation to visual stimuli and movements. *Exp. Neurol.*, *69*, 110-123, 1980.
KOJIMA S. and GOLDMAN RAKIC P.S., Functional analysis of spatially discriminative neurons in prefrontal cortex of rhesus monkeys. *Brain Res.*, *291*, 229-240, 1984.
KOMATSU H., Prefrontal unit activity during a color discrimination task with go and no-go responses in the monkey. *Brain Res.*, *244*, 269-277, 1982.

KONORSKI J., A new method of physiological investigation of recent memory in animals. *Bull. Acad. Pol. Sci.*, 7, 115-117, 1959.
KONORSKI J., *Integrative activity of the brain*. Chicago, University of Chicago Press, 1967.
KORNHUBER H.H., Motor functions of the cerebellum and basal ganglia : the cerebello-cortical saccadic (ballistic) clock, the cerebello-nuclear hold generator and the basal ganglia ramp (voluntary speed smooth movement) generator. *Kybernetik*, 8, 157-162, 1971.
KRAUSKOPF J., Effect of retinal image motion on contrast thresholds for maintained vision. *J. Opt. Soc. Amer.*, 47, 740-744, 1957.
KRAUSKOPF J., Effect of retinal image stabilization on the appearance of heterochromatic targets. *J. Opt. Soc. Amer.*, 53, 741-744, 1961.
KRAUSKOPF J., Heterochromatic stabilized images : A classroom demonstration. *Amer. J. Psychol.*, 80, 634-637, 1967.
KUBOTA K., Prefrontal unit activity during delayed response and delayed alternation performances. *Jap. J. Physiol.*, 25, 481-493, 1975.
KUBOTA K. and FUNAHASHI S., Direction-specific activities of dorsolateral prefrontal and motor cortex pyramidal tract neurons during visual tracking. *J. Neurophysiol.*, 47, 362-376, 1982.
KUBOTA K. and HAMADA I., Preparatory activity of monkey pyramidal tract neurons related to quick movement onset during visual tracking performance. *Brain Res.*, 168, 435-439, 1979.
KUBOTA K., IWAMOTO T. and SUZUKI H., Visuokinetic activities of primate prefrontal neurons during delayed-response performance. *J. Neurophysiol.*, 37, 1197-1212, 1974.
KUBOTA K. and NIKI H., Prefrontal cortical unit activity and delayed alternation performance in monkeys. *J. Neurophysiol.*, 34, 337-347, 1971.
KUBOTA K., TONOIKE M. and MIKAMI A., Neuronal activity in the monkey dorsolateral prefrontal cortex during a discrimination task with delay. *Brain Res.*, 183, 29-42, 1980.
KUFFLER S.W., Discharge patterns and functional organization of mammalian retina. *J. Neurophysiol.*, 16, 37-68, 1953.
KUHN T.S., *The structure of scientific revolutions*. Chicago, Univ. Chicago Press, 1962.
KÜLPE O., *Outlines of Psychology*. (English transl. E.B. Titchener), New York, MacMillan, 1895 (originally published, 1893).
KÜLPE O., Versuche über Abstraction. Bericht d. Intern. Kongr. f. Exp. Psychol., IV (Verstandestätigkeit), 56-68, 1904.
KUNZLE H., An autoradiographic analysis of the efferent connections from premotor and adjacent prefrontal regions (areas 6 and 9) in macaca fascicularis. *Brain behav. Evol.*, 15, 185-234, 1978.
KUNZLE H. and AKERT K., Efferent connections of cortical area 8 (frontal eye field) in macaca fascicularis. A reinvestigation using the autoradiographic technique. *J. Comp. Neurol.*, 173, 147-164, 1977.
KURATA K., Distribution of neurons with set- and movement-related activity before hand and foot movements in the premotor cortex of rhesus monkeys. *Exp. Brain Res.*, 77, 245-256, 1989.
KUYPERS H.G.J.M., SZWARCBART M.K., MISHKIN M. and ROSVOLD H.E., Occipitotemporal corticocortical connections in the rhesus monkey. *Exp. Neurol.*, 11, 245-262, 1965.
LABERGE D., Acquisition of automatic processing in perceptual and associative learning. *In* : P.M.A. Rabbitt and S. Dornic (Eds.), *Attention and Performance V*, New-York, Academic Press, 1975.
LALANDE A., *Vocabulaire technique et critique de la philosophie*. (rééd. 1923), Paris, P.U.F., 1903.
LAND E.H. and Mc CANN J.J., Lightness and retinex theory. *J. Opt. Soc. Amer.*, 61, 1-11, 1971.
LATTO R.M., The effects of bilateral frontal eye-field, posterior parietal or superior collicular lesions on visual search in the rhesus monkey. *Brain res.*, 146, 35-50, 1978a.
LATTO R.M., The effects of bilateral frontal eye-field lesions on the learning of a visual search task by rhesus monkeys. *Brain res.*, 147, 370-376, 1978b.
LATTO R.M. and COWEY A., Visual field defects after frontal eye-field lesions in monkeys. *Brain res.*, 30, 1-24, 1971a.

LATTO R.M. and COWEY A., Fixation changes after frontal eye-field lesions in monkeys. *Brain res.*, 30, 25-36, 1971b.
LECAS J.C, REQUIN J., ANGER C. and VITTON N., Changes in neuronal activity of the monkey precentral cortex during preparation for movement. *J. Neurophysiol.*, 56, 1680-1702, 1986.
LEIBNITZ G.W., *Nouveaux essais sur l'entendement humain* (trad. fr.). 1703 (texte original), 1765 (1re éd. allem.); Trad. fr., J. Brunschwig (Ed.), Paris, Garnier-Flammarion, 1960.
LEIBNITZ G.W., *Principes de la philosophie.* Monadologie (trad. fr.). 1714 (texte original), 1721, 1re éd. (Acta Eruditorum); Trad. fr. : *Principes de la nature et de la grâce, fondés en raison.* Monadologie (Principes de la philosophie), A. Robinet (Ed.), Paris, P.U.F., 1954.
LEICHNETZ G.R., An anterogradely-labeled prefrontal cortico-oculomotor pathway in the monkey demonstrated with HRP gel and TMB neurohistochemistry. *Brain Res.*, 198, 440-445, 1980a.
LEICHNETZ G.R., An intrahemispheric columnar projection between two cortical multisensory convergence areas (inferior parietal lobule and prefrontal cortex) : an anterograde study in macaque using hrp gel. *Neurosci. Lett.*, 18, 119-124, 1980b.
LEICHNETZ G.R., SPENCER R.F., HARDY S.G.P. and ASTRUC J., The prefrontal corticotectal projection in the monkey; An anterograde and retrograde horseradish peroxidase study. *Neuroscience*, 6, 1023-1041, 1981.
LEINONEN L., HYVARINEN J., NYMAN G. and LINNANKOSKI I., I. Functional properties of neurons in lateral part of associative area 7 in awake monkeys. *Exp. Brain res.*, 34, 299-320, 1979.
LEINONEN L. and NYMAN G., II. Functional properties of cells in anterolateral part of area 7 associative face area of awake monkey. *Exp. Brain res.*, 34, 321-333, 1979.
LEMON R., The output map of the primate motor cortex. *Trends Neurosci.*, 11, 501-506, 1988.
LEVAY S., HUBEL D.H. and WIESEL T.N., The pattern of ocular dominance columns in macaque visual cortex revealed by a reduced silver stain. *J. Comp. Neurol.*, 159, 559-576, 1975.
LEVY-SCHOEN A. et O'REGAN J.K., Le regard et la lecture. *La Recherche*, 20 (n° 211), 744-753, 1989.
LEWIN K., Das Problem der Willensmessung und der Assoziation. *I. Psychol. Forsch.*, 1, 191-302, 1922a.
LEWIN K., Das Problem der Willensmessung und der Assoziation. *II. Psychol. Forsch.*, 2, 65-140, 1922b.
LIVINGSTONE M.S. and HUBEL D.H., Anatomy and physiology of a color system in the primate visual cortex. *J. Neurosci.*, 4, 309-356, 1984.
LIVINGSTONE M.S. and HUBEL D.H., Connections between layer 4B of area 17 and the thick cytochrome oxidase stripes of area 18 in the squirrel monkey. *J. Neurosci.*, 7, 3371-3377, 1987a.
LIVINGSTONE M.S. and HUBEL D.H., Psychophysical evidence for separate channels for the perception of form, color, movement, and depth. *J. Neurosci.*, 7, 3416-3468, 1987b.
LOCKE J., *An essay concerning human understanding.* A.C. Fraser (Ed.), Dover Publications, 1959, New-York, (originally published, 1690).
LU C. and FENDER D.H., The interaction of color and luminance in stereoscopic vision. *Invest. Ophtalmol.*, 11, 482-490, 1972.
LURIA A.R., *The human brain and psychological processes.* New-York, Harper and Row, 1966.
LURIA A.R., *The working brain. An introduction to neuropsychology.* (B. Haigh transl.), New-York, Basic Books, 1973.
LURIA A.R., *Higher cortical functions in Man.* (2nd ed.), (B. Haigh transl.), Basic Books, New-York, 1980.
LURIA A.R., KARPOV B.A. and YARBUS A.L., Disturbances of active visual perception with lesions of the frontal lobes. *Cortex*, 2, 202-212, 1966.
LYNCH J.C., The functional organization of posterior parietal association cortex. *Behav. Brain Sci.*, 3, 485-534, 1980.

LYNCH J.C. and MCLAREN J.W., Deficits of visual attention and saccadic eye movements after lesions of parietooccipital cortex in monkeys. *J. Neurophysiol.*, 61, 74-90, 1989.
LYNCH J.C., MOUNTCASTLE V.B., TALBOT W.H. and YIN T.C.T., Parietal lobe mechanisms for directed visual attention. *J. Neurophysiol.*, 40, 362-389, 1977.
MACKINTOSH N.J., A theory of attention : variations in the associability of stimuli with reinforcement. *Psychol. Rev.*, 82, 276-298, 1975.
MACPHERSON J.M., MARANGOZ C., MILES T.S. and WIESENDANGER M., Microstimulation of the supplementary motor area (SMA) in the awake monkey. *Exp. Brain Res.*, 45, 410-416, 1982.
MAFFEI L., Spatial frequency channels : Neuronal mechanisms. *In* : Held R., Leibowitz H.W. and Teuber H.L. (Eds.), *Handbook of sensory physiology*, vol.8, Springer, Berlin, 1978.
MAFFEI L., Encoding and processing of visual information in cortical neurones. *Exp. Brain Res.* Suppl. 11, 97-116, 1985.
MAGER A., (cité par Woodworth, 1938/ 1945). *Stud. Psychol. Physiol.* (münchener), 1, 497-657, 1920.
MALMO R.B., Interference factors in delayed response in monkeys after removal of frontal lobes. *J. Neurophysiol.*, 5, 295-308, 1942.
MALMO R.B. and BELANGER D., Related physiological and behavioral changes : what are their determinants?. *In* : Association for Research in Nervous and Mental Disease (Ed.), *Sleep and altered states of consciousness*, 288-313, Baltimore, Williams and Wilkins, 1967.
MARR D., A theory of cerebellar cortex. *J. Physiol.* (London), 202, 437-470, 1969.
MARR D., *Vision. A computational investigation into the human representation and processing of visual information*. Freeman and Co, San Francisco, 1982.
MARR D. and POGGIO T., Cooperative computation of stereo disparity. *Science*, 194, 283-287, 1976.
MARR D. and POGGIO T., A computational theory of human stereo vision. *Proc. R. Soc.* (London), B204, 301-328, 1979.
MARTINO A.M. and STRICK P.L., Corticospinal projections originate from the arcuate premotor area. *Brain Res.*, 404, 307-312, 1987.
MARZI C.A. and LATTO R.M., Visual pattern and form perception in the rhesus monkey following ablation of the superior colliculus. *Brain res.*, 127, 355-387, 1977.
MASSARO D.W., *Experimental psychology and information processing*. Chicago, Rand McNally College Publishing Company, 1975.
MASSION J. and SMITH A.M., Ventrolateral thalamic neurons related to posture during a modified placing reaction. *Brain Res.*, 71, 353-359, 1974.
MAUNSELL J.H.R. and NEWSOME W.T., Visual processing in monkey extrastriate cortex. *Ann. Rev. Neurosci.*, 10, 363-401, 1987.
MAUNSELL J.H.R. and VAN ESSEN D.C., Functional properties of neurons in middle temporal visual area of the macaque monkey. I. Selectivity for stimulus direction, speed and orientation. *J. Neurophysiol.*, 49, 1127-1147, 1983a.
MAUNSELL J.H.R. and VAN ESSEN D.C., Functional properties of neurons in middle temporal visual area of the macaque monkey. II. Binocular interactions and sensitivity to binocular disparity. *J. Neurophysiol.*, 49, 1148-1167, 1983b.
MAUNSELL J.H.R. and VAN ESSEN D.C., The connections of the middle temporal visual area (MT) and their relationship to a cortical hierarchy in the macaque monkey. *J. Neurosci.*, 3, 2563-2586, 1983c.
MAYFRANK L., MOBASHERY M., KIMMIG H. and FISCHER B., The role of fixation and visual attention on the occurrence of express saccades in man. *Eur. J. Psychiatr. neurol. sci.*, 235, 269-275, 1986.
MAYLOR E.A., Facilitatory and inhibitory components of orienting in visual space. *In* : Posner M.I. and Marin O.S.M. (Eds.), *Attention and performance XI*, 189-204, Hillsdale NJ, Lawrence Erlbaum, 1985.
MAYLOR E.A. and HOCKEY R., Inhibitory component of externally-controlled covert orienting in visual space. *J. Exp. Psychol.* (Human Percept. Perform.), 11, 777-787, 1985.

MAYLOR E.A. and HOCKEY R., Effects of repetition on the facilitatory and inhibitory components of orienting in visual space. *Neuropsychol.*, 25, 41-54, 1987.
MAYS L.E. and SPARKS D.L., Dissociation of visual and saccade-related responses in superior colliculus neurons. *J. Neurophysiol.*, 43, 207-232, 1980.
MEGAW E.D., Direction and extent uncertainty in step-input tracking. *J. Motor Behav.*, 2, 171-186, 1972.
MEGAW E.D., Possible modification to a rapid on-going programmed manual response. *Brain Res.*, 71, 425-441, 1974.
MERTENS J.J., Influence of knowledge of target location upon the probability of observations of peripherally observable test flashes. *J. Opt. Soc. Amer.*, 46, 1069-1070, 1956.
MESULAM M.M.A., A cortical network for directed attention and unilateral neglect. *Annals Neurol.*, 10, 309-325, 1981.
MIKAMI A., ITO S. and KUBOTA K., Visual reponse properties of dorsolateral prefrontal neurons during visual fixation task. *J. Neurophysiol.*, 47, 593-605, 1982a.
MIKAMI A., ITO S. and KUBOTA K., Modifications of neuron activities of the dorsolateral prefrontal cortex during extrafoveal attention. *Behav. Brain res.*, 5, 219-223, 1982b.
MILES F.A. and EVARTS E.V., Concepts of motor organization. *Ann. Rev. Psychol.*, 30, 327-362, 1979.
MILL J., *Analysis of the phenomena of the human mind*. New-York, Kelley, 1829.
MILL J.S., *A system of logic*. London, Longman, 1843.
MILL J.S., *A system of logic I-II*. London, Parker, Son and Bourn, 1862 (originally published : 1843).
MILL J.S., An examination of Sir William Hamilton's philosophy and of the principal philosophical questions discussed in his writings. *In* : Robson J.M. (Ed.), *Collected Works of JS Mill*, Toronto University Press, Toronto, 1979, (originally published : 1865, Longman, Green, Longman, Roberts & Green, London).
MILLER G.A., GALLANTER E. and PRIBRAM K.H., *Plans and the structure of behavior*. Holt Rinehart and Wilson, New-York, 1960.
MILLER J., Discrete and continuous models of human information processing : theoretical distinctions and empirical results. *Acta Psychol.*, 67, 191-257, 1988.
MILNER B. and PETRIDES M., Behavioural effects of frontal-lobe lesions in man. *Trends Neurosci.*, 7 (11), 403-407, 1984.
MISHKIN M., Effects of small frontal lesions on delayed alternation in monkeys. *J. Neurophysiol.*, 20, 615-622, 1957.
MISHKIN M., UNGERLEIDER L.G. and MACKO K.A., Object vision and spatial vision : Two cortical pathways. *Trends Neurosci.*, 6, 414-417, 1983.
MOHLER C.W., GOLDBERG M.E. and WURTZ R.H., Visual receptive fields of frontal eye field neurons. *Brain res.*, 61, 385-389, 1973.
MOHLER C.W. and WURTZ R.H., Organization of monkey superior colliculus : intermediate layer cells discharge before eye movements. *J. Neurophysiol.*, 39, 722-744, 1976.
MORAN J. and DESIMONE R., Selective attention gates visual processing in the extrastriate cortex. *Science*, 229, 782-784, 1985.
MORAY N., *Attention. Selective processes in vision and hearing*. London, Hutchinson Educational Ltd, 1969.
MORGAN C.L., *Animal behaviour*. London, Arnold, 1900.
MOTTER B.C. and MOUNTCASTLE V.B., The functional properties of the light-sensitive neurons of the posterior parietal cortex studied in waking monkeys : foveal sparing and opponent vector organization. *J. Neurosci.*, 1, 3-26, 1981.
MOTTER B.C., STEINMETZ M.A, DUFFY C.J. and MOUNTCASTLE V.B., Functional properties of parietal visual neurons : Mechanisms of directionality along a single axis. *J. Neurosci.*, 7, 154-176, 1987.
MOUNTCASTLE V.B., Brain mechanisms for directed attention. *J. royal Soc. Med.*, 71, 14-28, 1978.
MOUNTCASTLE V.B., ANDERSEN R.A. and MOTTER B.C., The influence of attentive fixation upon the excitability of the light sensitive neurons of the posterior parietal cortex. *J. Neurosci.*, 1, 1218-1235, 1981.

MOUNTCASTLE V.B., LYNCH J.C., GEORGOPOULOS A., SAKATA H. and ACUNA C., Posterior parietal association cortex of the monkey : command functions for operations within extrapersonal space. *J. Neurophysiol.*, 38, 871-908, 1975.
MOUNTCASTLE V.B., MOTTER B.C., STEINMETZ M.A. and SESTOKAS A.K., Common and differential effects of attentive fixation on the excitability of parietal and prestriate (V4) cortical visual neurons in the macaque monkey. *J. Neurosci.*, 7, 2239-2255, 1987.
MOVSHON J.A., ADELSON E.H., GIZZI M.S. and NEWSOME W.T., The analysis of moving visual patterns. *Exp. Brain Res.*, Suppl. 11, 117-151, 1985.
MOWRER O.H., Preparatory set (expectancy) - further evidence of its 'central' locus. *J. Exp. Psychol.*, 28, 116-133, 1941.
MOWRER O.H., RAYMAN N.N. and BLISS E.L., Preparatory set (expectancy) - an experimental demonstration of its 'central' locus. *J. Exp. Psychol.*, 26, 357-372, 1940.
MUAKKASSA K.F. and STRICK P.L., Frontal lobe inputs to primate motor cortex. Evidence for four somatotopically organized 'premotor' areas. *Brain res.*, 177, 176-182, 1979.
MULLER G.E. and SCHUMANN F., Uber die psychologischen Grundlagen der Vergleichung gehobener Gewichte. *Arch. ges. Physiol.*, 45, 37-112 (sp. 42-63), 1889.
MULLER H.J. and FINDLAY J.M., Sensitivity and criterion effects in the spatial cueing of visual attention. *Percept. Psychophys.*, 42, 383-399, 1987.
NAATANEN R. and MERISALO A., Expectancy and preparation in simple reaction time. *In* : Dornic S. (Ed.), *Attention and performance VI*, 115-138, Hillsdale, NJ, Lawrence Erlbaum Associates, 1977.
NAVON D. and GOPHER D., On the economy of the human processing system. *Psychol. Rev.*, 86, 214-255, 1979.
NAVON D. and GOPHER D., Interpretations of task difficulty. *In* : Nickerson R. (Ed.), *Attention and Performance VIII*, Hillsdale (NJ), Erlbaum, 1980.
NEAFSEY E.J., HULL C.D. and BUCHWALD N.A., Preparation for movement in the cat. II. Unit activity in the basal ganglia and thalamus. *Electroenceph. Clin. Neurophysiol.*, 44, 714-723, 1978.
NEAL J.W., PEARSON R.C.A. and POWELL T.P.S.; The cortico-cortical connections of area 7b, PF, in the parietal lobe of the monkey. *Brain Res.*, 419, 341-346, 1987.
NEAL J.W., PEARSON R.C.A. and POWELL T.P.S., The cortico-cortical connections within the parieto-temporal lobe of area PG, 7a, in the monkey. *Brain Res.*, 438, 343-350, 1988a.
NEAL J.W., PEARSON R.C.A. and POWELL T.P.S., The organization of the cortico-cortical connections between the walls of the lower part of the superior temporal sulcus and the inferior parietal lobule in the monkey. *Brain Res.*, 438, 351-356, 1988b.
NEISSER U., Decision time without reaction time : Experiments in visual scanning. *Amer. J. Psychol.*, 76, 376-385, 1963.
NEISSER U., *Cognitive psychology*. New-York, Appleton-Century-Crofts, 1967.
NEWHALL S.M., The modification of the intensity of sensation by attention. *J. Exp. Psychol.*, 4, 227-243, 1921.
NEWHALL S.M., Effects of attention on the intensity of cutaneous pressure and on visual brightness. *Arch. Psychol.* (New-York), n° 61, 9, 1-75, 1923.
NEWSOME W.T., BRITTEN K.H. and MOVSHON J.A., Neuronal correlates of a perceptual decision. *Nature*, 341, 52-54, 1989.
NEWSOME W.T. and PARE E.B., A selective impairment of motion perception following lesions of the middle temporal visual area (MT). *J. Neurosci.*, 8, 2201-2211, 1988.
NEWSOME W.T. and WURTZ R.H., Probing visual cortical function with discrete chemical lesions. *Trends Neurosci.*, 11, 394-399, 1988.
NIKI H., Prefrontal unit activity during delayed alternation in the monkey. I. Relation to direction of response. *Brain res.*, 68, 185-196, 1974a.
NIKI H., Prefrontal unit activity during delayed-alternation in the monkey. II. Relation to absolute versus relative direction of response. *Brain res.*, 68, 197-204, 1974b.
NIKI H., Differential activity of prefrontal units during right and left delayed response trials. *Brain res.*, 70, 346-349, 1974c.
NIKI H., SAKAI M. and KUBOTA K., Delayed alternation performance and unit activity of the caudate head and medial orbitofrontal gyrus in the monkey. *Brain res.*, 38, 343-353, 1972.

NIKI H. and WATANABE M., Prefrontal unit activity and delayed responses : relation to cue location versus direction of reponse. *Brain res.*, 105, 79-88, 1976.
NORMAN D.A., Toward a theory of memory and attention. *Psychol. Rev.*, 75, 522-536, 1968.
NORMAN D.A., *Memory and attention.* New-York, J. Wiley and Sons, 1969.
NORMAN D.A. and BOBROW D.G., On data-limited and resource-limited processes. *Cognitive Psychol.*, 7, 44-64, 1975.
O'REGAN K., Eye guidance in reading : Evidence for the linguistic control hypothesis. *Percept. Psychophys.*, 25, 501-509, 1979.
PACHELLA R.G., The interpretation of reaction time in information-processing research. *In* : Kantowitz B. (Ed.), *Human information processing : tutorials in performance and cognition*, 41-82, Hillsdale NJ, Erlbaum, 1974.
PANDYA D.N. and BARNES C.L., Architecture and connections of the frontal lobe. *In* : Perecman E. (Ed.), *The frontal lobes revisited*, 41-72, New-York, The IRBN Press, 1987.
PANDYA D.N. and KUYPERS H.G.J.M., Cortico-cortical connections in the rhesus monkey. *Brain res.*, 13, 13-16, 1969.
PANDYA D.N. and YETERIAN E.H., Architecture and connections of cortical association areas. *In* : Peters A. and Jones E.G. (Eds.), *Cerebral cortex*, 4, 3-61, New-York, Plenum Press, 1985.
PARASURAMAN R., Sustained attention in detection and discrimination. *In* : Parasuraman R. and Davies D.R. (Eds.), *Varieties of Attention*, 243-271, New-York, Academic Press, London, 1984.
PARASURAMAN R. and DAVIES D.R. (EDS.), *Varieties of attention.* Orlando, Academic Press, 1984.
PARINAUD H., Paralysie des mouvements associés des yeux. *Arch. Neurol.* (Paris), 5, 145-172, 1883.
PASCHAL F.C., The trend in theories of attention. *Psychol. Rev.*, 48, 383-403, 1941.
PAULI R.S., (cité par Woodworth, 1938/ 1945). *Zeitschr. f. Biol.*, 81, 93-112, 1924.
PAVLOV I.P., *Conditioned reflexes.* (engl. Transl. G.v. Anrep), London, Oxford University Press, 1927.
PERENIN M.T. and JEANNEROD M., Residual vision in cortically blind hemifields. *Neuropsychologia*, 13, 1-17, 1975.
PERRETT D.I., ROLLS E.T. and CAAN W., Visual neurones responsive to faces in the monkey temporal cortex. *Exp. Brain Res.*, 47, 329-342, 1982.
PETERSEN S.E., ROBINSON D.L. and KEYS W., Pulvinar nuclei of the behaving rhesus monkey : Visual responses and their modulation. *J. Neurophysiol.*, 54, 867-886, 1985.
PETRIDES M., Motor conditional associative learning after selective prefrontal lesions in the monkey. *Behav. Brain res.*, 5, 407-413, 1982.
PETRIDES M., Conditional learning and the primate frontal cortex. *In* : Perecman E. (Ed.), *The frontal lobes revisited*, 91-108, New-York, The IRBN Press, 1987.
PHILLIPS C.G., ZEKI S. and BARLOW H.B., Localization of function in the cerebral cortex. Past, present and future. *Brain*, 107, 327-361, 1984.
PIERON H., *Le cerveau et la pensée.* Paris, F. Alcan, 1923.
PIERON H., L'attention. *In* : Dumas G. (Ed.), *Nouveau Traité de Psychologie*, Paris, P.U.F., 1934.
PIETERS J.P.M., Sternberg's additive factor method and underlying psychological processes : some theoretical considerations. *Psychol. Bull.*, 93, 411-426, 1983.
PIGAREV I.N, RIZZOLATTI G. and SCANDOLARA C., Neurons responding to visual stimuli in the frontal lobe of macaque monkeys. *Neurosci. Lett.*, 12, 207-212, 1979.
PILLSBURY W.B., *L'attention.* Paris, Octave Doin, 1906.
POGGIO G.F. and POGGIO T., The analysis of stereopsis. *Ann. Rev. Neurosci.*, 7, 379-412, 1984.
POHL W., Dissociation of spatial discrimination deficits following frontal and parietal lesions in monkeys. *J. Comp. Physiol. Psychol.*, 82, 227-229, 1973.
POLIT A. and BIZZI E., Characteristics of motor programs underlying arm movements in monkeys. *J. Neurophysiol.*, 42, 183-194, 1979.

POSNER M.I., *Chronometric exploration of mind.* (2d Ed., 1986), New York, Oxford University Press, 1978.
POSNER M.I., Orienting of attention. *Quart. J. Exp. Psychol.*, 32, 3-25, 1980.
POSNER M.I. and BOIES S.J., Components of attention. *Psychol. Rev.*, 78, 391-408, 1971.
POSNER M.I., CHOATE L., RAFAL R.D. and VAUGHAN J., Inhibition of return : Neural mechanisms and function. *Cognitive Neuropsychol.*, 2, 211-228, 1985.
POSNER M.I. and COHEN Y., Components of visual orienting. In : Bouma H. and Bouwhuis D.G. (Eds.), *Attention and Performance X*, 531-556, Hillsdale (NJ), Lawrence Erlbaum Ass., 1984.
POSNER M.I., COHEN Y., CHOATE L.S., HOCKEY R. and MAYLOR E., Sustained concentration : Passive filtering or active orienting?. *In* : Kornblum S. and Requin J. (Eds.), Preparatory States and Processes, 49-65, Hillsdale (NJ), Lawrence Erlbaum Ass., 1984.
POSNER M.I., INHOFF A.W., FRIEDRICH F.J. and COHEN A., Isolating attentional systems : A cognitive-anatomical analysis. *Psychobiology*, 15, 107-121, 1987.
POSNER M.I., NISSEN M.J. and OGDEN W.C., Attended and unattended processing modes : The role of set for spatial location. *In* : Pick H.L. and Saltzman E. (Eds.), *Modes of perceiving and processing of information*, 137-157, Hillsdale (NJ), Lawrence Erlbaum Associates, 1978.
POSNER M.I., NISSEN M.J. and SNYDER C.R., *Relationships between attention shifts and saccadic eye movements.* Paper presented at the Psychonomic Society, San Antonio Texas, 1978.
POSNER M.I. and SNYDER C.R.R. ; Facilitation and inhibition in the processing of signals. *In* : Rabbitt P.M.A. and Dornic S. (Eds.), *Attention and Performance V*, 669-682, London, Academic Press, 1975.
POSNER M.I., SNYDER C.R. and DAVIDSON B., Attention and the detection of signals. *J. Exp. Psychol. (General)*, 109, 160-174, 1980.
POSNER M.I., WALKER J.A., FRIEDRICH F.A. and RAFAL R.D., How do the parietal lobes direct covert attention. *Neuropsychol.*, 25, 135-145, 1987.
POSSAMAI C.A., Composante spatiale de l'attention : Résultats et théories. *Rev. canad. Psychol.*, 40, 388-413, 1986.
POWELL T.P.S. and MOUNTCASTLE V.B., The architecture of the postcentral gyrus of the monkey macaca mulatta. *Bull. John Hopkins Hosp.*, 105, 108-132, 1959.
POWERS W.T., *Behavior : The control of perception.* Chicago, Aldine, 1973.
PRIBRAM K.H., Some physical and pharmacological factors affecting delayed response performance of baboons following frontal lobotomy. *J. Neurophysiol.*, 13, 373-382, 1950.
PRIBRAM K.H., *Languages of the brain : Experimental paradoxes and principles in neuropsychology.* Englewood Cliffs, NJ, Prentice Hall, 1971.
PRIBRAM K.H., The subdivisions of the frontal cortex revisited. *In* : Perecman E. (Ed.), *The frontal lobes revisited*, 11-39, New York, The IRBN Press, 1987.
QUINTANA J., YAJEYA J. and FUSTER J.M., Prefrontal representation of stimulus attributes during delay tasks. I. Unit activity in cross-temporal integration of sensory and sensory-motor information. *Brain Res.*, 474, 211-221, 1988.
RABBITT P., The control of attention in visual search. *In* : Parasuraman R. and Davies D.R. (Eds.), *Varieties of attention*, 273-291, New York, London, Academic Press, 1984.
RAYNER K. (ED.)., *Eye movements in reading : Perceptual and language processes.* New-York, Academic Press, 1983.
RAYNER K., Visual selection in reading, picture perception and visual search - A tutorial review. *In* : Bouma H. and Bouwhuis D.G. (Eds.), *Attention and Preformance X*, Control of language processes, 67-96, Hillsdale (NJ), Erlbaum, 1984.
REID T., Essays on the intellectual power of man, *In* : Works. 1846, (W. Hamilton Ed.), Edinburgh; (Original work : 1764), Fr. transl. : *Oeuvres de Thomas Reid*, Paris, de Jouffroy, 1828-1835.
REMINGTON R.W., Attention and saccadic eye movements. *J. Exp. Psychol.*, (Human Percep. Perf.), 6, 726-744, 1980.
REMINGTON R. and PIERCE L., Moving attention : evidence for time-invariant shifts of visual selective attention. *Percept. Psychophys.*, 35, 393-399, 1984.

REQUIN J., Toward a psychobiology of preparation for action. *In* : Stelmach G.E. and Requin J. (Eds.), *Tutorials in Motor Behavior*, 373-398, Amsterdam, North-Holland Publishing Company, 1980.
REQUIN J., Looking forward to moving soon : Ante factum selective processes in motor control. *In* : Posner M.I. and Marin O.S.M. (Eds.), *Attention and Performance XI*, 147-167, Hillsdale (NJ), Lawrence Erlbaum, 1985.
REQUIN J., LECAS J.C. and BONNET M., Some experimental evidence for a three-step model of motor preparation. *In* : Kornblum S. and Requin J. (Eds.), *Preparatory states and processes*, 259-284, Hillsdale (NJ), Lawrence Erlbaum, 1984.
RIBOT T., *Psychologie de l'attention.* (3^e Ed.), Paris, F. Alcan, 1896.
RIDDOCH G., Dissociation of visual perceptions due to occipital injuries, with especial reference to appreciation of movement. *Brain*, 40, 15-57, 1917.
RIEHLE A. and REQUIN J., Monkey primary motor and premotor cortex : Single-cell activity related to prior information about direction and extent of an intended movement. *J. Neurophysiol.*, 61, 534-549, 1989.
RIZZOLATTI G., CAMARDA R., FOGASSI L., GENTILUCCI M., LUPPINO S. and MATELLI M., Functional organization of inferior area 6 in the macaque monkey. *Exp. Brain Res.*, 71, 491-507, 1988.
RIZZOLATTI G., RIGGIO L., DASCOLA I. and UMILTA C., Reorienting attention across the horizontal and vertical meridians : evidence in favor of a premotor theory of attention. *Neuropsychol.*, 25, 31-40, 1987.
ROBINSON D.A., Eye movements evoked by collicular stimulation in the alert monkey. *Vision Res.*, 12, 1795-1808, 1972.
ROBINSON D.A., Oculomotor control signals. *In* : Lennerstrand G. and Bach-y-Rita P. (Eds.), *Mechanisms of ocular motility and their clinical implications*, Oxford, Pergamon Press, 1975.
ROBINSON D.A., The use of control systems analysis in the neurophysiology of eye movement. *Ann. Rev. Neurosci.*, 4, 463-503, 1981.
ROBINSON D.L., BAIZER J.S. and Dow B.M., Behavioral enhancement of visual responses of prestriate neurons in the rhesus monkey. *Invest. Ophtalmol.*, Vis. Sci., 19, 1120-1123, 1980.
ROBINSON D.A. and FUCHS A.F., Eye movements evoked by stimulation of frontal eye fields. *J. Neurophysiol.*, 32, 637-648, 1969.
ROBINSON D.L., GOLDBERG M.E. and STANTON G.B., Parietal association cortex in the primate : sensory mechanisms and behavioral modulations. *J. Neurophysiol.*, 41, 910-932, 1978.
ROCKLAND K.S. and PANDYA D.N., Laminar origins and terminations of cortical connections of the occipital lobe in the rhesus monkey. *Brain res.*, 179, 3-20, 1979.
ROLLS E.T., PERRETT D., THORPE S.J., PUERTO A., ROPER-HALL A. and MADDISON S. Responses of neurons in area 7 of the parietal cortex to objects of different significance. *Brain res.*, 169, 194-198, 1979.
ROSENBAUM D.A., Human movement initiation : specification of arm, direction, and extent. *J. Exp. Psychol. (General)*, 109, 444-474, 1980.
ROSENBLATT F., *Principles of neurodynamics.* New-York, Spartan, 1962.
RUBIN E, Bericht über experimentelle Untersuchungen der Abstraktion. *Zeitschr. f. Psychol.*, 63, 385-397, 1913.
RUBIN E., *Synsoplevede Figurer.* Copenhagen, Gyldendalske, 1915.
RUBIN E., *Visuell wahrgenomene Figuren.* Copenhagen, Gyldendalske, (originally published 1915), 1921.
SAKAI M., Prefrontal unit activity during visually guided lever pressing reaction in the monkey. *Brain Res.*, 81, 297-309, 1974.
SAKATA H., SHIBUTANI H. and KAWANO K., Spatial properties of visual fixation neurons in posterior parietal association cortex of the monkey. *J. Neurophysiol.*, 43, 1654-1672, 1980.
SAKATA H., SHIBUTANI H. and KAWANO K., Functional properties of visual tracking neurons in posterior parietal association cortex of the monkey. *J. Neurophysiol.*, 49, 1364-1380, 1983.

SAKATA H., SHIBUTANI H., KAWANO K. and HARRINGTON T.L., Neural mechanism of space vision in the parietal association cortex of the monkey. *Vision Res.*, 25, 471-481, 1985.
SAKATA H., TAKAOKA Y., KAWARASAKI A. and SHIBUTANI H., Somatosensory properties of neurons in the superior parietal cortex (area 5) of the rhesus monkey. *Brain res.*, 64, 85-102, 1973.
SANDERS A.F., Stage analysis of reaction process. *In* : Stelmach G.E. and Requin J. (Eds.), *Tutorials in Motor Behavior*, 331-354, Amsterdam, North-Holland, 1980.
SANDREW B., STAMM J.S. and ROSEN S., Steady potential shifts and facilitated learning of delayed response in monkeys. *Exp. Neurol.*, 55, 43-55, 1977.
SASLOW M.G., Effects of components of displacement-step stimuli upon latency of saccadic eye movement. *J. Opt. Soc. Amer.*, 57, 1024-1029, 1967.
SCHECTER P.F. and MURPHY E.M., Response characteristics of single cells in squirrel monkey frontal cortex. *Brain res.*, 96, 66-70, 1975.
SCHILLER P.H., The effect of superior colliculus ablation on saccades elicited by cortical stimulation. *Brain res.*, 122, 154-156, 1977.
SCHILLER P.H. and KOERNER F., Discharge characteristics of single units in superior colliculus of the alert rhesus monkey. *J. Neurophysiol.*, 34, 920-936, 1971.
SCHILLER P.H. and SANDELL J.H., Interactions between visually and electrically elicited saccades before and after superior colliculus and frontal eye field ablations in the Rhesus monkey. *Exp. Brain res.*, 49, 381-392, 1983.
SCHILLER P.H. and STRYKER M., Single-unit recording and stimulation in superior colliculus of the alert rhesus monkey. *J. Neurophysiol.*, 35, 915-924, 1972.
SCHILLER P.H., TRUE S.D. and CONWAY J.L., Effects of frontal eye-field and superior colliculus ablations on eye movements. *Science*, 206, 590-592, 1979.
SCHILLER P.H., TRUE S.D. and CONWAY J.L., Deficits in eye movements following frontal eye-field and superior colliculus ablations. *J. Neurophysiol.*, 44, 1175-1189, 1980.
SCHNEIDER G.E., Two visual systems : brain mechanisms for localization and discrimination are dissociated by tectal and cortical lesions. *Science*, 163, 895-902, 1969.
SCHNEIDER W., DUMAIS S.T. and SHIFFRIN R.M., Automatic and control processing and attention. *In* : Parasuraman R. and Davies D.R. (Eds.), *Varieties of Attention*, 1-27, Orlando, Acad. Press, 1984.
SCHNEIDER W. and SHIFFRIN R.M., Controlled and automatic human information processing. I Detection, search, and attention. *Psychol. Rev.*, 84, 1-66, 1977.
SEAL J., GROSS C. and BIOULAC B., Activity of neurons in area 5 during a simple arm movement in monkeys before and after deafferentation of the trained limb. *Brain res.*, 250, 229-243, 1982.
SELEMON L.D. and GOLDMAN RAKIC P.S., Common cortical and subcortical target areas of the dorsolateral prefrontal and posterior parietal cortices in the Rhesus monkey. *Soc. Neurosci. Abstr.*, 11, 323, 1985.
SEMJEN A., Rapid hand movement in step-tracking : Reprogramming of direction and extent. *In* : Kornblum S. and Requin J. (Eds.), *Preparatory states and Processes*, 95-118, Hillsdale, NJ, Lawrence Erlbaum, 1984.
SHALLICE T., On the dual functions of consciousness. *Psychol. Rev.*, 79, 383-390, 1972.
SHAW M.L., Attending to multiple sources of information. I. The integration of information in decision-making. *Cognitive Psychol.*, 14, 353-409, 1982.
SHAW M.L., Division of attention among spatial locations : A fundamental difference between detection of letters and detection of luminance increments. *In* : H. Bouma and D.G. Bouwhuis (Eds.), *Attention and performance X*, 109-121, Hillsdale NJ, Erlbaum, 1984.
SHAW M.L.A. and SHAW P., Optimal allocation of cognitive ressources to spatial locations. *J. Exp. Psychol.* (Human Percept. Perform.), 3, 201-211, 1977.
SHIBUTANI H., SAKATA H. and HYVARINEN J., Saccade and blinking evoked by microstimulation of the posterior parietal association cortex in the monkey. *Exp. Brain Res.*, 55, 1-8, 1984.
SHIFFRIN R.M. and SCHNEIDER W., Controlled and automatic human information processing. II Perceptual learning, automatic attending, and a general theory. *Psychol. Rev.*, 84, 127-190, 1977.

SHIPP S. and ZEKI S., Segregation of pathways leading from area V2 to areas V4 and V5 of macaque monkey visual cortex. *Nature*, 315, 322-325, 1985.
SHULMAN G.L., REMINGTON R.W. and Mc LEAN J.P., Moving attention through visual space. *J. Exp. Psychol.*, (Human percep. perf.), 5, 522-526, 1979.
SIEGEL J.M., Behavioral functions of the reticular formation. *Brain res. Rev.*, 1, 69-105, 1979.
SIEGEL R.M. and ANDERSEN R.A., Motion perceptual deficits following ibotenic acid lesions of the middle temporal area (MT) in the behaving rhesus monkey. *Soc. Neurosci. Abstr.*, 12, 1183, 1986.
SKINNER B.F., Are theories of learning necessary?. *Psychol. Rev.*, 57, 193-216, 1950.
SMITH W.K., The frontal eye fields. *In* : Brady P.C. (Ed.), *The precentral motor cortex*, 307,342, Urbana, University of Illinois Press, 1944.
SPARKS D.L., Translation of sensory signals into commands for control of saccadic eye movements : Role of primate superior colliculus. *Physiol. Rev.*, 66, 118-171, 1986.
SPERLING G., A unified theory of attention and signal detection. *In* : Parasuraman R. and Davies D.R. (Eds), *Varieties of attention*, 104-182, New-York, London, Academic Press, 1984.
SPERLING G. and MELCHNER M.J., Visual search, visual attention, and the attention operating characteristic. *In* : J. Requin (Ed.), *Attention and performance VII*, Hillsdale, N.J., Erlbaum, 675-686, 1978.
SPITZER H., DESIMONE R. and MORAN J., Increased attention enhances both behavioral and neural performance. *Science*, 240, 338-340, 1988.
SPRAGUE J.M., Mammalian tectum : intrinsic organization, afferent inputs and integrative mechanisms. Anatomical substrate. *Neurosci. Res. Progr.* (sensorimotor function of the midbrain tectum), 13, 204-213, 1975.
STAMM J.S., Dorsolateral frontal ablations and response processes in monkeys. *J. Comp. Physiol. Psychol.*, 70, 437-447, 1970.
STAMM J.S., The riddle of the monkey's delayed-response deficit has been solved. *In* : E. Perecman (Ed.), *The frontal lobes revisited*, 73-89, New York, The IRBN Press, 1987.
STAMM J.S. and GILLESPIE O., Task acquisition with feedback of steady potential shifts from monkey's prefrontal cortex. *In* : H.H. Kornhuber and L. Deecke (Eds.), *Motivation, motor and sensory processes of the brain : Electrical potentials, behavior and clinical use*, Amsterdam, Elsevier, 1980.
STAMM J.S. and ROSEN S.C., Electrical stimulation and steady potential shifts in prefrontal cortex during delayed response performance by monkeys. *Acta Biol. Exp.* (Wars.), 29, 385-399, 1969.
STAMM J.S. and ROSEN S.C., Cortical steady potential shifts ans anodal polarization during delayed response performance. *Acta Neurobiol. Exp. (Wars.)*, 32, 193-209, 1972.
STANOVICH K.E. and PACHELLA R.G., Encoding, stimulus-response compatibility, and stages processing. *J. Exp. Psychol.* (Human Percept. Perform.), 3, 411-421, 1977.
STEIN B.E., Development of the superior colliculus. *Ann. Rev. Neurosci.*, 7, 95-125, 1984.
STEIN J.F., The effect of cooling parietal lobe areas 5 and 7 upon voluntary movement in awake rhesus monkeys. *J. Physiol.* (London), 258, 62p-63p, 1976.
STEINMETZ M.A., MOTTER B.C., DUFFY C.J. and MOUNTCASTLE V.B., Functional properties of parietal visual neurons : radial organization of directionalities within the visual field. *J. Neurosci.*, 7, 177-191, 1987.
STEPIEN I. and STAMM J.S., Impairments on locomotor task involving spatial opposition between cue and reward in frontally ablated monkeys. *Acta Neurobiol. Exp. (Wars.)*, 30, 1-12, 1970a.
STEPIEN I. and STAMM J.S., Locomotor delayed response in frontally ablated monkeys. *Acta Neurobiol. Exp. (Wars.)*, 30, 13-18, 1970b.
STERNBERG S., The discovery of processing stages : Extensions of Donder's method. *In* : Koster W.G. (Ed.), *Attention and Performance II*, Acta Psychologica, 30, 276-315, 1969.
STEVENS K.N., Toward a model for speech recognition. *J. Acoust. Soc. Amer.*, 32, 47-55, 1960.
STRICK P.L. and KIM C.C., Input to primate motor cortex from posterior parietal cortex (area 5). I. Demonstration by retrograde transport. *Brain res.*, 157, 325-330, 1978.

STROOP J.R., Studies of interference in serial verbal reactions. *J. Exp. Psychol.*, 18, 643-662, 1935.
STUSS D.T. and BENSON D.F., The frontal lobes and control of cognition and memory. *In* : E. Perecman (Ed.), *The frontal lobes revisited*, 141-158, New York, The IRBN Press, 1987.
STUSS D.T., KAPLAN E.F., BENSON D.F., WEIR W.S., CHIULLI S. and SARAZIN F.F., Evidence for the involvement of orbitofrontal cortex in memory functions : An interference effect. *J. Comp. Physiol. Psychol.*, 96, 913-925, 1982.
SUZUKI H. and AZUMA M., Prefrontal neuronal activity during gazing at a light spot in the monkey. *Brain res.*, 126, 497-508, 1977.
SUZUKI H. and AZUMA M., Topographic studies on visual neurons in the dorsolateral prefrontal cortex of the monkey. *Exp. Brain Res.*, 53, 47-58, 1983.
SUZUKI H., AZUMA M. and YUMIYA H., Stimulus and behavioral factors contributing to the activation of monkey prefrontal neurons during gazing. *Jap. J. Physiol.*, 29, 471-489, 1979.
SWETS J.A., TANNER W.P. JR and BIRDSALL T.G.. Decision processes in perception. *Psychol. Rev.*, 68, 301-340, 1961.
TANJI J. and KURATA K., Contrasting neuronal activity in supplementary and precentral motor cortex of monkeys. I. Responses to instructions determining motor responses to forthcoming signals of different modalities. *J. Neurophysiol.*, 53, 129-141, 1985.
TANJI J., OKANO K. and SATO K., Neuronal activity in cortical motor areas related to ipsilateral, contralateral and bilateral digit movements of the monkey. *J. Neurophysiol.*, 60, 325-343, 1988.
TASSINARI G., AGLIOTI S., CHELAZZI L., MARZI C.A. and BERLUCCHI G., Distribution in the visual field of the costs of voluntarily allocated attention and of the inhibitory after-effects of covert orienting. *Neuropsychol.*, 25, 55-71, 1987.
TAYLOR D.A., Stage analysis of reaction time. *Psychol. Bull.*, 83, 161-191, 1976.
TEUBER H.L., Perception. *In* : Magoun H.W. (Ed.), *Handbook of Physiology*, Section 1, Neuro-physiology, 1595-1668, American Physiological Society, Washington, 1960.
TEUBER H.L., Space perception and its disturbances after brain injury in man. *Neuropsychologia*, 1, 47-57, 1963.
TEUBER H.L., Alterations of perception after brain injury. *In* : Eccles J.C. (Ed.), *Brain and conscious experience*, 182-216, Berlin, New York, Springer, 1965.
TEUBER H.L., Unity and diversity of frontal lobe functions. *Acta Neurobiol. Exp. (Wars.)*, 32, 615-656, 1972.
THACH W.T., Timing of activity in cerebellar dentate nucleus and cerebral motor cortex during prompt volitional movement. *Brain res.*, 88, 233-241, 1975.
THACH W.T., Correlation of neural discharge with pattern and force of muscular activity, joint position, and direction of intended next movement in motor cortex and cerebellum. *J. Neurophysiol.*, 41, 654-676, 1978.
THEIOS J., The components of response latency in simple human information processing tasks. *In* : Rabbitt P. and Dornic S. (Eds.), *Attention and performance V*, 418-440, London, New-York, Academic Press, 1975.
THORNDIKE E.L., Animal intelligence : An experimental study of the associative processes in animals. *Psychol. Rev. Monogr.*, 2, n° 4, 1898.
THORNDIKE E.L., *Animal intelligence. Experimental studies*. New-York, McMillan, 1911.
TIGGES J., TIGGES M., ANSCHEL S., CROSS N.A., LETBETTER W.D. and Mc BRIDE R.L., Areal and laminar distributions of neurons interconnecting the central visual cortical areas 17, 18, 19 and MT in the squirrel monkey (Saimiri). *J. Comp. Neurol.*, 202, 539-560, 1981.
TITCHENER E.B., *Lectures on the elementary psychology of feeling and attention.* New-York, MacMillan, 1908.
TITCHENER E.B., *Lectures on the elementary psychology of the thought processes.* New-York, MacMillan, 1909.
TOOTELL R.B., SILVERMAN M.S., DEVALOIS R.L. and JACOBS J.H., Functional organization of the second cortical visual area in primates. *Science*, 220, 737-739, 1983.
TREISMAN A.M., Contextual cues in selective listening. Quart. *J. Exp. Psychol.*, 12, 242-248, 1960.

TREISMAN A.M., Verbal cues, language and meaning in attention. *Amer. J. Psychol.*, 77, 206-214, 1964a.
TREISMAN A.M., The effect of irrelevant material on the efficiency of selective listening. *Amer. J. Psychol.*, 77, 533-546, 1964b.
TREISMAN A., Strategies and models of selective attention. *Psychol. Rev.*, 76, 282-299, 1969.
TREISMAN A.M. and GELADE G., A feature-integration theory of attention. *Cognitive Psychol.*, 12, 97-136, 1980.
TREISMAN A., SYKES M. and GELADE G., Selective attention and stimulus integration. *In* : S. Dornic (Ed.), *Attention and Performance VI*, 333-361, Hillsdale NJ, Lawrence Erlbaum, 1977.
TREVARTHEN C.B., Two mechanisms of vision in primates. *Psychol. Forsch.*, 31, 299-337, 1968.
TSAL Y., Movements of attention across the visual field. *J. Exp. Psychol.* (Human Percept. Perform.), 9, 523-530, 1983.
TUNKL J.E. and BERKLEY M.A., The role of superior colliculus in vision : visual form discrimination in cats with superior colliculus ablations. *J. Comp. Neurol.*, 176, 575-588, 1977.
TURVEY M.T., On peripheral and central processes in vision : inferences from an information-processing analysis of masking with patterned stimuli. *Psychol. Rev.*, 80, 1-52, 1973.
TURVEY M.T., Preliminaries to a theory of action with reference to vision. *In* : Shaw R. and Bransford J. (Eds.), *Perceiving, acting and knowing : Toward an ecological Psychology*, Hillsdale (NJ), Lawrence Erlbaum Ass., 1977.
TYLER H.R., Disorders of visual scanning with frontal lobe lesions. *In* : Locke S. (Ed.), *Modern neurology*, 381-393, London, Churchill, 1969.
UNGERLEIDER L.G., The corticocortical pathways for object recognition and spatial perception. *Exp. Brain Res.*, Suppl. 11, 21-37, 1985.
UNGERLEIDER L.G. and BRODY B.A., Extrapersonal spatial orientation : the role of posterior parietal, anterior frontal, and inferotemporal cortex. *Exp. Neurol.*, 56, 265-280, 1977.
UNGERLEIDER L.G. and DESIMONE R., Cortical connections of visual area MT in the macaque. *J. Comp. Neurol.*, 248, 190-222, 1986.
UNGERLEIDER L.G. and MISHKIN M., Two cortical visual systems. *In* : Ingle D.J., Goodale M.A. and Mansfield R.J.W. (Eds.), *Analysis of visual behavior*, 549-580, Cambridge Mass., MIT Press, 1982.
URBANTSCHITSCH V., Uber eine Eigenthümlichkeit der Schallempfindungen geringsten Intensität. *Centralblatt f. d. Med. Wissensch.*, 625-628, 1875.
VAN ESSEN D.C., Functional organization of primate visual cortex. *In* : Peters A. and Jones E.G. (Eds.), *Cerebral cortex*, New-York, Plenum, 1985.
VAN ESSEN D.C. and MAUNSELL J.H.R., Hierarchical organization anf functional streams in the visual cortex. *Trends Neurosci.*, 6, 370-375, 1983.
VAN GISBERGEN J.A.M., ROBINSON D.A. and GIELEN S., A quantitative analysis of generation of saccadic eye movements by burst neurons. *J. Neurophysiol.*, 45, 417-442, 1981.
VIEVARD A., FABRE-THORPE M. and BUSER P., Role of the extra-geniculate pathway in visual guidance. I. Effects of lesioning the superior colliculus in the cat. *Exp. Brain Res.*, 62, 587-595, 1986.
VINCE M.A. and WELFORD A.T., Time taken to change the speed of a response. *Nature*, 213, 532-533, 1967.
VOGT B.A. and PANDYA D.N., Cortico-cortical connections of somatic sensory cortex (areas 3, 1 and 2) in the rhesus monkey. *J. Comp. Neurol.*, 177, 179-191, 1978.
VOLKMANN F.C., Vision during saccadic eye movements. *J. Opt. Soc. Amer.*, 52, 571-578, 1962.
VOLKMANN F.C., SCHICK A.M.L. and RIGGS L.A.,. The time course of visual inhibition during voluntary saccades. *J. Opt. Soc. Amer.*, 58, 562-569, 1968.
von BONIN G. and BAILEY P., *The neocortex of Macaca Mulatta*. Urbana, University of Illinois Press, 163 p., 1947.

von BONIN G., GAROL H.H. and Mac CULLOCH W.S., The functional organization of the occipital lobe. «*Biol. Symp.*», 7, 165-192, 1942.

von EHRENFELS C., Uber «Gestaltqualitäten». *Vjschr. wiss. Philos.*, 14, 249-292, 1890.

von HELMHOLTZ H., (1) Rate of transmission of excitatory processes in nerves; (2) On the methods of measuring very small intervals of time, and their application to physiological purposes. *In* : *Wissenschaftliche Abhandlungen*, vol.1 1882, vol.2 1883, vol.3, Barth, Leipzig; 1895, Original papers : 1850.

von HELMHOLTZ H., Handbuch der physiologischen Optik. 1866, 1896, Leopold Voss, Leipzig; *A treatise on physiological optics* (Engl. transl. 3d ed., J.P.C. Southall), New-York, Dover, 1962.

von HOLST E. and MITTELSTAEDT H., Das reafferenzprinzip (wechselwirkungen zwischen zentralnervensystem und peripherie). *Naturwissenschaften*, 37, 464-476, 1950.

von MONAKOW C., *Gehirnpathologie*. Wien, Holden, 1897.

von WRIGHT J.M., ANDERSON K. and STENMAN U., Generalization of conditioned GSRs in dichotic listening. *In* : Rabbitt P.M.A. and Dornic S. (Eds.), *Attention and Performance V*, London, Academic Press, 1975.

WACHHOLDER K., Willkürliche Haltung und Bewegung. *Ergbn. Physiol.*, 26, 568-775, 1928.

WALRAVEN J., Discounting the background, the missing link in the explanation of chromatic induction. *Vision Res.*, 16, 289-295, 1976.

WALTER W.G., Slow potential waves in the human brain associated with expectancy, attention and decision. *Arch. Psychiat. Nervenkr.*, 206, 309-322, 1964.

WARREN J.M. and AKERT K., (Eds.) *The frontal granular cortex and behavior*. New-York, McGraw Hill, 1964.

WATANABE M., Prefrontal unit activity during delayed conditional discriminations in the monkey. *Brain res.*, 225, 51-65, 1981.

WATANABE M., Prefrontal unit activity during delayed conditional Go/No-Go discrimination in the monkey. I. Relation to the stimulus. *Brain Res.*, 382, 1-14, 1986a.

WATANABE M., Prefrontal unit activity during delayed conditional Go/No-Go discrimination in the monkey. II. Relation to Go and No-Go responses. *Brain Res.*, 382, 15-27, 1986b.

WATSON J.B., Kinaesthetic and organic sensations : their role in the reactions of the white rat to the maze. *Psychol. Monogr.*, 8, no 33, 1907.

WATSON J.B., *Psychology from the standpoint of a behaviorist*. Philadelphia, Lippincott, 1919.

WATT H.J., Experimentelle Beiträge zur einer Theorie des Denkens. *Arch. ges. Psychol.*, 4, 289-436, 1905.

WEINBERGER N.M., Attentive processes. *In* : J.L. Mc Gaugh (Ed.), *Psychobiology. Behavior from a biological perspective*, 129-198, New-York, Academic Press, 1971.

WEINRICH M. and WISE S.P., The premotor cortex of the monkey. *J. Neurosci.*, 2, 1329-1345, 1982.

WEINRICH M., WISE S.P. and MAURITZ K.H., A neurophysiological study of the premotor cortex of the rhesus monkey. *Brain*, 107, 385-414, 1984.

WEINSTEIN E.A. and FRIEDLAND R.P. (eds), Hemi-inattention and hemisphere specialization. *Adv. Neurol.*, No. 18, New York, Raven, 1977.

WEISKRANTZ L., Behavioural analysis of the monkey's visual nervous system. *Proc. R. Soc.* (London), B182, 427-455, 1972.

WEISKRANTZ L., WARRINGTON E.K., SANDERS M.D. and MARSHALL J., Visual capacity in the hemianopic field following a restricted occipital ablation. *Brain*, 97, 709-728, 1974.

WELCH J., On the measurement of mental activity through muscular activity and the determination of a constant of attention. *Amer. J. Physiol.*, 1, 288-306, 1898.

WELCH K. and STUTEVILLE P., Experimental production of unilateral neglect in monkeys. *Brain*, 81, 341-347, 1958.

WELFORD A.T., Single channel operations in the brain. *Acta Psychol.*, 27, 5-22, 1967.

WERNICKE C., Ein Fall von Ponserkrankrung. *Arch. Psychiat. Nervenkr.*, 7, 513-538, 1877.

WERTHEIMER M., Experimentelle Studien über das Sehen von Bewegung. *Zeitschr. f. Psychol.*, 61, 161-265, 1912.

WESTHEIMER G.H., Eye movement responses to horizontally moving visual stimulus. *Arch. Ophtal.*, *52*, 932-941, 1954.
WICKENS C.D., Processing resources in attention. *In* : Parasuraman R. and Davies D.R. (eds), *Varieties of attention*, 63-102, New York, London, Academic Press, 1984.
WILCOCKS R.W., An examination of Kulpe's experiments on abstraction. *Amer. J. Psychol.*, *36*, 324-340, 1925.
WILD H.M., BUTLER S.R., CARDEN D. and KULIKOWSKI J.J., Primate cortical area V4 important for colour constancy but not wavelength discrimination. *Nature*, *313*, 133-135, 1985.
WINTERKORN J.M.S., Similar deficits in visual learning by cats with lesions of the frontal cortex or of the superior colliculus. *Brain Res.*, *83*, 163-168, 1975a.
WINTERKORN J.M.S., Visual discrimination between spatially separated stimuli by cats with lesions of the superior colliculus-pretectum. *Brain Res.*, *100*, 523-541, 1975b.
WISE S.P., The primate premotor cortex fifty years after Fulton. *Behav. Brain Res.*, *18*, 79-88, 1985a.
WISE S.P., The primate premotor cortex : past, present and preparatory. *Ann. Rev. Neurosci.*, *8*, 1-19, 1985b.
WISE S.P. and MAURITZ K.H., Set-related neuronal activity in the premotor cortex of rhesus monkeys : Effects of changes in motor set. *Proc. R. Soc.* (London), B223, 331-354, 1985.
WONG-RILEY M., Changes in the visual system of monocularly sutured or enucleated cats demonstrable with cytochrome oxidase histochemistry. *Brain Res.*, *171*, 11-28, 1979.
WOODROW H., The measurement of attention. *Psychol. Rev. Monogr.*, 7, (No. 76), 1914.
WOODROW H., Outline as a condition of attention. *J. Exp. Psychol.*, *1*, 23-39, 1916.
WOODWORTH R.S., Situation-and-goal set. *Amer. J. Psychol.*, *50*, 130-140, 1938a.
WOODWORTH R.S., *Experimental psychology*. New York, Holt, 1938b.
WOODWORTH R.S., *Psychologie Expérimentale*. Paris, PUF, 1949, Trad. Fr. (Ombredane/Lezine) 4e éd. amer. New York, Holt, 1945.
WUNDT W., *Beiträge zur Theorie der Sinnewahrnemung*. Leipzig, Winter, 1862, 158 p.
WUNDT W., *Grundzüge der physiologischen Psychologie*. Leipzig, Engelmann, 1873, (2e, 3e, 4e, 5e, 6e Editions : 1880, 1887, 1893, 1902, 1911).
WUNDT W., *Eléments de Psychologie Physiologique*. Paris, Alcan, 1886, (trad. E. Rouvier de Pignan, d'après la 2e éd. allemande).
WUNDT W., *Principles of Physiological Psychology*. London, Swan Sonnenschein; New York, MacMillan, 1904, 1910, (Trad. Titchener 5e éd. allemande, 1902), New York, Reprod. Kraus Reprint Co, 1969.
WURTZ R.H., Visual receptive fields of striate cortex neurons in awake monkeys. *J. Neurophysiol.*, *32*, 727-742, 1969.
WURTZ R.H., Stimulus selection and conditional response mechanisms in the Basal Ganglia of the monkey. *In* : Posner M.I. and Marin O.S.M. (Eds), *Attention and Performance XI*, 441-455, Hillsdale NJ, Lawrence Erlbaum, 1985.
WURTZ R.H. and ALBANO J.E., Visual-motor function of the primate superior colliculus. *Ann. Rev. Neurosci.*, *3*, 189-226, 1980.
WURTZ R.H. and GOLDBERG M.E., Activity of superior colliculus in behaving monkey. III. Cells discharging before eye movements. *J. Neurophysiol.*, *35*, 575-586, 1972a.
WURTZ R.H. and GOLDBERG M.E., Activity of superior colliculus in behaving monkey. IV. Effects of lesions on eye movements. *J. Neurophysiol.*, *35*, 587-596, 1972b.
WURTZ R.H. and MOHLER C.W., Organization of monkey superior colliculus : enhanced visual response of superficial layer cells. *J. Neurophysiol.*, *39*, 745-765, 1976a.
WURTZ R.H. and MOHLER C.W., Enhancement of visual responses in monkey striate cortex and frontal eye fields. *J. Neurophysiol.*, *39*, 766-772, 1976b.
YARBUS A.L., *Eye movements and vision*. (1st ed. in russ.), Moscow, Naouka, 1965; Engl. transl., New York, Plenum Press, 1967.
YERKES R.M. and DODSON J.D., The relation of strength of stimulus to rapidity of habit formation. *J. Comp. Neurol. Psychol.*, *18*, 459-482, 1908.
YOKOYAMA M. (non publié)., Compte rendu dans Boring, 1924.
ZEKI S.M., Representation of central visual fields in prestriate cortex of monkey. *Brain Res.*, *14*, 271-291, 1969.

ZEKI S.M., Cortical projections from two prestriate areas in the monkey. *Brain Res.*, *34*, 19-35, 1971.
ZEKI S.M., Functional organization of a visual area in the posterior bank of the superior temporal sulcus of the rhesus monkey. *J. Physiol.* (London), *236*, 549-573, 1974.
ZEKI S.M., Colour coding in the superior temporal sulcus of rhesus monkey visual cortex. *Proc. R. Soc.* (London), B197, 195-223, 1977.
ZEKI S.M., Uniformity and diversity of structure and function in rhesus monkey prestriate visual cortex. *J. Physiol.* (London), 277, 273-290, 1978a.
ZEKI S.M., Functional specialisation in the visual cortex of the rhesus monkey. *Nature*, *274*, 423-428, 1978b.
ZEKI S.M., Representation of colours in the cerebral cortex. *Nature*, *284*, 412-418, 1980.
ZEKI S.M., Colour coding in the cerebral cortex : The reaction of cells in monkey visual cortex to wavelengths and colours. *Neuroscience*, *9*, 741-765, 1983a.
ZEKI S.M., The distribution of wavelength and orientation selective cells in different areas of monkey visual cortex. *Proc. R. Soc.* (London), B217, 449-470, 1983b.
ZEKI S., La construction des images par le cerveau. *La Recherche*, *222*, 712-721, 1990.
ZEKI S. and SHIPP S., The functional logic of cortical connections. *Nature*, *335*, 311-317, 1988.
ZELAZNIK H., The effects of force and direction uncertainty on choice reaction time in an isometric force production task. *J. Motor Behav.*, *13*, 18-32, 1981.
ZIHL J. and VON CRAMON D., The contribution of the «second» visual system to directed visual attention in man. *Brain*, *102*, 835-856, 1979.

Index

activités toniques, 63, 167-169, 186-187 (notes 2 & 9), 211-215, 218, 223, 241-253, 256, 257, 259, 266-267 (notes 4, 5)
aire(s) inférotemporale(s), 39 (note 8), 131-135, 146, 148 (note 2), 159, 162, 254, 256-257, 262
aire pariétale (7), 133, 152-156, 162-168, 170, 172, 179, 180-183, 186 (notes 3, 4)
aire(s) préfrontale(s), 169, 177, 180, 228-263, 267 (notes 4 & 5)
Alternance différée, 234, 235, 237, 238, 241, 242, 244, 253
amorçage, 49, 58, 59, 98 (note 1), 205, 219
Aperception, 15-17, 19, 23, 24, 72, 108, 195, 196, 230
association(s), Associationnisme, 9, 12-16, 18, 19, 28, 30, 33-35, 39 (note 7), 48, 49, 105, 107-110, 112, 128, 130, 143, 180, 207, 228, 230, 231, 246-248, 250
attributs (sensation), 24, 25, 63, 108, 110, 111, 145

Behaviorisme, 28-31, 37, 38-39 (notes 6, 7), 63, 107, 121, 130, 203, 228, 229
biais de probabilité, 74, 75, 77, 227

champ récepteur, 134-136, 142, 143, 147, 159-166, 173, 174, 181, 182, 186-187 (notes 3- 6)
colliculus supérieur, 146, 152-155, 158-159, 161-165, 167, 169-176, 186 (notes 2-5)

commande «holistique», 181-183, 210, 217, 262, 263
compatibilté SR, 48, 200, 201, 207, 252
constances perceptives (taille, couleur, mouvement), 105, 112, 113, 117, 137, 142, 144, 145, 149 (note5)
cortex moteur (aire 4), 208-210, 212-214, 223-224 (note 2), 251, 255-256, 260
cortex prémoteur (aire 6, S.M.A.), 180, 208, 212-213, 223, 255-256, 260-261
cortex visuel (strié, V1), 132, 134-144, 146, 149 (note 4), 151, 153-155, 158, 159, 161-163, 172, 180, 186 (note 3)

décharge corollaire, 90, 148 (note 1), 224, 231-232, 267 (note 4)
Delayed Matching-to-Sample (DMS), 235, 246
doubles tâches, 51, 52, 65, 67
dynamique saccadique, 93-94

écoute dichotique, 42-44, 48, 49, 51, 55, 68, 74
Empirisme, 12, 103-106, 112, 126, 130, 145, 148-149 (notes 2 & 3)
«enhancement», 146, 159-170, 173, 175-178, 181-183, 186 (note 1), 187 (note 7)
équation personnelle, 192

figure-fond, 28, 112, 113, 115, 117, 121, 123, 124, 142

filtrage, 11, 42, 43, 45-48, 58, 68, 69 (note 1), 147
focalisation, 7, 8, 13, 25, 43, 55, 56, 58, 71, 74-76, 79, 81, 83-88, 95, 128, 129, 164, 169, 185 (note1), 191, 218, 219, 228, 250, 257, 258, 262, 267 (note 4)
Frontal Eye Field, 153, 154, 157, 162-165, 168-172, 175-179, 183, 186 (note 4), 196 (notes 4 & 5), 232, 239, 245, 251, 256-262

Ganzfeld, 113, 116, 123, 141
générateur saccadique, 90-94, 169-171, 187 (note 9)

héminégligence, 134, 154-157, 162, 183, 186 (note 4), 210, 224, 231, 239, 259, 262

illusions perceptives, 112-113
covert (implicite), 31, 35, 36, 55, 74, 75, 88, 169, 229, 236, 262
introspection, 22, 24, 25, 27, 28, 33, 61, 107-109, 128, 196, 197

localisation fonctionnelle, 107, 130, 143, 152, 154, 231, 266 (note 1)
localisation spatiale, 104, 151, 153, 158, 159, 162, 210, 216, 219, 237, 256, 257, 262, 263

mémoire à long terme (sens général), 9, 10, 14, 18, 30, 34, 44-46, 49, 54, 72, 104, 105, 112, 128, 130, 148 (note 2), 200, 201, 227-231, 234
mémoire récente (immédiate, à court-terme), 44, 233, 234, 241
mémoires spécifiques, 38 (note 6), 47, 120, 168, 224 (note 2), 237, 241, 244, 247, 253, 259,
Méthode des Facteurs Additifs (M.F.A.), 198-202, 205
méthode de soustraction (Donders), 193-195, 197
mouvement apparent, 111

préparation, 26, 30-32, 34-37, 39 (note 9), 75, 76, 98 (note 1), 192, 195-197, 201-209, 211, 217, 219, 222, 225 (note 4), 232, 239, 241, 247-249, 251, 253, 262
processus parallèles, 50-53, 56, 59, 64, 67, 122, 124, 131, 133, 140, 159, 196, 201, 202, 205, 211, 213, 219, 260, 267 (note 5)
programme moteur, 85, 99 (note 5), 181, 200, 204-211, 217-219, 220-224, 224 (notes 1 & 2), 251, 252, 255, 260, 262, 264
pulvinar, 155, 162, 163, 165, 169, 186 (notes 3 & 4)

réaction d'orientation, 31, 38 (note 2), 63, 77, 98 (note 2), 158, 170, 186 (note 1), 224 (note 3), 253
réafférences, 220, 221, 225 (note 5), 232
réponse différée, 234-241, 251-253, 256, 259
ressources, 11, 64-67

saccades-express, 91-93, 166
SDT (Signal Detection Theory), 11, 59-62, 66, 86, 87
sensations élémentaires, 13-14, 17-19, 22-24, 27-28, 33-34, 59, 60, 74, 106-112, 128, 130, 195, 197, 228, 230
Set ou *Einstellung*, 32, 33-37, 67, 74-77, 79, 84, 85, 88, 95, 98 (note 1), 147, 169, 192, 197, 205, 208, 213, 215-219, 225 (note 4), 227, 228, 241, 244, 250, 253, 254, 259, 262
stades de traitement, 42, 47, 59, 61, 69, 85, 86, 192-203, 205-211, 217, 220, 224 (note 1), 228
Stroop (effet), 27, 57, 58
substantia nigra, 162-164, 166-168, 170, 172, 175, 176, 186 (notes 1 & 4), 187 (note 6)

textons, 121, 122, 124, 128, 142

Table des matières

PREMIÈRE PARTIE : DOMAINE PSYCHOLOGIQUE
DE L'ATTENTION. 5

Chapitre 1 : Perspectives et enjeux historiques de l'attention 7
   Ubiquité de l'attention 10
  Les origines de la psychologie expérimentale 12
   L'Associationnisme, paradigme fondamental 12
   Les théories de l'«Aperception» 15
   La Psychophysique 16
  L'attention et la conscience, programme officiel de la psychologie
  classique 18
   Introspection et fait de conscience 22
  L'enlisement de la psychologie classique 23
   Tentatives d'opérationnalisation de l'attention 26
  L'évolution vers un principe d'action et le déclin de l'attention 26
   La psychologie de la forme (Gestalt) 27
  La logique behavioriste 28
  Le concept de «set» 32
   L'expérience de Külpe «sur l'abstraction» 33
   L'«algèbre préparatoire» de Narziss Ach 34
   La critique de K. Lewin 34
   «Set» et préparation posturale 35
  Importance de l'hypothèse du «set» 36

**Chapitre 2 : Le statut central de l'attention dans la recherche
moderne** 41
  Les théories du «filtrage» 42
   Les ambiguïtés du terme «canal» 47

Développements du principe de «sélection tardive» 49
Automatisme et processus parallèles 51
Les opérations conscientes : un traitement à capacité limitée 53
Un enjeu central : l'impact perceptif de l'attention 55
    Intégration des dimensions 56
    Dilution de l'effet Stroop 57
    Amorçage négatif 58
La théorie de la détection du signal (SDT) 59
Les théories «non-spécifiques» de l'attention 62
L'attention au centre du système psychologique 68

Chapitre 3 : Orientation et focalisation de l'attention dans la détection visuelle 71
    L'utilisation des épreuves de détection 73
Engagement volontaire («set») ou automatique (réaction d'orientation) de l'attention visuelle? 74
    Effets d'automatisme en identification de lettres 78
Mouvements et focalisation spatiale de l'attention dans le champ visuel. 79
    Cartographie du champ visuel de l'attention 80
    Focalisation et effets d'Hémichamp 84
    Attention et efficience 84
Effet attentionnel ou «biais de reponse»? les effets perceptifs du «set» ... 85
    Voir vite ? ou voir trop vite ? 85
    La théorie de Marylyn Shaw 86
L'attention et le contrôle des saccades 88
    «Saccades-express» et verrouillage des mouvements oculaires 91
    Altérations de la dynamique saccadique 93
Les relations entre saccades et attention 94
Résumé de la première partie 96

DEUXIÈME PARTIE : LES DEUX SYSTÈMES VISUELS 101

Chapitre 4 : Problèmes fondamentaux et mécanismes de la perception visuelle 103
I. NATIVISME ET EMPIRISME 103
L'élémentarisme classique 106
    Rétine et conscience, l'erreur fondamentale 109
Interactions et structure contre l'élémentarisme. La Gestalt 110
    1. Les «constances» et illusions perceptives 112
    2. Cas de structuration minimale. Le «Ganzfeld» 113
    3. Le rapport figure-fond 115
Du stimulus à l'information visuelle 115
    Le «Visual World» de J.J. Gibson (1950) 116
    Les relations information-structure dans la «bonne forme» 117
    Textures et textons. Une nouvelle solution du problème figure-fond... 121
Intelligence artificielle et vision par ordinateur : synthèses et spéculations 124
    «Vision» de D. Marr 125
    Modèles «connexionnistes» parallèles et catégorisation symbolique. 126
Perception et attention : stades et architecture des processus 128

II. ÉVOLUTION DE NOS CONNAISSANCES SUR LE SYSTÈME
VISUEL 129
    Organisation anatomique des aires visuelles corticales 131
        Analyse séparée des objets et des positions spatiales 133
    Codages de l'information visuelle 135
        Codage des lignes et du mouvement 135
        Codage de la couleur et de la luminance 136
    Systèmes parvo-cellulaire et magnocellulaire 138
    Redondances et constances perceptives 141
        Le calcul des «constances» dans les aires corticales 142
        Constance des couleurs 144
        Constance des mouvements 144
    Épilogue : les influences extrinsèques au système visuel : attention et
    perception 146
        En conclusion : l'influence de la tâche sur la perception visuelle. 147

**Chapitre 5 : Le «deuxième système visuel». Mécanismes sélectifs et
fovéation** 151
    Données historiques sur la localisation des fonctions oculomotrices ... 152
    Vision consciente et «héminégligence» 154
        Lésions pariétales 155
        Lésions frontales 157
    La théorie des «deux systèmes visuels» 157
    Neurophysiologie du mécanisme sélectif : l'«enhancement» 159
    Topographie cérébrale des différents types d'«enhancement» 161
        L'«Enhancement» : activité présaccadique ou sélection
        attentionnelle ? 164
        (a) Structures directement liées à la réponse saccadique 164
        (b) Structures indépendantes de la nature de la réponse 164
    Le problème du mécanisme et les ambiguïtés du protocole
    d'«enhancement» 165
        Le problème de la tâche de référence. Effets inhibiteurs
        de la fixation centrale 166
        Apparition progressive de l'«enhancement» 167
        Les «mémoires toniques» de position 167
    L'«enhancement» dans le cadre des mécanismes de la fovéation 169
        Le mécanisme générateur des mouvements des yeux 170
        Organisation fonctionnelle de la fovéation 170
        Principes d'organisation du colliculus supérieur 173
        Un servo-mécanisme de fovéation ? 174
    Le paradoxe du «frontal eye field» 177
    Mécanismes fonctionnels dans le lobule pariétal inférieur 179
    Résumé de la seconde partie 184

TROISIÈME PARTIE : LE CERVEAU COMME SYSTÈME D'ACTION :
ATTENTION ET INTENTION 189

**Chapitre 6 : L'attention dans la perspective stimulus-réponse.
Théorie du temps de réaction et mécanismes préparatoires** 191
    Historique du temps de réaction 192
    Sérialité stimulus-réponse et stades de traitement 197

Préparation et préprogrammation 202
   Préparation « intensive » 203
   Analyse de la programmation motrice 204
   Conséquences de l'expérience de Rosenbaum : préparation
   spécifique et «set» 205
Correspondances entre les données physiologiques et le concept de
programmation motrice 208
   Le «programme moteur» comme activité. La préparation comme
   réglage d'intensité 208
   De multiples programmes précablés en parallèle. La préparation
   synonyme d'organisation 211
   Une dualité de mécanismes structurants et dynamiques 213
   Un schéma du «set» 215
Dimension cognitive du problème moteur. «set», attention et
préparation : les antécédents du mouvement volontaire 217
   Le niveau «holistique» de définition de la réponse 217
   La préparation posturale du geste volontaire 217
   Définition attentionnelle de l'action 218
Discussion corrolaire : programme moteur et «problème moteur» 220
   Servomécanisme et «cartes» cérébrales 221
   «Feedforward» et préparation 221
   Analyse du «problème moteur» 222

Chapitre 7 : L'attention et le cortex frontal : les mécanismes du «set» ... 227
Le cortex frontal et l'attention 229
Les lésions du lobe frontal 232
   Quelques données de la clinique moderne 232
   Destructions expérimentales chez le singe 234
   Données électrophysiologiques globales 239
L'exploration par les enregistrements unitaires 241
   Premières descriptions 241
   Les activités différentielles à caractère prédictif 242
   Codages symboliques et signification 245
   Un codage des associations ? 246
   Les décharges de la fixation fovéale attentive 249
   Associations sensori-motrices, ou «set» pré-moteur ? 250
Fonction des décharges toniques 252
Connectivité fonctionnelle des aires frontales 254
   L'organisation générale de l'écorce cérébrale 254
   (1) Les boucles corticales «longues» : les aires préfrontales,
   dernière étape de l'analyse sensorielle 256
   Focalisation perceptive et attentionnelle par les récurrences 258
   (2) Les mécanismes prémoteurs : orientation oculaire et posturale .. 259
L'attention et le «set» comme commande «holistique» 262
Résumé de la troisième partie 264

En conclusion 269

Bibliographie 273

Index 303

Table des illustrations

Figure 1. — *Table des matières de la «Psychologie Physiologique» (1986)* 20-21
Figure 2. — *Le «diagramme du courant d'informations» de Broadbent (1958)* 44
Figure 3. — *Double sélection, d'après les modèles d'A. Treisman* 46
Figure 4. — *Représentation simplifiée du modèle de Shallice (1972)* 54
Figure 5. — *Principes élémentaires de la SDT* 61
Figure 6. — *Fonction Performance-Ressources et POC* 66
Figure 7. — *Orientation interne de l'attention (Posner, Nissen et Ogden, 1978)* 76
Figure 8. — *Expérience de Shulman, Remington et McLean (1979)* 80
Figure 9. — *Expérience 1 de Downing et Pinker (1985)* 82
Figure 10. — *Expérience 2 de Downing et Pinker* 83
Figure 11. — *Expérience 1 de Remington* 90
Figure 12. — *Schématisation des saccades-express chez l'Homme ou le Singe* 92
Figure 13. — *Profils saccadiques (Bon et Lucchetti, 1988)* 93
Figure 14. — *Illusions et «constances perceptives»* 113
Figure 15. — *Le cercle de Benussi-Koffka* 114
Figure 16. — *Les catégories de perspectives par gradients de densité selon Gibson* 118
Figure 17. — *Le carré comme corrélation d'éléments* 119
Figure 18. — *Stéréogrammes RDS et discriminations de texture chez Julesz* 122
Figure 19. — *Disposition générale des aires corticales visuelles chez le Macaque* 132
Figure 20. — *Appareil de codage de V1* 139
Figure 21. — *Champ oculaire frontal (FEF), aire pariétale et colliculus supérieur* 154

Figure 22. — *Le protocole d'«enhancement»* 160
Figure 23. — *Comparaison de l'«enhancement» dans cinq structures cérébrales* 163
Figure 24. — *Deux exemples de «mémoires sélectives» de la cible saccadique* 168
Figure 25. — *Coupe parasagitale du tronc cérébral du Singe* 171
Figure 26. — *Schéma des commandes oculomotrices* 172
Figure 27. — *Organisation du Colliculus supérieur et vecteurs saccadiques* 175
Figure 28. — *La carte oculomotrice du FEF* 179
Figure 29. — *Schématisation des «actes mentaux» du TR, selon Donders...* 195
Figure 30. — *Principe d'analyse de la MFA* 199
Figure 31. — *Préparation par déplacement d'opérations* 206
Figure 32. — *Activité préparatoire du cortex moteur en TR de choix* 209
Figure 33. — *Mode d'action des influences préparatoires (Requin, 1980)...* 211
Figure 34. — *Préprogrammation motrice par sélection de «canaux» de mouvement* 214
Figure 35. — *Schéma du «set»* 216
Figure 36. — *Aires préfrontales, WGTA, Réponses différées* 235
Figure 37. — *Typologie des décharges préfrontales (Fuster, 1973)* 243
Figure 38. — *Analyse d'une unité préfrontale (Niki et Watanabe, 1976)*. 245
Figure 39. — *Expérience de Watanabe (1981)* 248
Figure 40. — *Activité tonique d'une «cellule du regard» (Suzuki et Azuma, 1977)* 250
Figure 41. — *Hiérarchisation des aires corticales* 255
Figure 42. — *Connexions intracorticales longues et focalisation perceptive* 257
Figure 43. — *Sorties prémotrices des aires préfrontales* 261

CHEZ LE MÊME ÉDITEUR

PSYCHOLOGIE ET SCIENCES HUMAINES
collection publiée sous la direction de MARC RICHELLE

1 Dr Paul Chauchard : LA MAITRISE DE SOI. 9e éd.
5 François Duyckaerts : LA FORMATION DU LIEN SEXUEL. 9e éd.
7 Paul-A. Osterrieth : FAIRE DES ADULTES. 16e éd.
9 Daniel Widlöcher : L'INTERPRETATION DES DESSINS D'ENFANTS. 9e éd.
11 Berthe Reymond-Rivier : LE DEVELOPPEMENT SOCIAL DE L'ENFANT ET DE L'ADOLESCENT. 9e éd.
12 Maurice Dongier : NEVROSES ET TROUBLES PSYCHOSOMATIQUES. 7e éd.
15 Roger Mucchielli : INTRODUCTION A LA PSYCHOLOGIE STRUCTURALE. 3e éd.
16 Claude Köhler : JEUNES DEFICIENTS MENTAUX. 4e éd.
21 Dr P. Geissmann et Dr R. Durand : LES METHODES DE RELAXATION. 4e éd.
22 H. T. Klinkhamer-Steketée : PSYCHOTHERAPIE PAR LE JEU. 3e éd.
23 Louis Corman : L'EXAMEN PSYCHOLOGIQUE D'UN ENFANT. 3e éd.
24 Marc Richelle : POURQUOI LES PSYCHOLOGUES? 6e éd.
25 Lucien Israel : LE MEDECIN FACE AU MALADE. 5e éd.
26 Francine Robaye-Geelen : L'ENFANT AU CERVEAU BLESSE. 2e éd.
27 B.F. Skinner : LA REVOLUTION SCIENTIFIQUE DE L'ENSEIGNEMENT. 3e éd.
28 Colette Durieu : LA REEDUCATION DES APHASIQUES
29 J.C. Ruwet : ETHOLOGIE : BIOLOGIE DU COMPORTEMENT. 3e éd.
30 Eugénie De Keyser : ART ET MESURE DE L'ESPACE
32 Ernest Natalis : CARREFOURS PSYCHOPEDAGOGIQUES
33 E. Hartmann : BIOLOGIE DU REVE
34 Georges Bastin : DICTIONNAIRE DE LA PSYCHOLOGIE SEXUELLE
35 Louis Corman : PSYCHO-PATHOLOGIE DE LA RIVALITE FRATERNELLE
36 Dr G. Varenne : L'ABUS DES DROGUES
37 Christian Debuyst, Julienne Joos : L'ENFANT ET L'ADOLESCENT VOLEURS
38 B.-F. Skinner : L'ANALYSE EXPERIMENTALE DU COMPORTEMENT. 2e éd.
39 D.J. West : HOMOSEXUALITE
40 R. Droz et M. Rahmy : LIRE PIAGET. 3e éd.
41 José M.R. Delgado : LE CONDITIONNEMENT DU CERVEAU ET LA LIBERTE DE L'ESPRIT
42 Denis Szabo, Denis Gagné, Alice Parizeau : L'ADOLESCENT ET LA SOCIETE. 2e éd.
43 Pierre Oléron : LANGAGE ET DEVELOPPEMENT MENTAL. 2e éd.
44 Roger Mucchielli : ANALYSE EXISTENTIELLE ET PSYCHOTHERAPIE PHENOMENO-STRUCTURALE
45 Gertrud L. Wyatt : LA RELATION MERE-ENFANT ET L'ACQUISITION DU LANGAGE. 2e éd.
46 Dr Etienne De Greeff : AMOUR ET CRIMES D'AMOUR
47 Louis Corman : L'EDUCATION ECLAIREE PAR LA PSYCHANALYSE
48 Jean-Claude Benoit et Mario Berta : L'ACTIVATION PSYCHOTHERAPIQUE
49 T. Ayllon et N. Azrin : TRAITEMENT COMPORTEMENTAL EN INSTITUTION PSYCHIATRIQUE
50 G. Rucquoy : LA CONSULTATION CONJUGALE
51 R. Titone : LE BILINGUISME PRECOCE
52 G. Kellens : BANQUEROUTE ET BANQUEROUTIERS
53 François Duyckaerts : CONSCIENCE ET PRISE DE CONSCIENCE
54 Jacques Launay, Jacques Levine et Gilbert Maurey : LE REVE EVEILLE-DIRIGE ET L'INCONSCIENT
55 Alain Lieury : LA MEMOIRE
56 Louis Corman : NARCISSISME ET FRUSTRATION D'AMOUR
57 E. Hartmann : LES FONCTIONS DU SOMMEIL
58 Jean-Marie Paisse : L'UNIVERS SYMBOLIQUE DE L'ENFANT ARRIERE MENTAL

59 Jacques Van Rillaer : L'AGRESSIVITE HUMAINE
60 Georges Mounin : LINGUISTIQUE ET TRADUCTION
61 Jérôme Kagan : COMPRENDRE L'ENFANT
62 Michel S. Gazzaniga : LE CERVEAU DEDOUBLE
63 Paul Cazayus : L'APHASIE
64 X. Seron, J.L. Lambert, M. Van der Linden : LA MODIFICATION DU COMPORTEMENT
65 W. Huber : INTRODUCTION A LA PSYCHOLOGIE DE LA PERSONNALITE. 2e éd.
66 Emile Meurice : PSYCHIATRIE ET VIE SOCIALE
67 J. Château, H. Gratiot-Alphandéry, R. Doron et P. Cazayus : LES GRANDES PSYCHOLOGIES MODERNES
68 P. Sifnéos : PSYCHOTHERAPIE BREVE ET CRISE EMOTIONNELLE
69 Marc Richelle : B.F. SKINNER OU LE PERIL BEHAVIORISTE
70 J.P. Bronckart : THEORIES DU LANGAGE
71 Anika Lemaire : JACQUES LACAN. 2e éd. revue et augmentée.
72 J.L. Lambert : INTRODUCTION A L'ARRIERATION MENTALE
73 T.G.R. Bower : DEVELOPPEMENT PSYCHOLOGIQUE DE LA PREMIERE ENFANCE
74 J. Rondal : LANGAGE ET EDUCATION
75 Sheila Kitzinger : PREPARER A L'ACCOUCHEMENT
76 Ovide Fontaine : INTRODUCTION AUX THERAPIES COMPORTEMENTALES
77 Jacques-Philippe Leyens : PSYCHOLOGIE SOCIALE. 2e éd.
78 Jean Rondal : VOTRE ENFANT APPREND A PARLER
79 Michel Legrand : LE TEST DE SZONDI
80 H.J. Eysenck : LA NEVROSE ET VOUS
81 Albert Demaret : ETHOLOGIE ET PSYCHIATRIE
82 Jean-Luc Lambert et Jean A. Rondal : LE MONGOLISME
83 Albert Bandura : L'APPRENTISSAGE SOCIAL
84 Xavier Seron : APHASIE ET NEUROPSYCHOLOGIE
85 Roger Rondeau : LES GROUPES EN CRISE?
86 J. Danset-Léger : L'ENFANT ET LES IMAGES DE LA LITTERATURE ENFANTINE
87 Herbert S. Terrace : NIM. UN CHIMPANZE QUI A APPRIS LE LANGAGE GESTUEL
88 Roger Gilbert : BON POUR ENSEIGNER?
89 Wing, Cooper et Sartorius : GUIDE POUR UN EXAMEN PSYCHIATRIQUE
90 Jean Costermans : PSYCHOLOGIE DU LANGAGE
91 Françoise Macar : LE TEMPS, PERSPECTIVES PSYCHOPHYSIOLOGIQUES
92 Jacques Van Rillaer : LES ILLUSIONS DE LA PSYCHANALYSE. 3e éd.
93 Alain Lieury : LES PROCEDES MNEMOTECHNIQUES
94 Georges Thinès : PHENOMENOLOGIE ET SCIENCE DU COMPORTEMENT
95 Rudolph Schaffer : COMPORTEMENT MATERNEL
96 Daniel Stern : MERE ET ENFANT, LES PREMIERES RELATIONS
97 R. Kempe & C. Kempe : L'ENFANCE TORTUREE
98 Jean-Luc Lambert : ENSEIGNEMENT SPECIAL ET HANDICAP MENTAL
99 Jean Morval : INTRODUCTION A LA PSYCHOLOGIE DE L'ENVIRONNEMENT
100 Pierre Oleron et al. : SAVOIRS ET SAVOIR-FAIRE PSYCHOLOGIQUES CHEZ L'ENFANT
101 Bernard I. Murstein : STYLES DE VIE INTIME
102 Rondal/Lambert/Chipman : PSYCHOLINGUISTIQUE ET HANDICAP MENTAL
103 Brédart/Rondal : L'ANALYSE DU LANGAGE CHEZ L'ENFANT
104 David Malan : PSYCHODYNAMIQUE ET PSYCHOTHERAPIE INDIVIDUELLE
105 Philippe Muller : WAGNER PAR SES REVES
106 John Eccles : LE MYSTERE HUMAIN
107 Xavier Seron : REEDUQUER LE CERVEAU
108 Moreau/Richelle : L'ACQUISITION DU LANGAGE

109 Georges Nizard : ANALYSE TRANSACTIONNELLE ET SOIN INFIRMIER
110 Howard Gardner : GRIBOUILLAGES ET DESSINS D'ENFANTS, LEUR SIGNIFICATION
111 Wilson/Otto : LA FEMME MODERNE ET L'ALCOOL
112 Edwards : DESSINER GRACE AU CERVEAU DROIT
113 Rondal : L'INTERACTION ADULTE-ENFANT
114 Blancheteau : L'APPRENTISSAGE CHEZ L'ANIMAL
115 Boutin : FORMATION ET DEVELOPPEMENTS
116 Húsen : L'ECOLE EN QUESTION
117 Ferrero/Besse : L'ENFANT ET SES COMPLEXES
118 R. Bruyer : LE VISAGE ET L'EXPRESSION FACIALE
119 J.P. Leyens : SOMMES-NOUS TOUS DES PSYCHOLOGUES?
120 J. Château : L'INTELLIGENCE OU LES INTELLIGENCES?
121 M. Claes : L'EXPERIENCE ADOLESCENTE
122 J. Hayes et P. Nutman : COMPRENDRE LES CHOMEURS
123 S. Sturdivant : LES FEMMES ET LA PSYCHOTHERAPIE
124 A. Pomerleau et G. Malcuit : L'ENFANT ET SON ENVIRONNEMENT
125 A. Van Hout et X. Seron : L'APHASIE DE L'ENFANT
126 A. Vergote : RELIGION, FOI, INCROYANCE
127 Sivadon/Fernandez-Zoïla : TEMPS DE TRAVAIL, TEMPS DE VIVRE
128 Born : JEUNES DEVIANTS OU DELINQUANTS JUVENILES?
129 Hamers/Blanc : BILINGUALITE ET BILINGUISME
130 Legrand : PSYCHANALYSE, SCIENCE, SOCIETE
131 Le Camus : PRATIQUES PSYCHOMOTRICES
132 Lars Fredén : ASPECTS PSYCHOSOCIAUX DE LA DEPRESSION
133 Mount : LA FAMILLE SUBVERSIVE
134 Magerotte : MANUEL D'EDUCATION COMPORTEMENTALE CLINIQUE
135 Dailly/Moscato : LATERALISATION ET LATERALITE CHEZ L'ENFANT
136 Bonnet/Tamine-Gardes : QUAND L'ENFANT PARLE DU LANGAGE
137 Bruyer : LES SCIENCES HUMAINES ET LES DROITS DE L'HOMME
138 Taulelle : L'ENFANT A LA RENCONTRE DU LANGAGE
139 de Boucaud : PSYCHOLOGIE DE L'ENFANT ASTHMATIQUE
140 Duruz : NARCISSE EN QUETE DE SOI
141 Feyereisen/de Lannoy : PSYCHOLOGIE DU GESTE
142 Florin et al. : LE LANGAGE A L'ECOLE MATERNELLE
143 Debuyst : MODELE ETHOLOGIQUE ET CRIMINOLOGIE
144 Ashton/Stepney : FUMER
145 Winkel et al. : L'IMAGE DE LA FEMME DANS LES LIVRES SCOLAIRES
146 Bideau/Richelle : PSYCHOLOGIE DEVELOPPEMENTALE
147 Schmid-Kitsikis : THEORIE CLINIQUE ET FONCTIONNEMENT MENTAL
148 Guggenbühl/Craig : POUVOIR ET RELATION D'AIDE
149 Rondal : LANGAGE ET COMMUNICATION CHEZ LES HANDICAPES MENTAUX
150 Moscato et al. : FONCTIONNEMENT COGNITIF ET INDIVIDUALITE
151 Château : L'HUMANISATION OU LES PREMIERS PAS DES VALEURS HUMAINES
152 Avery/Litwack : NEE TROP TOT
153 Rondal : LE DEVELOPPEMENT DU LANGAGE CHEZ L'ENFANT TRISOMIQUE 21
154 Kellens : QU'AS-TU FAIT DE TON FRERE?
155 Rondal/Henrot : LE LANGAGE DES SIGNES
156 Lafontaine : LE PARTI PRIS DES MOTS
157 Bonnet/Hoc/Tiberghien : AUTOMATIQUE, INTELLIGENCE ARTIFICIELLE ET PSYCHOLOGIE
158 Giovannini et al. : PSYCHOLOGIE ET SANTE
159 Wilmotte et al. : LE SUICIDE
160 Giurgea : L'HERITAGE DE PAVLOV
161 Ionescu : MANUEL D'INTERVENTION EN DEFICIENCE MENTALE N° 1

162 Ionescu : MANUEL D'INTERVENTION EN DEFICIENCE MENTALE N° 2
163 Pieraut-Le Bonniec : CONNAITRE ET LE DIRE
164 Huber : PSYCHOLOGIE CLINIQUE AUJOURD'HUI
165 Rondal et al. : PROBLEMES DE PSYCHOLINGUISTIQUE
166 Slukin : LE LIEN MATERNEL
167 Baudour : L'AMOUR CONDAMNE
168 Wilwerth : VISAGES DE LA LITTERATURE FEMININE
169 Edwards : VISION, DESSIN, CREATIVITE
170 Lutte : LIBERER L'ADOLESCENCE
171 Defays : L'ESPRIT EN FRICHE
172 Broome Walace : PSYCHOLOGIE ET PROBLEMES GYNECOLOGIQUES
173 Aimard : LES BEBES DE L'HUMOUR
174 Perruchet : LES AUTOMATISMES COGNITIFS
175 Bawin-Legros : FAMILLES, MARIAGE, DIVORCE
176 Pourtois/Desmet : EPISTEMOLOGIE ET INSTRUMENTATION EN SCIENCES HUMAINES
177 Sloboda : L'ESPRIT MUSICIEN
178 Fraisse : POUR LA PSYCHOLOGIE SCIENTIFIQUE
179 Ruffiot : PSYCHOLOGIE DU SIDA
180 McAdams/Deliège : LA MUSIQUE ET LES SCIENCES COGNITIVES
181 Argentin : QUAND FAIRE C'EST DIRE...
182 Van der Linden : LES TROUBLES DE LA MEMOIRE
183 Lecuyer : BEBES ASTRONOMES, BEBES PSYCHOLOGIQUES : L'INTELLIGENCE DE LA 1re ANNEE
184 Immelmann : DICTIONNAIRE DE L'ETHOLOGIE
185 Collectif : ACTEUR SOCIAL ET DELINQUANCE
186 Fontana : GERER LE STRESS
187 Bouchard : DE LA PHENOMENOLOGIE A LA PSYCHANALYSE
188 Chanceaulme : MOURIR, ULTIME TENDRESSE
189 Rivière : LA PSYCHOLOGIE DE VYGOTSKY
190 Lecoq : APPRENTISSAGE DE LA LECTURE ET DYSLEXIE
191 de Montmolin/Amalberti/Theureau : MODELES DE L'ANALYSE DU TRAVAIL
192 Minary : MODELES SYSTEMIQUES ET PSYCHOLOGIE
193 Grégoire : EVALUER L'INTELLIGENCE DE L'ENFANT
194 Gommers/van den Bosch/de Aguilar : POUR UNE VIEILLESSE AUTONOME
195 Van Rillaer : LA GESTION DE SOI
196 Lecas : L'ATTENTION VISUELLE
197 Macquet : TOXICOMANIES ET FORMES DE LA VIE QUOTIDIENNE

Hors collection

    Paisse : PSYCHOPEDAGOGIE DE LA LUCIDITE
    Paisse : ESSENCE DU PLATONISME
    Collectif : SYSTEME AMDP
    Boulangé/Lambert : LES AUTRES, L'EXPRESSION ARTISTIQUE CHEZ LES HANDICAPES MENTAUX

Manuels et Traités

  4 Richelle : L'ACQUISITION DU LANGAGE
    Droz-Richelle : MANUEL DE PSYCHOLOGIE
    Hurtig-Rondal : MANUEL DE PSYCHOLOGIE DE L'ENFANT (Tome 1)
    Hurtig-Rondal : MANUEL DE PSYCHOLOGIE DE L'ENFANT (Tome 2)
    Hurtig-Rondal : MANUEL DE PSYCHOLOGIE DE L'ENFANT (Tome 3)
    Rondal-Seron : LES TROUBLES DU LANGAGE (DIAGNOSTIC ET REEDUCATION)
    Fontaine/Cottraux/Ladouceur : CLINIQUES DE THERAPIE COMPORTEMENTALE
    Godefroid : LES CHEMINS DE LA PSYCHOLOGIE